理论词典学

张志毅　张庆云　著

2015年·北京

图书在版编目(CIP)数据

理论词典学/张志毅,张庆云著.—北京:商务印书馆,2015

ISBN 978-7-100-11522-3

Ⅰ.①理… Ⅱ.①张…②张… Ⅲ.①词典学 Ⅳ.①H06

中国版本图书馆 CIP 数据核字(2015)第 191091 号

所有权利保留。
未经许可,不得以任何方式使用。

理 论 词 典 学

张志毅　张庆云　著

商 务 印 书 馆 出 版
(北京王府井大街36号　邮政编码 100710)
商 务 印 书 馆 发 行
北 京 冠 中 印 刷 厂 印 刷
ISBN 978 − 7 − 100 − 11522 − 3

2015 年 11 月第 1 版　　　开本 787×960　1/16
2015 年 11 月北京第 1 次印刷　　印张 27¼

定价:56.00 元

序

正当我得知张志毅先生病重、打完慰问电话时，李智初来电告诉我，两位张先生希望我为他们即将出版的书写篇序。这部他们耕耘多年的力作，一定是沉甸甸的代表作，现在要出版了，我一阵惊喜，却又焦急地想起王伟丽转述老师的伤心话："我不怕死，只是许多该做而且可做的事还没做，我不愿意走。"听到这话时，我一时忍不住哭了。这时，我只能默默地埋怨上苍，我们理解他，人民需要他，你怎么就不能体谅他、支持他，让他多干几年呢！

《理论词典学》确实是志毅先生留给我们的丰厚的精神财富。这是他用毕生的心血浇灌出来的词汇学、语义学的花果，是他精心打磨、奉献给中国新型辞书学的奠基石，是他代表着中国学者交给世界辞书学的一份骄人的答卷。

以前听外行的领导说过，不会做研究、写论文，就编词典去吧。行内的人则说，你想惩罚他，就叫他编词典。志毅先生却不是这样看，他把编词典当成"经国济世的千秋大业"，他说，辞书理论和40多个学科理论相关，只有在先进的语言学、词汇学基础上形成了辞书的新的理念，才能演绎辞书、领跑辞书、提升辞书；而经过长期培育的大型辞书系列，则又势必促进语言研究登上高峰。"牛津系列辞书"的250年积聚就是一例。他甚至还说，欧洲文艺复兴之后，"语文性和百科性两类辞书带着新思想走出两条新轨迹"(§2.5.3)，把编出好辞书的意义推向了思想史的高度。他多次表达过对我国辞书现状的焦虑。在本书的第一章末尾，他又说："我们离辞书强国还有50年左右的距离。好在，我们国运正浓，盛世鼎新。盛世修典史不绝，辞书强国梦定圆。"(§1.4)一打开此书，你就会感受到这股令人振奋不已的热气。这股热气是他从事辞书编纂数十年的辛劳中凝聚起来的。数十年间他主编、参编了十余部词典，不仅参编了《现代汉语大词典》(部分)，而且主编了同义词、反义词系列辞典(如《简明同义词典》《反义词词林》《新华同义词词典》(中型本)《新华反义词词典》(中型本)等),晚年受聘为《现代汉语词典》的审定委员,并作为商务印书馆辞书研究中心的特约研究员主持《当代汉语词典》的编写工作。

本书用"理论"二字冠于书名是有道理的,编词典绝不是找找词条、分分义项、注注词义、搜搜例句的具体事务,而是每走出一步都可能遇到沟坎,必须找出可行的论证依据。词汇是语言的基础,不论是语言的语音结构及其音变规律、词汇的语义聚合和结构系统,还是语法的组合规则、语用的适应性变化,都集中体现在每一个语词之中。没有对语言的宏观结构和微观成分的有效研究,每编一个词条都会寸步难行。大大小小的辞书品种繁多、要求各异,都应该有符合理论和实用要求的总体设计和个体落实。作者的理论功力早为行内学者所敬佩,他的百余篇词汇学、语义学和词典学的论文可谓掷地有声,尤其是研究生教材《词汇语义学》已经再版了两次,成了经典之作。"理论"二字正指明了本书的深厚底蕴。

在第一章作为导论提出辞书人应有辞书强国的追求之后,志毅先生用了七章的过半篇幅,从历史到现状,从宏观到微观,对于推动辞书发展的种种思潮、辞书应有的理论资源(原型论、语文学、词汇学和语义学等)进行了全面的分析,从而为词典学定性和定位,而后又就词典学的中心内容——收词条、分义项、释词义的种种原则做了详尽的说明。为了论证这些理论原则的必要和正确,书中溯本清源,介绍了古今中外的学者都提出过什么不同的观点,有过什么争议,如何取得共识,让你知道这些原则的来龙去脉,也让你知道如何把这些原则运用到编词典中去。这几章理论原则的分析就有许多富于启发意义的闪光点。例如:

第六章关于多义词的分析:多义词的基义和陪义、共性义素和个性义素有一定的结构性(放射的、连锁的和混合的);义位之间有主与次、中心与边沿的梯度层次,还有"语义桥"(本义和转移之间的过渡语义)。关于词类活用的分析:"活用,是言语现象,兼类,是语言现象"(§6.6),词类活用"是跟语言表达常式近似等价的言语中的修辞性的语义变体、语法变式……语言这个'能指'世界是有限的,而语言之外这个'所指'世界的广大、复杂是无限的,尤其是万事万物的千千万万的运动变化更是无限的,这就跟有限的动词产生了'所指'和'能指'的巨大矛盾。于是表示千差万别的动义,就成了古今词类活用的趋向中心"(§6.6.4)。据抽样统计,古今汉语的表动用法都占了此类活用的80%以上。第七章关于词典释义的理据原则,在比较了历来的"本质论"和"规定论"之后又介绍了古代的"实、意、名"(物、意、言)的三元论,分析了有理据和无理据的历变,肯定了词的理据也是词的内容之一,掌握了理据对理解词义、扩大词汇量的教与学以及二语习得都有促进作用。此外,还指出了探求词的理据的种种方法:结构分析法、同根比较法、造词法分析、词源考证法。

重视理论而不轻视应用,是《理论词典学》的最大特点。"描写性辞书教人理解语言,规范性辞书教人使用语言。"完整的辞书系列既是语言研究成果的最佳展示,也是语言应用的有效指导。本来,研究辞书理论就是为了指导编词典,编词典也是检验辞书理论是否正确,两方面的工作是可以形成良性循环的。

本书的第八章到第十二章是讨论了常见的语文辞书的编纂方法。包括学习词典、同义词词典、反义词词典、新词词典和义类词典。各章除了讨论收词、义项划分和注释方法之外,还讨论了各自的特殊问题。例如学习词典强调了元语言、语料库、语境和读者本位等理念;同义词词典着重于同义词辨析的项目和方法;反义词词典着重于反义词群的划分和排列;新词词典则对已经编出的词典做了动态考察。难能可贵的是这几章并非只是方法的列举,而是常常有些十分精辟的论述。例如关于同义词,书中说:"同义词存在的基础,不是指称同一对象……不是词义的全等。"(§9.1.2.4)"同义词存在的基础,受陪义影响……到一定程度,陪义就由附带意义的地位向基义的地位逐渐转化,最后促使词义改变,这就是词义内部不同性质义素转化的一种规律。"(§9.1.2.5)"在基义上有细微差别的同义词,正是同义词的主体,也是同义词的精华。"(§9.1.3)。关于反义词,则有如下说法:"共性义素,是反义词的语义基础。个性义素,是反义词的语义特征。""反义词的语用意义应该相对。"(§10.1.4)"音节整齐相对,是汉语反义词的形式特点。"(§10.1.6)关于网络新词:"既不能拒绝,又不能滥用,更不能乱用。有价值的,会被更多人使用,没有价值的,

会逐渐被使用者遗忘,所谓'词竞众择,适者生存'。"(§11.3.4)

本书的最后三章是对我国现代的三部大型辞书的评论。关于《国语辞典》,说它在收词、正音、定性、释义四个方面都能承前启后,创制注音符号,确认北京音,用白话文注释"简而不漏,浅而不陋",按音节顺序排列是重大创新,"虽然有些局限性,但是仍然是历史丰碑"。关于《现代汉语词典》,指出它发扬了中国历代辞书的优良传统,学习外国词典的先进经验,"不仅耸立于中国辞书之林,而且闪耀于世界辞书银河。它是里程碑性的词典,主要的标志是:共时性、简明性、规范性、语文性"。其释义系统的"创新在于科学化、开放化、系统化",对于所标注的词性和各种陪义也多加赞赏。关于《汉语大词典》,肯定它作为大型辞书"是挺进辞书强国的第一个标志性的成果","是文化强国的顶梁柱,是集大成的精神产品,是软实力的硬指标"。这些评价都是准确的,既肯定成就,也指出不足;既尊重历史,也能鼓励后人。关于这几部辞书的不足,我很欣赏其中的一段话:"口语词,各词典收集得不够。口语,是语言的基础,口语词典现有 8 本。应该从中选收较多的口语词。《现汉》口语词占总词条的 1.5%。《汉大》不应该低于这个比例,那么至少应该收 6000 多条。"(§15.3.2.2)应该说,现代语言学有别于古代语文学,最重要的就是从书面文献转向有声口语的研究。我想,词典不应该只教人读写,听说也得管。许多口语专用词很难写进文本,大中型的词典收口语词很少,接触社会口语不多的青年学生,尤其是南方人和外国人就难免欲学无门了。

除了"重理论而不轻应用",本书还有如下的几个"重而不轻":重外而不轻中;重今而不轻古;重共性而不轻个性。

中国的现代语言学得益于西方语言学的启发,"以英美为代表的西方辞书理论推动着中国辞书理论不断创新"也是事实。但对于中国辞书事业的两度崛起,作者也加以热情的赞颂,民国期间出版的辞书,每年平均 38 部,"掩映着国学余晖和西学晨曦";改革开放之后,迈入辞书大国阶段,平均每年出版 600 多部,"其中不乏耀眼的传世之作"。研究中国语言,编纂汉语辞书,还是要立足于自己的土地,面向身旁的社会生活,这是作者们都很清楚的。

同行们都知道,张志毅先生不仅是词汇学、语义学的顶级专家,对于传统的音韵、训诂、文字之学也有雄厚的修养。对于外国的语言学和辞书,不论是欧美或是俄苏,古今名家都如数家珍。语言文字伴随着人类的文明史,语言学史和文化史,源远流长。见到现今的成就和不足,都应该追思传统,"不废江河万古流",这就是我们应有的历史观。本书介绍了现代辞书日新月异的发展,也没有忘记回顾古典时期的中外名家的杰出贡献。不论是柏拉图、亚里士多德或是荀子、许慎,千百年来的灿烂群星让你看到了,语言的研究,辞书的编纂原来是一条波涛滚滚的不息长河。读过张志毅先生的论著都能打开广阔的眼界,得到历史寻幽的享受。

语言是人类共有的本能,也有许多共同的结构规律和演变规律,研究语言、编纂辞书应该有必须遵从的共性要求。然而语言文字又是不同的民族创造出来、使用开来的,由于自然环境、历史文化、思维方式的不同,势必打上民族的烙印。研究语言、编纂辞书也就有体现个性的要求。就汉语汉字而言,就有不少个性。《尔雅》首创的义类归并和词义说解,《方言》关于通语、方言的区分和词义比较的传统,《说文》所开辟的字形结构(部首)、字义归纳和字源考证方法,《切韵》所奠定的声韵调的结构分析和反切制度,都是针对汉语汉字的固有特点而形成的中文辞书的经典做法,至今还闪烁着它的光辉。本书所提到的许多汉语的特征也是很精确的,例如:自源词多、外来词少,借词之中意译的多、音译的少;核心的单音词多,双音的合成词多,词类活用多;词汇中的因汉字不同写法的异形词,文白读、别义异读造成的异读词;缩略语的双音模式、数字缩略的模型;基义、陪义、转义以及义位聚合、组合、命名理据各方面的民族性等。

《理论词典学》是一部与众不同的巨著。它的与众不同可以用两句话来表达——面向古今中外,纵横有致;登临理论高峰,一览无余。中国语言学的这种专论真是不可多得,有一批这样的专著,我们的语言学就可以与国际接轨,中国语言学家在世界上就能有自己的话语权。

本书是张志毅先生多年来组织设计的成果,也是他领着自己的伴侣和追随他的学生们辛勤劳作的成果。两位张先生都爱生如子,精心培育后学。没有课题投标,没有项目拨款,没有领衔主编,就靠着他的辞书学的责任感和使命感,靠着他们关爱青年的无私奉献精神,无意插柳柳成荫,让我们享受了这份柳荫下的清凉爽快。志毅精神是值得提倡的。他以中国语言学、词汇学、语义学、辞书学作为安身立命之所,如鲁东大海奔流不息,却没有惊涛拍岸、喧嚣一时。他不求功名利禄,埋头苦干,厚积而广发,循循善诱,诚恳待人,在同行之中,论为人他是谦谦君子,论学问他是无冕之王。

我和志毅先生只有十几年的交往,彼此都相见恨晚,一年见几次面也有谈不完的话题,我总是觉得他那里有学不完的东西。如今却戛然而止,无语而别。我只能用此文作为永恒的怀念,并希望年轻一代学者缘着这座悬梯,攀登张先生为我们指明的高峰。

李如龙
2014 年小满之日于香江吐露港之滨

目 录

第一章 辞书强国——辞书人任重道远的追求 … 1

第一节 我国辞书发展的5个阶段 … 1
- 1.1.1 辉煌阶段 … 1
- 1.1.2 新兴阶段 … 2
- 1.1.3 辞书小国阶段 … 2
- 1.1.4 辞书大国阶段 … 3
- 1.1.5 走向辞书强国阶段 … 3

第二节 辞书强国,人才必先强 … 3
- 1.2.1 世界辞书强国的领军人物 … 3
- 1.2.2 中国辞书人才的差距 … 5

第三节 辞书强国,理论必超强 … 6
- 1.3.1 辞书理论概况 … 6
- 1.3.2 辞书强国研究的热点理论 … 7

第四节 辞书强国的主体标志——辞书文本 … 14

第二章 世界语文辞书的思潮 … 17

第一节 实用主义 … 18
- 2.1.1 单语词典的实用主义 … 18
- 2.1.2 双语和多语词典的实用主义 … 19

第二节 描写主义 … 20
- 2.2.1 早期和晚期的描写主义 … 21
- 2.2.2 描写的内容 … 21

第三节 规范主义 … 22
- 2.3.1 规范主义的宗旨 … 22

目录

    2.3.2 规范主义的内容 ·· 22

    2.3.3 规范主义的原则 ·· 23

  第四节 历史主义 ·· 23

    2.4.1 历史主义及其内容 ·· 23

    2.4.2 历史主义代表作 ·· 24

  第五节 理性主义 ·· 24

    2.5.1 义类辞书的理性主义 ··· 25

    2.5.2 词源词典的理性主义 ··· 26

    2.5.3 一般词典的理性主义 ··· 27

    2.5.4 学习词典的理性主义 ··· 30

    2.5.5 基础词典的理性主义 ··· 30

    2.5.6 搭配词典、配价词典的理性主义 ························ 31

  第六节 功能主义 ·· 31

第三章 辞书的原型论 ·· 33

  第一节 辞书相关理论 ·· 33

    3.1.1 辞书理论的相关学科 ··· 33

    3.1.2 辞书理论流派 ·· 33

    3.1.3 语文辞书理论演绎相关辞书 ······························ 34

  第二节 辞书的原型论 ·· 34

    3.2.1 原型论 ·· 34

    3.2.2 中型语文辞书位于文化成果中心 ······················· 35

    3.2.3 推进词项系统的整体构建 ·································· 35

    3.2.4 推进词场内的词项选择 ····································· 36

    3.2.5 推进对词项内部多义项关系的新认识 ················ 37

    3.2.6 推动义项排列法的发展 ····································· 39

    3.2.7 推动义项语义特征提取法的进展 ······················· 40

第四章 语文辞书的编纂原则 ·· 42

  第一节 语文性原则 ·· 42

    4.1.1 解释词汇意义 ·· 42

  4.1.2 解释语法意义 ·· 44
  4.1.3 解释附属意义 ·· 46
 第二节 词汇学原则 ·· 49
  4.2.1 词汇单位的同一性、离散性跟词典的条目 ············· 49
  4.2.2 词汇系统性跟词典的条目 ································· 53
  4.2.3 基本词汇研究跟词典的条目 ······························ 54
  4.2.4 词价研究跟词典释义 ·· 54
 第三节 语义学原则 ·· 56
  4.3.1 语义学是语文性辞书的支撑点 ··························· 56
  4.3.2 语文性辞书对语义特征的选择 ··························· 57
  4.3.3 普通义位和学科义位 ·· 57
  4.3.4 义位变体的选择 ·· 58
  4.3.5 陪义的选择 ·· 60
  4.3.6 义域的选择 ·· 62

第五章 词位和条目 ··· 64
 第一节 词位和条目 ·· 64
 第二节 词位及其变体 ·· 65
  5.2.1 词形变体 ··· 66
  5.2.2 语音变体 ··· 67
  5.2.3 构词变体 ··· 68
  5.2.4 语法变体 ··· 69
  5.2.5 语义变体 ··· 70
  5.2.6 语用变体 ··· 71
 第三节 缩略语和条目 ·· 74
  5.3.1 缩略语概况 ·· 74
  5.3.2 缩略语共性和条目 ··· 74
  5.3.3 汉语缩略语的个性和条目 ································· 76
  5.3.4 结语 ·· 83

第六章 义位和义项 … 84

第一节 义位和义项的关系 … 84
第二节 词义的各种观点 … 85
  6.2.1 指称说 … 86
  6.2.2 观念说 … 86
  6.2.3 用法说 … 87
  6.2.4 因果说 … 87
  6.2.5 概念说 … 88
  6.2.6 反映说 … 88

第三节 多义词的语义结构和义项 … 89
  6.3.1 词位 … 89
  6.3.2 多义词词位内的义项 … 89
  6.3.3 多义词具有结构性 … 91
  6.3.4 多义词的梯度 … 92
  6.3.5 多义词的语义桥 … 93
  6.3.6 结语 … 98

第四节 义项的类型 … 98
  6.4.1 前人的义项分类结果 … 98
  6.4.2 义项内部的分类 … 102
  6.4.3 义项分类简史给人的启示 … 103
  6.4.4 义项分类的尝试 … 106

第五节 词类活用和义项 … 107
  6.5.1 词类活用在4个象限中的共性 … 108
  6.5.2 词类活用在历时纵轴上的共性 … 109
  6.5.3 词类活用古今质的规定共性——语用义 … 109
  6.5.4 词类活用的聚光点——表义共性:表动义 … 111
  6.5.5 "实用说"视角下的词类活用的古今数量差异 … 112
  6.5.6 词类活用深层结构的古今差异 … 112
  6.5.7 词类活用在词类上的古今差异 … 113

  6.5.8　词类活用在语体上的古今差异 …………………………… 114
 第六节　义位的模糊性和义项 ………………………………………… 115
  6.6.1　集合意义和义项 …………………………………………… 115
  6.6.2　模糊性的来源和义项 ……………………………………… 116
 第七节　义位的民族性和义项 ………………………………………… 122
  6.7.1　义位的普遍性和民族个性 ………………………………… 122
  6.7.2　基义的民族性和义项 ……………………………………… 123
  6.7.3　转义的民族性和义项 ……………………………………… 126
  6.7.4　陪义的民族性 ……………………………………………… 128
  6.7.5　义位聚合的民族性 ………………………………………… 131
  6.7.6　义位组合的民族性 ………………………………………… 132
  6.7.7　词的理据的民族性 ………………………………………… 134
 第八节　义位的组合义和义项 ………………………………………… 134
  6.8.1　义位组合义和义项的基本关系 …………………………… 134
  6.8.2　语义组合的变异和义项 …………………………………… 136
 第九节　义位的语境义和义项 ………………………………………… 148
  6.9.1　语境义的数量特征和义项 ………………………………… 148
  6.9.2　语境义的范畴特征和义项 ………………………………… 148
  6.9.3　语境义的表意特征和义项 ………………………………… 149

第七章　释义的原则 ……………………………………………………… 150
 第一节　整体原则 ……………………………………………………… 150
  7.1.1　宏观整体 …………………………………………………… 150
  7.1.2　微观整体 …………………………………………………… 151
 第二节　兼容原则 ……………………………………………………… 168
  7.2.1　释义的新趋势 ……………………………………………… 168
  7.2.2　指物的语义特征 …………………………………………… 169
  7.2.3　表意的语义特征 …………………………………………… 170
  7.2.4　范畴的语义特征 …………………………………………… 171
 第三节　等值原则 ……………………………………………………… 172

目录

- 7.3.1 等值 172
- 7.3.2 替换 174

第四节 元语言规则 174
- 7.4.1 元语言的趋势 174
- 7.4.2 元语言的使用规则 176
- 7.4.3 结语 186

第五节 理据原则 186
- 7.5.1 理据及其选择 186
- 7.5.2 理据类型的掌控 193
- 7.5.3 理据的分析法、探求法 197
- 7.5.4 《说文》对理据的选择 201
- 7.5.5 《说文》探求词的理据,其线索是多方面的 204
- 7.5.6 《说文》探寻词的理据的历史意义 207

第六节 四个传统原则:概括、简明、通俗、准确 209
- 7.6.1 概括原则 209
- 7.6.2 简明原则 210
- 7.6.3 通俗原则 210
- 7.6.4 准确原则 211

第八章 学习词典 212

第一节 学习型词典及编纂的基本理念 212
- 8.1.1 L2习得的新理念 212
- 8.1.2 元语言理念 213
- 8.1.3 语料库理念 213
- 8.1.4 语境理念 214
- 8.1.5 读者本位理念 214

第二节 学习词典的收词原则 215
- 8.2.1 以频率为主,参照通用度 215
- 8.2.2 不追求平衡原则 215
- 8.2.3 只收通用词 215

        8.2.4 词位常体立为主条 ……………………………… 215
        8.2.5 词条原型档次 ……………………………………… 216
    第三节 学习词典的义项划分 ……………………………………… 216
        8.3.1 常用义项多可细化 ……………………………… 216
        8.3.2 常用义可以划分出义项群核心义及其子义项 …… 217
        8.3.3 常用义项应该丰化 ……………………………… 217
        8.3.4 义项排列 ………………………………………… 218
    第四节 学习词典的释义 …………………………………………… 218
        8.4.1 适当照顾等值性原则 ……………………………… 218
        8.4.2 积极性原则或编码原则 …………………………… 219
        8.4.3 释义方式 …………………………………………… 219
        8.4.4 尽量少用括注 ……………………………………… 221
        8.4.5 学习词典的例证 …………………………………… 221
    第五节 外向型学习词典释义的优化 ……………………………… 221
        8.5.1 引言 ………………………………………………… 221
        8.5.2 对外汉语学习型词典释义的非优选方法 ………… 222
        8.5.3 外向型学习词典释义的优选原则 ………………… 226
        8.5.4 结语 ………………………………………………… 233

第九章 同义词词典编纂法 …………………………………………… 234
    第一节 同义词词典的收词原则 …………………………………… 234
        9.1.1 词汇系统相同 ……………………………………… 235
        9.1.2 同义词的语义条件 ………………………………… 237
        9.1.3 同义词的附属条件,在特定语境中互换 ………… 244
        9.1.4 同义词的附属条件,是语法意义的大同小异 …… 246
        9.1.5 同义词的逻辑条件 ………………………………… 248
        9.1.6 总括前文,得出三点认识 ………………………… 249
    第二节 同义词群及其划分 ………………………………………… 250
        9.2.1 同义词群的核心词 ………………………………… 250
        9.2.2 同义词群的划分 …………………………………… 251

第三节　辨析的单位 ………………………………………………………… 252
  9.3.1　两种单位，三种做法 ……………………………………………… 252
  9.3.2　以词位为辨析单位 ………………………………………………… 253
  9.3.3　以义位为辨析单位 ………………………………………………… 253
  9.3.4　主要是以义位为单位辨析，必要时兼顾词的完整性 …………… 254
第四节　辨析的方法 ………………………………………………………… 255
  9.4.1　以核心词为基点 …………………………………………………… 255
  9.4.2　凭语感辨析 ………………………………………………………… 255
  9.4.3　广集用例，运用归纳法 …………………………………………… 256
  9.4.4　结构分析法 ………………………………………………………… 259
  9.4.5　义素分析法 ………………………………………………………… 260
第五节　辨析的项目 ………………………………………………………… 262
  9.5.1　差别项目 …………………………………………………………… 262
  9.5.2　差别项目系统 ……………………………………………………… 263
  9.5.3　注重个性差别项目 ………………………………………………… 264
第六节　同义义场视角下的语文辞书释义问题 …………………………… 269
  9.6.1　重视共性和个性语义特征的提取 ………………………………… 269
  9.6.2　避免以词释词 ……………………………………………………… 271
  9.6.3　重视义域的选择 …………………………………………………… 272
  9.6.4　重视用例子完善释义 ……………………………………………… 273
  9.6.5　结语 ………………………………………………………………… 275

第十章　反义词词典编纂法 ………………………………………………… 276
第一节　反义词词典的收词原则 …………………………………………… 276
  10.1.1　反义词的词汇系统相同 ………………………………………… 276
  10.1.2　反义词的逻辑基础——不相容 ………………………………… 278
  10.1.3　反义词的语义基础——共性义素相同，
　　　　　个性义素相反、相对 ……………………………………… 279
  10.1.4　反义词的语用意义相对 ………………………………………… 281
  10.1.5　反义词的语法意义大多相同 …………………………………… 283

10.1.6　反义词的音节大多相同 ·················· 287
　　10.1.7　许多词没有最佳反义词 ·················· 288
第二节　反义词群的划分 ························ 288
　　10.2.1　两项式 ·························· 289
　　10.2.2　三项式 ·························· 290
　　10.2.3　反义词的大群宜分为小群 ················· 291
第三节　反义词群群内的排列 ······················ 295
　　10.3.1　群内的义序 ························ 295
　　10.3.2　群内的用序 ························ 295
　　10.3.3　群内的音序 ························ 296
　　10.3.4　群间的单序列 ······················· 297
　　10.3.5　群间的复序列 ······················· 297
第四节　反义词词典释义特点 ······················ 297
　　10.4.1　分清反义词的共性义素和个性义素 ············· 298
　　10.4.2　反义词释语的义素、义位应该严格相对 ··········· 298
　　10.4.3　反义词释语应该尽可能地反映出对应义位的细微差别 ····· 300
第五节　反义词词典的举例 ······················· 300
　　10.5.1　力求例子的对应 ······················ 300
　　10.5.2　示同和示差 ························ 301

第十一章　新词语词典编纂法 ························· 303
第一节　新词语词典收词原则 ······················ 303
　　11.1.1　新词语 ·························· 303
　　11.1.2　新词语词典 ························ 303
　　11.1.3　新词语词典收词原则 ···················· 303
第二节　新词语词典收词的趋势 ····················· 304
　　11.2.1　术语增多 ························· 304
　　11.2.2　外来词增多 ························ 305
　　11.2.3　港、澳、台及华语词增多 ·················· 306
第三节　新词语编年本的收词趋势 ···················· 306

第十一章 (续)

- 11.3.1 百科词语增多 307
- 11.3.2 同族词语增多 307
- 11.3.3 事件词语增多 309
- 11.3.4 网络新词增多 310
- 11.3.5 语文词和旧词新义偏少 310

第四节 旧词语义域的新变化 312

- 11.4.1 多少域的变化 312
- 11.4.2 伙伴域的变化 313
- 11.4.3 适用域的变化 314
- 11.4.4 义值的变化对义域的影响 316

第十二章 义类词典编纂法 319

第一节 义类辞书的源流 319

- 12.1.1 传统义类辞书 319
- 12.1.2 现代义类辞书 320

第二节 义类和科学类的分类体系 321

- 12.2.1 两种分类的体系性区别 321
- 12.2.2 两种分类对象和依据不同 322
- 12.2.3 两种分类的原则不同 322
- 12.2.4 语义分类比科学分类更需要照顾词性 324

第三节 义类辞书的词、义归类问题 324

- 12.3.1 词位的归类 324
- 12.3.2 义位的归类 325
- 12.3.3 义素的归类 325

第四节 增补词条及义项 326

- 12.4.1 增补的原则 326
- 12.4.2 增补举例 327
- 12.4.3 按系统增补 328

第五节 微观体例的参数调整 330

第十三章 《国语辞典》 ……………………………………… 332
第一节 国语运动和《国语辞典》的出版概况 ……………… 332
第二节 《国语辞典》的主要贡献 …………………………… 333
- 13.2.1 收词 ………………………………………………… 333
- 13.2.2 正音 ………………………………………………… 335
- 13.2.3 定形 ………………………………………………… 336
- 13.2.4 释义 ………………………………………………… 337
- 13.2.5 编排 ………………………………………………… 343

第三节 《国语辞典》的局限性 ……………………………… 344
- 13.3.1 未吸收当时国外重要成果 ………………………… 344
- 13.3.2 收词立目的原则,不尽科学 ……………………… 345
- 13.3.3 有些概念、用语、释义陈旧 ……………………… 345
- 13.3.4 释文用了较多文言,甚至用文释白 ……………… 345
- 13.3.5 释义及其术语有些不准确 ………………………… 345
- 13.3.6 偶尔有循环互注现象 ……………………………… 346
- 13.3.7 多处出现"非自足"弊病 ………………………… 346
- 13.3.8 注音未准确反映语言事实 ………………………… 346

第十四章 《现代汉语词典》 …………………………………… 347
第一节 中国语文词典的新里程碑 …………………………… 347
- 14.1.1 里程碑之一——共时性 …………………………… 348
- 14.1.2 里程碑之二——简明性 …………………………… 349
- 14.1.3 里程碑之三——规范性 …………………………… 350
- 14.1.4 里程碑之四——语文性 …………………………… 353
- 14.1.5 里程碑之五——常新性 …………………………… 355

第二节 《现汉》的释义体系 ………………………………… 363
- 14.2.1 基义 ………………………………………………… 363
- 14.2.2 陪义 ………………………………………………… 366
- 14.2.3 义域 ………………………………………………… 370

第三节 《现汉》的原型语义观 ……………………………… 373

14.3.1　同义词群的共核意义,是同义词群的原型语义 …………… 374
　　14.3.2　多义词的本义(基本义)是原型语义,转义是变体 ……… 375
　　14.3.3　言语中的语义点所围绕的一个义位,是原型语义 ……… 376
　　14.3.4　中心义素是其余义素的原型语义 ………………………… 378
　　14.3.5　字头义是原型语义,它在合成词中的语素义是变体 …… 380
　　14.3.6　母义项是语义原型,子义项是变体 ……………………… 380

第十五章　《汉语大词典》 ……………………………………………… 382
　第一节　《汉大》在世界同类辞书中的坐标 ……………………… 382
　　15.1.1　时间坐标 …………………………………………………… 382
　　15.1.2　规模坐标 …………………………………………………… 382
　第二节　《汉大》的显著性质——历时性 ………………………… 383
　　15.2.1　历时性的代表作 …………………………………………… 383
　　15.2.2　历时性的内涵 ……………………………………………… 384
　　15.2.3　词义的历时描述 …………………………………………… 385
　　15.2.4　书证的历时性 ……………………………………………… 389
　第三节　收词原则 ……………………………………………………… 390
　　15.3.1　收词原则的补充:以通为主,兼收别类 ………………… 390
　　15.3.2　各类别词收词细则 ………………………………………… 390
　第四节　调整词项,确立词位原则 …………………………………… 393
　　15.4.1　词位 …………………………………………………………… 393
　　15.4.2　词形变体 ……………………………………………………… 394
　　15.4.3　语音变体 ……………………………………………………… 395
　　15.4.4　构词变体 ……………………………………………………… 395
　　15.4.5　语义变体 ……………………………………………………… 395
　第五节　释义原则 ……………………………………………………… 396
　　15.5.1　语文性兼顾百科性 …………………………………………… 396
　　15.5.2　详解性 ………………………………………………………… 397
　　15.5.3　等值性/可替换性 …………………………………………… 399
　　15.5.4　解码兼顾编码 ………………………………………………… 399

15.5.5　一体描写原则 …………………………………… 400
　　15.5.6　系统原则 ……………………………………… 400
　　15.5.7　闭环原则 ……………………………………… 401
　　15.5.8　理据原则 ……………………………………… 401
第六节　例句 …………………………………………………… 402
　　15.6.1　例句的重要性和作用 …………………………… 402
　　15.6.2　上限书证偏晚 …………………………………… 403
　　15.6.3　下限书证偏早 …………………………………… 404
　　15.6.4　义例应吻合 ……………………………………… 404
　　15.6.5　书证待补 ………………………………………… 405
参考文献 ………………………………………………………… 406
后记 ……………………………………………………………… 412

第 一 章

辞书强国——辞书人任重道远的追求*

第一节 我国辞书发展的 5 个阶段

辞书,是文化大厦的顶梁柱之一,是文化的晴雨表。

辞书大业,惠及天下,功在当今,利在千秋。它是民族思想、科学、文化和语言的结晶,是国运的标志。我国的辞书事业伴随国运,走过了一条漫长而曲折的路。大致可以分为 5 个阶段:(一)辉煌阶段,(二)新兴阶段,(三)辞书小国阶段,(四)辞书大国阶段,(五)走向辞书强国阶段。后一阶段,还有一段遥远的路要走。差距表现在辞书人才、辞书文本,尤其是辞书理论方面,根据多个数据的综合,我们离辞书强国还有 50 年的距离。清醒才知不足,直追才缩小差距。

1.1.1 辉煌阶段

指先秦至清末,这是一段漫长历史,那时候国学独秀、佛学等西学绿叶在周围陪衬。国学的广袤沃土培育了近千种辞书。除去专书辞书,普通辞书也有 600 多种,而且形成了六大族群:

1. 词书,主要有《尔雅》及《广雅》《尔雅义疏》等雅系书 20 多种,《方言》及《方言类聚》等方言系列书 10 多种,《释名》及《释名疏证》等释名系列书多种。这些书,不仅对释义、解经、读书有协助作用,而且对全民族向共同语的核心意

---

* 本章为张志毅作。原名为"辞书强国"究竟有多远》,部分内容发表于《人民日报》2010 年 10 月 12 日。

义靠拢有着恒久的维系作用。

2. 字书，主要有《说文解字》及《康熙字典》等系列字书 200 多种。这些书，对单字、单音词、语素的定形、定义以及定音，对书面语的标准化，都有久远的规范作用。

3. 韵书，主要有《广韵》及《中原音韵》等韵书系列 40 多种。这些书，既是韵文用韵的总结和指导，也是读书音和共同语标准音的规范。

4. 目录，主要有《四库全书总目》及《增订四库简明目录标注》等目录系列书 20 多种。这些书，不仅能检索图书名称和要点，而且能指导阅读。

5. 类书，主要有《艺文类聚》和《永乐大典》等类书系列 50 多种。这些书，不仅能检索辞藻典故和诗词文句，而且能查考史实和事物掌故。

6. 政书，主要有《册府元龟》《文献通考》和《清会要》等政书系列 50 多种。这些书，不仅能检索古代政治经济等制度史，而且能查考文化、学术史料。

在世界辞书的漫长历程中，神州九域筑起了巍峨的光辉夺目的成群结队的里程碑。中华大地比英伦三岛，在早期辞书跑道上领先了 1800 年，汉语大型辞书《字汇》（明·梅膺祚，十四卷）与英语几本小辞书几乎同时在 17 世纪头 10 年前后出现了。

1.1.2 新兴阶段

指 1911 年至 1949 年。这一阶段，辞书出版的速度平均每年 38 部。其中掩映着国学余晖和西学晨曦。一方面《说文解字诂林》（正续 1530 卷）、《词诠》、《辞通》、《诗词曲语辞汇释》等显示着一缕缕的余晖，一方面《中华大字典》《辞源》《辞海》《国语词典》等射出一条条的晨曦，并且这晨曦预示着中国辞书事业从古老的辉煌转向现代的新兴。只是这个弯道上的障碍太多，在马拉松赛中，我们被远远地抛下了。

1.1.3 辞书小国阶段

指 1950 年至 1977 年。这一阶段，辞书出版的速度平均每年 125 部，是前一阶段的 3 倍。然而，其中缺乏耀眼的传世之作，只有《新华字典》作为新中国辞书的代表,在联合国辞书展览厅里一度谦虚地站在英美法德俄日等许多国家多部巨型辞书一侧。

1.1.4 辞书大国阶段

指 1978 年至 2000 年。这一阶段,出版的速度平均每年 600 多部,是前一阶段的 4.8 倍,而且其中不乏耀眼的传世之作,如《现代汉语词典》、《辞海》(1979)、《辞源》(1979)、《汉语大字典》、《汉语大词典》、《中国大百科全书》、《英汉大词典》、《俄汉详解词典》等。

1.1.5 走向辞书强国阶段

指从 2001 年至 21 世纪 50 年代前后。这一阶段,前十年已经有了良好的开端,后几十年需要做艰苦的大量的赶超辞书强国工作,分三节论述。

第二节 辞书强国,人才必先强

1.2.1 世界辞书强国的领军人物

学之兴废在人。① 典高,人为峰。辞书强国,首先强在人上。各辞书强国都拥有一批世界一流的博学的编纂专家。近三百年以来,他们足足排成长长的一个队列,形成全世界有影响的名家团队、梯队。仅举其中的领军人物(以生年为序)为例:

S. 约翰逊(Samuel Johnson,1709~1784) 牛津大学三年肄业,都柏林大学博士,英国文学家、一代文豪、词典之父,1775 年出版《英语词典》(2300 页,43500 条)。

N. 韦伯斯特(Noah Webster,1758~1843) 1778 年毕业于耶鲁大学。他的《美国拼写课本》发行 80000 多册,被誉为"美国文化独立宣言书",并且写过

---

① 黄侃,《国故月刊题辞》《国故》月刊,1919(1)。见《二十世纪的中国语言学》87 页(何九盈《二十世纪的训诂学》)。

许多英语论文。1828年出版了《美国英语词典》,上下卷,收70000条,比《约翰逊词典》多了27000条,释义也更准确、细致、清晰。

В. И. 达里(ДальВьадими Ивdanови,1801～1872)俄国语言学家,人种学家,作家。1866年出版《大俄罗斯活的语言详解词典》(4卷,20万词)。

P. A. 拉鲁斯(Pierre Athanase Larousse,1817～1875)法国语言学家,百科全书编纂家。他精通语法、修辞和历史。他的著述比巴尔扎克、雨果还多,影响最大的是《十九世纪万有大词典》(1866～1876,15卷,后有补编2卷,统称《拉鲁斯词典》)、《法语词典》。

K. 杜登(Konrad Duden,1829～1911)德国语言学家,辞书编纂家。1880年出版《德语正词法大全词典》(收27000词,17版收160000词,至今已出23版)。后来,出版了十卷本分类《杜登词典》及其他一系列《杜登词典》。

B. 库尔德内(Baudouin de Courtenay,1845～1929)20世纪语言学创始人之一,喀山学派创始人,博士,院士,身兼五所大学教授,高足有谢尔巴、维诺格拉多夫,对音位、语言系统性、语言联盟等研究有公认的贡献。对索绪尔有多方面影响。主编《达里辞典》三、四版。

H. 福勒(Henry Watson Fowler,1858～1933)英国文化学者,辞书编纂家。跟其弟弟一起编纂了一系列词典,其中最著名的《现代英语简明牛津词典》,自1911年出版以来,100年来一直畅销不衰,已经发行了11版。

Д. Н. 乌沙科夫(Дмитрий Николаевич Ушаков,1873～1942)苏联语言学家,院士,莫斯科大学教授,主编《俄语详解词典》(4卷)等词典。

B. B. 维诺格拉多夫(В. В. Виноградов,1894～1969)莫斯科大学教授,八个国家院士,语言学成就很多,《俄语详解词典》(4卷)虚词部分主编,科学院4卷和17卷本的编委之一,《普希金语言词典》编纂领导者。

С. И. 奥热果夫(Сергей Иванович Ожегов,1900～1964)苏联语言学家,词典编纂家,莫斯科等大学教授。谢尔巴、维诺格拉多夫的高足。《俄语详解词典》主要编者,《俄语词典》主编,《现代俄罗斯标准语词典》(17卷)编委,还合编了其他一些词典。

P. C. J. 罗贝尔(Paul Charles Jules Robert,1910～1980)法国文化学者,

辞书编纂家。1945年以后,编纂了著名的《罗贝尔词典》《小罗贝尔词典》《小罗贝尔第二词典》。

1.2.2　中国辞书人才的差距

中国只有吕叔湘等几位先生是现代学者兼词典编纂家。我们要培养出这样一流人才,至少需要40年。为什么要40年?跟这些世界名家相比,中国学者的差距在哪里?主要在三个方面:

知识结构、数量和水平。上列编纂专家首先是学者,他们精通语言学、语文学、文学、文化学、历史学或科学技术,精通多种语言,他们是名副其实的博士、多所名校的教授、科学院院士。他们在辞书之外,大多数都有重要论著传世。我们的许多辞书编者,上档次的论著一项也没有。

创造能力。个人的创造能力,一部分靠天赋,一部分靠社会。近几百年,中西个人的创造能力的差异,主要在于社会。《英语词典》产生(1775年)前后的时代,西欧是文艺复兴之后,启蒙思想兴起。当时的社会,给科学创造提供了6个社会性的基石:(1)民主自由的环境;(2)多派新兴哲学共存互补;(3)多元先进文化互惠互利;(4)多种新的自然科学和社会科学竞相发展;(5)科学的理论思维处于主导地位;(6)以创新性为本的教育普遍展开。因此,许多领域取得了重大成就,辞书界也不例外。在宏观上,辞书界出现了实用主义、规定主义和描写主义三种主要思潮,同时也创造了百科、语文和专门的不同类型的现代辞书。在微观上,他们把词义分解为基本义、附属义和语用义。韦伯斯特把约翰逊的贡献和牛顿在数学上的贡献相提并论。而韦伯斯特则被誉为"美国语言之父"。当时的中国,同类学者有戴震、钱大昕、桂馥、段玉裁、王念孙、王引之、朱骏声等,他们正处于国学的乾嘉初期,崇尚实学、朴学或考据,轻视义理、推理,无视新科学。因而当时他们那一代的成果只限于国学继承类的,如《康熙字典》《十三经注疏》《大清会典》《说文解字义证》《说文解字注》等。

大业精神。约翰逊、韦伯斯特一系列学者对于辞书研究和编纂,不仅把它作为工作范围内的职业,也不仅把它作为整个一生的事业,而且把它作为几代人的大业——经国大业、百年大业、千秋大业。职业精神,对大业稍有帮助;事业精神,对大业大有帮助;只有大业精神,才能确保完成经国济世的千秋大业。例如《牛津英语词典》,1858 年筹备,26 年后即 1884 年出版第 1 卷,再 44 年后即 1928 年出齐 12 卷,又 6 年后即 1934 年出第 13 卷《补遗》,40~50 年后即 1972 年、1976 年、1982 年、1986 年分别出了 4 卷《补编》,最后 1989 年出正补合集 20 卷。终极规模是,21000 页,500000 条词,2400000 条书证。历时 131 年! 数易主编,五代接力,千余人参编。数历王权更迭,几经战火,尤以一战、二战为甚。乱中求治,火中生莲。唯此,方铸就百年千秋伟业! 伟哉! 大哉! 大业精神! 多代百折不挠的人文精气,秉承的正是国魂——宁可失去一个印度,也不愿失去一位莎士比亚。

第三节 辞书强国,理论必超强

1.3.1 辞书理论概况

在多种现代科学,特别是语言学的推动下,从 20 世纪 60 年代前后,欧美词典学进入了现代科学行列。仅仅是《法语宝库》到 1969 年就用现代理念和手段搜集相关语言学资料 50000 多篇/部。现代辞书科学新理论的产生,强国主要通过 5 条途径:升华、继承、借鉴、移植、创造(爱因斯坦:思想的自由创造)。

他们的辞书编纂科学理论起码具有下列 6 个特性:(一)理性,(二)本质的整体性,(三)内在的逻辑性,(四)多维的系统性,(五)结构的和谐性(这是爱因斯坦强调的),(六)多元论(奥地利籍伯克利加利福尼亚大学教授 P. K. Feyerabend/费耶阿本德的主张),而不是一元论(Th. 库恩的观点)。从编纂实践上升为理论,必须经过范畴化(categorization)。Lakoff(1987:5)认为"对我们的思维、感知、行动和言语来说,再没有什么东西比范畴划分更基本的了。"范畴是知识网络的网结,是认知的枢纽,是理论的支撑点阵。范畴体系,就是理论。如何范畴化? 辞书强国主要通过 6 种程序:经典范畴化,原型范畴化,提取最主要的区别特征,用最简明的词语、公式或模型表达范畴特征或属性,借助多种思维方式,尽可能杜绝一切直觉、内省简单枚举。

我国辞书理论研究的成果现状,可以概括 4 类:(一)综述型。对前人(古、今、外)理论予以介绍、归纳、概括、总结,并举例说明。(二)跟踪型。对前人(主要是外国的)某一理论予以阐释、分析、应用——描写、解释某些现象。(三)创新型。在前人基础上提出新观点(如理念演绎辞书、同场同模式等)、新原理、新规律或新法则等。(四)引领型。提出新理论,国内外许多学者引用、赞同。我们的现状是:综述型、跟踪型较多,创新型很少,引领型尚未出现。

国内辞书界有真知灼见的人很少,许多人还是盲人骑瞎马,瞎子摸象,问道于盲,瞽者论日。于是不可避免的,在一定范围内便形成 5"瞎":编纂者瞎编,编辑者瞎审,出版者瞎出,读者瞎买(尤其在二渠道市场,辞书像洪水猛兽般地扑来,买卖者都以钱为中心),评论者瞎评。已经达到令人目不忍睹,耳不忍闻的地步。

在这般情况下,必须极力倡导:理论先行。

一个国家,要富强,理论必须先行。英国从封建王朝跃进到"日不落"帝国,导源于亚当·斯密的《国富论》。英国曾经做过民意测验:现代英国打败入侵之敌的首要功臣是谁?多数人的答案:不是国王,也不是首相或元帅,而是亚当·斯密。

同理,辞书理论,是辞书科学动力的第一要素。只有辞书理论,才能增加辞书科学的知识总量。这正如一位哲人说过的:"科学从根本意义上说就是理论"。

1.3.2 辞书强国研究的热点理论

要成为辞书强国,辞书原创理论必须先行,尤其是必须输出领先的辞书理论。必须树立新观念:理念演绎辞书,理念领跑辞书,理念提升辞书。否则,辞书只能在低层次上循环。现代辞书编纂,首先不属于经验范围,而属于理性范围。《法语宝库》主编伊姆斯认为"搞不好词汇学也不能搞好词典学"。当前辞书强国研究的热点理论有 12 个:1. 实用主义、规范主义、描写主义六种主导思想及其有机结合问题;2. 解码词典和编码词典的对比和融合问题;3. 传统释义方法、新兴释义方法及其综合问题;4.辞书元语言研究及其应用;5.语料库研究及其应用;6.辞书的信息处理与计算词典研究;7.辞书编纂现代化和辞书的电子化研究;8.辞书网络化研究;9.语言和各种知识词典化研究;10.国际辞书比较研究;11.读者需求研究;12.各国辞书史研究,先进经验吸收和借鉴研究。限于篇幅,这里只能简单谈谈前5个问题。

1.3.2.1 六种主导思想及其有机结合问题

(1) 实用主义。世界各国最早的辞书"难词词典""双语词典"都凸显了实用主义,后来以"学习词典"为代表的一些辞书也在不同方面和程度上体现了实用主义。辞书的"实用"有多种:读经、释难、翻译、正音、正形、辨义、识字、用词、选词、查考、推广标准语……一本辞书最好突出一两个"实用"目的,适当兼顾其他。

(2) 规范主义(或规定主义)。规范,就是标准化,是对实用、描写的积极规约,是各国古今共同语的社会性需要。《英语词典》(约翰逊)、《法兰西学院词典》、《俄语详解词典》、《俄语词典》(奥热果夫)、《俄语词典》(科学院)等等辞书都贯彻了规范主义。它们显示了多种规范原则:非逻辑原则(不能用狭义的逻辑苛求活生生的语言),历史原则(承认语言的历时演变),习惯原则(从俗从众),系统原则(兼顾个体及其相关系统),科学原则(合于历时和共时学理或规律),功能原则(最能体现语言的功能的单位是首选),权威原则(权威的文本、用法常被公认),刚柔原则(语言要素的取舍、推广范围等都要注意刚柔),民族原则(外来词多民族化),国际原则(术语宜国际化),准确原则(能指应无偏差),经济原则(用较短的形式反映较多的内容)。历史告诉我们,上述这些原则,都是互相关联的。少数是双向关联,多数是多向关联。一本辞书常兼顾几个原则,适当照顾其余。

(3) 描写主义。韦伯斯特《美国英语词典》和《韦氏第三版新国际英语大词典》等词典以描写为主,兼顾实用和规范,描写给实用提供了多种可能性,给规范提供了标准化的广泛基础。强国辞书中的描写,都尽可能地反映语言单位的5方面情况:(1)词音——语音常体及变体,现代标准音,古旧音,方俗音,书面音,口语音,重音,轻音,变音;(2)词形——词形常体及变体,古旧形,方俗形,常用形,罕用形,讹误形;(3)词义——词义常体及变体,现代语言义,古旧义,方俗义,常用义,罕用义,言语义;(4)语法——词的语法常体及变体,词性及其活用,常规及变异形态,句法标准功能及变异;(5)语用——词的语用常体及变体,音形义的修辞用法,从言语向语言的过渡用法。

(4) 历史主义。19 世纪 70 年代出现的青年语法学派正式提出历史主义,强调语言是随时间变化的现象。辞书的历史主义,主要体现在多个方面:收词求全,词形尽录无遗,词音古读、今读、异读等尽列,适当反映词族史,书证依据时序,释义遵照历史原则。代表作有:《德语大辞典》(格林词典)、《牛津英语词典》、《日本国语大辞典》、《汉语大词典》。它们都具有特别明显的词库性和研究性。

(5) 理性主义。这里的"理性"和"理性主义"都是广义的:是指在思想文化各领域推崇符合科学逻辑思维,反对神秘主义、信仰主义、直觉主义等非理性主义。辞书的高低悬殊,主要在于设计师的理念。理念的不断更新,推动了辞书的不断发展。理性主义辞书中小型的代表作,主要有:简明牛津词典、小罗贝尔词典、俄语词典、现代汉语词典,还有现代的义类词典、词源词典等。它们都是在现代词汇语义学驱动下产生的,都突出了多维理念、整体理念、元语言理念、语料库理念等等。

(6) 功能主义。在语言学和哲学影响下,词典学的功能主义,自 20 世纪 40 年代以来,一直在形成和完善着。其突出代表是英、法、德、美、俄、日等国家出版的多系列学习词典。它们至少包括以下功能理念:用户本位,功能词典(functional dictionaries 代表语言的样本,再现语言模块),编码(注重语言的生成),用法中心论,注重语法(词法和句法)功能、语用功能,虚词释义更注重其功能和分布特征,语料库的产出和验证功能,元语言简化,义项简化、细化,配例注重语用示范,把繁难语法描述变为简明公式,尽可能实现语言的交际、表达、描述等多种功能。

一本好的辞书,不可能同时平均用力贯彻六个主义,而是以一个为主,兼顾一两个。

1.3.2.2 解码词典和编码词典的对比和融合问题

比起解码词典,编码词典至少有 8 个要素:(1)二语习得的新理念,(2)词目、义项的常用性,(3)义项划分的精细性,(4)释义中心的凸显性——词的用法,(5)元语言的可控性,(6)释义的综合性,(7)例证的语用性,(8)语料库的本源性,(9)读者本位性。本节只简要论述 1、2、3、4、7、9 各点(余者容后文论及)。

(1) 吸收了二语习得新理念

双语词典是学习词典的前奏。促使学习词典产生的第一个理念,就是 L2 习得的新理念。二战以后学习英语,成了战后的当务之急。因而产生了学习英语的新理念——把词作为语义、语法、语用统一体,突出语用,提示惯用法。L2 习得的转向,强调在正确性(correctness)基础上更突出得体性(appropriateness),于是 1948 年演绎出世界上第一本外向型、学习型词典——*Oxford Advanced Learner's Dictionary of Current English*(《牛津高阶当代英语学习词典》由 Hornby 主编)。20 世纪 70 年代进入信息时代,英、法、美、德、俄中涌现了十多套编码词典。中国至今没有一本理想的编码词典。

(2) 词目、义项的常用性,编码词典中的常量、变量和足量

词汇是变量,词汇核心是常量。各种、各类、各层次的语言交际,都共有一个基础词汇常量——约三五千个词。这个量,基本可以读懂、听懂书面语和口语。例如,根据 Fries 统计,英语常用词 4000~5000 个占书面语用词的 95%,最常用词 1000 个占书面语用词的 85%。(《词典编纂的艺术与技巧》301)掌握汉语 3000 常用词,就能懂得一般语言材料的 86.7%。(《现代汉语频率词典》1490)由此演绎出《基础法语词典》《基础英语词典》《常用词词典》《教学词典》等。这些常量,是学习词典的主体或核心。

词的基本语言意义是词义的常量,词的言语意义即语境意义是词义的变量。学习词典以描写词义的常量为主,也要照顾词义的变量。

义素也有常量和变量之分。义素常量指核心基本义素,义素变量指非核心非基本义素即次要并受语境制约的义素。对一个一个词位及其义位来说,

这个变量常因人、因时、因地、因事而变。就一个义位来说，义素少的有两个，多的有五六个，再多的有十来个。从变量义素中找出常量，这是学习词典编写者的责任。义素在学习词典里有3个量：超量，足量，非足量。超量，就是给出的义素过多；只有释文中必要的语义特征，那才是足量；没有满足释义必要的语义特征，那就是非足量；义素变量中的常量，多数情况下只有3个左右语义特征。

足量，就是最显著的、最具有区别性的、最容易感知的语义特征。其中既有事物本身特征的显著性因素，也有人们认知时注意点的因素，更有义位自身的义素特征。学习词典编写者同时注意提取这3个因素，并同时赋予最佳的表述。

（3）义项划分的精细性——吸收现代语义学成果

从19世纪20年代以来，洪堡特、密尔、索绪尔、萨丕尔、奥格登/理查兹、布龙菲尔德、吕叔湘、兹古斯塔、利奇、诺维科夫、莱昂斯等，对词义渐渐产生了二分观、三分观、四分观、七分观等。义位主要包含5个要素：第一是所指或外指意义（指物、指概念/观念等），第二是系统价值或内指意义（跟相关词的义差、用差等差别），第三是各种附属意义（理性的、感情、语体、语域、时空的等等），第四是语法意义（词性、结构、变化、功用等），第五是语用意义。这些现代语义理念，不仅先后演绎出《简明牛津词典》(1911)、《小拉鲁斯词典》(1948)、《俄语词典》(1949)、《现代汉语词典》(1960)、《小罗贝尔词典》(1972)等词典，而且被编码词典充分吸收并全面推进。

（4）释义凸显词的用法——吸收语用学成果

20世纪从房德里耶斯到克鲁斯，有些人主张词义就是用法。乌尔曼仅仅称其为"操作定义"(operational definitions)。大哲学家维特根斯坦到后期对自己主张的"用法说"也产生了怀疑。现代语用学主流学者认为，用法不等于词义，仅仅是词义多要素之一，有的是词的语言义，有的是词的言语义。以此为中心，编码词典吸收了语用学的许多成果。诸如：适当增加词、语、小句等内词条，必须交代词语的语境义及义位变体，凸显词语及其意义常用项（舍弃罕用项），提示话语结构，礼貌用法等等。

(5) 例证的语用性,编码词典的新组合理念

组合,指的范围比搭配广,除了指词语搭配,还可以指语素之间、短语之间、句子之间及其内部语义的组合。解码词典给出的组合,多是短语;已有的编码词典给出的组合,多是句子。须要强调的是,编码词典不仅必须配以例句,而且必须给出例语。而例语又必须给出两类:常见的组合、特殊(习惯、受限)的组合。

组合理念的中心,主要考虑非离散语法所谓的语句的合格度和可接受度,此外还有常用性和完整性。而语境理念主要考虑自然完整语句的语境,即语句的语言语境和非语言语境。最佳语境给被释词的"待填空白",只能是一值(即被释词),不能是二值或多值(即被释词以外的词)。

(6)编码词典的读者本位性

编码词典把读者对象置于前所未有的高度,置于前所未有的中心地位。例如,选词立目、释义配例,学习词典都是以读者的编码及解码需要为轴心,首先是频率原则,其次才是词汇、词义系统原则。

综合性、语文性词典向积极的、学习型词典靠拢,吸取其释义优点。《简明牛津》新版和《朗文当代英语词典》就是尽量吸收了学习词典的优点,因此获得了极大成功。

1.3.2.3 传统释义方法、新兴释义方法及其综合问题

从古至今释义方法有下列 7 种:A)同义对释,B)反义对释,C)素义对释,D)短语对释,E)个性义征+上义/类义义位,F)叙述/描写物征、义征,G)用自然语言完整句子表述义征。ABCD 式,注重的是被释词和解释词的共性,惯用于解码词典,如《钱伯斯 20 世纪词典》许多地方用同义对释。而在编码词典及类似的词典中很少用或完全不用同义对释,如旧版《小罗贝尔》只占 15.02%,《现代法语词典》占 3.7%,《柯林斯英语词典》则完全取消了。EF 式属于分解释义,注重的是被释词的个性,对于解码词典和编码词典都是适用的,但是使用的限度不同:一般适用于解码词典的主条,广泛用于编码词典的主条和副条,但是在副条中还必须注明副条语义、语用个性。G 式一般不用于解

码词典,而用于编码词典,如《BBC 英语词典》《钱伯斯基础英语词典》《朗文 3》《柯林斯》(占该词典释义总量的 99%),但是不宜过多使用,因为用于自然语言完整句子中的词和被释词在许多情况下是不等值的,也就是语言系统的词位常常不等于"语段词"(言语语境中的词),个例遮蔽了类型,单一遮蔽了多样(多样信息、结构、搭配),基义遮蔽了陪义。总之,解码词典和编码词典的早中近期显示出的释义趋势是:从单一、分解、句子转至多式(ABCDEFG)综合。《麦克米伦英语学习词典》正向综合靠拢。

1.3.2.4 辞书元语言研究及其应用

元语言,一是指用来释义的自然语言的两三千常用词,叫"释义元语言"或"义元"(primitive);二是指代表义素的人工设计的语言,叫"形式语言""符号语言""语义标示语"等。

前一理念即"释义元语言"的研究,主要有两个问题:一是定量研究,选取多少个常用词?二是用少量的常用词如何表达复杂的释义内容?有时会出现,释文中的非常用词如何转化成常用词?强国在解决这两个问题基础上,演绎出了一系列词典,较早的有:1932 年奥格登和理查兹《基础英语词典》(释义词 850 个),1935 年威斯特《新方法英语词典》(释义词 1779 个,1961 版 1490 个),1971 年《法语宝库》(有限度地使用了元语言,见其《导言·释文的语言》),1978 年的《朗文当代英语词典》(以后各版,释义词都是 2000 个多一点),1995 年《柯林斯合作英语词典》(释义词 2000 个),2000 年《牛津高阶英语学习词典》(释义词 3000 以内),2002 年《麦克米伦高阶英语词典》(释义词 2500 个)。总之,用少量元语言,已经成为以学习词典为代表的词典释义主流趋势。据可靠信息,我们将在 2015 年出版一本用少量元语言释义的词典。未来的理想的汉语学习词典,应该用 4000 左右个常用词较为合适。在这方面,我们落后了 80 年。

1.3.2.5 语料库研究及其应用

语料库理念萌生于 1959 年伦敦大学语言学教授 R. Quirk,几年间建起涵盖多种语体的上百万字的"英语用法语库"。1961年美国布朗大学建起第一个机读的逾百万字的"布朗语库"。从20世纪80年代起,柯林斯等出版社和伯明翰等大学合作,创建了"COBUILD语料库""英国国家语料库",由此开发了《柯林斯COBUILD英语词典》《牛津高级学习词典》《朗文当代英语词典》《钱伯斯基础英语词典》等。

用语料库比用人工卡片具有许多优越性:不仅省时、省力、省钱、省物、便捷,而且具有鲜活性和广阔性,它提供了广阔空间让编者选择自然语言完整典型例句。因此,这些编者都不要自造例句,迫不得已时也只能适当改动例句。

就规模而言,词典用的理想语料库,其字节数量跟词典条目数之比,较合适的量应为10000∶1。例如,4亿字的平衡语料库,对于编一部收词4万条的辞书较为管用。就内涵而言,语料库必须含书籍和报刊,而且是多地域、多语域、多语体(以上三项至少包括10多个子项)、多作者(至少1000多)、多学科(70左右)的,一个或各个断代的。它们代表活语言的真实文本,由此产生的词典才能是活语言的缩印本。可惜,中国到目前既没有理想语料库,也没有一本来自语料库的真实文本词典。在这方面,我们比强国晚了近40年。

上述热点理论以1~5方面为代表的12个方面的研究,不是孤立的,它们受制于现代哲学、文化学、语言学、数理逻辑学、数学、计算机科学以及其他科学技术。因此,在这些方面要想赶超辞书强国,至少需要二三十年。

第四节 辞书强国的主体标志——辞书文本

我国现在的辞书品种、系列、数量、规模等,比起辞书强国还有较大的距离。百科全书、专科辞书自然有距离,语文辞书距离更大。

大型古今兼收的语文辞书,我们的《汉语大词典》比《牛津英语词典》起步晚了120年,收词少了13万条,订补和检索也落后了。

大型现代语文辞书,我们至今还没有一部,而每个辞书强国都不止出版一部。例如:法国早就有《法兰西学院词典》,20世纪50年代以后还有《大罗贝尔词典》《大拉鲁斯法语词典》《法语宝库》(1971年始出),德国有1935年始出《杜登词典》,俄国有1950年始出的《现代俄罗斯标准语词典》,美国有1953年《韦氏新世界英语词典》,日本有1972年始出《国语大词典》。平均比我们早50多年。

中型现代语文辞书,论数量,仅法国跟《现代汉语词典》(以下简称《现汉》)规模相当的就有近10本。论时间,《法语通用词典》《简明牛津英语词典》,比《现汉》分别早出版78年、67年。更令人瞩目的是,他们有长久的辞书品牌意识,培植时间长久的有:牛津系列250年,柯林斯系列190年,韦伯斯特系列180多年,麦克米伦系列170多年,拉鲁斯150多年。如果我们的《新华字典》《新华词典》等,算作"新华"系列,也只有几十年。品牌意识,平均比我们早100多年。

英语现代语文辞书,在1940年前产生了一个全新的理念——以用词为主的学习词典,并于1942年出版了第一部学习词典——《英语习语及句法词典》(即《现代英语高级学生词典》前身)。60多年以来,学习词典经过了三代发展,一年比一年兴旺,至今在英国已经出现了"五大天王"家族分庭抗礼的兴盛局面:牛津、朗文、柯林斯、剑桥、麦克米伦。以其起步的年代而论,比我们接近合格的"学习词典"早了60多年。

我们虽然在1992、1995、2005、2006年分别出版了几部"学习词典",但是都不完全符合学习词典的要求,大多徒有虚名,跟《现汉》的相似率超过一半。

纸本辞书之外,辞书强国在电子辞书、网络辞书、现代编纂技术方面,也领先50年。强国的纸本和电子辞书等产业规模远远超过我们,英国一个名社甚至一部名典的销售额,真可谓"富敌一国"。这"富"跟高稿酬是互为良性循环的物质条件,他们的稿酬平均是我们的60倍。这等无比的物质条件塑造了一群群顶尖人才,催生并滋养着一个个新理论,雕刻出一套套杰出的辞书文本。

总之,从人才、理论、辞书文本以及产业规模四方面取出平均值,我们离辞书强国还有50年左右的距离。

好在,我们国运正隆,盛世鼎新。盛世修典史不绝,辞书强国梦定圆。只有强国梦圆，才能适应"应用力"居世界第二的汉语（联合国 2005 年"调查报告"）和持续升温的"汉语热"：到 2011 年已经有近 100 个（2009 年底为 88 个）国家的 500 多个孔子学院（含孔子课堂 270 多个）、4000 多所大学以及 10000 多所华文学校共有 6000 多个班次、4000 多万人（其中注册的 13 万学员）在海外学汉语。汉语的广泛传播，必定从多方面反哺中国的辞书事业。

第 二 章

世界语文辞书的思潮

从原型论看,辞书的中心成员是最常用的中小型语文辞书,例如《简明牛津词典》《小罗贝尔法语词典》《俄语词典》(奥热果夫)《现代汉语词典》《新华字典》。辞书的次中心成员,是大型语文辞书(例如《法兰西学院词典》《牛津英语词典》《德语词典》《美国英语词典》《汉语大词典》)和常用的其他类型语文辞书(例如《常用词词典》《成语词典》)、中小型百科辞书(例如《辞海》)、普及的专科辞书(例如《语文知识词典》《语法修辞词典》《哲学辞典》等)。辞书的一般成员,是大型百科全书(例如《中国大百科全书》《不列颠大百科全书》)、高级专科辞书(例如《哲学大辞典》《中华实用法学大辞典》)。辞书的边缘成员,是不常用的有各种专门用途的辞书(例如《唐五代语言词典》《通鉴大辞典》)。以上这些等次的划分,主要有三条标准:它们所包含的文化知识有中心以至边缘的区别,它们在人们获得文化知识过程中的作用有早晚之别、主次之分,它们在人们获得文化知识过程中的使用频率有高低或多少的不同。本文论述的是语文辞书的中心和次中心成员。

世界辞书编纂的历史,已经有 3000 多年了。主要存在过六种思潮:实用主义,描写主义,规范(规定)主义,历史主义,理性主义,功能主义。六种思潮都必须把客体世界、科学、民族社会、历史、文化、政治、思想作为自己的宏观整体背景。

在历史上,六种思潮并不是截然分开的,也不是依次出现的,更不是同时出现的,而是在历史长河中大体有个出现次序,而一经出现至今都有生命力,只不过生命力的强弱有些区别。在某个历史阶段或在某一本辞书里,不可能同时平均用力贯彻多个主义,而常常以一两种思潮为主,兼顾其他。

第一节 实用主义

人类文明从畜牧时代转向农业时代,即青铜器时代,产生了辞书的雏形。任何一个民族最初阶段的辞书,都开始于经验、直觉和实用,即初始的实用主义。辞书的"实用"有多种多方面:启蒙、释难、交流(翻译)、读经、正音、正形、辨义、识字、用词、选词、查考、推广标准语,等等。

世界各国,最早体现实用主义的辞书,主要有两类:单语词典,双语或多语词典。

2.1.1 单语词典的实用主义

最早的有难词词典(glossary),也叫难语词典。例如《尔雅》,约于2300年前的中国战国时代开始编纂,秦汉间已经正式使用。还有:约在公元前1000年,印度编出第一批词典,其中主要是婆罗门教经典《吠陀经》难词注释。约在公元前5世纪,希腊人普罗塔戈拉斯编出了《荷马史诗难词表》。公元8世纪编出了《盎格鲁—撒克逊难字表》(拉丁语各行中间注上英语)。公元8世纪末—9世纪初阿拉伯语言学家西巴维伊希编出《真主的书》(为教徒读经解释难)。1623年科克拉姆(H. Cokeram)的第一本命名为《英语词典》的副标题就是《难词汇释》。

较早的有启蒙词典。例如《史籀篇》,约于公元前800年,中国周朝宣王时代已经编出;《急就篇》于公元前40年,西汉元帝时代已经编出。

还有方言词典,这里要说的仅是方言对照词典。东汉末年的扬雄编出《方言》,收词675条,按意义分编为13卷。英国赖特的《英语方言词典》6卷,1898~1905年出版,主要对照4种方言的10万个词。1951/1956年出版的陆志韦《北京话单音词汇》,1990年出版的徐世荣《北京土语词典》。1999年出版的《汉语方言大词典》5册,徐宝华、宫田一郎编,对照古今南北方言20万条词。

李荣主编的《现代汉语方言大词典》,按方言点分编40册,每册收7000~

10000 条词,平均 8000 条,各册共有的条目 4000 个。如张惠英《崇明方言词典》(1993)、贺巍《洛阳方言词典》(1996)等等。

方言词典包括方言间或标准语与方言间的对照词典,加上双语或多语对照词典,也统称交流词典。

2.1.2 双语和多语词典的实用主义

(1) 双语词典。早在 3000 年前,亚速人到了巴比伦(今伊拉克境内),看不懂苏美尔文字,就编了苏亚对照的最初的双语词典(常称 syllabary,即苏美尔音节文字)。英国的最早词典也是拉英对照的双语词典。欧洲 11 世纪编出了《阿拉伯·波斯语词典》,1596 年拉夫连季·济扎尼编出了《俄语注释斯拉夫语简明词汇》,1627 年巴姆瓦·贝伦达编出了《斯拉夫俄罗斯词汇》,后来约翰逊(Johnson)等编出了《波斯语-英语词典》、《阿拉伯语-英语词典》、《拉丁语-英语词典》。

中国的特殊国情决定了双语词典产生得较晚。到了唐代,才有和尚义净(635~713)编的《梵语千字文》(梵汉对照)。明代洪武十五年即 1382 年才有火原洁编出《汉蒙译语》,后收入明清两代总汇的《华夷译语》(含 30 多语种)。现当代各国双语对照词典,成千上万。

(2) 多语词典。例如,《拉丁语词典》是八种语言对照的,即用七种语言解释拉丁语。这类词典,较早的有 1073~1074 年突厥语学者马哈茂德·卡什加尔斯基编成的多卷本的《土耳其诸语言汇编》(该书 1912~1915 年才被发现,后在伊斯坦布尔出版)。1598 年阿达姆·韦列斯拉温编撰并出版了《拉丁语-捷克语-德语-希腊语词典》。1704 年俄国有《俄拉希三语大词典》。

俄国女皇叶卡捷琳娜二世(Екатерина Ⅱ Алексеевна,1729~1796,又译伽德邻等)她还是公主的时候就热衷编纂万国词汇,执政后动员国内外有关人员,并令俄国科学院院士彼得·巴拉斯(П. С. Пллас1741~1811)负责整理,于 1786~1787 年出版了《全球语言的比较词汇》,收集 285 个基本词,对应的语言有:欧洲的 51 种,亚洲的 149 种,共 200 种。该书第二版(1790~1791),由米里耶和主编,扩充为四卷,对照语言也增多了:亚洲的 185 种,欧洲的 52

种,非洲的 28 种,美洲的 15 种(多为美国总统华盛顿令州长和将军帮助收集的),总共 280 种。例如"姐妹"一词共列出 67 种语言的对应词,其中知名的语言依次有:波兰语、爱尔兰语、古希腊语、拉丁语、意大利语、西班牙语、葡萄牙语、近代法语、英语、日耳曼语、丹麦语、瑞典语、荷兰语、匈牙利语……还有一些方言。

西班牙僧侣罗林左·赫尔伐斯(1735~1809)编出《已知各民族语言目录及其编号和各种语言及方言的分类》(1800~1804 马德里版)汇集了 307 种语言的词汇,其中包括美洲印第安语言和马来-波利尼西亚语(分布于非洲马达加斯加岛、南美智利复活节岛、新西兰岛、台湾岛和夏威夷岛)。

18~19 世纪之间,产生历史比较语言学,促使辞书界出现了一批新成果:它们貌似语言交流对照词典,实际上是体现历史比较语言学的新成果。例如:

斯拉夫语言学专家弗兰茨·米克洛希奇 1862~1865 年出版了充满学术成果的《古斯拉夫语-希腊语-拉丁语词典》。

德国语文学家费克(1833~1916)的《民族分裂前印度·日耳曼基础语词典》,1868 年出版,第二版(1870~1871)改名为《印度日耳曼语系语言比较词典》,第三版(1874~1876)扩充为四册,第四版(1890)又更新了许多材料。

后来的以"学习词典"为代表的一些辞书也在不同方面和程度上体现了实用主义。一本辞书最好突出一两个"实用"目的,适当兼顾其他。

实用主义,老而不衰,时至今日又焕发青春。实用的理念,促使语文词典突出应用,正在吸收"句典"长处,通过典型句子说明典型用法,即具体语境中的词义或功能——语用意义。

第二节 描写主义

描写主义,是教人全面认识、理解语言,以解码为己任。曾经存在过早期的不清醒的描写主义,后来也产生了晚期的清醒的描写主义。

2.2.1 早期和晚期的描写主义

18世纪末以前,世人对语言的历时演变和共时分布还没有科学认识。因此,反映在词典上的描写主义,也不是科学的。例如阿拉伯语言学家的波斯人菲鲁扎巴季(1329~1414)编了一部描写辞典,名称叫《海洋》,其描写主要体现在它兼收了标准词、方言词、比较通用词、带诗意的新词,等等。

19~20世纪之间,德国新康德主义者 W. Windelbad(文德尔班)倡导跟"规范"相对的"描述/描绘/描写"理念,与此相关在几个学科兴起了科学的描写主义。描写主义辞书的代表作有:1828年出版的韦伯斯特《美国英语词典》,描写了美国英语的特点;《达里辞典》(大俄罗斯活的语言详解词典),1863~1865一版,1880~1882二版,收20多万条词,注重方言和口语、谚语和俗语,三(1903~1909)四版由库尔德内主编,增加2万条词;1961年出版的 P. B. Gove 的《韦氏第三版新国际英语大词典》,力求客观描写当代英语词汇,抛弃规范主义和历史主义。

2.2.2 描写的内容

这些描写主义辞书都尽可能地反映语言单位的5个方面情况:(1)词音——语音常体及变体,现代标准音,古旧音,方俗音,书面音,口语音,重音,轻音,变音;(2)词形——词形常体及变体,古旧形,方俗形,常用形,罕用形,讹误形;(3)词义——词义常体及变体,现代语言义,古旧义,方俗义,常用义,罕用义,言语义;(4)语法——词的语法常体及变体,词性及其活用,常规及变异形态,句法标准功能及变异;(5)语用——词的语用常体及变体,音形义的修辞用法,从言语向语言的过渡用法。描写主义的宗旨是全面、系统、客观记录活语言的真实情况(不是记录最好的语言),取材不限于典范作品,还有口语、广播、报刊、文艺作品等。"编词典的人只记录事实,他们无须有自己的思考,也不应该有自己的思考。"(赵元任,2002:890)查词典的人,可以从中找到某词尽可能多的信息:读音、形体、意义、用法及其变体等等。这一作用,常称为"镜子效应"(the mirror effect)。

描写给实用提供了多种可能性,给规范或标准化提供了广泛的基础。

第三节 规范主义

2.3.1 规范主义的宗旨

规范主义,也叫规定主义。规范,是一个历史范畴。在古代的语文学阶段,多半把语言看作古代圣人造就的不变的标准体系。近代、现代意义的规范,形成于17世纪初期,一直延续到今天。近现代早期,受欧洲新古典主义(neo-classicism)影响,辞书编者多以"立法者"自居,追求语言的"纯正、标准"。其辞书代表作有:1612年意大利科学院编出的《意大利语词典》,1694年初版的《法兰西学院词典》(法语词典,1638～1694编,它是法文捍卫者,建立一些语言使用规则,固定了法文的一些表达法,例如计数表达法),1755年初版S.Johnson的《英语词典》,1789年初版的《俄罗斯科学院词典》,1911年的《简明牛津词典》,1949年的《俄语词典》,1960年的《现代汉语词典》等等。规定主义的宗旨是保持语言的纯洁、正统、正确、稳定,扬弃偏误、谬误,取材于典范作品。梳理千变万化、千差万别的语言,分出正误,指导人们宗正匡谬。这一作用,常称为"梳子效应"(the comb effect)。

2.3.2 规范主义的内容

词典的规范主义,主要体现在"五定"等方面:(1)定词,多收标准语,少收方言、俗语、土语、俚语、术语、行话、时髦词、外来词等;(2)定形,定出标准词形,适当给出常见变体;(3)定音,定出标准音,有限度地给出口语音,一般不给出残留的方音、古音、旧音等;(4)定义,给出标准语基本的和附属的意义,一般不给方言义、古旧义、时髦义、术语义等;(5)定用,只给出标准语用法及用例,不给方言用法、古旧用法、时髦用法、术语用法等。过度的规范,曾经受到柏林科学院第一任院长莱布尼茨(G. W. von Leibniz,1646～1716)的尖锐批评。

2.3.3 规范主义的原则

文德尔班(W. Windelbad)及后来语文学者所倡导的规范,应该是科学的、符合历史趋势的,至少需要遵守下列12个原则:

(1) 非逻辑原则,不能用狭义的逻辑苛求活生生的语言;(2)历史原则,承认语言的历时演变;(3)习惯原则,多应从俗从众;(4)系统原则,兼顾个体及其相关系;(5)科学原则,合于历时和共时学理或规律;(6)功能原则,最能体现语言功能的单位是首选;(7)权威原则,权威的文本、用法常被公认;(8)刚柔原则,语言要素的取舍、推广范围等都要注意硬性规定和弹性幅度;(9)民族原则,外来词和用法尽可能民族化;(10)国际原则,术语、符号和用法宜国际化;(11)准确原则,能指反映所指应无偏差;(12)经济原则,用较短的形式反映较多的内容。历史告诉我们,上述这些原则,都是互相关联的。少数是双向关联,多数是多向关联。规范辞书应该尽可能兼顾上述原则。语言的标准化,是对实用、描写、变化的积极规约,是各国共同语的社会性需要。

第四节 历史主义

2.4.1 历史主义及其内容

17~18世纪的欧洲,在语言哲学中占主导地位的是反历史主义的"语言机械论"。深受康德等哲学思想影响的思想家和语言学家洪堡特极力反对这种思潮,他认为"语言的历时只是整个文化史的一部分","语言是一种活动(energeia),而不是一件已经完成的行为(érgon)。"他的功绩在于,促使传统语文学让位给科学的历史语言学。德国著名语言学家J.格林(又译格里姆),在19世纪就有一个著名命题:"我们的语言也就是我们的历史"。19世纪70年代出现的青年语法学派正式提出历史主义,强调语言是随时间变化的现象。辞书的历史主义,主要体现在6个方面:(1)收词求全:足本收各个历史阶段的专名之外的全部词语,反映词语的产生、发展、消亡、存活情况。(2)词形尽录无遗:始出形(年代),变体形(不同拼法,年代),通用形。以通用词形统领历史上各种变体词形。(3)讲究词音时序:古读,今读,异读,习惯读法、方音。(4)适当反映构词时序,即词族史:必要时给出某些同干词、派生词。(5)讲究书证时序:一个义项中的书证按早、中、晚(及更细的分期)排列,甚至注明年代。(6)释义历史原则有更丰富的内容:义序——原始义/本义/词源义、先后出现的各个引申义,历史义位及其变体,附属义,修辞义,语用义,语法义,历代的方言义,俗语义,术语义,行话义。

2.4.2 历史主义代表作

历史主义辞书代表作有:《德语大辞典》(格林词典)1838年开编,1854年出一卷,1960年出齐,1965年新版,共33卷,首创历史原则。《牛津英语词典》原来的名称就叫《依照历时原则的新英语词典》,1857年倡议,1884年出第一卷,1928年一版,1933年新版,1972~1986年补遗4卷,1989年出20卷,1.5万页,收词50万条,默雷等主编。《日本国语大辞典》20世纪60年代编,1972~1976出版,20卷,1.5万页,收词50多万条,200多万个例证。《汉语大词典》1975开编,1986~1994出版,13卷,收词37万条。

在历史主义思潮中,也产生了一些历史比较语言学词典。例如奥·贝特林格和鲁·罗特合编的《梵德大词典》(7卷,1853~1875出版,俄罗斯科学院彼得堡出版)。历史主义辞书都是收词在26万以上的足本,具有特别明显的词库性和研究性。

第五节 理性主义

这里的"理性",不是黑格尔哲学核心的"理性";"理性主义"也不是哲学史上的"唯理论"。这里的"理性"和"理性主义"都是广义的:是指认识的高级阶段和能力,是感觉、意志、情感等心理活动的升华,能用概念、判断、推理等进行的思维活动;更广义的是指这样的思想倾向或观点——在思想文化各领域推崇理性,反对神秘主义、信仰主义、直觉主义等非理性主义。辞书的高低悬殊,主要在于设计师的理念。理念的不断更新,推动了辞书的不断发展。历史的事实告诉我们:先哲的理念演绎出不朽的辞书,现代大师的理念演绎出现代样板辞书,当代新理念正在演绎各种新辞书。历史上的理性主义辞书的代表作,主要有以下几类:

2.5.1 义类辞书的理性主义

义类辞书也叫概念词典或题材词典,事物分类观念演绎出义类辞书。传统义类辞书,分类较粗,不便检索。如《尔雅》(编于2300年前的战国时代,定于秦汉)把2074条词,分为19类:释诂(多是古代同义词,177组)、释言(多是常用词,其中同义词234组)、释训(多是叠字,137条,同义词36组,另有非叠音的15组)、释亲、释宫、释器、释乐、释天、释地、释丘、释山、释水、释草、释木、释虫、释鱼、释兽、释畜。《通雅》(成书于1573年以后)分52类。《通俗编》(成书于1788年前)分38类。1920年中华书局出版的《作文类典》,把作文能用的古旧词语按国家、法律……人事、妇女等分为31类,附有部首索引。还有准义类词典,即所谓的"类书",如较早的、唐代的《艺文类聚》分46类,727小类。较晚的、清代的《渊鉴类涵》分43类,2536小类。类书,海纳古代各类事物,精选丽词骈语。以上这些义类,属于古典范畴,跟柏拉图式的知识分类没有本质区别。

现代义类辞书,分类比较科学。其语义分类,从哲学上继承了培根、圣西门和黑格尔等人的思维成果,从自然科学上继承了现代研究成果。1852年,具有现代科学头脑的、受到了现代语言学"联想关系"影响的、英国皇家学会会员罗杰特(Roget,P.M.)医生主编出版了 *Thesaurus of English Words and Phrases*(常译作《英语词汇宝库》,准确的译名应该是《英语词语和短语义类词典》),收256000个词语。因为科学、宏富,所以它150多年以来畅销不衰,1992年又推出第5版,至今已经印刷了100多次。后来,多国多次效仿该书:1859年罗伯逊(Robertson,T.)的《法语概念词典》、1862年波斯尔(Bossiere,P.)的《法语类比词典》、1877年以前桑代尔斯(Sundares,D.)的《德语词汇》、1881年施列辛(Schlessing)的德语《适当的词语》(1927年修订本改名为《德语词语及同义词手册》)、1934年德恩赛夫(Dornseiff, F.)《德语分类词典》(又译《按类义群划分的德语词汇》或《德语词汇的题材组列》,分20个义类)、1936年马奎特(Maquet, Ch.)《分类词典》、1942年卡萨雷斯(Csares, J.)的《西班牙语义类词典》(又译《西班牙语概念词典》)、1963年哈里格(Harlig, P.)和瓦尔特堡(Wartburg, W.)的法语《作为词汇基础的概念体系》、1981年《朗曼当代英语词库》等。在中国有:1982年梅家驹等的《同义词词林》、1985年林杏光等的《简明汉语义类词典》、1991年竺一鸣等的《俄语同义词词林》,近十几年又出版了几部《现代汉语分类词典》。

现代义类辞书,跟传统类义辞书相比,功用明确而突出——在"辞穷""辞乏"的时候,为寻辞、选辞等表达(写作、翻译、作文)提供一个备用词库,帮助提高一语或二语学习者的表达能力。正如罗杰特《宝库》副标题所显示的——本书的分类和排列对于思想表达和文学写作大有帮助。《德语词汇》也有近似的副标题:德语写作人人必备的修辞手册。语义类别跟科学类别,是理性思维下的两套体系。

2.5.2 词源词典的理性主义

对词的理据,自古以来就有两种观点:一种观点认识名称和事物之间具有内在或自然联系,名称取决于事物的本质(physei),这种观点叫"本质论"。以苏格拉底(Sokrates,公元前469～前399)、柏拉图(Platon,公元前427～前347)等为代表。中国战国中后期成书的《管子》说"名生于实"也属于本质论。另一种观点认为,名称和事物之间没有内在或自然联系,名称取决于人们的协商、约定习惯或规定(thesei),这种观点叫"规定论"。以亚里士多德(Aristoteles,公元前384～前322)和荀子(公元前313～前238)为代表。

本质论和规定论的争论,一直延续到近现代。词源词典从古到今都包含这两种思想。其中凸显人类的一种理性思维成果——词的理据。例如中国东汉末年,公元213年以前出版的刘熙的《释名》、公元1650年的《法语词源词典》(1694、1750再版)、1669年的《意大利语词源》(1685再版)、1721年的《通用英语语词源》、1769年的《瑞典哥特语词汇》(即词源大词典)、1854年德国语言学家弗里德里希·季次出版了《罗曼语词源词典》、斯拉夫语言学专家弗兰茨·米克洛施(F. miklosich,1813～1891,又译米克洛希奇)1886年出版了充满学术内容的《斯拉夫语词源词典》。

跟词源观念相关的,应该有中国东汉许慎高级理性思维的产物——《说文解字》(成书约于公元100～120年)。其理性主义主要表现在三个方面:(一)继承,主要继承了以孔子为代表的多位先哲对许多汉字微观结构的字源分析;(二)对足量材料的认识,许慎对成千上万个汉字微观结构、理据一个个分析、归纳、概括;(三)科学重构,许慎对汉字体系宏观结构的创造性的认识、思考、研究,产生了六书文字观,用540个部首统率万字,堪称千古创举,后来注解、研究《说文解字》的书有近300种,形成小学里的首位显学。总之,既有对材料感觉、经验,也有演绎、推理、创造,更有用思想重构科学世界。

2.5.3 一般词典的理性主义

其中的理性主义产生得较晚。因为真正的科学的词汇研究,在欧洲开始阶段是15～17世纪:意大利从15世纪中叶开始,法国、英国、波兰、捷克、匈牙利从16世纪开始,德国、丹麦、俄国、乌克兰、葡萄牙从17世纪开始。"这些欧洲新语言的研究工作的开展,同各民族文学语言的巩固和统一有着密切的联系,那是在对语言的规范性和反历史主义的理解的标志下进行的。"(汤姆逊 1960:117)

现代科学、现代语言学,特别是现代词汇学、现代语义学,促使现代大师产生了新理念——词汇系统、语义系统新观点,跟传统编纂法分道扬镳,因而演绎出具有系统观的现代样板辞书。在英国有《牛津英语词典》重要编者中两位的 H. W. Fowler/F. G. Fowler(福罗尔)兄弟1911年出版了《简明牛津词典》,至今已经出到第10版。在法国有 P. Robert(罗贝尔)主编的1972年出版的《小罗贝尔词典》。在俄国有《俄语详解词典》主要编者、《现代俄罗斯标准语词典》编委奥热果夫主编的1949年出版的《俄语词典》。在中国有吕叔湘主编的1960年试印的《现代汉语词典》,吕先生在《现代汉语词典编写细则》里详尽地阐释了中型现代汉语词典编写的崭新的系统思想,因此才演绎出《现代汉语词典》。

现代意义的语文词典和百科辞典的分野,应该始于 17 世纪末。1694 年第一次出版了分别代表两类辞书的姊妹篇《法兰西学院词典》和《工艺科学词典》(T. Corneille/科尔内耶主编)。它们早于《康熙字典》22 年,当时中国正在古典主义中爬向乾嘉高峰。而欧洲正处于文艺复兴时期之后,从古典主义进入到浪漫主义前期(1660～1798),语文性和百科性两类辞书带着新思想走出两条新轨迹。300 多年的事实证明,语文词典渐渐向百科辞典靠拢,增加科学因子,显出一定的兼容性。靠拢的步子有大小,兼容的程度有强弱。以收百科条目为例,《现汉》2 版占 25%,收 14700 条,1972 年版的《小罗贝尔》占 60%,1978 年的《小罗贝尔法语词典》占 21%。以释义的百科因子为例:对"红",《现汉》5 版只释出物色义"像鲜血的颜色",而《简明牛津》8 版除了给出物色义(血色至桃红或橘红),还给出光谱因子。正如 J.R. 赫尔伯特所说"词典编纂家已经把释义工作发展成为一门艺术……他们可以不求助于只对专家才有意义的术语而把词义解释清楚。"(黄建华等,2001:214)

20 世纪 70 年代,语言学及其相关的辞书学进入了新觉醒时代。80 年代,电子计算机使辞书界进入了一个全新时代。因此辞书编纂出现了许多新理念、新体例。简介如下:

2.5.3.1 多维理念

较早的词典都是两维的,现在已经发展到十维。请看下表:

维度	二	三	四	五	六	七	八	九	十
内容	词目+释义	二维+注	三维+例证	四维+语法	五维+语用	六维+文化	七维+词源	八维+相关词群	九维+图示

当代单语词典和双语词典,都演化为多维知识网络结构体系。其宏观结构包括篇幅容量(足本和非足本)、各类词语比例结构、释语要素及方式、例证的类别及标准。其微观结构包括词条的信息结构:语义基义为主,其余为辅——语义培义、语法意义、语用意义、文化意义及图示。

2.5.3.2 整体理念

19世纪末以来,哲学、心理学、语言学、辞书学等学科的主导思想,由原子论转向整体论。《简明牛津》《小罗贝尔》《小拉鲁斯》《俄语词典》《现汉》就是这一思潮的代表作。表面上看来,它们的词条都是按字母排列的,词汇整体处于分割状态,实际上词汇和词义有个内在的强化的有机整体。其整体观至少体现在下列方面:①宏观整体观-跟世界相联系;②相关条目的参见系统;③以词条为光源,适当辐射语义、语法、语用等相关信息知识;④词条和释语的意义等值;⑤词义和例证的功能等值;⑥在纯形式(音序等)编排前提下,适当兼顾词场整体,尤其是同、反、类义词;⑦通过词素立目,把相关词条或义项联系成整体,提供构成新词的手段和方法。

2.5.3.3 现代语义理念

辞书的释义,直接受现代语义学的推动。从19世纪20年代以来,洪堡特、密尔、弗雷格、索绪尔、萨丕尔、奥格登/理查兹、布龙菲尔德、吕叔湘、兹古斯塔、利奇、诺维科夫、莱昂斯等,对词义渐渐产生了二分观、三分观、四分观、五分观等。词义包含着如下要素:第一是所指或外指意义(指物、指概念/观念等),第二是系统价值或内指意义(跟相关词的义差、用差、语法差别等),第三是各种附属意义(感情、语体、语域等),第四是语法意义(词性、结构、变化、功用等),第五是语用意义(语境义、义位变体、常用、罕用)。其中第二、第三要素最应注意。反映出第二、三以及第四、五要素的,属于释义现代化。这些现代语义理念,先后演绎出《简明牛津词典》(1911)、《小拉鲁斯词典》(1948)、《俄语词典》(1949)、《现代汉语词典》(1960)、《小罗贝尔词典》(1972)。

2.5.3.4 元语言理念

元语言,一是指用来释义的自然语言的两三千常用词,叫"释义元语言"或"义元"(primitive);二是指代表义素的人工设计的语言,叫"形式语言"。

前一理念演绎出1978年的《朗文当代英语词典》(用2000个常用词释

义),后一理念演绎出 1982 年卡拉乌洛夫等的《俄语语义词典》(约计分析出 7800 个义素)。未来的汉语词典,义元应该用 4000 左右常用词较为合适。

2.5.3.5 语料库理念

语料库理念,已经产生半个多世纪。利用"英国国家语料库",开发了《柯林斯 COBUILD 英语词典》《牛津高级学习词典》《朗文当代英语词典》《钱伯斯基础英语词典》等。现代语料库必须含有断代(含几个时期)的、多地域、多作者、多学科、多语域、多语体的书籍和报刊,代表活语言的真实文本,由此产生的词典才能是活语言的缩印本。

2.5.4 学习词典的理性主义

现代英语坐着帝国的战车向国外扩张,当代英语搭载科技飞船向全球挺进。美英在 1938～1948 年已经拿走了诺贝尔奖项的一多半,于是学习科技、学习英语,成了当务之急。

这就促使产生了学习英语的新理念——把词作为语义、语法、语用统一体,突出语用,提示惯用法。外语习得在强调正确性(correctness)基础上更突出得体性(appropriateness),于是 1948 年演绎出世界上第一本外向型、学习型词典——*Oxford Advanced Learner's Dictionary of Current English*(《牛津高阶当代英语学习词典》由 Hornby 主编)。70 年代进入信息时代,英法美德中涌现了十多本学习词典。中国至今没有一本理想的学习词典。语文性词典应该向学习型词典靠拢,吸取其释义优点。《简明牛津词典》新版、《朗曼当代英语词典》在这方面获得了极大成功。

2.5.5 基础词典的理性主义

各种、各类、各层次的语言交际,都共有一个基础词汇常量——约 4000 左右个词。这个量,大体可以懂得一种语言。例如,根据 Fries 统计,英语常用词 4000～5000 个,占书面语用词的 95%,最常用词 1000 个,占书面语用词的 85%。(《词典编纂的艺术与技巧》301 页)掌握汉语 3000 常用词,就能懂得一般语言材料的 86.7%。(《现代汉语频率词典》1490 页)由此演绎出《基础法语词典》、《基础英语词典》以及多本常用词词典。

2.5.6　搭配词典、配价词典的理性主义

现代意义的搭配研究,标志应该是 20 世纪 50 年代 Firth 第一次提出科学概念——搭配(collocation),后来他的学生 Halliday 提出词语学(lexis)及相关的三个概念:词项(lexical item)、搭配、词语集(lexical set)。此后从语义、语法、语用的角度研究出固定搭配、典型搭配、常见搭配、特殊搭配等。同时,语料库也促使产生了一些科学意义的搭配词典:1968 年《BBI 英语搭配词典》,1984 年《现代俄语详解组配词典》,1992 年《现代汉语实词搭配词典》,1997 年《BBI 英语词语搭配词典》,2006 年《牛津英语搭配词典》。

法国语言学家 L. Tesnière(特斯尼耶尔,1893～1954)的依存语法,倡导动词核心说,以此为基础,20 世纪 50 年代初他把化学的配价理论引入语言学,渐渐发展出配价语法。德国语言学家 U. Engel(恩格尔)认为"配价是含有语义的句法范畴"。由这一理念演绎出了配价词典,如 1973、1974、1977 年出版了《德语动词配价辞典》《德语形容词配价辞典》《德语名词配价辞典》,1992 年出版了《英语配价词典》,中国也编了一部《德语配价词典》(华宗德等)。《动词用法词典》《现代汉语实词搭配词典》也包含了配价理念。

第六节　功能主义

布拉格学派,也称为功能语言语言学派。它在 20 世纪 30 年代鼎盛时期,就注重语言功能的研究。哲学到了 40～50 年代,提出功能主义,认为"文化产生的原因是需要,完成其功能就是满足需要,因而要了解一种文化,就要对它做功能的研究……这种观点反对历史主义……历史上的东西现在之所以为人们保存和了解,也是它们现在是有功能的。"(《哲学大辞典》修订本)到 70 年代,伦敦学派的主要成员、新弗斯派领袖韩礼德用 5 本书把语言功能学说推到了新阶段,全面研究了语言、言语变体、语言各级成分的功能。在语言学和哲学影响下，词典学的功能主义，自40年代以来，一直在充实和发展着。其突出代表是英、法、德、美、俄、日等国家出版的多系列学习词典。它们至少包括以下的新理念：1)由语言本位转到用户本位，为不同语别、级别用户编不同功用的词典；2)由传统的文化词典（cultural dictionaries）转到功能词典（functional dictionaries），后者代表语言的样本，再现语言模块；3)功用由解码为主转到编码为主，注重语言的生成、输出；4)由释义中心论转到用法中心论，全方位、多角度地揭示词的语义、语法信息，特别是语用信息；5)实词释义中注重语法（词法和句法）功能、语用功能；6)虚词释义更注重其功能和分布特征；7)充分发挥大型平衡语料库的产出（词目、词义、语法、语用和丰富例证）和验证功能；8)元语言由繁而简；9)义项简化、细化；10)配例由辅助释义转到语用示范，源于语料库，突出丰富性、典型性、样本性（语言输出样本）；11)繁难语法描述变为简明公式；12)尽可能实现语言的交际、表达、描述等多种功能，注重口语成分及表达。

结　语

在辞书编纂的历史上，一个主义一般不宜孤立地运用，常常是两三个主义结合。为了实用，在描写基础上规定，在规定主义指导下描写。三者适当结合，有主有次，常常产生多用词典。例如《俄语详解词典》（1935～1940出版，4大卷）由乌沙阔夫主编（因此又叫《乌沙阔夫词典》），维诺格拉多夫主编虚词部分（特别稳妥，普遍称赞）。其拼法、读法、重音、语法、修辞都合乎标准语规范，规范兼顾描写。《韦氏第三版新国际英语大词典》是以描写为主，兼顾实用和规范。《现代俄罗斯标准语词典》（科学院大词典，1938年编，1950年出一卷，1965年出齐，共17卷，收词从12万多增加到15万多）以规范为主，非规范者和构词、词源置于括号或备考，兼顾描写和历史。1969年W. Morris主编的《美国传统英语词典》在规范基础上描写。1989年陆谷孙主编的《英汉大词典》在描写基础上规范。20世纪40年代以来的多系列学习词典，都是以功能主义为主。有时，一个释义术语就反映了编者思想观点，如"也作"或"亦作"，是描写主义；"偶作"，是描写中带规范；"一般不写作"，是规范主义。两三个主义的结合，常常演绎出多功能词典。

第 三 章

辞书的原型论

第一节 辞书的相关理论

理论和思想是有区别的。理论是论辩思维,更具有理性;新理论,更富有前导性、推进性。

理论和实践永远是互动的,也许理论的牵引和推进作用更大。

3.1.1 辞书理论的相关学科

100多年,特别是近几十年来,辞书跟四十几个学科理论相关。例如:文字学、语音(音韵)学、语法学、词汇学、训诂学、语义学、语用学、语体学、方言学、语言教学、理论语言学、历史语言学、比较语言学、应用语言学、计算语言学、认知语言学、语料库语言学、翻译学、术语学、信息学、符号学、计算机科学、逻辑学和数理逻辑学、心理学、文学、教育学、社会学、历史学、文化学、人类学、民族学、民俗学、图书馆学、百科学、哲学特别是语言哲学、交际学、文献学、目录学、统计学、出版学等。总之,词典学跨学科的特点极为突出;词典编者是以词汇学、训诂学、语义学为骨骼,以其他相关学科为血肉的多基因的博识多通者。

3.1.2 辞书理论流派

几十年来,辞书本体理论发生了变化。在多学科和多类辞书推动下,当代辞书本体理论不断发展。主要流派有:词典本体论(含语篇论)、词典功能论(含工具论)、词典交际论、词典认知论(认知词典学)。传统的词典观是"词典工具论",近30多年出现的新观点之一是词典交际论——编者-词典-用户的

编用互动的交际模式。它以交际学为原理,强调"词典交际的社会文化性和跨学科性"。(曹杰旺等,2005)

3.1.3 语文辞书理论演绎相关辞书

30 年来,语文辞书新理论推动了中国语文辞书的实践。以引进的时间而论,主要有以下各项:

20 世纪 80 年代初期,历时大型语文辞书理论催生了两个"汉大",计算词典学理论催生了电子词典,搭配理论和配价理论催生了搭配词典和配价词典,语义场和语义分类理论催生了义类词典。

80~90 年代,同义词和反义词词典理论催生了一系列同义词和反义词词典,语义学理论推进了词典释义,系统功能语言学理论(强调多元系统论、多元功能论、多元层次论、多元语用论)推动词典的多方面发展,社会语言学(强调时空变异,尤其是社会变异)催生了历时、断代、规范及变异、描写多种词典。

90 年代初期,学习词典理论催生了一系列学习词典,90 年代末的元语言理论推进了释义元语言的研究和试用,语料库语言学促使词典语料极大丰化。特别是认知语言学原型理论推进了对辞书的新认识。本文着重讨论最后一个题目。

第二节 辞书的原型论

3.2.1 原型论

原型论(prototype theory),是对亚里士多德以来的经典范畴理论的革新。经典范畴理论是用事物固有的、共有的、充分的特征(features)定义事物,确定概念。而原型理论则用典型事物的属性(含心理认知)为中心描述事物。这是到了 20 世纪 70 年代罗斯(E. Rosch)等人在维特根斯坦(L. Wittgenstein)等人家族相似性理论基础上发展出的认知理论,到了 80 年代在语言学中的发展更为成功,90 年代被引入中国。

原型理论认为"我们的许多心理概念实际上都是原型","指被(多数人)认为是某一类或一组的典型的人或物"。(Jack C. Richards,2000:374)也可以指一个范例、典型性较高的成员、认知参照点或一个范畴的概念中心。范畴成员分中心、次中心、边缘。所有成员都共有部分属性,显出家族相似性,不同层次成员具有属性多少不等。属性也分中心的、边缘的不同等次。因为认知的目的不同,属性及其数量的选择也可以不同。《新牛津英语词典》(1998年版)较明显地体现了原型理论。

原型理论对语文辞书的认识和编纂有多方面推进作用。

3.2.2 中型语文辞书位于文化成果中心

在原型论视角下,文化成果或精神产品也应该分别出中心、次中心、一般、边缘等层次。其中心成果之一就是辞书。辞书的中心是最常用的中小型语文辞书,例如《简明牛津词典》、《小罗贝尔法语词典》、《俄语词典》(奥热果夫)、《现代汉语词典》。次中心成果是次常用的各种类型语文辞书(例如《常用词词典》《成语词典》)、中小型百科辞书(例如《辞海》)、普及的专科辞书(例如《语文知识词典》《语法修辞词典》《哲学辞典》等)。一般成果是大型语文辞书(例如《汉语大词典》《牛津词典》)、大型百科全书(例如《中国大百科全书》《不列颠大百科全书》)、高级专科辞书(例如《哲学大辞典》《中华实用法学大辞典》)。边缘成果是不常用的有各种专门用途的辞书(例如《唐五代语言词典》《通鉴大辞典》)。这些等次的划分,主要有三条标准:它们所包含的文化知识有中心以至边缘的区别,它们在获得文化知识过程中的作用有早晚之别、主次之分,它们在获得文化知识过程中的使用频率有高低或多少的不同。

3.2.3 推进词项系统的整体构建

一部中型语文辞书,是该民族共同语词汇整体的缩影。在原型论视角下,这个整体的成员也应该分别出中心、次中心、一般、边缘等层次。其中心成员就是根词,1943年 I. A. Richads(理查兹)在 *Basic English and its Use*(《基础英语及其用法》)中,提出850个词,到20世纪50年代美国语言学家 M.

Swadesh(斯瓦德士)在语言年代学观点下,提出 200 个词,还有提出 100、500 个词的。也许 500 个词更合适些。500 个根词是词汇的中心成员,占《现汉》总收词量的 0.76%。次中心成员,即围绕根词的是基本词汇(许多人认为相当核心词),针对历史比较语言学、语文教学论、语言结构论和词典学提出 2000 到 4000 个词,也许 3000 个词(含根词)更切合实际些,该数占《现汉》总收词量的 4.61%。一般成员,即一般词汇,《现汉》收了 25000 多条,占《现汉》总收词量的 38.46%。边缘成员,即词汇主流之外的"口、书、术、方、外、古、旧、新"各个支流系统,以其在《现汉》中的数量和比例大小排列如下:术语(含科技和哲社)15660 条,占 24.09%;新词语 3500 多条,占 5.38%;书面语(含公文和书信)3360 多条,占 5.16%;方言词 2000 多条,占 3.07%;旧词语 1100 多条,占 1.69%;古词语(含早期白话)990 多条,占 1.52%(严格说,这个比例数,不是现代汉语词汇系统的,而是《现汉》词项系统的,因为《现汉》根据备查目的才收入的这些古词语);口语词 750 多条,占 1.15%;外来词 680 多条,占 1.04%。总之,在原型论视角下,《现汉》的词项系统是以 3000 条根词和基本词汇为中心,以 25000 多条一般词汇为主体,以 8 个支流近 30000 条词语为边缘构建的整体。

3.2.4 推进词场内的词项选择

中型以上的词典编纂,最好"横编竖排",即按语义场的次序分工,成稿后按音序、形序或义序编排。在原型论视角下,在一个语义场内应该按中心成员、次中心成员、一般成员和边缘成员次序选择词条。例如在书信场中的"来信、回信"小场成员共有 30 多个,其梯次按频度排列如下:

中心成员:来信、回信。

次中心成员:来函、复信、回音。

一般成员:来书、来鸿、华翰、玉音、手谕。

边缘成员:大函、大札、鼎札、惠函、来翰、芳翰、尊翰、台翰、玉翰、瑶函、琅函、芳缄、芳信、芳札、朵云、钧谕、手教、海存、还翰、嗣音、裁答。

汉语中型词典应该收录上列中心、次中心和一般成员,最好再选收几个边缘成员。大型词典当然应该收录上列全部成员。可惜,《汉语大词典》并未全部收录。

3.2.5 推进对词项内部多义项关系的新认识

索绪尔认为,语言单位有聚合和组合两种关系。语义单位除了有聚合和组合两种关系以外,还有第三种关系:联想派生关系。(Mocka:Hayka,1973)索绪尔的高足巴利称之为联想场。

一个词的原始义靠着隐喻等多种联想,会出现第二次、第三次等多次编码,于是形成了多义词,即词典的多个义项。对辐射型和链条型的多义项,都可以运用原型理论找出中心义项、次中心义项和边缘义项及其间的相似性,也就是以共同义素为表征的语义桥(semantic bridge),其间的语义桥或相似性呈现出梯度。场论有三个基本量,一个是旋度,一个是散度,而最重要的是梯度,后者指场内连续量或程度的级差和差值。多义场内梯度有7种梯度模型:

(1) 多义项场内呈现出认知层次梯度:本义或基本义处于中心,是最先被认知的;引申义或比喻义等转义处于次中心以至于边缘,是稍后被认知的。

(2) 多义项场内呈现出相似梯度:从中心义项到边缘义项,义项之间的共同义素渐次减少。例如"窗口"依次有5个义项:①人们在墙等处造出的,用来通气、透光、看东西的框形空间。②窗口跟前(站在窗口远望)。③用作售票、挂号、传达的窗口。④比喻可以观察事物全局的有代表性的局部地方(如:特区是中国的窗口|眼睛是心灵的窗口)。⑤指计算机的文档窗口、对话框等应用程序。义项①和②之间的共同义素有5个:a.人们在墙等处造出的,b.用来通气,c.透光,d.看东西,e.框形空间。义项②和③之间的共同义素有2个:a.人们在墙等处造出的,b.框形空间。义项③、④、⑤之间的共同义素有1个:局部地方。

(3) 多义项场内呈现出认知时间梯度——符号和主次义位之间认知反应速度渐次加长:

从 tóu(头)想到"头部"义,是直义或第一性意义反应,假设需要 0.1 秒,那么想到各引申义是转义或第二性意义的反应,需要的时间可能分别为①"头发及其样式"0.2 秒,②"物体的顶端或末梢"0.3 秒,③"事情的起点或重点"0.4 秒,④"物品的残余部分"(铅笔头儿)0.5 秒,⑤"头目"0.6 秒,等等。

(4) 多义项场内呈现出认知细节梯度,从中心义项到边缘义项,义位的细节成分由少到多。如"嘴"的中心义项有 4 个语义成分:a.〔人或动物〕,b.〔进饮食〕,c.〔有时用来发声〕,d.〔器官〕;引申义"别多嘴"的"嘴"还得在"嘴"的 4 个语义成分之上再加 2 个语义成分——〔说的〕〔话〕;引申义"瓶嘴儿"的"嘴"还得在"嘴"的 4 个语义成分之上再加 3 个语义成分——〔形状或作用〕〔像〕〔东西〕。语义学把这种现象叫义位的义值丰度渐次加大。

(5) 多义项场内义位句法组合自由度渐次变小。从中心义项到边缘义项,就是从自由义位到非自由义位,其句法组合能力或习用范围由大变小,由强变弱。例如"看"的中心义位"使视线接触人或物"的后接成分多达 9 类:名宾(含受事、工具、处所),动宾,小句宾,动时量,动介,了着过,动结宾,结补,趋补。"看"的次中心义位"观察"的后接成分只有 7 类:名宾(含受事),动宾,小句宾,动时量,了着过,结补,趋补。"看"的边缘义位"看望"的后接成分只有 4 类:名宾(含受事),了着过,结补,趋补。(孟琮等,1987)

(6) 多义项场内义位词法组合能力渐次变小。从中心义项到边缘义项,从词法角度观察,就是从强势语素到弱势语素义,其词法组合能力由大变小,由强变弱。例如用"书"的中心义项"装订成册的著作"为语素义构成 70 个词语(义位);用"书"的次中心义项"书信"为语素义构成 17 个词语(义位);用"书"的边缘义项"文件"、"写字""字体"为语素义分别构成 8 个、7 个、7 个词语(义位)。(周士琦,1986)

(7) 多义项场内义位对语境依赖性渐次加大。从中心义项到边缘义项,从词的形式认知其意义,越来越依赖语境。例如听到"xian"(线)这一读音,看到"线"这个字,几乎不必依靠语境就能想到"细长的、随意弯曲的东西",即线绳的"线",这是它的中心义项。次中心义项"几何学上指点移动的图形",则依靠一定的小语境认知:"直线""曲线""斜线""面是线移动形成的图形"。次中心义项"交通路线",也至少依靠下列小语境认知:"干线""飞机航线""大巴走南线"。边缘义项"比喻细微"(量词,多用于抽象事物,常说"一线")必须依靠下列语境:"一线希望""一线光明""一线生机""一线红光"。

3.2.6 推动义项排列法的发展

已有的义项排列法分历史(时间)序列、频率序列、逻辑序列、词性序列(实→虚,主→次)等。根据原型理论,又演绎出认知原型序列。一词有许多义项的,从中选一个或几个认知原型义项。确定这个义项的条件或标准,是认知中具有突显地位的意义:较早认知的并有引导、代表作用的,处于认知的中心、主要位置,处于认知的基本层次,是常用、常见的意义。排在后面的义项认知较晚并无引导、代表作用,处于认知的外围、次要位置,处于认知的非基本层次,是不常用、不常见的意义。这样可以建构词项的新的多义结构体。进行这种新探索的词典有:《柯林斯合作英语词典》(2001)、《朗文当代英语词典》(2004)、《简明牛津英语词典》(2004,以下简称《牛津》)等。请看下列两组例子:

【杏】①杏树,落叶乔木,叶子宽卵形,花白色或粉红色,果实近球形,成熟时一般黄色,味酸甜。②(~儿)这种植物的果实。(《现代汉语词典》)

【Apricot】1. an orange-yellow soft fruit, resembling small peach. /橘黄色的软果,像小桃子。2. the tree bearing this fruit. /结有这种水果的树。(《牛津》)

【萝卜】①二年生草本植物,叶子羽状分裂,花白色或淡紫色。主根肥大,圆柱形或近球形,皮的颜色因品种不同而异,是常见蔬菜。②这种植物的主根。(《现代汉语词典》)

【Radish】1. a pungent-tasting edible root, typically small, spherical and red, and eaten raw. /一种具有刺激味道的可食用的根,典型的 radish 很小,红色,可生吃。2. the plant of the cabbage family which yields radishes. /长有这种根的植物。(《牛津》)

《现代汉语词典》比起《国语辞典》等较早的语文辞书,其长足进步之一,就是对其所收录的400多条有"植物"母体及其"子实"关系的义项,绝大多数都遵照植物生长的时间序列,第一义项描写母体(杏树),第二义项指明子实(杏儿),个别情况下把一二义项合并为一个义项的两个子义项,总之建构了"母子模型"。以此作为该类典型群的类名,把"萝卜及其根茎"、"植物及其种子"、"植物及其花、茎"等也归入其中。

《牛津》等新版词典则新建构了"子母模型"。它们不是遵照植物生长的时间序列,而是遵照大多数人的认知序列:大多数人较早认识或只认识杏儿这种果实、萝卜这种蔬菜,较晚或根本不认识杏树、萝卜这种植物。这样编排义项,便于读者从"凸显"认知"隐晦",从熟悉认知陌生,从已知认识未知。尤其是对第二语言习得者,更为方便。

3.2.7 推动义项语义特征提取法的进展

辞书义项中的内容选择是个较复杂的问题。这里以"萝卜"的释义为例,观察一下古今中外的变化和异同。

  A.《尔雅·释草》晋·郭璞注"蘆菔"、"紫花大根"。宋·邢昺疏:"今谓之萝卜是也。"清·王念孙《广雅疏证》引《唐本》云:"味辛甘温,捣汁主消渴,其嫩叶为生菜食之,大叶熟啖,消食和中。"

  B. 蔬类植物,茎高尺余,叶作羽状分裂,花色淡紫或白,根长,色白多肉,可食;别有红萝卜,皮红肉白,亦可食。(《国语辞典》)

  C. 十字花科。一二年生草本。肉质直根呈圆锥、圆球、长圆锥、扁圆等形,肥厚多肉,白、绿、红或紫色等……(省略号的内容有:叶、花、性能、产地、类型、功用)。(《辞海》)

  D.《现代汉语词典》(释义见前文)。

  E.《牛津》(释义见前文)。

对"萝卜"的释义,A 类囿于古代,仅管见所及,郭璞只言及部分形态,王念孙只引述了部分性能。B 类已有近代语文观念,释出较多状态。C 类已有现代百科理念,详尽给出客观物体的类别、形态、性能、产地、类型、功用。D 类已有现代语文词典理念,选择并给出词语的必要语义特征,即义征,而不是物性。吕叔湘先生认为,"外界事物呈现无穷的细节",单词意义"保留一部分,放弃一部分","一部分显示,一部分暗示"。(吕叔湘,1980)E 类已有现代语文词典原型论思想:其一,在多种萝卜中选出典型群;其二,在多种味道中选出"有刺激";其三,在多种形体中选出"很小";其四,在多种颜色中选出"红色";其五,在多种功用中选出"可生吃";其六,在多种上位范畴中选出认知的基本范畴——植物"根"。这 6 项就是选出最典型的事物特征作为语义特征,最少量的,必不可少的,最有区别性的,最简明的。这就是原型论在选择义素这一层面上的新进展。它显示了词义(义位/义项)反映了以典型成员为中心的原型范畴,使释义思想从结构主义语言学转到认知语言学,从客观主义范式转到非客观主义原型模式。

第四章

语文辞书的编纂原则*

第一节 语文性原则

辞书的语文性,是对百科性或专科性而言的。

语文性表现在许多方面:收词,立目,注音,释义,举例,用法说明等等。这里不必一一论述,只想拿《现代汉语词典》释义做典型,说明语文辞书的语文性原则。

不同类型的辞书,在释义上表现出不同的特点。《现代汉语词典》是语文性兼百科性,而以语文性为主,可以称为"百科性的语文词典"。而在释义上具有明显的语文性。所谓释义的语文性,主要表现在它解释了词的词汇意义、语法意义和修辞意义。必要时,在词汇意义中,还要注明词的理据、词源。

4.1.1 解释词汇意义

《现汉》不仅解释了词的义值,而且描写了词的义域。

4.1.1.1 词的义值,就是义位的区别性的语义特征,是词的称谓意义或概念意义的核心。就义位的主要方面说,称谓意义主要内容可以分为:A 类,有时指词所反映的客观事物;B 类,经常主要指词所反映的人们的认识。

A 类,以"犁"为例,看几部中型辞书是怎样解释的:

《简明牛津词典》:犁沟和翻土用的器具。切刀(即犁铧)和犁板被固定在犁体上。犁由耕夫驾驭的牵引机、马等拉着。

---

* 本章为长召其、张志毅合作。发表于《中国辞书论集》(商务印书馆,1997)。收入本书时订补数处。

《俄语词典》:用来耕地的,带宽金属犁铧的农具,如机引犁。

《现汉》:翻土的农具,有许多种,用畜力或机器(如拖拉机)牵引。

这几部词典对"犁"都只写上了简短的定义和扼要的说明。可见,中型语文词典在释义上的语文性,首先表现在简明扼要地解释词义,不涉及或很少涉及其他内容。

B类,以"黎明"为例。"黎明"的称谓意义,主要是指人们对天亮前后一段时间的认识。总括古今辞书及有关资料,共有两种不同的认识:一种是指"天将亮未亮的时候";一种是指"天刚亮的时候"。持前一种认识的,有东汉的服虔、文颖,晋代的晋灼、徐广,南朝(宋)的裴骃,唐代的颜师古、杜佑,宋代的程大昌,现代的《新华字典》、《汉语词典》等。持后一种认识的,有唐代的司马贞,清代的王念孙(见《读书杂志》四之一、《广雅疏证》四上)、朱骏声(见《说文通训定声》履部第十二),朱起凤的《辞通》、符定一的《联绵字典》等。这两种认识,不是凭空产生的,而是以语言的习惯用法为依据的。古人的用例在此不必引证,只举两个今人的用例:

(1) 在天将破晓的黎明中,她捏着信微微地笑了。(杨沫《青春之歌》)

(2) 黎明之前,满院子还是昏黑的,只隐约地看得见各家门窗的影子。(老舍《龙须沟》)

例(1)的"黎明"指"天将亮未亮的时候",例(2)的"黎明"指"天刚亮的时候"。我们不好说哪一种习惯用法是对的或不对的,也不好把两种习惯用法调和为一种。较稳妥的解释还是《现汉》(第一版):"天快要亮或刚亮的时候"。用了一个"或"字,兼收人们对"黎明"的两种习惯认识、习惯用法。由此可见,在释义上的语文性,也表现在反映人们对词语的认识和使用习惯上,不能离开语言实际给某个词规定一个"科学概念"。

4.1.1.2 如果说解释义值是《现汉》之前的中国古今辞书共有的内容,那么描写义域则是《现汉》特有的内容。这部分内容,在《现汉》里,多被放置在括号里(当然也有不放在括号里的),而表示义域的词语常放置在义值释文的前面、后面或中间。例如：

(1)【部位】bùwèi　位置(多用于人的身体)。

(2)【特性】tèxìng　某人或某事物所特有的性质。

(3)【暴露】bàolù　显露(隐蔽的事物、缺陷、矛盾、问题等)。

(4)【颁布】bānbù　(政府)公布(法令、条例等)。

(5)【想念】xiǎngniàn　对景仰的人、离别的人或环境不能忘怀,希望见到。

(6)【斑白】bānbái　(头发)花白。

(7)【白蒙蒙】báiméngméng　形容(烟、雾、蒸气等)白茫茫一片,模糊不清。

例(1)(2)是名词,括号内或斜体(笔者标示的)部分,说明了意义范围。例(3)(4)(5)是动词,括号内或斜体的部分,说明了行动的对象或主体。例(6)(7)是形容词,括号内说明了所形容的事物。总之,它们说明了事物之间的相关性,词与词在意义上的相互关系,也就是词在意义环境里的分布情况。正是这种环境决定了词的价值。同时,这种环境也是词义特点的反映。比如说,"暴露"释为"显露",这只是解释了义值;只有列举了"隐蔽的事物、缺陷、矛盾、问题等"对象,才算揭示了"暴露"的义域特点。这种特点,如果再对比一下跟这个词相对应的几种外语单词,就更加一目了然。对应词的义值可能是相等的,但是它们在意义环境里的分布情况却不完全一致。因此,这种分布的不同,是各民族语言在长期发展过程中逐渐形成的习惯,具有显明的民族语言特征。

《现汉》一方面解释了词的义值,一方面描写了词的义域。只有兼顾两方面,释义才算比较完全,因而词典的读者才有可能比较全面地掌握、运用一个词。

4.1.2　解释语法意义

语法意义包括语法成分的类别、功能和结构关系。在解释词的语法意义上,《现汉》主要是从四个方面着手的:(1)四版及其以前各版给绝大部分虚词和一小部分实词注明词性,五、六版给全部词(能独立运用的)注明了词性;(2)站在现代语法学的高度,在绝大多数情况下,把词性的分别包括在释文里或用同词性的词对释;(3)说明了词的语法功能;(4)描写了词的语法环境。

4.1.2.1 把词性的分别包括在释文里,这在中国辞书中是有传统的。在《说文解字》的释文里,就已大都分别得较清楚。《现汉》继承并发扬了我国辞书这一优良传统,对词性的分别,比以前的中国辞书精确了。例如同义词"合适""适合"的释文:

【合适】héshì 符合实际情况或客观要求:这双鞋你穿着～|这个字用在这里不～。

【适合】shìhé 符合(实际情况或客观要求):过去的经验未必全部～当前的情况。

这两个词的释文是一样的,差别只在"适合"的释文中多了一个括号。这样做是借用这种体例说明"合适"和"适合"的词性有差:"适合"是及物动词,括号中的事物就是它所涉及的对象,附一个带宾语的例证;"合适"是形容词,释文只说明它的含义,不表明它涉及的对象,后面附上两个形容词做谓语的例证,以引起读者的注意。

词性是词的最基本的语法属性。词性一方面可以说是词汇意的再抽象、再概括;另一方面,从本质上说,是一种语法意义。《现汉》用了各种形式尽可能精确地反映语法意义。

4.1.2.2 如果把词性寓于释文中,是《现汉》以前中国辞书曾经有过的做法,那么说明词的语法功能和语法环境,则可说是《现汉》的创新。所谓词的语法功能,主要是指:A.词在句子中充当某种成分的能力;B.词与词的组合能力。所谓词的语法环境,是指词在句子中分布在它前后的语法单位的情况。《现汉》对某些值得注意的或有特殊用法的词,都说明了它们的语法功能和语法环境。例如:

【久久】jiǔjiǔ 许久,好久(用作状语)。

"久久"用作状语,是它的主要语法功能(而"好久"则可以用做谓语、补语)。以前的辞书都未提及。

【及】jí 连词,连接并列的名词或名词性词组……用"及"连接的成分多在意义上有主次之分,主要成分放在"及"的前面。

这里一方面描写了处于"及"前后的语法成分的性质是名词或名词性的,关系是并列的;另一方面描写了"及"前后主次成分的分布情况。《新华字典》虽然涉及后一方面,但是没有提到前一方面。《汉语词典》《词诠》两方面都未涉及,都只注同"与"。

【好不】hǎobù 副词,用在某些双音形容词前面表示程度深,并带感叹语气,跟"多么"相同……这样用的"好不"都可以换成"好","好热闹"和"好不热闹"的意思都是肯定的。但是在"容易"前面,用"好"和"好不"意思都是否定的,如"好容易才找着他",跟"好不容易才找着他"都是"不容易"的意思。

对这个词,旧《辞海》只注为"犹甚也,与好字单用略同"。新《辞海》注为"多么,表示程度深,有赞叹的语气"。《汉语词典》注为"犹好,语气较重"。《新华字典》只注为"很"。这些注解或者简略,或者不准。简略,或许是由词典性质决定的;不准,无论如何是不妥当的。《现汉》在描写"好不"的语法功能和语法环境的基础上,较详细和准确地解释了"好不"的语法意义,表现了释义的语文性。

4.1.3 解释附属意义

《现汉》解释附属义主要是从四个方面着手的:1.语体义,2.感情义,3.态度义,4.风格义。

4.1.3.1 词的语体义,主要决定因素是其语言类别,包括口语、书面语、外来语、古语、术语、方言、旧词等。例如:

【白搭】báidā 〈口〉没有用处,不起作用,白费力气。

【暴戾】bàolì 〈书〉粗暴乖张；残酷凶恶。

【幽默】yōumò 有趣或可笑而意味深长的。[英 humour]

【涅槃】nièpán 佛教用语，原指超脱生死的境界，现用作死（多指佛或僧人）的代称。

【包米】bāomǐ 〈方〉玉米。

【兵丁】bīngdīng 士兵的旧称。

【店小二】diànxiǎoèr 饭馆、酒馆、客店中接待顾客的人（多见于早期白话）。

在语言中，除了基本词汇和通用的一般词汇之外，还有许多词分别属于不同的小词汇系统，即所谓的"语言类别"。一般说来，在一定的语体范围内，应该选用适合该语体的某一小词汇系统的词；如果选用另一个小词汇系统的词，那是为了收到某种修辞效果。因此，语言类别，跟用词有直接关系。如果只根据词汇意义，不照顾语言类别，用词常常就会闹出笑话。以前的辞书大都不注明词的语言类别。《新华字典》等虽然注意到了这一点，但是也只限于对极少数词做了零星的标注。《现汉》则把这一工作向前推进了一步，不仅对语言类别作了较科学的分类，而且对应该注明语言类别的词都一一注明，因而也就注明语体这一附属义。

4.1.3.2 感情义包括褒义、贬义、喜爱、厌恶、亲切、咒骂等。态度义包括鄙视、轻蔑、命令、尊敬（敬辞）、谦虚（谦辞）、客气、积极、消极、肯定、否定、严肃、讽刺等。风格义包括庄重、文雅、通俗、幽默、诙谐、委婉等。

下面是一些有代表性的例子：

【老头子】lǎotóu·zi ①年老的男子（含厌恶意）……

【小鬼】……②对小孩的称呼（含亲昵意）。

【光临】guānglín 敬辞，称宾客来到。

【笨鸟先飞】……（多用作谦辞）。

【病夫】bìngfū 多病的人（含讥讽意）。

【病包儿】bìngbāor 多病的人（含诙谐意）。

【仙逝】xiānshì 旧时婉辞,称人死。

在语言中,有很多词具有感情、态度或风格色彩。这些色彩,实际上是词的附带意义、补充意义或词汇情态。它们是核心意义、称谓意义或概念意义的补充,是词义不可缺少的组成部分。因此《现汉》径直释之为"贬义"、"敬意"、"讥讽意"等,并把这些附带意义摆在释文的适当位置上,就表明《现汉》吸收了现代语义学的科学成就。如果词典中不注明这些附带意义,释义就不算完全,还可能引起用词混乱。

4.1.3.3 标明了词的义域。义域包括:A.词义(义值)的范围;B.词义的使用范围。这里只讨论使用范围,主要指词的应用场合,如地点场合、时间场合、某种情况场合等。在这一方面,《现汉》的成绩也是相当出色的。例如:

【拜会】bàihuì 拜访会见(今多用于外交上的正式访问)。

【阁下】géxià 敬辞,称对方,从前书函中常用,今多用于外交场合。

【久仰】jiǔyǎng 客套话,仰慕已久(初次见面时说)。

【安葬】ānzàng 埋葬(用于比较庄重的场合)。

有些词,它们的词汇意义、语法意义、某些附属意义都相同,只是分布在不同的语言环境里。如"安葬"用于比较庄重的场合,而"埋葬"则用于一般场合。不同的词用于不同的场合,这跟词汇意义也是有密切关系的,也是词汇意义特点的反映。《现汉》对此做了尽可能的描写,给读者用词提供了更多的依据。

就《现汉》的总体来说,它创立了对词的词汇意义、语法意义、附属意义描写体系。而整个体系的中心,就是汉语规范化。在《现汉》开始编写的时候,汉语规范化的总标准已经确定下来,但是关于语音、词汇、语法、修辞各方面的更具体的标准正待确定。前者是《现汉》的依据,后者是《现汉》的具体任务。由于编者长期辛勤劳动,《现汉》比较科学地完成了许多具体规范任务:确定了词的标准词形、标准读音,区分了同音词,划分了多义词的词义界限,划分了普通话词和各种方言词(包括社会方言词)的界限,特别是确定了一条条词的意义特点、语法特点、语用特点。完成了这些工作,它的释义就具有了明显的语文性。

第二节 词汇学原则

现代词典应该尽可能采纳现代词汇学成果，其中应该急于吸收的主要的成果是：词汇单位的同一性和离散性，词汇的系统性，基本词汇研究，词价研究。运用诸如此类成果，就是词典体现了词汇学原则。

4.2.1 词汇单位的同一性、离散性跟词典的条目

词汇单位，跟词典的条目，大体是一致的，而不完全相等。词典的主体条目，等同于词汇单位。

所谓词汇单位，是受制于词的同一性和离散性（斯米尔尼茨基，1954，1952）。

4.2.1.1 同一性（identity），主要指在民族共同语的语言系统里，词的五个"同一"；在语言子系统或言语中又有某种不脱离常体的变异，即变体。

(1) 词的语音同一，指词的语音常体及其变体都属于同一个词。变体指一个词在方言、口语、书面语、古旧语或言语里，可能有多个变体，如声、韵或调的不同，轻音、儿化的不同，等等。在词典中，一般标注读音常体，少数标注语音变体。

(2) 词的形体同一，指词形常体和变体都归属于同一个词。词典一般给出词的书写形式常体，一般不标出古今变体、繁简变体等，常给出异写变体，如"烦琐/繁琐，唯一/惟一，那么/那末"，等等。词形变体，绝大多数是无值，属于规范之列。如上述例子中的前一个是规范词形，《现汉》把它们列为正条，把一个词形作为副条，条目的后面只标示"同××"。如：

【唯一】wéiyī 形 属性词。只有一个的；独一无二的……也作惟一。
【惟一】同"唯一"。

(3) 词的语义同一，指词义常体和变体具有同一性。词的常体语义（指一个单义词或一个多义词的一个义项）在语言系统里有一个同一的意义，而在言

语或组合中可能一个或几个语义变体。语义变体类别较多,如:1)数量变体。"我们"指"我"——"我们认为……"(这种变体常有两种作用:一、表示谦虚,二、减少论断的主观性)。2)显化变体,即在组合中突显一个语义侧面特征。例如"金子"变体:金子般的心——指纯正而诚实;金子般的东西——指贵重;金子般的霞光——指金黄而光亮。德国学者里普加称之为"孳生特征"。3)虚化变体,即在组合中一个语素变成羡余信息(redundancy),其意义变成零。例如"走马上任"("马"义虚化),"我太明白"("太"义虚化),"宇宙"("宇"指上下四方,表示词义;"宙"指古往今来,跟词义无关,意义虚化)。语义变体,种类较多,不能尽列。词典一般只在释义中给出语义常体,舍弃语义变体。只有当语义常体上升到准义位(子义项,俄语词典叫意味),才附在主义项之后。例如:

【领衔】在共同署名的文件上署名在最前,泛指排在第一位……(《现汉》6版)

"泛指……"是附属子义项,《现汉》5版以前没列入。还有的比喻义,还没上升到子义项,《现汉》只有◇形后给出用例,提示这类语义变体。恕不举例。

(4) 词的语法形态同一,指词的语法常体和变体属于同一个词。词的语法意义多指其词性、结构、词法形态、组合特点、句法功能等。在欧洲语言里,词典的条目只列出常体,条目之后偶尔给出特别值得注意的性、数、格、时、体、态等词法变体形态。有些特殊的变体常附于词典正文之后。汉语词典在条目之后,对实词一般只标注词性,偶尔给出特殊的语法提示;对虚词除了标注词性,大多都给出组合或句法特点说明。例如:

【了】liǎo 动放在动词、形容词之后,跟"得、不"连用,表示可能或不可能:做得~……衣服干不~。(《现汉》6版)

【了】·le 助①用在动词或形容词后面,表示动作或变化已经完成。
a) 用于实际已经发生的动作或变化:这个小组受到~表扬……。
b) 用于预期的或假设的动作:你先去,我下~班就去……(同上)。

(5) 词的语用意义同一,指词的语用意义常体和变体都属于同一个词。

词的语用意义在交际者和语境的制约下,产生了常体和变体。词典多标示常体(本书用黑斜体表示),偶尔提示变体(本书用斜体表示)。例如:

【顶撞】用强硬的话反驳别人(**多指对长辈或上级**)。

【攻势】向敌方进攻的行动或态势……◇足球场上,客队的～非常猛烈。

"顶撞"多用于对长辈或上级,这是语用意义的常体;如果用于对旅客、顾客等,就是语用意义的变体。这是受交际者制约。"攻势"则是受语境制约,"攻势"语用常体是用于军事,变体用于体育,把一些军事用语转为体育用语,这是常见的,言语效应是突显尚武精神。如果军事用语经常用于体育,那么语用义就转化为词汇义。例如:

【进攻】①接近敌人并主动攻击……②在斗争或竞赛中发动攻势:快速～到对方篮下。

同一性像一个链条,使词的常体及变体成为一个整体,使一个词的不同意义成为整体。语言学把这一整体叫作词位(sexeme),又叫型(type,其变体又叫例[token]),在词典中按词位或型列出的被解释单位就叫词条。一个个词条,可以概括成"五定":定音,定形,定义,定态(形态),定用。

4.2.1.2 离散性(discreteness,也译作分离性),在这里指这一性能使词这一单位分离为有明显界限的成分,包括词音、词形、词义、形态都有明确的界限。

(1) 词音的离散性。词音以及词义判别较大的,离散性很明显。词音以及词义判别较小的,也有明显的界限,具有离散性,词典里分为两个词条。"读音不同就该算两个词"(吕叔湘,1987)。例如:

【公道】gōngdào　名公正的道理。(《现汉》6版)

【公道】gōng·dao　形公平;合理。(同上)

【尽量】jìnliàng　团达到最大限度。(同上)

【尽量】jǐnliàng　副表示力求在一定范围内达到最大限度。(同上)

(2) 词形的离散性。词形以及词义判别较大的,离散性很明显。词形以

及词义差别较小的,也有明显的界限,具有离散性,词典里分为两三个词条。例如:

【鼓惑】gǔhuò　鼓动使迷惑;鼓动诱惑。(《现汉》6版)

【蛊惑】gǔhuò　毒害使迷惑。(同上)

【发奋】fāfèn　①振作起来;奋发。②同"发愤"。(同上)

【发愤】fāfèn　决心努力。也作"发奋"。(同上)

【奋发】fènfā　精神振作,情绪高涨。(同上)

(3) 词义的离散性,指词内义项的分合以及由之产生的义项多少或粗细问题,也是属于颗粒度(granularity)问题。总趋势是,古粗今细。对一个词形代表的所有意义,古人不分有无联系,都分列在一个词形之下。近现代渐渐分成有无联系的两类:有联系的列在一个词形之内,无联系的分列在两个以上的同形异词之下。词典条目分列两个以上的条目,即[L¹] [L²] [L³]等。在一条目中,如果有多个义项,总的倾向是:大词典的义项多,中小词典的义项少;普通语文词典分得粗,学习词典分得细;老旧词典分得粗,新型词典分得细。

义项随着义位在演变,或消亡或发展。发展状态的有三个层级:成熟的义项,半成熟的准义项(俄国人叫"意味"),刚露苗头的带趋向性的用法(俄国人叫"特用")。三个层次,反映不同程度的离散性。

制约词义离散性的主要因素,也就是义项划分主要依据,有:①词的语法意义,组合和功能特点;②词的所指的差异;③动词变化或行为的差异;④施动者的差异;⑤受动者的差异;⑥形容词的性状差异;⑦形容词修饰限制对象的差异;⑧词的组合功用及常见成分。

(4) 形态的离散性,指词的词性、构词类型、性、数、格、时、体或态之间有明确的界限。每一个词表现的形态及其变体,都有明确的界限。就词性说,各词之间、一词之内的词性都基本存明确界限。其间的模糊地带在词类活用及兼类。至晚在汉初,就知道"伐"有"长言""短言"异读,跟"伐人""见伐"用法相关(《公羊庄公二八年传》)。宋代有了《群经音辨》,清代段玉裁称兼类现象之一为"体用同称"。希腊学者发现言语中有词类交叉变则。早期英语,尤其在莎士比亚及其以后的作品里常见名词用做动词、形容词、副词,形容词用作副词、名词、动词。

活用,是词在言语中偶然改变词性,承担新功能。现代汉语词类活用的词占总词数不到1%。由活用到兼类,是从偶然到非偶然,从非"常态"到"常态",其数量界限应该是变性用例达到总用例的25%左右。从活用到兼类常发生在"动→名","名→动",其次是"形→动",分别占兼类总量的25%、21%、9%还多。

4.2.2　词汇系统性跟词典的条目

词汇的系统性,指词汇个体及其类别之间的有序关系:位置、层级、制约、依存、结构,形成整体系统。

这个体系在辞书中的体现共有11个子系统:(1)核心词汇,(2)基本词汇,(3)一般词汇,(4)口语词汇,(5)书面语词汇,(6)方言词汇,(7)术语,(8)新词语,(9)旧词语,(10)古词语,(11)外来词语。核心词汇和基本词汇都是常用词。对常用词,特别是核心词给予详细的释义,对一般词给予简明释义。外围词多用同义对释,并分别标注〈口〉、〈书〉、〈方〉、"旧"、"古"等。

这样,词汇就划分出三个层次,随之释义也就划分出中心、一般、外围三个梯度。

这是较大的词汇系统、制约着词典的条目系统。还有中小词汇系统也制约着词典条目系统。词汇系统的划分,不尽相同。但是至少有两个中小类是共同的:时间,空间。时间里有:世纪、年代、年、季、月、日、时、分、秒等层,又有四季(春、夏、秋、冬),二十四个节气(立春、雨水……),过去、现在、将来等等。空间里有:上、下、左、右、内、外、前、后、远处、近处、天、地、八方(东、西、南、北、东南、西南、西北、东北)等等。一般词典得按这些中小类词汇系统把条目收录齐全,就是讲究平衡性。当然,学习型词典可以打破这种平衡性。

从18世纪末洪堡特开始,至少有20多位名家研究过词汇系统性,提出过许多系统性范畴。其精神要点是:系统论使人注重了整体,词个体是属于语言整体的。因此,对一个词位(哪怕是外围的、个别的)的正确理解和解释,不能孤立地看词位本身，必须考察词位在词汇系统中的位置、关系等，只有群体系统才能给个体以质的规定性。如果以《现汉》而论，用原型论观点分析，可以得出三个梯次：以 4000 条核心词和基本词为中心形成常用词汇，以 30000 多条一般词为主体，以 8 个分支(4～11)30000 多条词语为外围。把任何一个词都看作这个整体中的一个细胞，这样才能从定位到定性。

4.2.3 基本词汇研究跟词典的条目

基本词汇，是核心词和最常用词之和。它先后得到三个学科的关注：18 世纪末开始的历史比较语言学，19 世纪末开始的语言教学论，20 世纪 50 年代语言结构论。两个多世纪的研究成果主要有：(1)基本词汇的性质有十几个，最主要的它是语言的基础；(2)基本词汇的数量，欧洲主要语言中有 2000 个左右，汉语有 3000 多个；(3)基本词汇至少包括 11 个小类的词汇：①自然物，②身体部位，③亲属，④生活必需品，⑤颜色，⑥工具，⑦主要变化行为，⑧主要性状，⑨基本数目，⑩必需的空间，⑪必需的时间。这些成果反映到词典中就是：它是一般词典条目的中心成员，是释义的重点；它是词典的元语言，是用来解释所有词条的工具词条；它是五类词典收词的主要对象：基础词典，如《英语基础词典》、《法语基础词典》、《德语基础词典》；学习词典，如英、法各种初阶学习词典；教学词典，如《俄语教学词典》；常用词词典，如英、汉各种常用词词典；中小学生词典。

4.2.4 词价研究跟词典释义

20 世纪初期，索绪尔提出"价值"：词不仅有"外指义"，而且在语言系统中有"系统义"，即由关系位置决定的"系统值"。Lyons,J.(1995:80)径直把它叫作"sense/内指义"（又译"关系义"），跟"外指义"相对。这只从一方面给词进行价值定位。后来发展到从多方面对词进行价值定位。这种新理论叫"词价"(法语 valence lexicale/英语 lexical value)。这是 1971 年加拿大学者 Jean-Guy Savard(琼-盖伊萨瓦尔德)提出的对词的 4 个评价(定义能力[定义其他词]、包含能力[代替其同义词]、组合能力[组合词语]、扩展能力[含义项多少]),后经苏向丽博士(2010)推演,得出 10 个评价标准,即 10 个价:认知价,结构价,语义价,兼通价,自由价,使用价(含词频和分布),释义价(在释义元语言中的频次),丰度价(转义的多少),聚合价(同、反、上义词的多少),组合价(组词、语、句的多少)。受其启发,这里构建了以下 8 个词价:频率价、时域价、地域价、语域价、释义价、丰度价、聚合价、组合价。一个词典作者最好也是词汇研究者。词典作者应该用以上词价考察一些典型词群。例如"靓丽"这个典型词位以及相关词群,以便从多种价值给词定位。

	靓丽	亮丽	漂亮	美丽	昳丽	俊俏	俏式
频率价	451	1497	24429	37548	1	523	14
时域价	80	3	15	224	228	115	0
地域价	8	8	10	10	5	8	1
语域价	5	5	10	10	1	2	1
释义价	0	0	33	147	0	9	0
丰度价	10	20	20	20	10	10	10
聚合价	18	2	18	18	8	2	1
组合价	31	41	37	32	1	15	9
综合价	547	1576	24572	38009	254	684	36
价序	⑤	③	②	①	⑥	④	⑦

上表数据,频率根据《现当代文学》《人民日报》语料库统计;时域价根据《四库全书》等光盘综合出词产生以来的年代数,10 年赋值为 1;地域价参照《汉语方言大词典》确定,用于一个方言区的,赋值为 1,通用的为 10,新词还未通用的赋值为 8,文言词不通用的赋值为 5;语域价根据现代汉语语料库整合,用于口、政、经、法、文、教、媒、军、体、科技等一、二、五个语域的,赋值为 1、2、5,通用的为 10;释义价根据《现汉》释语中出现次数确定;丰度价根据《现汉》等词典给出该词义项数量确定,含一、二义项的,分别赋值为 10、20;聚合价根据《同义词林》等词典整合最佳同义词、反义词数量(最佳,指同词汇系统、同义、同语体、同音节等);组合价根据《现代汉语搭配词典》和现代汉语语料库统计,一个常见搭配赋值为 1。时域价、地域价、语域价,也可以合称为"分布价"。以上八种词价的数量之和,就是该词的综合价,价序是综合价的数量次

序。从许多价值考察一个词及其相关词群,是比较科学、比较符合事实的价值定位。从价值定位可以看出:价值的中心是人类、"人们",亦即语言哲学所说的"语言共同体"。各个价值都是以"人们"为中心的:频率价,着眼于人们使用某词的次数;时域价,着眼于人们造词、用词在时间段上的差异;地域价,着眼于人们用词在地域上的差异;语域价,着眼于人们用词在语言使用领域上的差异;释义价,着眼于人们解释词语中使用某词的频次差异;丰度价,着眼于人们用某词表示"所指"或包含义位的多寡;聚合价,是人们长期使用语言形成的聚合团,即某词周围相关词群个体的数量;组合价,是人们长期使用语言形成的组合链,即某词前后搭配词语或义类的数量;综合价,就是人们赋予词的综合价值。

由综合价得出的价序,前一、二位的"美丽、漂亮",虽然他们产生的早晚有很大差别,但是一直是口语和书面语通用的,有很强的生命力。第三、五位的"亮丽、靓丽"是新造词、新用词,因为它们新颖,必然时兴相当长时间。第四位的"俊俏"是生命力很强的口语词,在许多时空都常见。第六、七位的"昳丽、俏式"是文言词、方言词,在许多时空都见不到,其价序自然排在后面。

总之,要想全面地给一个词语的价值定位,应该在客体、主体世界确定其外指义,在语言世界确定其内指义(系统坐标值),在主体世界确定人们对它的使用值(即词价)。正如维特根斯坦在《逻辑哲学论》开头部分特别强调的,世界是由事实组成的整体,而不是由事物组成的整体。客体世界、语言世界和主体世界的组成,都不是纯客观事物,而是人们所认识的事实、所作所为及其结果、所说的语言。

整体论认为,一个个词语不仅仅属于所在的句子,更重要的是属于以人为中心的事实世界,特别是属于以人为中心的某一语言整体。一个个词语像一只只眼睛,在多样多情的整个脸上笑着;离开这样的脸,无所谓笑着的眼睛。

第三节 语义学原则

4.3.1 语义学是语文性辞书的支撑点

领先的辞书编纂理论,包括两个部分:一是辞书本身的编纂理论,二是与之相关的语义学。后者是前者的支撑点,后者的高度决定前者的高度。布拉格学派的后裔拉迪斯拉夫·兹古斯塔的《词典学概论》所以能被联合国教科文组织选为同类书的样本并向全世界推荐,主要在于其语义学部分的支撑点很高。把语义学的原则贯彻到词典编写中,具有操作性的一步,是把一个义位放置在一个或几个语义系统里考察。词义的 11 个子系统:(1)同义系统,(2)反义系统,(3)上下义系统,(4)层级系统,(5)类义系统,(6)总分系统,(7)多义系统,(8)交叉义系统,(9)义族系统,(10)序列系统,(11)组合系统。一个义位必须给定一两个子系统,考察以后,才能释义。这里只讨论其中跟释义相关的重要问题:义位(≈义项)的语义特征的选择问题。

4.3.2 语文性辞书对语义特征的选择

语文性辞书中的大多数义项是义位,少数义项是语素义或义丛。义位是由一束语义成分即义素组成的。义素也叫语义特征。因此语文性辞书大多数义项的释义过程,就是选择义位语义特征的过程。

义位的特征总共有三类:语义特征,语法特征,语用特征。一个义位同时具有多元特征。作为一个义项的释义不可能将多元特征尽列无遗,这就发生了选择问题:选择该义位的最显著的区别特征、最具个性的特征,这些特征组成了该义位区别于其他义位的个性综合体。综合体中的特征数目,多则臃肿,少则干瘪。

《现汉》所以能在总体上超过了前贤的同类佳作,就是因为它适量地选择了三类义位特征,并且用简明通畅的语言予以表述。因此,它是词典形态的语义学著作。它对语法特征、语用特征取舍有度,本文不予讨论。本文要讨论的是它对语义特征的选择。

4.3.3 普通义位和学科义位

普通义位,是对学科义位而言的。跟这对概念相当的是 19 世纪末俄国语言学家波铁布尼亚(1888:19)首创的近义(Ближайшее значение)和远义(дальнейшее значение),后来有些人又提出常识概念、朴素概念、生活概念或形式概念,跟科学概念相对应。近义和远义的内涵可取,理据不佳。常识概念和科学概念在词义学说史上属于词义的概念说,该学说已被国内外许多学者斥为混淆了词义和概念;有许许多多的词只有意义,而不表示概念。不能以逻辑范畴代替语义范畴。逻辑范畴反映的是概念的本质或一般属性,语义范畴反映的是大众易识别的最显著的语义区别特征。因此,使用"普通义位"和"学科义位",更符合语义学原则。

词和这两种义位的关系有三类情况:

A类,有些词只有普通义位,语文性和百科性辞书对它们的释义相差无几。

【筷子】用竹木、金属等制的夹饭菜或其他东西的细长棍儿。(《现汉》)夹取食物的用具。(《辞海》)

B类,有些词(主要是术语)只有学科义位,语文性和百科性辞书对它们的释义只是量的差别。

【光年】天文学上的一种距离单位,即以光在一年内在真空中走过的路程为一光年。光速每秒约30万公里,一光年约等于94,605亿公里。(《现汉》)

计量天体距离的一种单位。光在一年中所走的距离,约等于94,605亿公里。例如……(《辞海》)

C类,有些词既有普通义位,也有学科义位。语义学认为,这是一个义位的两种变体,在辞书中不能把它们并列为两个义项。通常情况,语文性辞书和百科性辞书是分别选择两种义位之一作为本辞书的唯一义项。少数情况,语文性辞书兼采两种义位的语义特征融为一个义项。这是一个比较复杂的问题,本文另列专节讨论。

4.3.4 义位变体的选择

语文性辞书的水平,当然表现在对只有普通义位和只有学科义位的词语的解释上,但是更主要地表现在对兼具普通义位和学科义位变体的词语的解释上,这是更高的艺术。下面比较一下《现汉》(2012年版,简称《H》)跟同是中型的、语文性的《简明牛津词典》(1990年牛津,简作《N》)和《俄语词典》(奥热果夫,1963年莫斯科,简作《E》)对"水"和"太阳"的义位变体及其特征的选择:

水	《H》	最简单的氢氧化合物,化学式 H_2O。无色、无味、无臭的液体,在标准大气压下,冰点 0℃,沸点 100℃,4℃时密度最大,比重为1。
	《N》	无色、透明、无臭、无味的液体,氢氧化合物,化学分子式是 H_2O。
	《E》	透明、无色的液体,纯净的状态是氢氧化合物。
太阳	《H》	银河系的恒星之一,是一个炽热的气体球,体积是地球的130万倍,质量是地球的33.34万倍,表面温度约6000℃,内部温度约1500万℃,内部经常不断地进行原子核反应而产生大量的热能。太阳是太阳系的中心天体,距地球约1.5亿公里。地球和其他行星都围绕着它旋转并且从它得到光和热。
	《N》	地球轨道所围绕的天体,地球从它那吸收了光和热。
	《E》	炽热的球形天体,地球等星球围绕它旋转。

从上表比较中,可以得出以下几点看法:

1. 对"水"这个义位,《H》选择了7个语义特征,《N》选择了3个语义特征,《E》选择了2个语义特征。《H》比《N》、《E》多选了4~5个特征。

2. 对"太阳"这个义位,《H》选择了11个语义特征,《N》选择了2个语义特征,《E》选择了2个语义特征。《H》比《N》、《E》多选了9个特征。

3.《H》比起《N》、《E》,向百科性倾斜,它选择的是科学义位或准科学义位。这样做,在词典编纂上也有一定的理论根据。兹古斯塔(1983:38)认为"在现代文明复杂的世界中,几乎所有使用语言的领域,都在不同程度上存在着一种追求越来越精确的倾向……在那些有悠久的语文学、哲学和一般文化作品的语言中,有一大部分所指内容倾向于接近准确的概念……帮助并且促使(即便是间接地)这种概念和术语明确起来,是词典编纂者一项最重要的任务。"当然,这项任务的主要承担者是百科性辞书,而不是语文性辞书。

4.《N》和《E》比起《H》,向语文性倾斜,它选择的是普通义位。

5. 在兹古斯塔(1983:348)看来,《N》和《E》尽管已经向语文性倾斜,但是不够。他认为"说明语义特征的依据"是"对说这种语言的普通人相关的东西,而不是通过科学研究才能感知的特点"。对此,他解释说:"这可能是词典学的语义处理和布龙菲尔德语义学之间差别的主要的一点。布氏语义学归根结底是以对所指客观对象的研究为依据的。"由此,他得出结论:

"英语 water(水)一词(作为普通用语)定义'the liquid as in rivers, lakes, seas and oceans'(江、湖、洋中的液体)比定义为'the liquid when pure consists of hydrogen H_2O'(纯净时仅由氢二氧—H_2O构成的液体)要好得多。"

这种直观定义(ostensive definition),是语文性辞书中最常用的"词典定义"。它不同于逻辑定义和科学概念,在俄语中,它们叫 дефинция,而词典定义叫 толкование(意为解释、说明。兹古斯塔 1983:345),其间的区别较清楚。远在奥热果夫 1949 年编《俄语词典》发表了《词典编纂法一般理论初探》,其中第二部分"对立面之二:百科词典和普通词典",结尾一段特别强调了术语在标准语和职业语中往往有不同的意义。例如 золотник(活塞阀)"普通词典只能做如下解释:'蒸汽机上的一个零件'"。"总之,必须记住,没有任何理由给语言强加一些不是它固有的概念,因为这些概念并非语言交际过程中必需的因素,这一点是主要的和起决定作用的。"(译文见石肆壬,1981:20~21)20 世纪 60 年代美国生成语义学家卡茨(J. Katz)把词义划分为"词典"意义和"百科"意义,并认为后者不属于语义学范围。可见,语文性辞书选择的语义特征是言语交际的必需因素。这一点在李行健先生(1988:76)的《概念意义和一般词义》中已经论述清楚了。

4.3.5 陪义的选择

科学义位和普通义位是义位的两种变体,也是一个义位在不同语域的两种义值,即义位的基义。跟基义相伴的是陪义。

基义是义位的基础义值、根基义值。陪义是义位的补充义值、伴随或附属性语义成分或语义特征。传统词汇学称之为"色彩",萨丕尔《语言论》1921 年英文版(42 页)称之为 the feelingtones,1964 年中译本直译为"情调"。英语现在通称为 connotation。陪义是交际的必要因素,它们具有社团性、社会性、全民性、民族性。其中许多是具有稳定性的。

语文性辞书只是反映基义还不算完整,必须同时反映陪义,后者是 20 世纪初以来的现代语文辞书的标志之一。

1911 年初版的《简明牛津词典》已经有了良好的发端。《现汉》也充分反映了陪义,其中仅夹注褒贬的词条就有 369 条,内含贬义条 358 条,褒义条 11 条。此外,也有一些应该夹注褒贬而遗漏的。

什么类的词应该夹注褒贬的,什么类的词不应该夹注褒贬,其界限在《现汉》中是泾渭分明的。有的大学教材说,词典只注出有强烈鲜明的感情色彩的词。实际上,《现汉》对越是有强烈鲜明的感情的词,越是不注,因为这些词在基义里已经褒贬自明,或其在语素义和释语里褒贬自明。如:

  A 表率、模范、表扬、牺牲、爱戴、伟大;
  B 谎言、流弊、利诱、卖国、武断、暴虐、丑陋。

有一类词的陪义里含褒贬,或其语素义和释语里褒贬不明。《现汉》对这类词夹注褒贬。如:

  C 银燕、效果、老头儿;
  D 嘴脸、手脚、破产、图谋、得宠、骨子里。

A、B 类是基义含褒贬,C、D 类是陪义含褒贬。两类现象应当分别地准确称之为"褒贬义词"(有的称为"评价词")和"带褒贬色彩的词"。后者如果换掉"色彩"这一传统叫法,应当叫作"带褒贬陪义的词"。

陪义里的一个大类是态度评价感情陪义,其中主要内容是褒贬。陪义里的另一个大类是语体陪义,其中主要内容是口语和书面语。《现汉》分别标注为〈口〉、〈书〉。有的词还标注出"旧时"、"多用于早期白话"、"多用于文艺作品"等等。

跟语体相联系的是语域。它是社会、环境或职业性的语言变体。广义的语域,包括语体在内。狭义的语域,多指情景语言变体,大体类似"场合"。《现汉》尽可能予以标注:

【拜会】拜访会见(今多用于外交上的正式访问)。

【惠顾】惠临(多用于商店对顾客)。

【花好月圆】比喻美好团聚(多用于新婚的颂词)。

一个词在一定的语域用久了,便形成了自己的风格。这就是词或义位的风格陪义。《现汉》谨慎地予以标注:

【打屁股】比喻严厉批评(多含诙谐意)。

【大肚子】②指饭量大的人(用于不严肃的口气)。

【宴会】宾主在一起饮酒吃饭的集会(指比较隆重的)。

陪义十分复杂,种类繁多,常见的分三四种,有的分五六种,多则分十几种。陪义也具有隐性和不稳定性,辞书中的标注只能是有选择的:标注具有显性的、稳定性的、为众公认的几种。

4.3.6 义域的选择

语文性辞书除了解释基义、陪义之外,还要选出搭配,看来像弦外之音,义外之例,实际上是词的义域,好像是音域。

传统上称作"词语搭配",现代语义学称作"义位组合"。前者反映的是表层词语共现现象,后者反映的是深层的语义黏着现象。义位组合从动态上,从义位之间关系上,反映义位的义值及其变体,反映着义域,反映着基义和陪义及其用法。伦敦学派的首领 J. R. 弗斯(1957:195)早就认为语义分析的原则是"意义取决于搭配","搭配"是词义的一部分,"观其伴,知其义"。莱昂斯(1977:613)也认为,"词的潜在搭配有理由看作词位意义的一部分"。但是"这种意见并不是所有语言学家都会接受的……即使词典编纂者认为(词的)使用范围不是词义本身的构成成分,他也必须把它看作有关的词怎样使用(或怎样不用)的具体规则(即不是范畴性的、一般的规则),看作是该词所指意义的一部分;结果反正一样,词典编纂者必须在词典中叙述限制条件"(兹古斯塔,1983:57~58)。这是现代语文性辞书的编写趋势之一。《简明牛津词典》在 join(联结、连接、结合)释义后,分别列举了其主语是"事物"、"物"、"人";在

enjoin(命令)释义后,交代了其宾语是"人"。

　　名词的义域限制,形容词、动词搭配的义域限制,兹古斯塔(1983:50)用传统的术语称这为词的"使用范围",并认为它是词义的第三个基本成分,转换语法又称之为"选择性限制(selectional restrictions)",实际上就是义域。现代语文性辞书描写的义位就包含两个层次(义值层,义域层)、成分的三个语义特征。

　　综上所述,一部现代语文性辞书应该以先进的语义学理论为指导,科学地选取义位的语义特征、语法特征、语用特征,构建成自己的释义体系,从千千万万个义位、词位等微观世界映射并推进语义学这个宏观世界。反过来,语义学又以一部部科学的、规范的语文性辞书为样本,分析其中用自然语言表述的义位的语义特征,进而用人工语言分解义位特征的结构并列出表达式,最终再转换成义位语义特征的逻辑式,从而为即将成熟的机器翻译提供基础编码。因此,辞书学和语义学是互惠互利的姊妹学科。

第五章

词位和条目*

第一节 词位和条目

条目不完全等于词位,词位指同一语音形式及其变体所包含的各个义位。在现代词典中,词位和条目的协调原则是:词位是正条,并予释义、举例;词位变体是副条,一般不释义、举例,很少用的也不单独出条,只括注在主条之后。主条和副条,是不能等量齐观、相提并论的。

在现代早期的词典中,词位和词目常常是不协调的。

1847年俄国科学院第二所编纂、出版的《教会斯拉夫语和俄语辞典》(收词114749条,4卷本,圣彼得堡)还没有词位观念。至少在下列三个方面是违背词位理论的:

(1) 把阳性和阴性名词,等量齐观为两个词条;有的名词应该以阳性为主条,有的名词应该以阴性为主条。

(2) 把某个名词及其指小、指大构词变体,等量齐观为三个词条;应该把变体作为副条,释义为"……的指小(指大)",举例多应省略,有时举例是提示引申用法。

(3) 把同音词作为一个词条。无论同形的和异形的同音词,都是意义没有联系的,应该是两个词位。

1935～1940年出版的乌沙阔夫《俄语详解词典》把两个同音词当作一个词条/词位,这种错误也不是罕见的。

---

　　* 本章为张庆云作。发表于《烟台师范学院学报》(哲学社会科学版)1995年第1期。收入本书时订补数处。

第二节 词位及其变体

1868~1881年,由库尔德内(B. D. Courtenay 1845~1929)和克鱼舍夫斯基(N. b. Kruszewski 1851~1887)师生创造了音位(phoneme)概念。在这一理论的引导下,产生了义位(glosseme或sememe)、法位(tagmeme)、词位(lexeme)、字位(grapheme)等等概念,由此形成了位论。后来又产生了音素、义素、法素、词素、字素等等,位论和素论合称位素论。在位素论的历史大背景中,词位渐渐被学者们认识了:由模糊到清晰,由单视角、多视角到综合视角。

早在1889年俄国的波铁布尼亚(А. А. Потебня 1885~1891)还认为"词的任何变化都构成新词"。1928年谢尔巴(Л. В. Щерба 1880~1944)在《论俄语词类》(19页)中虽然认识到了一个词有不同形式,但是他给词的不同形式的界定是欠妥的:"词的不同形式在语言学中通常理解为物质上不同的词。"(维诺格拉多夫,1960:23,124)这说明他对词的变体问题还在摇摆,缺乏明确的见解。到了20世纪20年代彼什可夫斯基(Пешковский, А. М. 1878~1933)提出了"词位"(Лексема)。这一术语提出的用意是想消除"词"这个术语的歧义,建立一个更适合讨论语言词汇的抽象单位。(克里斯特尔,2000:202)此后,对词位便出现了多视角认识。

语义视角。从1923年到1944年,维诺格拉多夫(1894~1969)在《修辞学的任务》和《论词的形式》中把多义词整体叫作词位(Лексема),把言语中用于某个意义的词汇单位即语段词叫作词(слово),词位和词就是常体和变体的关系。高名凯先生(1963)接受了这一观点。语义视角下的另一提法是,词位"指语言意义系统中能区别于其他类似单位的最小单位"(J. C. 理查兹等,2000:262),"指一种语言语义系统的最小区别性单位"。(克里斯特尔,2000:202)

语法视角。"一个词的整个词形变化体系,词形变化的全部形式有时候叫lexeme。"(兹古斯塔,1983:159)"词位是一种抽象单位,在实际口头或书面的句子中,它能以各种不同形式出现,即使经过屈折变化,也仍被视为属于同一词位。"(理查兹,2000:262)"同一词位有不同的形式,这些形式有相同的词汇

意义和不同的语法意义。"(莱昂斯,1995:47)"它是一系列语法变体的基底形式"。(克里斯特尔,2000:203)

语音视角。词位是一个义位全部语音形式的总和或常体。(倪波等,1995:79)

词典视角。词典中,每一个词位都得作为一个单独的词条或次词条来处理。词位是指词典里的一个词。词位按惯例是在词典里作为词条单独列出的单位。

综合视角。学者们从语义、语法、语音、词典等多视角,揭示了词位的不同侧面,有利于理解和把握词位整体。综合各视角,词位是"一些语言学家给语言词汇(vocabulary)的基本单位起的名称"。(哈特曼等,1973)本文以下的讨论,就是在广义的词位视角下展开的。

1952年,莫斯科大学著名教授、权威语言学家斯米尔尼茨基(A. N. Смирницкий 1903～1954)发表了著名论文《论词的问题》的前篇《词的分离性问题》(1952),到1954年又发表了其姊妹篇(后篇)《词的同一性问题》,提出了"词汇语义变体"这一概念。到1956年,在他的遗著《英语词汇学》(35～45页)中进一步发挥了他的"词的同一性"和"词的变体"的思想。他从词位常体中分析出"词的语法变体、词的词汇变体、词的修辞变体、词的方言变体"。关于修辞变体,在1962年列夫科夫斯卡娅(K. A. Левковская)的《词论》(16页)中又得到进一步阐述。高名凯(1963)又提出"语音变体、语义变体"。除了以上这些变体,我们认为,还有词形变体、构词变体,再加上语法变体、语义(词汇)变体、语用(修辞)变体、方言变体、语音变体等,总共七种变体。

词位的七种变体,大多数是有交际价值的,我们称为有值变体。少数是没有交际价值的,我们称为无值变体。下面分别讨论各种变体跟词条的关系。

5.2.1 词形变体

词位的词形变体是书面语现象,它是指口语里说的是一个词的语音,而书面上却写成不同的形体。这是许多语言共有的现象,英语、法语、德语、俄语里存在,日语里更常见。例如:在日语书面语言里,许多词都有两三种不同的形体,如动词"制作"可以写成"つくゐ"、"作ゐ"或"造ゐ",形容词"热的"可以写成"ぁつい"或"热い",名词"朝阳"可以写成"ぁさひ"或"朝日"。这是因为日语同时使用汉字和拼音文字"假名"而造成了词的不同形体。即使在完全使用拼音文字的书面语言里,异体词也不是没有的。如英语的"房间",口头上说[ru:m](或[rum]),而书面上却写成"room"或"roum"(罕用);"询问",口头上说[inˈkwaiə(r)],而书面上却写成"enquire"或"inquire";"农夫",口头上说[ˈplaumən],而书面上英国人写作"ploughman",美国人写成"plowman"。同一个词,英美的书写形式不同,并不罕见。但是,这类语言使用的毕竟是表音文字,异体词并不是很多的,没有引起特别的注意。因为中国历史悠久,地域广大,方言复杂,汉字表同一音意常有几种可能性,所以一个词在不同时代、不同地域、不同的方言区、不同社团,有可能用不同的汉字来写。其中最典型的例子,当属"逶迤"(wēiyí,路、山、水弯曲延续的样子)八十形(据《容斋随笔》、《联绵字典》、《辞通》等统计)。历史像一个大过滤器,当然也在过滤异形词,"文革"前的《新华字典》还有"逶迤"四种词形,今日的《新华字典》只剩下一种词形,就连中型的《现汉》也只剩下两种。该词典立为并列条目的异形词还有330多组,在现代汉语语言实践中存在的异形词也只有1000多种(含3000多个词),如"烦琐/繁琐,抹杀/抹煞",其词形的不同是无值变体,这是异形词的最主要的类型,应该选取通用的、有理据的词形作为主条。

许多概念都是模糊的,其中的"元"构成的"集"都是变量 T;所有的元,不能都具有等同的范畴属性,按具有属性的程度,元在集中形成梯度。根据这样一个客观事实,英国剑桥大学哲学家维特根斯坦(1889~1951)1933 年提出了"家族相似性"(family resemblance)理论,突破了亚里士多德以来的范畴论。按照这个理论,用定义的属性去衡定所有的异形词成员,这是比较陈旧的思路。异形词的家族成员,在都具有家族相似性的条件下,其近似值是有梯度的,由此可以分出中心成员、近中心成员、边缘成员。

5.2.2 语音变体

词位的语音变体是口语现象包括组合变体和聚合变体。这里只讨论聚合变体。词位的聚合语音变体，是指不受言语语流的影响，而是受古今、口书、方普、社团等差异的影响，在语言系统中存在的一个词的微小的语音差异变体。例如：

A	luō·suo	啰唆		B	bīngjīlíng	冰激凌
A_1	luō·su	啰苏		B_1	bīngqílíng	冰其凌
A_2	lū·su	噜苏		B_2	bīngqílín	冰淇淋
A_3	lū·suo	噜嗦				
C	diào·erlángdāng	吊儿郎当		D	gēn·tou	跟头
C_1	diào·erlángdāng	吊儿郎当		D_1	gēn·dou	跟头
C_2	diào·erlàngdàng	吊儿浪荡				
E	kōu·sou	抠搜				
E_1	kōu·suo	抠唆				
F	xún·si	寻思				
F_1	xín·si	寻思				
G	shénqì	神气				
G_1	shén·qi	神气				

A 和 $A_{1,2,3}$，微别在韵母上。B 和 $B_{1,2}$，微别在后二字的声母和韵尾上。C 和 $C_{1,2}$，微别在声调上。D 和 D_1，微别在后一字的声母上。E 和 E_1，微别在后一字的韵母上。F 和 F_1，微别在前一字的韵母上。G 和 G_1，微别在轻声上。这些微别都是无值的，没有辨义等交际价值。这些因为语音微别造成的一个词位的异音、异形，应该选取前一词作为主条。

5.2.3 构词变体

一个词位，因为古今、口书、方普、社团成员等因素使用了不同的语素或语序，形成了不同的构词变体。例如：

A 树墩/树墩儿 树枝/树枝儿 手车/手推车 数字/数目字
B 看风使舵/见风转舵 走投无路/走投没路

C 海拔/拔海　悲伤/伤悲　笨拙/拙笨　比较/较比　奋发图强/发奋图强

A 类是使用的词缀、词根不同，B 类是使用了同义语素，C 类是语素、次序不同，A、B、C 三类变体和常体的基义、陪义（附属义）都没有区别，即都是无值变体，有人认为是广义的异形词。照顾 A 类在口语里有不同的习惯说法。而 B、C 类之中的常体和变体并存则没有交际价值，都应该选取前一词作为主条，后一词作为副条。如果使用变体是为了韵律，那么可以临时用为修辞变体。

5.2.4　语法变体

斯米尔尼茨基（1954）把词位叫作"定形定义单位"（гдосса）。由此可以推导出，在一定的词位中，一个词的语法性的变形变义单位就是词位的语法变体。

英语的语法变体，就名词说，比俄语简单。英语名词只有所有格变体，而俄语名词一般都有 12 种变体。就动词说，英语动词常有 16 种时态变体（包括分析形式），俄语动词的各种变体总共有 20 来种。汉语的名词、动词、形容词等等没有那么多语法变体，只有其重叠形式可视为语法变体：天/天天，看/看看，高/高高，清楚/清清楚楚。可以重叠的比例，名词极少（多视为量词重叠），动词只有 12％，形容词有 15％（叠语素的；叠词的只有 0.1％，可视为形动兼类）（郭锐，2002）。词典反映重叠的办法常是：动词重叠多在例句中给出；形容词重叠语素的，也多在例句中给出；形容词，叠词的，多设置一个动词义项。有的单音形容词重叠后，词性和词义发生了较大变化，如"大大""好好"，不是变体，而是变成另一个词，词典中必须另立词条。

任何语言的语法变体的意义都是有值的，其词位分配是互补分布。因此，语法变体的绝大多数跟异形词无关。个别的情况，同一个语法意义有两个语法形式，如俄语的 чудо（怪物）的复数变体一个是 чуда，一个是 чуды，一新一旧。只是这种情况跟异形词有点关系，而且不必作为异形词的规范问题。

5.2.5 语义变体

斯米尔尼茨基 1954 年在《论词的问题(词的同一性问题)》中提出了新概念"词汇-语义变体"(лексико-семантический вариант,简称 ЛСВ,见《语言研究所论集》第 36 页)。诺维科夫(《俄语语义学》第 112 页)再次强调,"术语'词汇-语义变体'是属于斯米尔尼茨基的"。这个术语的提出,是为了区别于传统的"词"。词兼指一符号及其所有的意义(包括多义词的几个意义)。词汇-语义变体则指一个符号与一个意义的结合体,因此一个多义词包含多个词汇-语义变体,词位是这些变体的总和,这些变体就是词位的组成单位。如果是单义词,词位及其变体便是等同的。

高名凯先生 1963 年在《语言论》(247~248 页)中引进了这一概念,改称"词位的语义变体",指多义词的一个意义,也可以指附带意义的变体,如表情意义由尊敬到讽刺的变体。

汉语有另一类词位语义变体现象,今举要如下:

口语里的一个语音形式,在汉语书面上因为用汉字意符分化出不同的词形,并用于不同意义,形成互补分布。比较典型的就是 gē·da 分化出的 4 组词形:(1)疙瘩(疸):身上的,(2)圪垯(峼、塔):土、地的,(3)纥繨:绳、线的,(4)饹嗒(哒):面、菜的。

《现汉》的编者在"试印本"就以"疙瘩"为标准词形,把其余的形体作为非标准词形放括号里,不列为条目。这完全出于规范目的,可是词典还有备查功用,因此从"试用本"开始至新本又把附于括号中的各条目,分别列为正式条目,其后皆注"同'疙瘩'"。这是以规范为主,兼顾描写、备查。

跟"gē·da"一组相类似的,汉语还有"ménglóng"一组,也可以视为词位语义变体:用于目光,写作"蒙眬(矇眬)";用于日光,写作"曚昽";用于月光,写作"朦胧"。这是汉字意符令人强生区别,造出三个变体。其实,形有限,而意无穷,还有景色、暮色、烟、雾等等的不清楚、模糊,不能无限地造下去,只好把这些意义归属"朦胧"。说到底,这些朦胧以及月光、日光、目光不明、不清楚,都是视觉范围的事,不如选用一个"朦胧"为标准词形,一词以蔽之,这个词位语义变体具有更大的概括性。

跟词汇语义变体相关的是语义变体：一个义位在组合中发生了语流义变，如"我们认为……"的"我们"有时指"我"。语流义变种类较多，详见《词汇语义学》4.1.6节。词典中对语流义变，多不反映；只有语流义变上升到常见用法、准义位的层次，词典才给出用例、子义项。

5.2.6 语用变体

斯米尔尼茨基(1956:42~45)提出"词汇的修辞变体"，词在各种修辞色彩上都可能产生变体，例如英语的 often(时常)用于中立语体，而它的同义近形词 oft 用于庄重-诗歌体。

我们所说的"语用变体"不仅包括修辞变体，而且包括各种用法变体，其前提又是词位的。

"及"和"暨"在春秋时代，在《书》、《诗》中，都用为连词"与"义。那时的读音，"及"为群母，缉部，郭锡良先生在《汉字古音手册》中的拟音为[giəp]；"暨"为群母，物部，拟音为[giət]。"及、暨"的音差别只在入声尾的 p、t 上。何乐士等的《古代汉语虚词通释》干脆把"暨"置于"及"后的括号中，注音为 jí。我们认为，如果把"及、暨"视为词位变体，那么在上古则表现为语音变体，在现代还表现为修辞语用变体，"及 jí"用于一般语体，"暨 jì"用于庄重语体。不同词位（读音不同）的语体差别是语言丰富性的表现可以作为不同词条，同一词位（读音相同）的语体变体似乎可以作为异形词考虑。

"词典"和"辞典"，20世纪初，作为中国新文化的一种信号，在双语工具书和专科工具书范围内出现了，后来便在单语工具书和百科工具书范围内用开了。20年代至40年代，用"辞典"比"词典"稍多。50年代至今，"辞典"用于专科、百科的居多，"词典"用于语文工具书（包括单语的、双语的，指词语）的居多。可是，这种语用变体并非严格互补，也有交叉。

在汉语史上，一个词常有正体和俗体（孤负和辜负）之别，这是语用变体系列。后来常以俗为正。这里不再论列。

总之，词位的七种变体（方言变体，省略）之中，语法变体在词典中只经非规则变体出词条。语音变体,对常见的出条或括注。词形变体分出主副条,主条后或括注(不常用的),或在释义后提示"也作××",这是描写原则;如贯彻规范原则,应该提示:"多不作××"。构词变体,按描写原则,在释义后提示"也叫××,也说××";按规范原则,应该提示"多不叫(说)××"。语义变体和语用变体,如果变体用不同词形、词音,就得列为不同词条。

(1) 中心成员

中心成员的异形词,是不久之前并存的,后来因为语言文字出现了国颁标准,现在用 A 废 B。对这类历时性的异形词,有些辞书只出 A 类条目,不出 B 类条目。这类中心成员的异形词包括 5 类:

  由本字造成的异形词。如:抵牾/牴牾,讹误/舛误,瑰宝/璀宝。
  由繁简字造成的异形词。如:家具/傢具,蒙眬/矇眬,老板/老闆。
  由"叠、覆、像、啰"恢复合法地位造成的异形词。如:重叠/重迭,折叠/折迭,覆灭/复灭。
  跟《审音表》不符的异形词。如:便秘/便闭,盟誓/明誓,树阴/树荫。
  使用非通用字的异形词。如:保佑/保祐,抽译/绌译,滴答/嘀哒。

从法制观点看,以上 5 类中斜杠后的词形是非法的、错误的。但是由于各种原因,写、印这类形体的仍然较多,还是把上列各类词作为异形词看待为好。

(2) 次中心成员

次中心成员的异形词,是常用和罕用形现在并存的,有些辞书区分出常用的主条词形和罕用的副条词形,在主条 A 下标明"亦作、也作",副条 B 下标注"同 A"。这类共时性的异形词,包括 3 类:

  ① 义位等同的异形词。如:烦琐/繁琐,号啕/号咷、嚎啕、嚎咷(单义位异形词);人才/人材(多义位异形词)。
  ② 义位交叉的异形词。如:交代/交待(一个义位等同交叉);作/做(两个义位等同交叉)。
  ③ 义位包含的异形词。如:其他/其它,成材/成才(前者义位范围广,后者义位范围较窄,包含于前者之中)。

(3) 边缘成员

边缘成员的异形词,介于异形词和非异形词之间,A、B 两个词在语音、语义、语用上或有微异,或有无微异尚无定论。

报道/报导,因为第二个字的声调有去上之别,《现汉》未注为异形词。"导",从《广韵》直至 1957 年出版的《汉语词典》(即《国语辞典》)都读去声,因此 1999 年版的《辞海》说"旧读 dào"。从 1957 年至 1962 年的《普通话异读词审音表》把"导"定为统读 dǎo。这样就把本来属于次中心成员的异形词推到边缘成员,语音有点微异,是不是异形词,意见不一。

对于边缘成员,词典应该采取慎重的态度。特别是对其中已有不同看法的,更应该慎重。"对于超过规范界限的东西最好的办法是保持缄默。"(兹古斯塔,1983:400)

在汉语里,则完全是另外一种情形。由于中国历史悠久,地域广大,方言复杂,特别是由于汉字主要以表义方法写词,所以一个词在不同时期、不同地方、不同方言里,可能用不同的汉字来写。如"逶迤"这个词,到了宋代,据洪迈在《容斋随笔·五笔·卷九》记录,就有 12 种不同的形体。后来,有人据《联绵字典》和《辞通》统计,说有 80 多种形体。这个数字虽然夸大了一些,但至少也有六七十种形体。即使在 20 世纪 30 年代的《国语辞典》里也还记载着这个词的 4 种形体:逶迤、委蛇、逶迆、逶移。

我们的先人,对异形词现象曾做过专门的研究、收集、辨析工作。唐代初年,陆德明在《经典释文》中,把异体词叫作"同言异字"。到了清代乾隆年间,吴玉搢编集了《别雅》,到了近代,朱起凤编集了《辞通》,都是集异形词研究之大成的工具书。

蠭门、逄门、蠭蒙,逄蒙也。《荀子·王霸》、《吕览·听言》作"蠭门";《淮南子》、《汉书·王褒传》作"逄门";《七略》作"蠭蒙",即"逄蒙"也。"蠭"、"逄"字近,"门"、"蒙"声近。

现在,由于国家的空前统一,典范白话文著作的推广,异形词出现了逐渐减少的倾向。有关部门也在有意识地整理异形词。

第三节　缩略语和条目

5.3.1　缩略语概况

缩略语,作为全称或原型词的简化变体,作为词汇系统的特殊聚合现象,它是新时代各民族语言的特征之一,也是新时代新词语大潮的伴随现象之一。因此,缩略语的研究,必须以世界语言发展大潮为宏观背景。

中国社科院语言所词典室的闵家骥、刘庆隆、韩敬体、晁继周,1987年在上海辞书出版社出版了一本《汉语新词词典》。从该书1654条新词语中,我们查得391条缩略语,这个数占总词数的24%多。这个比例,远高于20世纪50~60年代,更高于20到40年代的缩略语在总词汇中所占的比例。

我国1986年知识出版社出版的李熙宗等的《略语手册》,收15000条词语;1989年长虹出版公司出版的刘正勋主编的《中国现代缩略语词典》,收13000条词语,这两部词典的收词总数28000条是到目前为止反映现代汉语缩略语的概数。虽然它们收词都偏宽,但是毕竟反映出了新趋势。

在英语方面,比较权威的是 E. T. Crowley 的《缩略语、首字母缩略语和缩写词词典》,1960年初版收12000条,1985年第9版就收至300000条。

在俄语方面,1963年出版了阿克列谢耶夫主编的《俄语缩略语词典》,收12500条,1977年第2版增至16500条,1984年第4版增至17700条。1983年商务印书馆出版了《俄汉缩略语词典》,大约收43000条。

从前面列举的数字看来,几种语言都出现了词语缩略的趋势。这是时代精神焦点之一。这是当今世界政治、经济、科技、文化以及认识的高速发展变化的大势所趋,是各民族语言共有的缩略趋势。各种语言都在最大限度地追求省时省力的经济原则,任何一个组合体能压缩的则压缩,能省略的则省略,能简化的则简化。

5.3.2　缩略语共性和条目

缩略语用 A 代表,原语(词或词组)用 G 代表。各种语言的 G 和 A 都应具有以下四种规定性。

(1) G 不是一次性的"超词"组合体,而应具有定型性,具有高频的复呈性。词典都列为词条。如:

  电视大学→电大

  长途电话→长话

  城市建设→城建

  调查研究→调研

而下列的 G 定型性较弱、复呈性较低,虽然"A"不算作缩略语,但是为了"备查",词典多列为词条。如:

  调动转换→调转

  工作之余→工余

  夜间上课的学校→夜校

语言变化过程的事实是:先有原语 G,而后由之产生缩略语 A。如果相反,一般不称之为缩略语。如:

  然→然而,曾→曾经,但→但是,国→国家。

(2) 只有 G→A 之间具有先正后逆的二向性,原语和缩略语的关系才能成立。词典都列为词条。如:

  电影电视→影视

  智力商数→智商

  植物保护→植保

  特别行政特区→特区

有的没有经过从 G 缩略为 A 的正向转化,当然也就不能从 A 还原 G。这样的"A"自然不是缩略语。词典虽然列为词条,但是不作为简称。吕叔湘先生举过一个典型的例子:

  党校:共产党培养、训练党的干部的学校

类似的例子还有：

调干：为学习调离工作岗位（的干部）
参政：参与政治活动或参加政治机构
标底：招标人预定的招标工程的价目

印欧语有些 A 是从几个乃至几十个 G 简化的，因此从 A 向 G 逆向还原时，就有多种可能性。

(3) G 和 A 之间的语义信息量必须具有守恒性。如：茅台＝茅台酒，立交桥＝多层立体交叉桥梁，盒带＝盒式录音带。

不具有这种守恒性的"A"，不能算作缩略语。如"中国"在有的语境中不能看成"中华人民共和国"的缩略语。"高考"不是"高等学校考试"的缩略语，而是指"高等学校的招生考试"。

(4) G 和 A 在形式上具有从 A（全体）提取∃（部分）的关联性。印欧语一般是从 G 提取字母或音节。汉语一般是从 G 提取一部分语素或共性语素。如：

龙井茶→龙井，公安干部和民警→干警，工程师→工，有理想、有道德、有文化、有纪律→四有。

不具有这种形式关联性的"A"，一般不归为缩略语，但可以列为词条。如：

加、减、乘、除四种运算→四则
耳、目、口、鼻、舌→五官
猪、牛、羊、马、鸡、狗→六畜

5.3.3　汉语缩略语的个性和条目

缩略趋势和四种规定性，是各种语言共有的。在共性之外，汉语的缩略语又有其明显的民族形式特点。

1. 汉语的缩略语再现了现代汉语以双音节为主的模式。在抽样的 391

个缩略语中,双音节的有 345 个,占总数的 88.2% 多。其余的是:单音节的 3 个,三音节的 21 个,四音节的 18 个,五、六音节的各 1 个。

印欧语的缩略语大部分是提取字母,无所谓音节的多少;只有一小部分是提取音节组合的复合词,这一部分多是二三个音节。

2. 以数字缩略的模型,比起外语,在汉语中占有更独特的地位。多可以列为词条。如:一平二调、二五、两个凡是、两个文明、两户一体、双补、双百方针、双增双节、三北、三同、三不主义、三大差别、三大改造、三户一体、三老四严、四美、四化、四有、五保、五反、五讲四美、五小工业、七五、八五。

3. 汉语缩略语的类型及提取的单位,与印欧语的不同。

印欧语的缩略语,主要是三种类型。

一种是 acronym(该词 1943 年才产生),指由词组各主要词的第一个字母或第一音节拼合而成的缩略词。

一种是 initials(ms),指由词组中各主要词的第一个字母组成的组合体,其字母均要大写,后面的圆点倾向于不加。

一种是 abbreviations,主要是指常用词(偶尔是词组)的简缩,或取词的第一个字母,或取词的前面、中间或后面的几个字母,或取词的前两个音节(或语素)的第一个字母,或取词的首尾字母。

为了概括以上这三种类型,英语的一部权威缩略语词典便取名为 *Acronyms Initialisms and Abbreviations Dictionary*。当然,除了这三种之外,还有其他类型的,如提了词组中前一个或两个词的第一个字母同最后一个词组合:

  hydrogen bomb(氢弹)→H-bomb
  Victory over Japan Day(战胜日本纪念日)→V.J. Day

又如有的是提取两个词的有代表性的音节,组合一个新的复合词:

  breakfast lunch→brunch(早中饭)
  мелицинский факультет→медфак(医学系)
  радио станция→рация(无线电台)

这是拼缀词(blend),也叫行囊词(portmanteau word)。

总观各种类型,印欧语的缩略语是以提取字母为主要的手段。而汉语的缩略语则是以提取语素为主要手段,这分别表现在汉语的三类缩略语中。

(1) 简称。它在汉语缩略语中占绝大部分。一般是指从代表一种事物的较长的词或词组中提取两个语素的简化形式。大都可以列为词条。其主要类别有:

a. 从词组中提取两个有代表性的语素:

　　知识青年→知青
　　助理工程师→助工
　　美术学院→美院
　　扫除文盲→扫盲
　　脱离生产→脱产
　　现役军人婚姻→军婚
　　群众性体育活动→群体

b. 从词组中提取三个有代表性的语素:

　　多层立体交叉桥梁→立交桥
　　棉花、棉纱、棉布→花纱布
　　亚洲、非洲、拉丁美洲→亚非拉

c. 从词组中提取前面或后面的两个语素(或词):

　　全民所有制经济→全民
　　调幅广播→调幅
　　经济特区→特区

d. 数字加上共性语素或有代表性的语素。在简称中,这一类与前三类不同,它是对两个以上的同类事物的数字概括。具体例子,前面已经举过,此处不再重复。

(2) 合称,是指从代表两个或几个事物的较长的(主要是名词性的)词组

中,提取二至四个语素的简化形式。它在缩略语中只占很小的一部分。大多都可以列为词条。主要类别有:

a. 取两个词的第一语素:

  病人、残疾人→病残
  托儿所、幼儿园→托幼
  工业、交通运输业→工交

b. 从两个或几个词中提取个性语素,合并共性语素:

  节日、假日→节假日
  进口、出口→进出口
  冤案、假案、错案→冤假错案
  中档次、低档次→中低档次

c. 从几个词或词组中提取第一或有代表性的语素:

  公安、检查、司法机关→公检法
  老年人、体弱者、病人、残疾人→老弱病残

(3) 省称,是指从常用的名词(多是称谓)中提取第一语素,省去其他语素,它们在缩略语中只占极小的一部分:

  总司令→总
  总工程师→总
  总导演→总

4. 汉语缩略语的内部组合关系,跟印欧语的不同。

由于印欧语的缩略语多是由提取的一个个或几个字母组成,这个类缩略语内部没有语法组合关系,有的只是音位组合关系。只有所谓拼缀词或缩略复合词的内部有并列、偏正关系。相反,汉语的缩略语绝大多数都是由提取的语素组成的,其内阅自然有语法组合关系。因此,朱德熙先生认为是"特殊复合词"。

汉语的"合称"绝大多数是并列结构,个别的是偏正结构,如"节假日""冤假错案"。汉语的"简称",一般是名词性的(缩略语多是非名词性的),因此多是偏正结构,少数是主谓、述宾、并列结构。绝大多数缩略语的结构,都跟原语相同,个别的有所变化。

由于经济、科技、文化的改革开放,由于外来缩略语的引进和汉语拼音方案的广泛应用,汉语中也逐渐出现了提取字母的缩略语。如:

  television(电视)→TV
  total yield(总产量)→TY
  Kilogram(公斤)→Kg
  Selling price(单价)→S. P.
  millimetre(毫米)→mm
  Hanyu Shuiping Kaoshi(汉语水平考试)→HSK

当然这部分缩略语内部也没有什么语法结构关系。与此类似的还有:

  马马虎虎、大大咧咧、嘻嘻哈哈→马大哈

这样的缩略语是极少见的,它既不是提取字母,也不是提取语素,而是提取音节。

5. 汉语缩略语的读法,跟印欧语的不同。

印欧语的缩略语,一般有两种读法:一是读字母名称音,如首字母连写词 intialism 及类似的情况;二是拼读,如首字母拼写词 acronym 及类似的情况。

汉语的缩略语,一般都按汉字读音,新兴的提取字母的缩略语照字母读音。

6. 汉语的缩略语,表义功能跟印欧语的不同。

印欧语的缩略语,以提取字母为主,因此其表义功能不强。汉语的缩略语,以提取语素为主,因此其表义功能很强,其字面仍有很强的提示词义的作用。

7. 汉语缩略语跟原语的对应关系,跟印欧语的不同。

汉语缩略语跟原语,绝大多数是一 A 对一 G 的关系。只有极少数是一 A 对多 G 的,如:

全国人民代表大会 ⎫
                  ⎬ 人大
中国人民大学   ⎭

总司令   ⎫
总指挥   ⎪
总工程师 ⎬ 总
总经济师 ⎪
总会计师 ⎭

在"中阿"这个个别的组合中的"阿"可能代表以"阿"开头的八九个国家的全称。

在印欧语中,许多原语 G 组合各异,常常简化为一个缩略语 A,即多义共一形的情况是常见的。1983 年商务印书馆出版的《俄汉缩略语词典》中的 КПК 就有 23 个原语。1985 年出版的《缩略语、首字母缩略语和缩写词词典》中的 TC 有 144 个原语,TCC 有 56 个原语。1979 年商务印书馆出版的史群的《英语缩略语词典》中的 A 有 22 个原语,AA 有 27 个原语。

8. 汉语缩略语的语用限度,跟印欧语的不同。

印欧语的缩略语,适用范围比汉语的窄,多用于报刊、公文行业、书信等语体,汉语的缩略语适用范围则较广。但是汉语缩略语都不宜用于正式的、庄重的语境。从语用广角镜头看,汉语中有更广更高的缩略范畴,上面所谓的"缩略语"仅仅是它的次范畴。

在汉语语言运用中,为了使语言单位简短、紧凑,语义明快、简洁、精炼,为了使音节整齐、对称、协调、具有音乐性,为了使语句错综多变,常把词、词组或句子删节、缩短、压缩、简化。用一个更广更高的范畴来概括这种修辞手法,就叫"节缩"或"简缩"。在这个范畴之下,细分为两个次范畴:一个是"节短",一个是"缩合"。

节短的结果,就是缩略语。节短,在修辞上包括"简称"和"缩语"。简称,包括前文所说的缩略语中的简称的大部分、合称、省称。缩语,就是数字式的缩略语。它们在中国文明的早期已经开始运用。如《易经》说的"八卦",《书经》等书说的"九州",《史记》说的:"勃碣"(是"勃海碣石"的简称),还有后来说的"马法"("司马穰苴兵法"的简称)、"马史"("司马迁史记"的简称)、"班书"("班固汉书"的简称)。它们在现代语言运用中,更能收到多种修辞效果。例如:

　　志若黄河奔沧海,
　　形似珠峰刺青天。
　　借问英灵今何在?
　　花潮诗海震人间。

——《天安门诗抄》

这里把"珠穆朗玛峰"节缩为"珠峰",使得诗句匀称,音节和谐。又如:

　　通过大打整顿交通秩序的人民战争,基本上做到了"五马进厩"。

——《整顿交通的几条规定》

这里的"五马"不是语言中的缩略语,而是言语中的"缩语",指"马路堆积物、马路搭建、马路设摊、马路堆土垃圾、马路停车",利用谐音,把"马……"比拟为"马"。正是用这比拟性的缩语,这话说得简洁明快而富有情趣。

至于"缩合",是指把两个字词节缩合并为一个合音词。如"之乎"或"之于"→诸,二十→廿,不可→叵。这类合音词,不算缩略语。

在语用中,有些词能不能用缩略形式,这里有个习惯问题。如"彩色电视机"可以缩略为"彩电",而"黑白电视机"不能缩略为"黑白电"。与之相关的,"彩色电影片"却要缩略为"彩色片","黑白电影片"也可以缩略为"黑白片"。与之相关的"彩色照片"却要缩略为"彩照",而"黑白照片"缩略为"黑白照"。列表如下:

G→	A		←G
彩色电视机	彩电	0	黑白电视机
彩色电影片	彩色片	黑白片	黑白电影片
彩色照片	彩照	黑白照	黑白照片

在这个系列里,缩略语的有无及提取的单位,是受了颜色语义场中的不对称性以及何者为有特征的代表语素等条件的制约。

5.3.4 结语

无论是汉语,还是外语,其缩略语都是语言组合单位由长变短。而语言单位组合的长度,与语言组合单位的价值成反比。也就是说,一个语言单位的价值越大或越高,其长度就越小。这就是当今各语言的人称代词大都是单音节,甚至是单个音位的原因所在。这里是想用这个因果关系说明缩略语。

现在我们所说的"电视机",在发明之初,叫"电视接收机",后来随着它的试用、推广、普及,它的新闻传播、政治宣传、文化教育、艺术观赏、商业广等等价值越来越大,越来越多,因而其词的长度越来越短:

  电视接收机→电视机→电视→电(如"彩电")

随着和平、友谊、竞技、观赏等文化价值的越来越大,下面这个常用的语言单位越来越短:

  奥林匹克运动会→奥运会→奥运→奥(如"奥理会"、"奥委会"、"奥赛")

词典作者都是按频率、分布等标准,选收进入共同语的大部分缩略语。

第 六 章

义位和义项

第一节 义位和义项的关系

义位,是语义学术语。是语义学家给语义划分出的最基本的单位,多用来指多义词的一个义项;具有自由性,能独立运用;是义素的综合体,是围绕一个中心的具体意义、实际意义或语义特征的概括、抽象常体,它包括义值(基义和附属义)和义域。一个语义场切分有粗细之别,即编码度有别,这是受古今、中外、职业团体之别制约的。

义项,是词典学术语。是词典作者给字或词解释出的一个个意义单位,包括不能独立运用的单位,即不成词的语素意义,对这样的意义《现汉》不标词性,语义学不认为它是一个义位。

义位和义项,相当而不相等。辞书中的一个条目的义项数目,常常比义位多。义项多少,受辞书规模、性质、时代、编者的认识等因素制约。辞书规模越大,义项越多。学习词典比普通语文词典义项偏细。例如英语 go,《简明牛津词典》8 版给出 28 个义项,《牛津高阶学习词典》给出 35 个义项,《朗文当代英语词典》给出 48 义项。再以中等辞书《现汉》"手"条为例,比较义位和义项:

【手】① 名人体上肢前端能拿东西的部分。②拿着:人手一册。③小巧而便于拿的:手册|手折。④亲手或亲手写的:手订|手抄|手稿|手令|手迹。⑤手段;手法:手辣|眼高手低。⑥(～儿)量用于技能、本领等:他真有两手|学得一手绝活儿。⑦擅长某种技能的人或做某种事的人:选手|能手|操盘手|拖拉机手。

上面例子显示,"手"有 7 个义项,其中只有 1、6 意义是义位。这是多数学者的看法。此外,也有少数语义学者不用"义位"这个术语,只用"义项",把二者等同。

划分义项有粗细,义项有大小之分。大义项,可能包括两个义项。如20世纪70年代以前的《新华字典》"家"的第一义项"家庭和所住的地方",包括《现汉》"家"的一、二义项:"家庭;人家""家庭的住所"。

义项,还有主次之分,如《现汉》"担纲":"指在艺术表演或体育比赛中担任主角或主力,泛指在工作中承担重任",逗号前是主义项,逗号后是次义项或准义项,俄国人叫"意味"。次义项,随着频率的升高,可以升为一个独立的义项。

义项,还有母子之分。如《现汉》"子·zi"名词后缀。a)加在名词性词素后,b)加在形容词或动词性词素后。a、b是子义项。

义项还有义项群及其概括义。如《现代汉语规范词典》"打"①击。a)用手或用器物击打。b)被击而破碎。c)(用武器等)攻击;攻打。d)(风、雨等)击打。"击"是义项群的概括义,abcd是4个义项,因为可以概括一个意义,所以合并为义项群。《剑桥国际英语词典》《新牛津英语词典》等都是这样做的。

第二节 词义的各种观点

词典是解释词义的。什么是词义?词典作者大多都有一系列的理性认识。

自柏拉图、荀子以来2000多年,这个一直是人类思想史的中心问题之一,特别是哲学、语言学、心理学、逻辑学、思维科学、神经生理学等许多学科煞费苦心研究的问题,更是当代语言哲学的两大中心课题之一。如果离开语言哲学这个宏观大背景来讨论意义问题就是瞎子摸象;如果背离语言哲学的意义观,就是宏观失控。英国哲学家奥格登等(1923)列出23个词义定义,利奇(1983)转引12个,现在常见的有10多种。这里按形成理论的历史脉络,予以总结评论。

6.2.1 指称说

指称说。柏拉图等唯实论"词—物"观,一直流行在迄今为止的哲学史中,也是现今人们根深蒂固的成见。

指称说在西方哲学背景中属于意义对应理论(Correspondence Theory of Meaning)。20世纪的指称论者一直把直指定义(ostensive definition,一译"实指定义")作为语词意义的最基本模型。因为它具有直观性、简明性、实用性,所以一直延续到现在。但是,指称说仍是比较原始的、比较陈旧的观点。

学者也从不同角度批评了指称说的非科学性:

(1) 语言的"物性"与科学的"对象性"不同。

(2) 它只适用于专名和物体词(object word)的直指定义,不适用于下列各类词:

1) 虚词,特别是介词、连词、叹词等。

2) 表示虚构、没有实在对象的词,有人称之为无所指的空指号。

3) 许多动词,一些抽象名词、形容词没有实在的指称对象。

4) 专名,有人(如罗素)认为有意义,有人(如克里普克)认为没有意义,其实有一些专名是没有意义的,但是它们有所指。

(3) 同一词语的同一义位可以指称不同的对象或其不同侧面,不能因此说它的意义(义位)不同。

(4) 不同词语(义位)可以指称同一对象,不能因此说它们的意义相同。

(5) 义位和所指对象没有共变关系。

(6) 能理解、掌握词义(义位),有时并不能辨认所指对象。

(7) 词义(义位)是意识单位,具有主体性,而所指物一般没有主体性。

(8) 词场和物类不对等。

6.2.2 观念说

观念说也叫意念说。这也是一个古典的观点。

"观念说"虽然克服了指称说的原始性、直观性等缺点,但是,它本身又有更大更多的缺点,受到了弗雷格、赖尔、蒯因等许多哲学家的批评。

(1) 观念,2000 多年以来是多解的。拿多解的观念作为词义的答案,令人莫衷一是,难以捉摸,因而词义仍是个未知数、未定数。它忽视了词义的固定性和规约性。

(2) 大多数词义在人脑中不产生表象或形象,特别是虚词、数词、抽象的名词、动词、形容词等。连洛克本人也认为有些词没有相应的观念。

(3) 对同一个词(义位)不同的人产生的观念或表象(意象)不同。常因人因时因地因事而异。

(4) 不同的词语可能产生相同的观念或表象,如"家畜、耕田、拉车、拉犁"可能都出现"牛"的表象。

(5) 洛克认为观念是私有的。由此推论,产生私人语言是不可能的。(维特根斯坦)观念又是主观的,属于心理的东西,个人之间的观念不同。同一个人心中一个意义常与不同观念相联系。

6.2.3 用法说

自 20 世纪初以来,不断有人主张用法说。用法说,确实具有可操作性。用法说,比起各种分析论(乌尔曼,1962),也有自身的局限性:

(1) 用法这一概念也很空泛、含糊,没有明确的定义,有些词无法通过用法来确定、分析其意义。

(2) 维特根斯坦对自己的用法说发生了疑问。

(3) 有些用法与意义无关。

(4) 不能解释词义和用法的矛盾:1)意义基本相同而用法不同;2)意义不同而用法相同的更多;3)会用某词,而不知其义(如"阿门");4)知其义,而不会用;5)有的词的用法很多,而词义只有一个。

6.2.4 因果说

以维特根斯坦为首的哲学家、逻辑学家、语义学家从各自视角对奥、理的说法,特别是对其语义三角提出了多种批评,后来作者对语义三角作了三点改造。由传统语义学的"对应论"转向了现代语义学的"三元论"。学界常称其说法为"因果论"、"对应论"或"符号说"。乌尔曼批评这一学说把"事物"这一非语言要素包括在词义中了。

6.2.5 概念说

词义对应的是意识中的概念。后来的概念说属于三元论:词(形式)、概念、事物。在哲学的影响下,概念说在欧美俄都比较流行。索绪尔、乔姆斯基等都主张概念说。比起观念说,概念说的优点是可以分离出内涵和外延加以分析和描写,而且任何语言都有相当多的词(主要是术语)是表示概念的。其缺点是:

(1) 以哲学范畴代替了语义范畴,未注重概念和义位的区别。

(2) 词义(义位)是信息交际单位,概念是思维单位。

(3) 有很多词(义位)不表示科学概念:

1) 用于一般场合的只表普通义的词:水、米、喝等。

2) 只表情感的词:啊、呸、哎呀、哈哈等叹词。

3) 主要表情感的词:心肝儿、宝贝儿等亲昵词;笨蛋、窝囊废等詈骂词。

4) 部分表情态的词:绿油油、红红的、暖烘烘、冷冷地。

5) 表语气的词:哇、呢、吗、吧、呀。

6) 代词:你、这。胡塞尔称"我""这个"为"半概念"。(涂纪亮,1996:79)

7) 冠词:a、the。

8) 前置(介)词:在、从、向、对于、把、关于。

9) 大多数象声词:哗啦、扑哧、叮当、乒乓。

6.2.6 反映说

反映说是20世纪50年代以来,在苏联(俄国)和中国盛行的观点。这种观点来源于并比较符合辩证唯物主义反映论:

(1) 反映的内容是客体、主体以及语言世界,除了其一般和本质特征之外,还有作为常识标志的区别特征。即包括科学和常识两个层次。

(2) 人们对事物做了能动的反映,其中包含着人们的理解、认识、取舍、评价等。

(3) 对同一事物可以做出不同的反映,如"家父"、"令尊"。

(4) 这种反映只能接近认识的极限,而不能达到认识的极限,内中难免有质的虚假和量的非等同。

(5) 随着客体、主体及语言世界的发展变化,词义(义位)也发展变化。

(6) 这种反映离不开一定的民族语言。特别是语音形式。

这种观点的缺点是:没有说清楚词义反映和概念反映的异同(其异同,将在"义位的语言性"中详论);没有注意到词义的语言系统性和民族性。

第三节　多义词的语义结构和义项

6.3.1　词位

自从 20 世纪 20 年代 Пешковский,A. M. 提出词位(лексема)以来,对词位的认识就有了多个视角。

在语义视角下,词位"指语言意义系统中能区别于其他类似单位的最小单位"(Richards:2000),"指一种语言语义系统的最小区别性单位"(Crystal:2000)。

在语法视角下,"一个词的整个词形变化体系、词形变化的全部形式有时候叫作 lexeme。"(兹古斯塔:1983)"同一词位有不同的形式,这些形式有相同的词汇意义和不同的语法意义。"(Lyons:1995)"它是一系列语法变体的基底形式"(Crystal:2000)。

在词典视角下,"词位是指词典里的一个词。"(Lyons:1995)

在语音视角下,词位是一个义位全部语音形式的总和或常体(倪波等:1995)。"词位按惯例在词典中作为词条单独列出的单位。"(Crystal:2000)

6.3.2　多义词词位内的义项

在综合视角下,Виноградов, B. B. (1944)、高名凯(1963)把多义词整体叫

作 лексема(词位),把语段词(即言语中用于多义词某个意义的词汇单位)叫作词,后来 Смирницкий, A. И. 等许多学者又称之为词汇语义变体,即 ЛСВ(лексико-семантический вариант)。

词位是"一些语言学家给语言词汇(vocabulary)的基本单位起的名称"。(Hartman:1981)提出词位的用意,就是想建立一个更适合讨论语言词汇的抽象单位,以便消除"词"这个术语的歧义。(Crystal:2000)这里的讨论,就是在综合视角下展开的。

多义词是"具有文明的标志"。(Breal M.)在一个词位中,两个以上的义位(即义项,下同)形成历时和共时序列的,有梯度结构的,有语义桥连接的聚合体,称为 polysemy(一词多义,多义性,多义现象,多义词)。这个词源于希腊语:poli(多),sema(意义)。

多义词在语言中所占的比例,受制于四个参数:语种,时间,辞书,义频。汉语、俄语、英语现代小型词典中,占 20~50%,历史大型词典中占 30~50%。多义词平均义位数,还受制于使用频率。1985 年 Princeton Univesity Miller, G.A 编制的 Wordnet(词网)收了 29509 词,共有 173961 义位,平均一个词 5.9 个义位。Ogedeng 提出的 850 个基础词共有 12425 个义位,平均一个词 14.6 义位。极端的例子,如英语词位 take 在 J. Murray(默雷)《牛津英语词典》中给出 300 多个义位,其中包括及物义位 130 个,不及物义位 21 个。get 和 cut 也有 150 左右个义位。

多义词也是一种语义场。场内组成成员,不是词,而是义位。这类场,比较突出的特点是联想性。因此,索绪尔的高足 Bally,C. 称之为联想场。不同的心理学家从不同的角度分析出不同种类的联想。对于词位的语义结构来说,主要是两种联想:相似联想,相近联想(Wundt, W. 1900)。相似中又分位置相似、形状相似、颜色相似、味道相似、功能相似、性能相似等等。通过隐喻认知模式,由旧义构建新义。如:早期德语的 Kopf,原为"罐儿",靠形状相似,演变出中古德语的"头颅"义。法语的 ouaille,原为"听话的羊",靠性能相似,演变出"听牧师话的教徒"。

相近联想,实际上包括许多关联关系,有许多细类。诸如本体同特征、产地、职务、数量、材料、工具、载体等关系,主体和活动关系,活动及结果关系,因果关系,特殊一般关系,部分整体关系,具体抽象关系等等。给人以"临近"感,容易产生"邻接联想",通过换喻认知模式,由旧义构建新义。如:英语的 dish,原为"盘子",演变出"盘中菜、盘中食品"义,这是载体和所载物的相近联想。法语的 travail,原为"劳动",演变出"劳动者",这是活动和主体的相近联想;又演变出"产品",这是活动及结果的相近联想。

相似联想和相近联想的结果,在认知语言学视角下,都是以原型意义为中心,以家族相似性为特征的,在一个词位内的聚合语义网络结构,或语义关系框架。

6.3.3 多义词具有结构性

其基础是义位(此即词汇—语义变体,亦即义项)内部的义值(义素)和义域(义素),义值中分析出基义(义素)和陪义(义素)。基义中又分析出共性义素和个性义素,个性义素中又分析出主要个性义素和次要个性义素。其间的质、量、主、次关系,构成义位内部的层级结构。多义词义位之间结构关系及其演变,其解释因子大多都是义位内部的义素结构及其再整合。

多义词的结构性,表现之一是场内语义结构的三种模式。

1887 年法国语言学家 Darmesteter, A. 在他的名著 *La vie des Mots étudiée dans leurs significations* 中总结出词义演变关系凝结在多义词场内语义结构的两种模式:1)rayonnement(放射型);2)enchaænement(连锁型)。(梁守锵:1964)1957 年 Rayevskaya, N. 在 *English Lexicology* 一书的"词和词义"一节继续研究了这两种模式:1)radiation(放射型);2)concatenation(连锁型)。此外,该书又提出一种结合型:"放射与连锁这两个过程是密切结合着的,因为它们是同一词义演变过程的不同阶段……放射过程总是先于连锁过程。"后来,Ullmann, S(1962) *Semantics, An Introduction to the Science of Meaning* 等一些专著和教科书不断引用这三种模型。1987 年 Беляевская, Е. Г. *Семантика слова*(стр. 76)再次较为系统地阐述了三种模型:1)конкатенация(连锁型),2)иррадиация(放射型),3)радиальноцепочечная конфиграция(混合型)。因为众所周知,为节省篇幅,不再举例。

在连锁模型中,其结构性主要表现在层级及其梯度上。在一个事物中,如果存在连续量或程度,那么其间必然存在级差和差值,对这类现象描绘的术语就是"梯度",它是场论的三个基本量(另两个量是旋度、散度)的首要基本量。

6.3.4 多义词的梯度

多义词的梯度表现之一是场内义位存在着主、次、再次等层次梯度。其本义或基本义,处于主要的中心层次。Bloomfield, L. 称之为"正常的或中心的意义"。有人称之为"直义""第一性意义"。其转义,处于不同程度的次要的非中心层次。Bloomfield, L. 称之为"边缘的或转移的意义"。(布龙菲尔德,1997)有人称之为"第二性意义"。在语文性词典中,首先排列中心意义,再依次排列不同层次的转移意义。在第一、第二语言习得中,首先学习中心意义,然后学习不同层次的转移意义。

多义词的梯度,表现之二是人们对词义与词的符号之间联系反应时间渐次加长,由直觉到非直觉。例如,如果从"眼睛"联系到глаз的反应时间是十分之一秒,那么从"目光,眼力"到глаз的反应时间可能是十分之三秒,从"照管,监视"到глаз的反应时间可能是十分之五秒。

多义词的梯度,表现之三是场内义位义值的丰度渐次加大。这是指中心义位所含义素较少,而边缘义位所含义素渐次增多。例如,"眼睛"有三个义素:[人或动物]+[视觉]+[器官]。"目光"还要加上三个义素:[看物时]+[眼物之间]+[视线]。"监视"还要加上三个义素:[从旁边]+[严密]+[注视]。

多义词的梯度,表现之四是场内义位组合自由度渐次变小。中心意义和边缘意义,Виноградов, В. В. (1953)等人称之为"自由义""非自由义"(即"习用范围受限制的意义")。所谓"自由""非自由",是相对的:本义自由,指习用范围较大或搭配能力较强;转义不自由,指习用范围较小或搭配能力较弱。例如俄语的глаз,其本义"眼睛"常见的搭配有6大类,112个短语;其转义"目光,眼力"常见的搭配只有3大类,43个短语;其另一个转义"照管,监视"常见的搭配只有1大类,7个短语。(孙致祥:2003)也就是说,本义或基本义"在聚合关系方面最受制约,而在组合关系方面最不受制约。"(Шмелёв,Д. Н. 1973)"转义的聚合制约较少,而组合上的束缚较多。"(Русский язык. Энциклопедия. 1979)。转义在使用上具有"狭窄性"。(Фльдман,Н. И. 1957)

多义词的梯度,表现之五是场内义位对语境的依赖程度渐次加大。例如,听到英语的 hand,在不需要任何语境的条件下,就能想到"手"。而只有在 the hour hand, the minute hand, the second hand 这些小语境中,才能知道它们是时针、分针、秒针。当 hand 表示"照管,支配"等意义的时候,就得依赖稍大的语境:in the hands of /Let's leave it in the hands of him(让我们把这事留给他去处理吧)。

多义词的梯度,表现之六是场内由中心义位到边缘义位之间的相似度渐次减弱。相似度渐次减弱,指中心义位和边缘义位之间的共同义素由多到少。例如,俄语的 окнокно,Ожегов, С. И.（1963）*Словарь Русского Языка* 给出3个义位:(1)在建筑物墙上的用来透光、透气和看东西的孔,(2)孔隙、孔洞,(3)两节课之间的空堂。1、2 的共同义素是:①物体中间空缺出的一个空间,②功用都是透光或透气等。而1、3 的共同义素仅仅是不相连接的或空缺的部分(一是指墙上的,一是指课堂活动)。

总之,认识多义词的梯度,有利于安排两三个层次的多义项。

6.3.5 多义词的语义桥

关于多义词各义位之间的"共同意义"是否存在以及存在的种类问题,众说纷纭。其事倍功半者,过多用力寻找三义以上的多义共生点。要想事半功倍,应该多用力寻找两义之间的桥梁,这就是语义桥(semantic bridge。Мельчук,1980)。语义桥,是指本义和转义之间或转义和转义之间隐含的过渡语义,即其间的共同义素,亦即有直接联系的义位之间的语义链条。它是旧义位生长出新义位的生长点。它可能是两个基义之间的连接义,也可能是本义附属义和转移基义之间的连接义。事实是,三通桥极少,二通桥极多。Апресян(1995)虽然总结出三大词类的 88 种语义转移模式,但是未总结出转移中的共性义素类别。这些义素类别就是语义桥。语义桥理念,会引导编者找出义项之间的联系。下文以符号≈表示语义桥,遇见≈一律读作"语义桥"。

语义桥,粗略地分析,可以得出两类:一是同场桥,即属于同一底层语义场或同一中层语义场义位之间的语义桥;二是异场桥,即属于不同底层语义场或不同中层语义场义位之间的语义桥。比较详细地分析,可以得出下列不同类别的语义桥。

(一) 同场桥:

(1) 上下桥:

A:上义≈下义(≈代表语义桥,多可读作"语义桥")。例如:

瓦:已烧土器之总名→铺房顶防雨水的一种瓦。
meat 食品→肉,≈的义素是[常见的、主要的食品]。
mill 机器磨房→机房,≈的义素是[常见的、主要的机器房]。

(2) 总分桥:

B:整体义≈部分义。例如:

房:房子→房间。
room 空间→房间,≈的义素是[常见的、主要的空间]。
place 广场→一切地方,≈的义素是[常见的大空间]。

C:A 一种人≈B 另一种人。例如:

夫子:学者→老师→丈夫→思想陈腐的人。
госпожа 太太→主妇,≈的义素是[家中主要女人]。

(二) 异场桥:

(3) 物人桥:

D:表物≈表人。例如:

明星:金星→有名的演员等。
звезда 星星→明星(名人),≈的义素是[位置高,明亮,令人瞩目]。

E:空间⌒该空间的人。例如：

　　高堂：高大的厅堂→父母。

　　город 城市→市民，⌒的义素是[空间存在的人]。

F:动物⌒人。例如：

　　狗熊：黑熊→怯懦无用的人。

　　медведь 熊→笨货，⌒的义素是[行动迟缓，反应慢]。

G:植物⌒人。例如：

　　草根：草的根部→平民百姓。

　　трава 小草→奴才，⌒的义素是[任凭强势力摆布]。

H:职衔学位⌒人。例如：

　　教授：教育界的最高职称→具有这种职称的人。

　　доктор 博士学位→获得博士学位者，⌒的义素是[具有职衔者]。

I:性能⌒人。例如：

　　高明：高超→高明人。

　　Ничтожество 渺小→渺小的人物，⌒的义素是[性能具有者]。

(4) 物物桥：

J：A 物⌒B 相似物。例如：

　　低潮：海水最低潮位→事物发展的最低阶段。

　　пояс 腰带→地带，⌒的义素是[形状相似]。

K:动物⌒物。例如：

　　马掌：马蹄下面的硬质物→钉在马掌上的环形铁。

　　claw 爪子→爪形工具，⌒的义素是[形状相似]。

L:材料⌒成品。例如：

　　丝竹：丝线和竹子→用丝竹做的弦、管、乐器。

book 树→书，⋍的义素是[书写材料]。

M:产地⋍产品。例如：

la champagne 香槟省→香槟酒，⋍的义素是[出产物]。

N:载体→所载物。例如：

茅台:茅台镇→茅台酒。
dish 盘子→盘中食物，⋍的义素是[所载物]。

O:具体⋍抽象。例如：

途径:路径→办事的路径、方法、方式等。
way 道路→方法、方式，⋍的义素是[达到目的所凭借的东西]。
обязательство 义务、责任→契约，⋍的义素是[起约束作用的东西]。

P:A 事情⋍ B 事情。例如：

情节:事情的变化和经过→罪行或错误的细节。
оправдание 辩护,宣告无罪→辩护的理由，⋍的义素是[事情的内容]。

(5) 动动桥：

Q:A 行为⋍ B 行为。例如：

看病:医生治病→找医生治病。
открывать 开、打开→开门（营业、办公），开创，开办等，⋍的义素是[初始行为]。

R:行为⋍关涉。关涉义，包括施事、受事、结果、处所、时间、工具、材料、方式、原因、状态、数量等等。例如：

串联:联系人→联系电器或元件。
защита 守卫→后卫，⋍的义素是[行为施事]。
Сочинение 写作→作品，⋍的义素是[行为结果]。

S:感觉⇌心理。例如:

听话:用耳朵接受话音→听从长辈或领导的意见。
listen 听→听从,⇌的义素是[听觉到心理听从]。
cool 冷→冷淡,⇌的义素是[肤觉到心理感受]。

(6) 性状桥:
T:A 性状⇌B 性状。例如:

肥大:衣服等宽大→生物或其一部分粗大、过大。
тучный(人)胖→(土地)肥沃,⇌的义素是[充满养分的]。

U:具体性状⇌抽象性状。例如:

软弱:身体或物体不硬实、没力气→意志不坚强。
green 绿色的→没有经验的,⇌的义素是[未成熟的]。

(7) 转类桥:
转类桥,就是转移词类的桥梁。英语、汉语较多(名动互转尤多),俄语较少。转类的种类很多,这里只举三大类:
V:名物⇌行为。例如:

hammer 锤→锤击,⇌的义素是[用工具行为]。
深交:深厚的交情→密切交往,⇌的义素是[交情是交往的结果]。
hash 切细(肉等)→回锅肉丁,⇌的义素是[切细的肉]。
评价:评定价值高低→评定的价值,⇌的义素是[评定的结论]。

W:名物⇌性状。例如:

kindred 血缘关系→同宗的,⇌的义素是[有血缘关系]。
深层:较深的层次→深入的,⇌的义素是[深层状态]。
hollow 空的→洞,⇌的义素是[空洞的状态]。
错误:不正确→不正确的事物、行为,⇌的义素是[不正确的性状]。
Кривая 弯曲的→曲线,⇌的义素是[弯曲的状态]。

X：行为⌢性状。例如：

quit 离开→摆脱了……的,了结的,⌢的义素是[离开的状态]。
深入：由外到内里、中心→深刻,⌢的义素是[深入的状态]。
narrow 狭窄的→变狭窄,⌢的义素是[狭窄状态的变化]。
麻烦：烦琐、费事→烦扰,⌢的义素是[使费事]。

再详细分析,还可以得出更细微类别的语义桥。研究还有待深入、系统,由此才能把词义演变研究推进到一个新阶段。

与上述情况相反,英国语言学家 Rakova, M. 注意到,少数词位内部的多个义位,找不出语义桥。如英语的 hot 表示 1)"热",2)"辣",是联觉感知(synaesthetic),双功能形容词(double function terms),显示"概念结构非多义性"(no-polysemy view),并不像认知语义学描述的概念隐喻的"标准设想"理论(standard assumption)。

受现代语义学指导,对词位内部的语义结构的论述,比起传统词汇学对多义词的描述,有比较大的进展,因而对词典一词多义的认识和排列也大有帮助。

6.3.6 结语

如果说,昨天的英语是搭乘着帝国的战车向世界大踏步地扩张,那么今天的英语及其辞书就是搭乘着美英的科技文化飞船飞到全球。以英美为代表的西方辞书理论推动着中国辞书理论不断创新。理论和实践永远是互动的。

第四节 义项的类型

6.4.1 前人的义项分类结果

义项分类,主要是在多义词语义场内,对两个以上的义位结构关系,按不同标准,划分出多种义位关系类型,有人称之为词位变体关系类别。

义项分类,中外在古代早已经做过。这是从传统语义学直至今日研究的

古老课题。分类的结果,得到两大类型、14个视角、15组对立范畴。摘要如下:

6.4.1.1 历时类型

(1) 本义——转义

本义也叫原始义、词源义(≠字源义)、初始义、始见义,统称第一性意义。转义,包括派生义/引申义、比喻义,统称第二性意义。

(2) 古义——今义,也叫历史义和现行义。

6.4.1.2 共时类型

(3) 通语义——方言义(含社会方言义)。

(4) 系统义——非系统义。

(5) 固有义——临时义。

(6) 基本义——非基本义。

(7) 主要义——次要义。

(8) 中心义——过渡义——边缘义。

(9) 直义——转义。

(10) 称名义——非称名义。

(11) 泛指义——特指义。

(12) 具体义——抽象义。

(13) 自由义——非自由义。

(14) 常用义——非常用义。

(15) 中性义——修辞义。

影响义项分类的因素较多,主要有:时间,空间,能指,所指(物、概念等),词义系统,语言主体(思维、心理、感情、文化等)。据此,再把上列15小类义项概括为两个大类型、六个中类型。

两大类型是历时和共时,这是时间因素制约的。(1)(2)两个小类,完全是按时间标准划分的。原始,初始,强调的是最早。词源,强调的是源头。词源义,不等于字源义。词源义,必须有文献用例的。字源义,不限于有文献例证。如"颅,大头也。"(《说文·页部》)有人据形推测"斩"的字源义是"伐木做车"。词的本义和转义,是根据语料显示的义位产生的早晚及其理据关系确定、划分的。

(3)(4)(5)三个小类,是根据语言系统及词义系统划分的。通语义是民族共同语的语义系统,方言义指地域方言、社会方言(含术语、行话等)语义系统。系统义,指共同语及其变体系统词语义,如"处女";非系统义是上述系统之外的词语义,如"处男"。固有义,指共同语及其变体固有词语的意义,如"老板娘";临时义,指临时产生的词语的意义"老板爷"。

(6)(7)(8)三个小类,是根据义位在一个多义词中的地位重要性划分的。基本义,指一个多义词在现代多个义项中起根本作用、能滋生出其他义项的,如"走"的"行走"义,滋生出"离开""偏离""物体移动"等义,这些滋生出来的意义都是非基本义。

主要义,多指基本义,但是有时还指滋生出的重要意义。因此,一个词可以有两个或几个主要义。如"房"有三个主要义:①指整个楼房或平房;②指一些房间(如"在这座楼买了一套房");③指一个房间(厨房、书房)。

中心义,指多义词里面处于中心地位的义项。如"铁"的中心义是"常见、常用的一种金属,是炼钢、做多种器具的主要原料"。由此向外辐射出多个次中心义即过渡义:①由铁的性质滋生出比喻义:a)坚固,b)坚硬,c)坚强;②由铁的器物滋生出借代义:a)农具,b)兵器;③由铁的颜色滋生出借代义:a)铁青,b)铁面。

边缘义,是由过渡义滋生出的一些意义,如"确定不易的","残暴的","不败的"。这个系列义,是保罗1880年提出的,布龙菲尔德1933年补充的,近几十年由原型论又予以完善。

(9)~(12)四个小类,是根据能指和所指的关系划分出的类型。

直义和转义,是维诺格拉多夫根据词与物的对应关系区分的,即词音和词义(物)、直觉联系(如 yang guang 和太阳光线)和非直觉联系(如 yang guang 和活力、透明)。一个词可以有两个以上的直义。(王超尘,1984:443)

称名义和非称名义,维诺格拉多夫把名称直接指称物或概念叫称名义,把称名义加上更主要的感情评价义素叫非称名义(多叫修辞同义词),如"马—驽马""人才—千里马"。(倪波等,1995:236)

泛指义和特指义,这是根据"所指"的广度区分的,指一大类或总类的叫泛指义,指总类中的一小类叫特指义。再细分,泛指义和特指义各有三小类。

(一)独立义项的泛指义和特指义。如:

【搬家】①把家迁到别处去。②泛指迁移地点或挪动位置。(《现汉》)

【古代】①过去距离现代较远的时代……②特指奴隶社会时代……(同上)

(二)子义项的泛指义和特指义。如:

【搬兵】搬取救兵,泛指请求援助或增调人员。(同上)

【古文】秦以前的字体叫作古文,特指许慎《说文解字》里的古文。(同上)

(三)语境里的泛指义和特指义。如:

这项成果达到这门科学的珠峰(珠峰,泛指最高峰)。

我们应该大力培养民族干部(民族,特指少数民族)。

具体义和抽象义,是根据"所指"的可感知性划分的。具体义,是指"物"的,即具体的东西,具有可感知性:能看到、听到、闻到、摸到等等,如"山、雷、香、肉中刺"。抽象义,是指感知不到的概念,如"思想、品德、慈善、仁厚、想、概括"。

(13)(14)两个小类,是根据义项本身在言语中的使用情况划分的类型。

自由义和非自由义,导源于布龙菲尔德的"自由"论,后由维诺格拉多夫根据义位组合能力区分的。(王超尘,1984:449)组合能力很强,而且单用的,就是自由义。组合能力趋于零(能组合有限的词语)、等于零的,更不能单用的,就是"非自由义"。《现汉》在字头下给出多个义项,其中没有标注词性的义项,就是"非自由义"。如"分"的第4个义项"分支;部分:～会|～局|第三～册"。

常用义和非常用义,是根据义项的使用频率区分出的类型。常用义,指使用频率很高和较高的义项。非常用义,指使用频率很低和较低的义项。

(15) 小类是根据义项的客观性和主观性区分的类型。中性义,指以客观性为主的意义(大多数义项)。修辞义,指带主观倾向的意义。如评价义、感情义、文中的比喻义和夸张义等。(库兹涅佐娃,1988:122)

6.4.2 义项内部的分类

上文讨论的是义项之间的分类。下文讨论的是,义项内部的分类。

6.4.2.1 子义项

有标记的子义项,主要有三种:

(1) 用 a、b、c 等标记。如:

【弟兄】弟弟和哥哥。a)不包括本人……b)包括本人……

【什么】①表示疑问。a)单用,问事物……b)用在名词前面,问人或事物……(《现汉》)

【子】名词后缀。a)加在名词性词素后……b)加在形容词或动词性词素后……(《现汉》)

(2) 用释义专用术语(如"比喻、借指、泛指、专指、形容"等)标记。如:

【毫发】毫毛和头发,比喻极小的数量。(同上)

【黑马】原指……借指在比赛或选举等活动中出人意料获胜的竞争者。(同上)

【汗颜】因羞愧而脸上出汗,泛指惭愧。(同上)

(3) 用"‖、|"标记的。如:

在俄语词典或俄汉词典中,"‖"标示的是"意味"(上升到义项之前的"准义项")。"|"标示的是"特用"(上升到"准义项"),之前的或从旧义项衰落到"用法"(即一种"遗迹")。

6.4.2.2 附属义类型

起初出现的是二分法。1921年,爱德华·萨丕尔把一个词义分为"概念内容(实在内容)"和"情调"。

1933年,布龙菲尔德把词义分为"指示意义(显义)"和"附带意义(内涵意义或隐义)"。

20世纪40年代中期,吕叔湘先生把词义分为核心的"概念的意义"和外围的"联想的意义"。

1953年,吕叔湘和朱德熙先生把词义分出"基本意义"和"附带的感情色彩"。

1955年,周祖谟把词义分为词义和修辞色彩。

还有一种流行的分法是分为"词汇意义"和"语法意义"。

三分法:20世纪20年代,法国语言学家艾尔德曼把词义分为"概念内容"、"附带的意思"和"感情因素或情绪相关的内容"。60年代初,苏联戈洛温分出"词汇意义""构词意义"和"语法意义",高名凯分出"中心意义""色彩意义"和"语法意义"。60年代末,兹古斯塔分出"指称意义""附加含义"和"使用范围"。符淮青(1985)、贾彦德(1986)、刘叔新(1990)都坚持三分法,只是类名不同。

四分法:维诺格拉多夫1953年提出一种词汇意义的四分法:①指明本义,②习用范围受限制的词义,③句法作用受限制的词义,④搭配方式受限制的词义。1982年,诺维科夫把词义分为"理性意义""结构意义"(组合和聚合义)"语用意义"(感情意义)和"语境意义"。

六分法:1983年,利奇的七种意义中有关词的意义有六种:"理性意义""内涵意义"(附属意义)、"社会意义"(语体、风格)、"情感意义"、"反映意义"和"搭配意义"。另有"主题意义"是句子意义。

6.4.3 义项分类简史给人的启示

第一,对词义(义位),特别对义位内部的分类,从浑沦到明晰,从粗到细,从不分、二分到多分，这相当于人们对分子、原子、电子、中子等等的认识，逐渐深入精细。

第二，词义（义位）有广、中、狭之分：广义的词义指概念意义、附属意义、语法意义和语用意义；狭义的词义就指概念意义，在广狭之间有词义指概念意义和附属意义。

第三，词义（义位）的次范畴也有广狭之分。

词汇意义，广义指概念意义和附属意义，狭义只指概念意义。

联想意义，广义指利奇的内涵意义、社会意义、情感意义、反映意义、搭配意义（利奇所说的"联想意义"就是广义的，跟理性意义相对的），狭义只指利奇的内涵意义。

理性意义，广义指概念意义（包括外延和内涵），狭义指概念意义中的一类。利奇的理性意义只指概念意义的外延，有人指概念的内涵。

第四，概念意义的不同名称有 20 多个：理性意义、指称意义、指示意义、所指意义、称谓意义、命名意义、事物意义、对象逻辑意义、逻辑意义、外延意义、内涵意义、认知意义、描写意义、基本意义、中心意义、核心意义、词汇意义、实在意义、显意、词典意义、自由意义等。这些名称用不同的内部形式（理据）从不同的侧面提示了基本意义的性质、地位、功能等等。这些名称各有利弊。

第五，有些平行的同一层次的名称之间缺乏逻辑关系。如"中心意义、色彩意义、语法意义"，利奇的七种意义。

第六，二分法属于传统词汇学和语义学，三分法以上属于现代词汇学和语义学。

第七，对语法意义和语义意义的认识。

（一）语义意义可以是单个语言单位的意义，语法意义常是同类或类间单位的关系意义。语法意义的载体是体系性的形式（手段）。语义意义是天平的一端，另一端是类别或关系意义：侧重客体的类有"数、时"，侧重主体的类有"式、态、体"，侧重语言的类或关系有"性、格、结构、成分、词序"，侧重于语义和现实的关系有"有定、无定"。（兹维金采夫，1981：385）语法意义是语义意义的更进一步概括。如"声音、是非、眉目、国家"在语义（素义）上分别是同义、反义、类义、偏义，而在语法上都是联合结构。可见，语法意义处于比语义意义高一级的层次。它表现的已经不完全是事物及其相关性，已经包含着形式的相关性。

（二）语义意义的载体是语言单位，语法意义的载体是语言单位的语法形式。如词缀、内部屈折、重音、语调、异根、重叠、虚词、词序、层次、结构、位置、零形式。离开语法形式载体的意义不是语法意义。如汉语的"性"、"四声别义"范畴是词汇（语义）性的。

（三）语法意义对语义具有依附性。"们"的复数义依附于表人名词"多数"这一语义意义，"了"的"完成"义和"着"的"持续"义依附于相关动词（或形容词）的语义意义，不能独立存在。当然，语义意义也不能抛开语法意义而单独实现交际功能。

（四）语法意义系统的对立比语义系统的对立更严格。语义类的划分以及语义场的划分都有较大的相对性，不太严格。而"性、数、格"内部的语法意义的对立是比较严格的。

（五）语法意义比语义意义具有更大的普遍性。所有的词都具有语法意义，而有一部分虚词有人认为没有语义意义。如介词、连词、助词。当然，也有人认为虚词也表示概念，虽然没有知觉内容，但是有推断作用，如"因为、而且"等。（哈蒙，1987）

（六）两种意义在语用意义基础上可以转化。一方面，语法意义促使语义意义产生，如使动用法（如"美容"）、意动用法（如"登东山而小鲁"）常常促使形容词产生动词义位，促使不及物动词产生及物义位。语法意义促使某个语法形式（如英语的 works）产生并稳固一个语义意义（"工厂"），进而独立成词（works）。这个过程和结果就是语法形式的词汇化（lexicalization）。另一方面，语义意义促使语法意义产生，如大量的转类造词都是语义意义促使产生语法意义并进而固定在一个词的新的词性上。"是"在早期是指示代词，语义意义使得"是"能够处于后一结构主语的位置，复指前面的结构，这样的语法位置和语义作用促使"是"变成了判断词。英语的 may 动词"允许"义促使产生虚化的情态义"或许"。总之，词汇单位（主要是实词）演变成语法成分（主要是虚词)或演变出空出的语法特征,这个过程和结果就是词汇单位的语法化(grammaticalization)。(梅耶,1912)

6.4.4 义项分类的尝试

义项类型,具有系统性。系统中,有七个层次和三种性质。七个层次是:(一)义项群,欧美常用Ⅰ、Ⅱ、Ⅲ等标示。(二)义项组,欧美常用A、B、C等标示。(三)义项,大多用❶❷❸(黑阴码)等标示。(四)独立子义,常用a)、b)、c)等标示。(五)附属子义项,在义项内用"比喻、指"等标示。(六)准义项(意味),俄语词典常用‖标示。(七)特用(常见用法),俄语词典常用"|"标示。义项及各种子义项,其性质分属语义义、语用义、语法义。分列如下:

6.4.4.1 语义意义

(1) 义值

① 基义:A. 范畴基义——学科义位(理性义)

　　　　B. 表意基义 ⎫
　　　　　　　　　　 ⎬ 普通义位
　　　　C. 指物基义 ⎭

② 陪义:A. 属性陪义,B. 情态陪义,C. 形象陪义,
　　　　D. 风格陪义,E. 语体陪义,F. 时域陪义,
　　　　G. 地域陪义,H. 语域陪义,I. 外来陪义。

(2) 义域:A. 大小域;B. 多少域;C. 显性伙伴域;D. 隐性伙伴域;E. 适用域。

6.4.4.2 语用意义

(1) 组合意义

(2) 语境意义

6.4.4.3 语法意义

(1) 范畴意义

① 词类范畴。

② 形态范畴：性、数、格、时、体、态、式（语气）、人称。
（2）结构意义
① 词语内部结构义。
② 词语之间组合结构（含组合结构特点、重叠意义、词序意义等）。
③ 词语之间聚合结构（同义、反义、上下义等）。
（3）功能意义
① 句法功能（能否充当成分、充当什么成分），如：非谓（"大型"）、唯谓（～不扬｜～在意）、唯状（"大力"）。
② 组合特点（跟某类词组合）。
③ 表类别作用功能（指代、连接等）。

语义意义是义位的中心或核心，是基本的、独立的。具有物质性，它有指称和认知作用。因此，莱昂斯（1977）提醒人们注意，reference 和 referential meaning 是指无感情色彩的"认识意义"或"描写意义"，这时或用 denotation。我们认为，语义意义不等于逻辑意义，但是包含着逻辑要素：概念内涵是一些义位的基义（义质），概念的外延相当于一些义位的义域，义域比外延广泛得多。所谓的"生活"和"通俗"概念相当于普通义位，科学概念是学科义位。有些学科义位不宜称作普通义位的深化。（克里普克）这两种义位在大多情况下可以视为义位变体。

语用意义，是义位在各种语境中，在运用状态显现出来的各种语义因素，包括修辞意义，它们都依附于语义意义。

第五节　词类活用和义项[*]

活用跟兼类不同。活用，是言语现象。兼类，是语言现象。活用，指一个词或一个义位在语言系统里本属于某个词类，而在言语中临时当作另一类词用。兼类，指一个概括词或一个概括义位在语言系统里兼属不同的词类。段

---

[*] 本节与张庆云合作。发表于《古汉语研究》1993年增刊，收入本书时订补多处。

玉裁《说文解字·木部·梳》注"体用同称"多指名动兼类。中小词典义项已列兼类,不列活用;大词典或古代字典时常兼列常见的活用义。

从历时角度,比较古今汉语词类活用同异,有助于认识古今断代共时言语的词类活用现象,防止以今律古、泥古不化。

6.5.1 词类活用在 4 个象限中的共性

古今 AB 纵轴和中外 CD 横轴交叉,形成坐标图(图省略),得出 4 个象限,在每个象限中都有词类活用现象。

1. 古代外国象限

古希腊的哲人亚里士多德(公元前 384～前 322 年)在他的《诗学》里把词类分成静词、动词、连接词、冠词。到了以利奇卜(公元前 280～前 206 年)为首的斯多葛学派把词类分为 5 类。(康德拉绍夫,1985)同时,希腊文明先驱柏拉图(公元前 427～前 347 年)在 30 岁左右写的《克拉底洛篇》早已经报道了词类活用的头条消息:"我们这里是静词代替一句话说。"(该书 399B。汤姆逊,1960:12)

2. 现代外国象限

现代早期英语,在伊丽莎白时代,词尾的屈折变化大量消失,随之出现了大量的名词活用为动词。其中少数被限制于言语的语用范围,多数演变为语言的语法兼类。这在划时代的莎士比亚的作品中,有大量的名词用作动词的例子。甚至他还创造性地把形容词用作副词、名词、动词。当代英语有许多"名词用如形容词和副词","副词和词组用如形容词","形容词用如名词"。(吕叔湘,1980:71～73)日语也有名词用如形容词,形容词用如动词等的大量现象。

俄语也常有名词、动词、形容词、代词临时词类活用的言语现象,特别各词类次类之间的活用更常见。

德语的不及物动词常用作及物动词。

3. 在古代汉语和现代汉语这两个象限里,词类活用实例后文将大量列举并展开讨论,这里暂不先赘。

6.5.2 词类活用在历时纵轴上的共性

从词类产生、划分以及活用的这个视角,可把漫长的一幕幕的人类语言发展史划分为 4 个阶段。

1. 原始时期(从蒙昧初期开始)。"太古草昧之世,其言语唯以表实(实,即名词,笔者注)……故牛马名最先。"(章太炎,1915)那个时代大约只有名词这个"最古老的词类"。(布达哥夫,1956:193)实际上就是没有词类的区别。"静词与动词最早是不分的"。(契科巴瓦,1956:71)

2. 远古时期(至野蛮晚期)。这个时期只分出静词和动词。"它们的分化是发展的结果,这是许多语言的历史所证实了的。"(契科巴瓦,1956:71)如雅纳语。(萨丕尔,1964:74)它们虽然分化了,但是常互相转化。

3. 上古时期(文明初期前后)。这个时期虽然从原始名词分化出了动词、形容词、代词、冠词、系词、副词、连接词等,但是界限不严。"某些词一时用作名词,一时又用作形容词"(列维—布留尔,1981,128),一时又用作动词。"名词在句中广泛地起着谓语作用"。(布达哥夫,1956:224)现在我们常见到的古老的词类活用现象,如先秦、秦汉汉语那样,便是那个时代的遗迹。

4. 近古、现代时期。这个时期词类界限严格或较严,偶尔活用。有些活用发展为兼类的定式用法:严肃纪律、丰富生活、整齐步伐。笑话我、辛苦你了。有些仍是修辞性的活用:很性格、太势利。有些已经是新兴的习惯用法:已经手术了、红眼了、最权威、太自由主义了。

6.5.3 词类活用古今质的规定共性——语用义

对于词类活用的质的规定性,古今的看法五花八门。总结起来,有以下 3 个交叉点。

1. 在语义上的交叉点

一个词增加或引申出一个变了词性(含次范畴)的新义位,这是词义的历时的语言性的演变,变成了多义词,这是不是词类活用?——不是。"降"(xiáng)由"投降"演变为"使投降,降伏,制服",古今都有大量用例,如"降苏琥"、"降龙伏虎"、"一物降一物",辞书大都把它们分为两个义项。

一个词的一个义位,在一定的语境中,产生了变词性的义位(或语义)变体,这是词义的共时的言语变异。这是不是词类活用?——是。"疆"(边界)在"疆我田"、"疆其土田"、"疆之"中活用为"划界"。

2. 在语法上的交叉点

词类由共时变异转为历时演变,在这个历时过程中各个词类"显示它们不仅互相交错,并且实际上能互相转换,达到惊人的程度","正像某些语言把大量的形容词变成动词,别的语言就把它们变成名词"。(萨丕尔,1964)转换的结果是一个词在静态单位和动态单位中都具有稳定的兼类或转类的词法和句法特点(包括转类造词)。这是不是词类活用?——不是。如:粗(名→形),锁(名→动),裁缝(动→名),细软(形→名)。

一个词在动态单位句子中,临时改变原来的词性而承载一种新功能,具有临时句法特点。这是不是词类活用?——是。如"必朝服而朝"、"朝服而立"的"朝服"是名词活用为动词(穿朝服)。

3. 在语音上的交叉点

一个词因为经常变性变义而发生了音变,有人以为这是活用而有了语音标志。按理讲,这类现象一般不是活用。音变有几种情况:

(1) 有的随着音变产生了新的词形,即变成新的词位(lexeme),当然不算词类活用。仅举从上古沿用至今的几个例子(王力,1982):

  a. 藏〔*dzang〕(动)→仓〔*tsang〕(名)

  b. 围〔*hiuəi〕(动)→帷〔*hiuei〕(名)

  c. 家〔*kea^1〕(名)→嫁〔*kea^3〕(动)

例a、b是音质音位(辅音、元音)的变化。例c是非音质音位(调位)的变化。用调位表示的四声别义由来已古,只有到了汉末才有人记录下来。音质音位的音变别义由来更古。

(2) 有的音变,在口语里已经用不同的语音形式,而在书面上仍然用一个词形。实际上,它们已经不是一个词汇语义变体,而是形成了两个词位。这当然也不能算作词类活用：

$$长_① [diang] \rightarrow 长_② [tiang]$$

吕叔湘先生(1987)认为"读音不同就该算两个词，虽然是一对孪生词"。词典里常分作两个词条。

(3) 有的音变，是非历时语音演变，即音变及其相应的意义未被后代汉语继承下来，只是当时为表义而使用的非语流音变，这可以算作词类活用的形式标志。如"尘"，根据我国第一部词义词性转变词典宋朝贾昌朝的《群经音辨》等书，尘土之"尘"读平声，土污之"尘"读去声，如"损污清朝，尘点日月"。(《后汉书·杨震传》)

语义、语法、语音 3 个视角，交会在一点——词类活用的基本性质是言语环境中的语用现象，是跟语言表达常式近似等价的言语中的修辞性的语义变体、语法变式，是通过词类活用的形式表达丰富的临时语义内容。

6.5.4　词类活用的聚光点——表义共性：表动义

1. 语言这个"能指"世界是有限的，而语言之外这个"所指"世界的广大、复杂是无限的，尤其是万事万物的千千万万的运动变化更是无限的，这就跟有限的动词产生了"所指"和"能指"的巨大矛盾。于是表示千差万别的动义，就成了古今词类活用的趋向中心。

2. 上古汉语，动词太少，远远不能满足需要，因此自然产生了大量的表动用法：名词和形容词用作动词，少数数词、代词用作动词，动词 A 类(如不及物的)用作 B 类(如及物的)，名词、形容词、动词的使用、意动、为动等用法。根据我们的抽样统计，表动用法的总和，占古代汉语词类活用总数(以义位为单位)的 82% 还多。

3. 现代汉语，动词虽然大大地丰富了，但是仍然满足不了更多的表动义的需要。因此出现多种表动用法：名词、形容词、动词的次范畴、代词、副词、量词、语气词等都能表示动义。(吕叔湘，1989)根据我们的抽样统计，表动用法之总和，占现代汉语词类活用总数的 83% 还多。这正如托尔斯泰所说："在艺术语言中最重要的是动词,因为全部生活都在运动。"

总之,古今汉语各类词活用作动词,其数量、频率远远高于各类词活用作非动词。

6.5.5 "实用说"视角下的词类活用的古今数量差异

1. 自陈承泽(1922)至王力(1958、1990)等,逐渐把词类活用的范围缩小到:名词、形容词等非动词活用为动词,动词的不及物用作及物(含使动、意动、为动),名词做状语。其例证大都属于传统学说范畴。其好处在于实用,便于人们用已有的语感理解活用词及其上下文。比如说"雨"(名词)活用为动词。但是60多年来都没有建立在统计古汉语词频的基础上,都把古代的一些经常用法(如"雨"的动词用法的次数占名、动用法总次数的44.8%,〔高守纲,1991〕)当作临时用法(即活用),这样就把活用的词语数量大大地扩大了。

2. 在实用说指导下编成的《古汉语词类活用词典》(1991)收词达870多条。如果依据其标准,至少可以收到1000条左右。依据这部词典统计,《左传》活用词总数为230个,占《左传》总词数3152个的近7.3%。而现代汉语许多文学作品中活用词占用词总数都远远不到1%。可见,在"实用说"视角下的词类活用的古今数量差异悬殊。

3. 如果不是以今律古,不是用今日的词性语感去判别古汉语的词类活用,而是从古汉语的实际出发,以统计词性词频为基础,科学地分清词的经常的固定的语言用法和词的临时的言语用法,那么古汉语的词类活用的数量将大大减少。因而古今词类活用的对比数量也将是另一番情形。

6.5.6 词类活用深层结构的古今差异

词类活用的表层结构,古今常常是一样的,大多是 VP=VO(动宾)结构。

词类活用的在同一表层下的深层结构,就现代汉语说,大多只有一种语义结构;就古代汉语说,常常有两种或几种语义结构:

VO 贵之 ⇒ ┬ 贵诸侯（动用）→ 比诸侯尊贵
           ├ 贵贱人（使动）→ 使贱人显贵
           ├ 贵　德（意动）→ 以德为贵
           └ 贵其全（为动）→ 因为其完全而尊贵

古代的显性的语法形式常包含着几种隐性的语义、语法意义。

6.5.7　词类活用在词类上的古今差异

1. 时间名词,其整体功能可以做状语,这是古今相同的,其语法形式及其意义大多也相同,只是"日、月、年"等做状语时,古今的形式及其意义不同。

古代的"日(月/年)＋V"常在同一形式下有不同的语义,而现代则以不同形式表示其不同的语义,或以不同的形式表示同一语义,大辞书常把这类状语义列为一个义项(天天;每天;一天天)。例如:

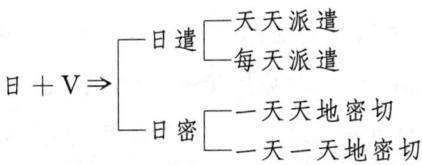

2. 按传统的词类活用观点,古代的方位名词绝大多数都可以做动词用,以至于在当代人写的古体诗里还有残迹:"大江歌罢掉头东"。(周恩来)而现代的方位名词绝大多数不能做动词用,极个别的也属仿古用法:"这是学术进化由浑至画(一作"由浑之划",由一体而分化。引者注)的必然的现象,文字亦当然不能外于此例。"(朱自清《中国歌谣》)

3. 按传统的词类活用观点,古代汉语的名词、动词、形容词各类之中都有很多词可以活用,它们的活用量占活用总量的95%以上。而现代汉语的名词、动词和形容词各类之中却只有极少数词偶然被活用。古今数量悬殊,其中演变情况有多种。

(1) 传统上说的某些词的活用,如"衣、雨、冠、饭、鞭"等等,实际上是名、动兼类,而今表示动词义项改用了另一个动词:衣→穿,雨→下,冠→戴,饭→吃/喂,鞭→鞭打。对于这类词,大辞书都列出兼类义项或词条。

(2) 传统上说的经常活用的词,如"兵、肉、活、城、门、福、风、水"等等,至今已完全不用它们的活用用法,而是另有表述法。对这类活用义,大辞书都列出义项。

(3) 传统上说的"使动"、"意动"、"为动"用法,从无标记的动宾结构发展为有标记的语法结构形式:活我→使我活下来/把我救活,死之→把他弄死/为他而死,德之→对他施恩德/对他感恩,臣之→使他为臣/认为他是臣。对这类活用词,大辞书多半列出义项,有的把活用结构列出词条,如"活＋人""死＋人""臣＋人"。

6.5.8 词类活用在语体上的古今差异

1. 传统上说的词类活用,在古代既用于文学语体,也用于非文学语体;既用于接近口语的语体,也用于书面语体。其中韵文用得少,散文用得多;经文用得少,某些传文、诸子用得多。根据我们抽样统计先秦词类活用用例 1854 个,其中《左传》用 488 个,《国语》用 52 个,《战国策》用 290 个,《论语》用 106 个,《孟子》用 186 个,《墨子》用 121 个,《庄子》用 171 个,《荀子》用 179 个,《韩非子》用 218 个。9 种书合计用 1737 个,占先秦活用总数的近 93.77%。其余的《易》、《诗》、《书》、《礼》(三礼)、《春秋》、《老子》、《商君子》、《孙子》、《晏子》、《管子》、《列子》、《吕氏春秋》、《公羊传》、《谷梁传》、《山海经》、《楚辞》总活用例只占先秦 1854 个活用例总数的 0.6%。

2. 词类活用,在现代主要用于文学语体。其中一类是仿古的文学作品,一类是口头语体(包括文学作品和修辞性或习惯性的口语)。例如:林材**冠**赣省,钨产**甲**神州(郭沫若)|眩目天花雨道场(赵朴初)|我真料不到他们会**宗派**到这样的地步(鲁迅)|厨房里的电灯还是**辉煌**着的(郭沫若)|那**骄傲**于我的,践踏我的,不是别人(朱自清)|**金属**了的他……那只**金属**了的手(鸥外鸥)|运气不**运气**|民主**民主**|比经理还**经理**|一个多么的**中国人**|太**军阀**了。

第六节　义位的模糊性和义项*

6.6.1　集合意义和义项

按现代语义学的观点说,模糊性寓于各种语义单位之中:义位、义素、语素义、义丛、句义、言语作品义、陪义。这里只讨论义位的模糊性。因为义位是语义系统中最基本的、最自由的单位。一个模糊的义位是指义值或义域的不确定性,或指一个不变的义核带有一个可变的义界(义域的边缘),有时也指含有集合意义的语言变量("T"是它的代表符号)。例如"温度"这个语言变量可以用很多乃至无穷(无穷只是从理论上说的)的义位、义丛表明。所有这些语义单位就是这个变量总体的意义的集合。其中每个语义单位都可以表示为数值,这些数值就是基础变量(绝大多数义项是没有基础变量的)。这些意义集合和基础变量形成一个语义结构系统。也就是说一个大的模糊域是由若干子集或交集(两个义项或两个量之间)组成的。

"热"的基础变量是由 30 摄氏度左右到几亿摄氏度,这可谓是一个幅度极大的模糊域,也是具有典型集合意义的语言变量。

词典必须认识到,"热"这个义位是由一群模糊的义素([温度+高];[感觉+温度+高])概括成的。而不能精化为:从 26℃至几亿度。把"热、烫、温、凉、冷、寒"这群模糊义位再进一步概括成一个更高层次的模糊义位"温度"。

从以上的典型例子,辞书编者和研究者应该对模糊性得出以下几点认识:

第一,所谓模糊性的有无,是对一个义位来说的。一个词具有几个或几十个义位,只要其中的每个义位不模糊,就不能说这个词是模糊的。有一种观念认为,词的多义性是模糊性的表现之一,其本身就是模糊观念。布莱克把模糊(vagueness)和歧义(ambiguity)区分为两种现象。

---

* 本节与张庆云合作。原名为《义位的模糊性》,发表于《烟台师范学院学报》(哲社版)1994 年第 1 期。收入本书时订补多处。

第二,处于不同概括层次的义位,跟模糊的程度没有必然联系,也就是说,一个上位义位不一定比下位义位模糊。如建筑物:楼房、平房、桥,等等。

第三,不仅词语的义位有模糊性,概念也有模糊性,义位比概念有更多的模糊的可能性。义位的模糊性,主要表现在基义和义域上,其次也表现在陪义上,如语体陪义、时代陪义、方言陪义、外来陪义等等。它们在许多义位上都存在模糊性。

第四,模糊性,不是含混不清,隐晦费解,而是在模糊中有明确性,有一种规范性,是约定俗成的模糊。

第五,从一种质到相邻的另一种质,其中有量变的中介连续过渡,因之产生的划分上的不确定性就是模糊性。

6.6.2 模糊性的来源和义项

客体和主体寓载的模糊是基础的,义位的模糊是对它们的反映。

6.6.2.1 第一个来源——客体的模糊

具有连续性的一个事物或一类事物,切分的界限不十分明确,或范围相接、部分重合,或者仅具有相对性,这就形成客体的模糊域。如时间、颜色、距离、速度等等。反映这些事物的词,其语义界限有三种情况:

第一,语义切分的界限不十分明确,源于客观事物的界限不明。其一,语义界限的一端明确,另一端不明确。如月初、月终。其二,语义界限的两端都不十分明确。如黎明、春天。"黎明"不用说起止的时、分、秒无法确定,就连大致的时间也说不准。第一种说法,旧《辞海》说是"及至天明"(即天刚亮),这是沿用了唐人司马贞、清人王念孙、近人符定一、朱起凤的说法。第二种说法,《新华字典》(1971)说"天快要亮的时候",《汉语词典》说"天将明之时",新《辞海》说"天将亮未亮之时",《现汉》"试印本"和"试用本"说"天快要亮的时候",这是沿用了汉代服虔、文颖,唐人颜师古、杜佑,宋人程大昌的说法。第三种说法,《现汉》1—6版说"天快要亮或刚亮的时候"。吕叔湘先生说是"天亮前后","从天不亮(不包括不亮)到天大亮(不包括大亮)这一段时间",并认为后一定义最准确。以用例评判,从古到今的说解,以《现汉》的解释符合实际。①"春天",《牛津英语词典》的解释是近于精确的:"在英国约自 3 月 21 日至 6 月 22 日"。② 奥热果夫的《俄语词典》的解释是模糊的:"一年中冬天之后的一段时间"。③《现汉》的解释兼有精确和模糊:"我国习惯指立春到立夏的三个月时间(按:为确指),也指农历'正、二、三'三个月(按:为模糊)。"这是分别用的习惯和月序标准,此外还有日照和气温标准:"指春分到立夏的一段时间","平均气温 10℃～22℃的一年中的第一季"。不管用什么标准,不管什么工具书的解释,实际上,春天的始末两端是不确定的,因为对不同国家以及一国之内的不同地区,春天的长短、早晚是不同的。

第二,语义的范围相接,源于客观事物是相接的,如年龄、颜色。通过仪器对可见光谱分析发现,红、橙、黄、绿、青、蓝、紫七种颜色的语义范围是依次相接的,例如红的中心波长是 6600 埃(各色的中心波长及其区域的波长,各家数值各异,此仅据姚启钧等《光学教程》1989 年版)④,橙的中心波长是 6100 埃,而红橙两义位的交集在光波波长 6220 埃。在这一相接处,红橙色是模糊不清的,而"红、橙"的语义中心是明确的。这里仅仅涉及颜色的三个变量之一——色调(电磁振动的波长),如再考虑另外两个变量——亮度和浓度,那么颜色又多了两个模糊因子。正是受这两个因子左右,荷马才把大海说成是"葡萄酒色的"(按,指深红的葡萄酒色)。

第三,语义界限仅具有相对性,源于客观事物具有相对性,具有过渡的渐近性。如:形体数量方面的"大/小,长/短,高/低,宽/窄,粗/细,厚/薄,深/浅,远/近,老/中/青"。性质性能方面的"好/坏,软/硬,强/弱,贫/富,冷/热(暖),美/丑,善/恶,快/慢"。这些意义相反的词都含有不确定性。从 A 词到 B 词都有量的渐变,其中包含着级别性(graduability)(莱昂斯,1977),有人称其渐

---

① 张志毅,《"黎明"词义的模糊性》,见《词和词典》,中国广播电视出版社,1994 年,143 页。
② 《牛津现代高级英汉双解辞典》牛津大学出版社。1984 年,1137 页。
③ С·И·Ожегов. Словарь русского языка. Москва,1963:72。
④ 埃＝A＝10^{-10}米。中外各家所标的各色中心波长及范围各异,此据姚启钧原著《光学教程》。高等教育出版社,1989 年,14 页。

变量为"梯度"或"坡度"(gradience)。因此,哲学家、数学家、语义学家和符号学家都称之为模糊概念(fuzzy concept,艾柯,1976)。这种模糊具有相对性。比如严冬-10℃,对于上海来说就算很冷,对于哈尔滨来说就算很暖和,对于南极来说就算出奇地暖和。因为南极最低温度是-89.2℃,在这种温度下钢板摔到冰上即刻粉碎。

客体模糊,导致某些事物的类别归属不能确定。如,西红柿(番茄),介于水果和蔬菜之间。《现汉》说"是蔬菜"。《辞海》说"作蔬菜","也可作水果"。《汉语大词典》说"是主要蔬菜之一,也可作水果。"欧美人以之为主要蔬菜之一,中国人多以之为蔬菜。这不仅说明"西红柿"模糊,而且"蔬菜""水果"也模糊。再如,细菌,介于动植物之间,现在只好叫它"微生物"。仙人掌,介于草本和木本植物之间。可见"细菌""动植物""仙人掌""草本植物"都模糊。

6.6.2.2 第二个来源——主体认识的模糊

第一类,非自觉的。由于认识水平的局限,人们对许多事物的认识还是模糊的。罗素在《人类的知识》中说,他一生都在追求知识的明晰性和确定性,但是在这本书写完的时候,他却失望了。因为人类的知识、常识多是模糊的。

在人们确立日心说之前,中外盛行地心说,所以都说"日出/落","太阳升起/降落"。

在人们发现脑是思维器官之前,中外都以为心是思维器官,所以都说"心想""心算""心领神会""专心致志""挖空心思""计上心来""大快人心"。

"钢"和"铁"是模糊的:"钢笔",是"金属做笔头的笔"(《现汉》),可是实际上多不是钢,而是铁或合金。"铁笔"是"刻蜡纸用的笔"(《现汉》),可实际上不是铁质的,而是钢质的。"铁路",实际上不是"铁路",而是"钢路"。

第二类,自觉的。由于思维的高度概括性,常把"多值倾向"简化为"二值倾向"。客观事物和科学概念的界限、等级、数据等存在着多值倾向。如气温,南非热带沙漠可达76℃,南极洲最冷曾经达到-89.2℃,76℃~-89.2℃之间,存在着许许多多气温值。可是,我们在语言生活中常把"多值"简化为"二值",即"冷、热",充其量说"非洲沙漠特别热","南极特别冷"。这样就把复杂的事物简化了,便于表达。现实中的这类普通的"两项极性对比"被人称为"二值倾向"。"二值倾向"来源于"二值思维",而"二值思维"是受语言本质决定的(利奇,1983:47)。多值简化,便于交际。

6.6.2.3　第三个来源——语言世界因素的模糊

义位所指范围不清。这类义位具有多元性或综合性、复杂性,所指的是许多事物的个体,范围广泛。布莱克称之为笼统(generality),并把它跟模糊(vagueness)区别开。本文还是把它归入扎德的模糊(fuzziness)之中,尽管布莱克所谓的"笼统"和扎德的"模糊"有点区别。如:

【东西】①泛指各种具体的或抽象的事物(《现汉》):

买～|看不见～|吃～|穿什么～|语言这～|写～|生活中最重要的～|学会了新～|纸上的～|文章中有～|感情是个怪～。

② 特指人或动物(多含厌恶或喜爱的感情):

老～|笨～|这小～真可爱。(《现汉》)

【玩意儿】指东西;事物(《现汉》):

买个～|买什么～|看个～|看什么～|语言这～|写～|写什么～|吃的～|感情这～。

"玩意儿"也是"对人的蔑称":

他算什么～|这小子不是～。

【很久】(义丛):

他在车站等你～了(几小时)|他病了,～没吃饭了(几天)|～没见到他了(可能是几个月)|～以前的事(可能是几年)。

【峻嶒】"形容山高"(《现汉》),"山高峻貌"(《汉语词典》),"高峻突兀"(《辞海》),"高耸突兀"(《汉语大词典》)。

其实这些都是模糊的,正如鲁迅先生说:"假如有一位精细的读者,请了我去,交给我一支铅笔和一张纸,说道:'您老的文章里,说过这山是'峻嶒'的,那山是'巉岩'的,那究竟是怎样一副样子呀?您不会画画也不要紧,就勾出一点轮廓来给我看看吧。请,请,请……'这时我就会腋下出汗……因为我实在连自己也不知道'崚嶒'和'巉岩'究竟是什么样子,这形容词是从旧书上抄来的,向来就并没有弄明白,一经切实的考察,就糟了。此外如'幽婉','玲珑','蹒跚','喽嚯'……之类,还多得很。"(《且介亭杂文二集·人生识字胡涂始》)

语词所指的事物是不存在的臆想物。如:

神仙|神明|仙人|上帝|天神|地神|天老爷|土地爷|女神|圣母|仙姑|天仙|嫦娥|佛|玉皇大帝|西王母|观音|财神|雷公|阎王|龙王|鬼|魔|妖怪|水怪|狐仙|天国|天堂|阴间|地府|龙|凤|麒麟

6.6.2.4 具有相对模糊性的义项

(1) 一部分名词

a. 时间或含时间义的名词:晚上、秋天、现在、傍晚、青年、老年,等等。有人认为专有名词也有模糊性。

b. 部分抽象名词:意识、品德、性格,等等。

c. 范围相对的名词:部分、大部分、小部分、盘子、碟子,等等。

(2) 一部分数词、量词

a. 概数词:二十来(个)、几、两(有两下子、说两句)、三五、多半、一百多、百把、个把(月)、五十以上、二十以下,等等。

b. 不定量词:些、点,等等。

c. 临时量词:人(一人那么高)、身(好几身汗)、脚(一脚踢开)、车(一车歌声)、路(一路笑声)、丝(一丝怀念),等等。

(3) 大部分形容词

a. 颜色词:黄、绿、蓝,等等。

b. 味觉词:酸、甜、苦,等等。

c. 带有主观评价性的:干净、美丽、伟大、高尚,等等。

d. 相对性的:宽/窄、深/浅、长/短、许多、好些、无数,等等。

(4) 一部分副词

a. 程度副词:基本上、很、太、非常、十分、稍微、有点儿、有些,等等。

b. 部分时间、频率副词:常常、经常、时常、通常、有时、往往、屡次,等等。

c. 估计、可能副词:大概、大约、也许、或许、似乎、几乎、简直、好像、恐怕、大半、多半、相仿、差不多、可能,等等。

(5) 某些泛义动词以及情感动词:干、搞、弄,高兴、悲伤、满意、喜欢、讨厌,等等。利科说:"情感性(affectivity)就是模糊性本身"。

(6) 某些代词:有的、别的、其他、其余(指示代词)、别人、人家(人称代词),等等。

(7) 某些义丛:较好、看情况、一般地说、一般说来、通常情况,等等。

6.6.2.5 模糊与明确的相对性和互相转化

第一,模糊的相对性

模糊与明确不是绝对的,而是相对的。有许多义位的义值随着时间、地点、条件、对象、语言等不同而有所变化。主要有两类:

(1) 极性对立的义位。如:大/小,长/短,高/低。中外研究者大部分人认为是模糊的,少数人(刘叔新,1990)认为是明确的。

(2) 表时段的义位。如:早晨/晚上,白天/夜晚,过去/现在/将来。大部分研究者认为是模糊的,少数人认为基本明确,有些模糊。

第二,模糊性与明确性的互相转化

(1) 语用组合中的转化

a. 模糊→明确

一个普通义位进入术语组合后,由模糊变得明确。如:热带(南北回归线之间),低热(37.5℃～38℃)。

b. 明确→模糊

一个较明确的义位进入一个含义灵活的组合中,由较明确变得很模糊。如:人→好人;半→下半旗;长方→长方脸。

(2) 历时演变中的转化

a. 模糊→明确。如：

事故：事情(古义)→意外的不安全的事情(今义)。
吃：饮、食(古义)→食(今义)。

b. 明确→模糊。如：

饿：严重的饥饿(～殍)(古义)→各种程度的饥饿(今义)。
赴：前往险处(～汤|～难)(古义)→前往某处(～会|～约|～宴|～京)(今义)。

由于词位内的义位增多，有些原义位变得模糊，由较少数的词位总量承载较多的义位总量，使得一些义位密集在一个词位内，有些界限难免混淆。词典作者，尤其学习词典的作者，想了许多办法区分多义词内义项之间的界限。

第七节 义位的民族性和义项[*]

6.7.1 义位的普遍性和民族个性

第一，义位的民族性是对义位的普遍性(universality)而言的，这里的普遍性是指多种语言的大致相当的义位存在着普遍因素：

(1) 许多语言有大致相当的语义场数目。如：时间场、年龄场、空间场、颜色场、亲属场、关系场、食物场、衣服场、同义场、反义场，等等。

(2) 许多语言的某个共性义场的划分大致相同。如：颜色场在近百种语言里有许多语言都划分为十一个义位：白、黑、红、绿、黄、蓝、棕、紫、粉红、橙、灰。(伯林和凯伊。利奇,1987:328)

(3) 许多语义特征是共有的。元语言所表示的语义成分或语义原子多数

---

[*] 本节为张庆云作。原文名《义位的民族性》，发表于《外语与外语教学》1995年第2期。收入本书时订补多处。

是相同的。如:[±ANIMATE](±生命)|[±HUMAN](±人类)|[±AUDLT](±成年)|[±MALE](±雄性)等等。尤其是术语的语义特征的共性更为明显。

(4) 组合的规则大多相同。如:语义的可接受性或可能性、语义的协调、语法符合规则、语用得体。

上述内容,普通语义学(universal semantics)和类型学(typology)已多有论述。这对双语或多语对照词典的对应义项的认识是有帮助的。

第二,语言中的语义,特别是义位,最明显地反映出一种语言的民族个性。这种个性,是由客体(含社会的自然环境、历史、文化、生活、劳动、风俗、习惯等)、主体、语言三个条件决定的。因此,在大多数情况下,两种非亲属关系语言之间的语文性词语,不是简单的一一对应,而是处于错综复杂的多种多样的联系之中,其间只有一定的相对性,而没有绝对的等同性。这样,一般所说的双语词典,实际上都是"语差"词典(дифференциальный словарь)(谢尔巴,1959)。要突显语差,就必须用译文或解释性文字描写对应词的区别性语义特征,其实就是描写对应义项的民族个性。主要着眼于六个方面:基义、派生义、陪义、义位聚合、义位组合、义位的理据。

6.7.2 基义的民族性和义项

基义是义位范畴特征、表意特征和指物特征的统一体。(苏卡连柯,1981:188)而民族性主要表现在表意特征及指物特征上。它对双语词典的影响,有以下六个方面。

6.7.2.1 语义场内的编码粗细度不同,义项多少便不同

许多语言的两个对应语义场,其编码度的颗粒度即粗细度不同,因而义项多寡不同。因为:一方面,各民族思维大同小异;另一方面,各民族表意和指物的语言模式不同,对现实事物概括的程度不同。人们用亲属语义场、颜色语义场等一些语义场中义项数目不同来论证这个命题,这是众所周知的。时至今日,这个命题已经带有一定的公理性。因为它的例证俯拾皆是:金属皮爆炸物

这个最小的语义场,法语通常可用一个义项 projectile 表示,而俄语和汉语则划分为五六个义项:бомба/炸弹、пуля/子弹、снаряд/炮弹、граната/手榴弹、мина/地雷、水雷。钟表这个语义场,汉语、德语划分为十多个义项,英语、俄语只划分为几个义项,其余的表意或指物单位代之以短语。

除了名词语义场,动词语义场的划分也不尽相同。日语的"泣く"义场,英语和汉语至少划分为五个义项 neigh/(马)嘶叫;moo/(牛)哞哞叫;whine/(狗)汪汪叫;miaow/(猫)咪咪叫;crow/(雄鸡)啼叫。此外,对空间关系这一共性客体世界,各语言映射出的语义网络结构也有较大的差异。

6.7.2.2 多义词义场内的义项不尽相同

一个多义词,也是一种最小的语义子场,其中的几个义项由一个或两个以上的共性义素(即语义桥)联系着,形成一个词位内部的语义结构。由于联系的视角不同、所用的共性义素不同,几种语言便从对应词的相同基本义位派生出数目不同、意义不同的一些义项。它们反映到了双语词典中。例如汉语、英语、俄语的"读/read/читать"分别有 5、6、5 个不完全对应义项:阅读、朗读、研读、读音为、上学;阅读、朗读、研读、读音为、显示(刻度)、看懂(乐谱)、阅读、朗读、看懂(乐谱)、看出心意、在学院讲课。

6.7.2.3 义域大小不同

不同语言对一个义场划分出的义项多少不同,即使两种语言对同一义场划分出的义项数目相同,某些对应义项的义域也不同,因而双语词典对应义项的释义差别主要表现在意义范围。

俄、汉语关于年龄段对应的义项的义域都不相同。类似的英汉实例,可以信手拈来。

英语的 youth=汉语的"少年+青年"。

1995 年 5 月以前汉语"周末"(周六至周日)＜英语的 weekend(周五下班至周一上班)。

英语 provisions(做主食的原料和成品)＞汉语的"粮食"(指只做主食的

原料)。

英语的 table ＜汉语的"桌子"(包括书桌[desk]、办公桌[bureau/desk]、供桌[altar]等)。

英语的 intellectual(专指大学教授等学术地位较高的人)＜汉语的"知识分子"(泛指"具有较高文化水平、从事脑力劳动的人,如:科学工作者、教师、医生、记者、工程师等")。

俄语 рука(手、臂) ＞汉语的"手"。

英语的 orphan＝俄语的 сирота＞汉语的"孤儿"。英、俄语都指失去父母或其中一方的儿童,汉语则指失去父母或父亲的儿童。

希腊语 theos(指多神世界的一些神)＞英语 god(只指上帝及属神)。

6.7.2.4 义域有交叉关系

不同语言对应的一个义项,其语义范围有一部分重合,又各有特殊的部分。名词义位的这类情况较多见,如:汉、英、俄语的"房子—house—дом"所指的范围和对象之间有交叉关系。形容词义位的这类例证也不少,如:汉、英、俄语的"美丽—beautiful—красивый"所形容的对象之间有交叉关系。这里再以汉、英、俄语的"吃—eat—кушать"这个动词义位为例,看看施动者、受动者这类义域的交叉关系。汉语、英语、俄语的"吃、eat、кушать"的共同义域是"人""某些固体食物",特有的义域是"吃"的施事还可以是动物,受事还可以是药、奶。Eat 的施事还可以是动物,受事还可以是汤(偶尔是言语)。кушать 的施事不能是动物,受事还可以是酒、茶、汤。

6.7.2.5 义项的有无

因为自然条件和人文条件的不同,A 语言便有了所谓的"文化局限词",产生了独有的义项,具有独特的文化负荷(culturally-loaded),带有独特的文化标记(culturally-marked);而 B 语言没有相应的义项,于是就出现了所谓的"词汇空缺"(lexical gap)。

汉语因为地理条件有"笋",而英语和俄语没有,只好意译为 bambooshoot、бамбуковый росток，都表示"竹芽"的意思。同理，汉语有"荔枝"，英语和俄语没有，只好音译为 littchi、личжи。

人文的产物，汉语里有"磕头"，英语和俄语都没有，英语只好音译为 kowtow，俄语只好意译为 кланяться в ноги（鞠躬到脚）。同理，汉语里有"八仙、六亲"，英语里没有，只好意译为 the Eight Immortals、the six relations。汉语里有"鬼子"，英语里只好意译为 devil（魔鬼）。英语里有 dollar、jazz、senate，汉语只好意译为"元"（货币单位）"爵士乐""参议院"等。

作为语言文化的习惯产物，英语里有 the，汉语和俄语等许多语言找不到与之等值的转换义项。

6.7.2.6 义值的民族性

义值指义位范畴义值、表意义值和指物义值。在一种语言中，"白糖"和"食盐"的义值不同，主要是指化学成分的不同、甜和咸的不同、用途的不同。在两种语言之间，俄语的 обидеть≈英语的 insult（冒犯），但前者语义重于后者，而接近英语的 injure（伤害）。在汉语、英语、俄语之间，有一个对应的义位"伟大—great—великий"，《现汉》前五版只给"伟大"释出一个义项，其中的义素群则比较丰富："品格高尚；才识卓越；气象雄伟；规模宏大；超出寻常，令人景仰钦佩的。"所形容的人物和事物也较广。与此对应的词，英语的 great 一般词典除其他义项外，在这一义项上多释为"伟大的；大的"。俄语的великий，奥热果夫的《俄语词典》只释为"超出普通水平、平常程度、平常意义的、杰出的。"великий 所形容的人物和事物的范围都比汉语"伟大"窄。

6.7.3 转义的民族性和义项

基本义位和派生义位之间的关系以及联系手段，常常反映出民族个性，它又是受具有民族个性的联想决定的。文化规约语义论（艾柯）认为，一种语言内直接义和引申义之间的编码规约不同。我们认为，这种编码规约的差异，在双语词典对应义项的对比中更为明显。

6.7.3.1 派生义位前后联系的民族性

法语的 tête 原义是罐子,法国人看罐子和人头相似,于是派生出"头"这个义位。而汉语的"罐",英语的 jar、pot、tin 和俄语的 горшок、банка、кувшин 都是罐,无一派生出"头"义。这是相似联想的民族个性。

英语的 kid 本义是"小山羊",英国人对小山羊抱有喜爱的情意,以这一感情做线索,派生出"小孩"这一义位。汉、俄语"小山羊"、козлёнок 未派生出"小孩"义。俄罗斯等白种人在寒带居住,很早就有室内厕所,内中常有洗漱、化妆用品,于是,厕所和化妆室便联系起来。反映到词义上,俄语的 туалет 由"化妆台"派生出"厕所"义,而 уборная 由"厕所"派生出"化妆室"义。英语的 lavatory 由"马桶、卫生间"派生出"公厕"义。汉语的"化妆室"和"厕所"则是两个不相干的义位。这是相关联想的民族个性。以上实例,都能帮助我们认识多义词义项之间的语义桥。

6.7.3.2 派生义位手段的民族性

各语言派生新义位时都用隐喻手段。但是,由于认识联想的民族性不同,所认识联想的相似点或共同点也就不同。汉族人认为"船"的最前部分跟人头或兽头有相似点,所以"头"派生出新义(顶端),说成"船头"。英国人则认为"船"的最前部分和鼻子相似,所以,nose 派生出新义,说成 the nose of ship。汉族人认为"碗"的沿口部分和"边界"的"边"有相似之处,于是"边"派生出新义(边缘),说成"碗边"。英国人则认为"碗"的沿口部分和唇有相似处,于是,lip 派生出新义(边缘),说成 the lip of a bowl。对小熊座(Ursa Minor),汉族人认为它像斗,于是"斗"派生出"北斗星"这一义位;英国人认为它像犁,于是,Plough 便派生出一个直接引申的义位指小熊座,若直译为汉语是"犁星"。(《简明牛津词典》:848)其他词由本义派生指星座时也表现出特别明显的民族个性。《圣经》上说 salt of the earth,直译为"世上的盐",喻"社会中坚"、"为人师表"。俄语也说 соль земли,比喻国家栋梁和杰出人物。

各语言派生新义位时都用借代(借喻)手段,但其中有明显的民族个性。

俄语中用的十几种借代有好几种是汉语不用的：①工具→成品（карандаш 铅笔→铅笔画），②行为→行为处所（выход 出→出口），③动物→其皮毛或肉（песец 北极狐→北极狐皮），④人体器官→其病痛（желудок 胃→胃病 у него желудок?），⑤行为→行为手段或工具（замазка 抹腻［ni］→腻子）。（郑述谱，1991）反过来说，汉语常用的借代有的也是俄语少见的。如，行为→主体："翻译"行为→翻译者，"裁判"行为→裁判员，"指导"行为→指导者，"指挥"行为→指挥者。

总之，隐喻和借代都属于隐含的、非必然的联想范畴。因此，不同语言常常有不同个性的比喻或借代。这一点对双语词典清醒处理隐喻义和借代义很有帮助。

6.7.4 陪义的民族性

通常是把情感义、语体义、形象义、风格义等等都包容在陪义之中。最具有民族个性的是情感义。语言是文化的符号，因此义位陪义的民族个性反映在文化的多侧面上。

6.7.4.1 受典籍文化的影响，某些义位常带有民族文化的典雅风格

汉语来自《诗经》的"一日三秋"（"一日不见，如三秋兮"），英语词典译成"one day apart seems like three years"，俄语词典译成"день кажется годом"，都译不出典雅色彩，但应该予以注明。英语来自《圣经》的 Garden of Eden，汉语译为"伊甸园"，就无法反映出《圣经》里描绘的上帝的园子以及文学作品里的"人间乐土"等典雅义，但应该予以注明。

6.7.4.2 受宗教文化的影响，某些义位附带有明显的民族性

英语的星期五 Friday，常使人联想起耶稣受难的日子，常带悲观、否定等陪义，甚至把愁眉苦脸也说成 Friday face。而星期日 Sunday，常使人联想起耶稣复活、做礼拜、过节，常带神圣、欢乐等陪义，甚至把最好的或最漂亮的衣服也说成 Sunday best 或 Sunday clothes。受耶稣教影响很小的汉语等的"星

期五"、"星期日"则没有这类的陪义。但是词典翻译相关词语时应予注明。

lily(百合花),基督教传说它是人类始祖亚当的妻子夏娃在被驱出伊甸园时,由悔恨的泪水变成的。耶稣赞扬过百合花。它象征纯洁、洁白、贞操。《圣经》常用百合花描绘美好事物和意境,如"像百合花在荆棘中"就是比喻女子貌美超群。汉语的"百合花"则有"百年好合"的陪义,因此用做新娘的捧花。这类陪义的差异,在双语词典中应该予以简明注解。

6.7.4.3 受传统文化的影响,许多表颜色的义位附带有明显的民族性

英语的 blue(蓝色)具有两种对立的陪义,有时带褒义,这时常说 blue blood(贵族)、true blue(忠实的)、blue book(蓝皮书,载知名人士和高官);更多时候带贬义,常带不愉快、下流、淫秽等陪义,引申为沮丧、忧郁,常说 blue mood/in a blue mood/having the blue/blue devils(忧郁、沮丧、忧愁、情绪低落)、blue funk(恐怖)、a blue Monday(倒霉的星期一)、till one is blue in the face(永不成功)、be beaten black and blue(被打得青一块、紫一块)。俄语和汉语的 синий/蓝色都没有这类的褒贬义。

英语的 green(绿色)常附带嫉妒等贬义(英国裹尸布是绿色的),常说 green eyed("眼绿"正相当于汉语的"眼红"、"嫉妒"),也说 green-eyed monster、green with envy(十分嫉妒),greenhorn(没经验的人)。俄语的 зелёный 有类似的说法:зелёный юнец(没有经验的年轻人)、зелёная скука (тоска)(难耐的苦闷或寂寞)、тоска зелёная(太闷得慌了)。汉语的"绿"则不带这类贬义。阿拉伯语绿色带褒义(在沙漠中绿色跟生命相联系)。

跟"绿"相对的是"红"。汉语的"红"多有"吉祥、喜庆、光荣、成功、幸福、革命"等陪义。如:

～星|～旗|大～灯|灯～酒绿|万紫千～|披～|挂～|～心|～榜|～人|满堂～|～白喜事|～军|～专

英语的 red 偶尔也带有喜庆义:red carpet(红地毯,用来迎客人)。也表示革命和共产主义者等,但常带贬义。更多是带有不吉祥义:red light(危险

的信号）、red tapist（拖拉的人）、red handed（双手沾满鲜血的）、see red（暴怒而失去理智）、red hot（特恼怒的）。白色在欧洲语言里多带纯洁、忠心耿耿等褒义，在汉语里常带贬义。各颜色词的附属义，在双语词典中，应该有选择地、简要地注明。

6.7.4.4 受传统文化的影响，许多表动物、植物的义位附带有明显的民族性

乌鸦，在汉语中附带有不祥之兆，而在巴基斯坦谚语中却说"清晨开门见乌鸦，当天必有客来到"。汉语中表示类似的意思说"喜鹊叫，喜事（贵客）到"，而西方的一些语言则把喜鹊比作"长舌妇""好偷东西的家伙"。乌龟，在现代汉语中附带有贬义（古汉语里有"龟寿、龟鹤、龟年鹤寿"等借指长寿，为褒义），在俄语和日语中则是长寿和吉祥的征兆。龙，在汉语和西方语言中陪义的对立，是人们共知的，而狗的附属义的对立更具有典型性。

狗，在汉语中偶尔带有喜爱陪义，一般都带厌恶陪义。如：

疯～｜看家～｜落水～｜～命｜～屎堆｜～咬～｜～仗人势｜～血喷头｜～急跳墙｜～尾续貂｜～彘不如（猪～不如）｜狼心～肺｜鸡零～碎｜鸡鸣～盗｜狐群～党｜狐朋～友｜鼠窃～盗｜蝇营～苟｜走～｜～腿子｜～头军师

俄语的собака跟汉语"狗"有类似的陪义。

欧美人养狗成癖。狗有户口、居室，甚至住带空调的狗旅馆，有狗医、狗曲、狗罐头、狗洁身剂，常洗澡。人们喜欢谈论狗，三句话不离狗。视狗如伴，奉为宠物。在这个文化背景下，英语的 dog 除受外语影响偶尔用来指地痞、恶棍、窝囊废、烂货外，通常都带有喜爱陪义，当作忠实的朋友，常用来指人：a jolly dog（快活的人，有趣的伙伴），a gay dog（快活的小子），the little dog（那小伙子），a lucky dog（好命鬼，幸运儿），you dirty dog（你这个坏小子。［带疼爱色彩］），a (to be) top dog（优胜者），every dog has day（人总有得意的时候），to help a lame dog over a stile（助人于危难，仗义勇为），top dog（头子，当权者），sea dog（老练水手），a big dog（大亨），love me, love my dog（爱屋及乌）。松、竹、梅，汉语形象地称其为"岁寒三友"，能"傲霜斗雪"、"高风亮节"，英、俄语的相应义位(pine、bamboo、plum、сосна、бамбук、муме)则没有这样的陪义。

有关动物、植物词的附属义,在双语词典中,应该注意注明,如不能只描写"狗"的形态、作用等。

6.7.5 义位聚合的民族性

义位聚合关系,各语言都有同义、反义、近义、邻义、上下义等多种关系。这里只谈谈同义、反义两种聚合的民族个性。

6.7.5.1 义位同义聚合的民族性

比起汉语等语言,英语同义词场有两个显著特征:

第一,英国英语和美国英语有二元对偶同义义位:cinema≈movie(电影院),goods≈freight(货物),leader≈editorial(社论),plurality≈majority(大多数)。

第二,英语和其外来语有二元对偶同义义位或多元共存同义义位。在英语词汇中,有一半多是外来词,因此,其同义词场无论是二元的,还是多元的;无论是日常生活同义词场、文学同义词场,还是科学、文化、政治、法律、军事、宗教等等同义词场,无论是名词同义词场,还是动词、形容词、副词等同义词场,其中一元或二元常常是从希腊语、拉丁语或法语等引进的:brotherly≈fraternal(兄弟般的,拉丁语),foe≈enemy(敌人,法语),stool(凳子)≈stuhl(凳子,德语)≈chair(椅子,法语)。英语惯于用日耳曼语源词表示具体事物,用罗曼语源词表示抽象事物。可见,英语同义词的丰富,主要是由于外来词和本族词的巧妙合用。(巴乌格赫,1957)与此形成鲜明对照,现代汉语同义词场,绝大多数是自足的,"自力更生"的。(吕叔湘,1981)因为外来词和本族词的并列,俄语也有一些所谓"绝对同义词":аэроплан≈самолёт(飞机),экзамен≈испытание(考试),лингвистика≈языкознание≈языковедение(语言学)。汉语这类"绝对同义词"(仅见普方对偶、术普对偶、音译意译对偶等)则很少,而且分化或消失得比俄语快得多。

在单语或双语词典中,应该在主条之后注明对偶同义词,适当选择多元同义词。

6.7.5.2 义位反义聚合的民族性

义位反义聚合的民族个性,首先表现在:A 语言的由反义语素组成的词,对应的是 B 语言的反义短语。汉、英语对应的情况是:始终——from beginning to end,甘苦——the sweet and the bitter,祸福——weal and woe,多少——more or less。其次,A 语言的一个词是反义语素的组合,B 语言的对应词则不是反义语素的组合。汉、英语的对应情况是:东西——thing,长短——length,忘记——forget,反正——anyhow,呼吸——breath。再次,反义组合的习惯次序不同。汉、英语的对应情况是:贫富——rich and poor,左右——right and left,新旧——old and new。又次,汉语的一些反义词可以重叠成 AABB 式。如:前前后后,上上下下,高高低低,里里外外,大大小小,老老少少,早早晚晚,来来往往。而英语的对应反义词不能这样重叠。最后,汉语的一个重复词可以把另一个反义组合间隔开,说成:XAXB,或 AXBX。如:不破不立,善始善终,问寒问暖,能上能下,若即若离,出尔反尔,讨价还价。英语中很少有这类组合。在汉英/英汉词典里,在可能的情况下,应该注明汉英对应反义词的个性。

6.7.6 义位组合的民族性

词语搭配是表层现象,义位组合是深层现象。组合规则是研究同现规则(co-occurrence rules)所包含的选择规则(selective rules)和序列规则(sequencing rules)。这些规则都是各种语言在自己的长期发展过程中逐渐形成的,因而都有明显的民族个性。

6.7.6.1 选择规则的民族性

汉语的"穿"和英语的 wear(穿、戴、佩)词的义值不相等,不能比较组合特点。只有义值相同的词,才能比较组合特点。

汉语的"栗色"跟"马、皮毛、头发、衣服"等都可以组合,而英语的 bay(栗色)只能和 horse(马)组合。

汉语的"黑色"可以跟"马"等很多词组合,俄语的 вороной(黑色)这个词只能跟 лошаль(马)、скакун(跑马)组合。

汉语和英语各有两个表示"高度小"的词:矮、低,low、short,它们跟生物和非生物词的组合各有特点。汉语的"低、矮"都能跟生物名词、非生物名词组合:低的树、矮人、矮草、低栏、低潮、矮墙、矮凳。对应的英语词 low 不能跟生物词组合,能跟非生物词组合:low wall,low bench。而 short 则不受限制:short mar,short grass,short smoke stack(《韦氏》9 版例)。

用第二语言表达(含说、写、译),当然应当掌握义值和义域,但更重要的、更难的是掌握词的语义组合和语用组合选择的有定性——它具有很强的民族个性。即使是所谓"自由组合",对于外族人来说,也不那么自由。至于"固定组合",就更无自由的分寸。汉语说的"非驴非马",俄语则说 ни рыба ни мясо(直译"非鱼非肉"),英语则说成 neither fish, flesh, nor fowl(直译"既不是鱼、肉,也不是鸡")。俄英 осёл/ass(驴)、лошадь/horse(马)都不能像汉语那样进入那个组合里。在双语词典里,指明这些组合的选择特点,对二语习得十分必要。

6.7.6.2 序列规则的民族性

空间词的组合,汉语多用由大到小的序列,英语、俄语时常相反。汉语说"中国辽宁省大连",英语俄语则说 Dalian, Liaoning Province, China/Далянь, Провинция Ляонин, Китай。汉语说"英国剑桥国际名人传记中心",英语则说 The International, Biographical Centre, Cambridge, England。

同样,时间词的组合,汉语大多用由大到小的序列,英语、俄语时常相反。汉语说"1994 年 6 月 3 日",英语则说成 3rd June, 1994,俄语则说 третье июня 1994-г。

并列词的组合,绝大多数是有一定序列的。汉语说"水火",而俄语则相反:огонь и вода——слепые стихии(直译:火水无情)。汉语说"甘苦",俄语则相反:делить горе и радость с массами(直译:与群众共苦甘)。汉语说"贫富",俄语则相反:богатый бедному не брат(直译:富贫不是一家人)。

语法性的序列规则,各语言都有个性规则,众所周知,无须赘述。

词组合的个性对比,还包括语义从表层结构到深层结构的正逆向对比,即"形式功能"对比,受篇幅所限,待另文讨论。总之,汉语词组合的临摹性的直接投射,是与印欧语迥异的显著个性。在双语词典中,主要是对固定短语适当注明序列规则个性,这对二语习得者提高识记和表达能力十分重要。

6.7.7 词的理据的民族性

理据就是词构成的理由和根据,它是构成词的三要素之一。(另外两个要素是语音组合和意义。波铁布尼亚,1889。倪波等,1995:23)认识、了解词的理据,便于掌握词。汉语的"虹",《诗经》叫"螮蝀",都选取彩虹的像虫的形状特征;英语的 rainbow 和德语的 Regenbogen,都说虹像雨天上的弓;俄语的радуга,说它像弓背;法语的 arc-en-ciel,说它像天上的弓。这是构词的形象义,不同语言各有特征。汉语的"自来水笔"强调的是自来水,英语的 fountain pen 强调的是笔水有源泉,俄语的 вечное перо 强调的是永久。这是笔的命名的区别特征各有不同。汉语的"祖国"说的是"先人之国";俄语的 отечество 说的是"父亲之国",родина 说的是"双亲之国";英语的 one's country 说的是"本人之国",native land 是"出生之国",homeland 是"家之国",fatherland 是"父亲之国",motherland 是"母亲之国"。这是构词理据的情感联系的不同。由此可见,"两种语言在词汇体系、词义范围以及在言语中运用方面的差异,归根结底取决于这一集团在划分和命名语言外世界的客观事物时,凭借什么样的特征。词的内部形式取决于所选择的特征。"(加克,1977:15)双语词典适当注明词的理据,对二语习得者理解、掌握二语单词是很有帮助的。

第八节 义位的组合义和义项[*]

6.8.1 义位组合义和义项的基本关系

义位的意义不等于其成分的加和意义。义位的组合意义,指两种现象:一

---

[*] 本节为张庆云作。原文名《义位的组合意义》,发表于《辞书研究》1995 年第 1 期。收入本书时订补多处。

指词的内部的语素组合意义;二指词之间的组合意义,后一种也叫词的搭配义,其表层现象就是词语搭配义。可见,这里讨论的"义位的组合意义",大于利奇的搭配意义(collocative meaning)。语义学不仅仅讨论词义,还探讨一些词如何互相组合,并以此给出一个语句的完整的意义解释。这被称为弗雷格原则(Frege's principle)或称为组合原则(principle of compositionality)。

组合原则的一条原理,用心理学来表述就是:"当感觉元素聚合在一起时,就会形成某种新的事物","整体比它的各部分的总和多"。(舒尔茨)用语言学来表述就是:凡是短语以上的语言单位,其意义并不简单的是短语中各个词项的意义的总和。(奈达,1984)句子的意义,是成句义,它是由词汇意义和语法意义两部分决定的。(莱昂斯,1995)结构赋值因素,是意义的存在方式。(格雷马斯,1999:35)其实,彻底地说,语言中的每一个层次单位都有其自身的质。语素义 a、b、c 或义位 a、b、c 等组合义不等于 a、b、c 等的简单相加之和。组合是解释语义学所说的链条序列。组合是一种微观语境。这种语境影响,甚至决定着组合单位的意义。组合单位以其排他性,承载着组合后的义值和义域进入综合体(syntagma)的义链。

基于上述理论,义位组合义跟义项的关系十分复杂,这里只讨论三种类型:(一)动词义项的划分,常是由施动者、受动者决定的。如"叫唤"①(人)大声叫;②(动物)叫。"养活"①供养(人),使能生活;②养(动物),饲养。此外,动词的义项,还常由组合结构决定。如"他不在""他不在了"。这两个组合的差别只在一个"了",而意义差别却很大:前一个"在"表示在某处存在,后一个"在"表示在世间生存。"他不在"是说"他不在这里,到别处去了"。"他不在了"是说"他已经死了"。单语、学习词典应该把这两个义位分为两个义项。(二)形容词的义项划分,常由所形容的词语决定。如"虚弱"①(身体)不结实;②(国力、兵力)软弱,薄弱。(三)虚词的义项划分,常由跟它组合的词语类别决定。如"跟"的虚词义:①"跟+名词+动词",引进动作对象(跟群众商量);②"跟+名词+谓词",引进比较对象(跟爸爸长得像/跟哥哥一样高);③"名词+跟+名词"表示并列(纸跟笔都买了)。

这些组合反映的主要是义域,是语义溢出(semantic overflow)。所谓"溢出",形象地描绘了词或义位组合中 A 单位的语义流淌到 B 单位中去(至少是渗透),使 B 受义。只不过流淌的程度不同:有的是必不可少的,如古汉语的"洗+足、浴+身、澡+手、沐+发、沬[huì]+面、溉+物、涤+器";有的是可有可无,如"白银、圆球";有的是可能之一,如"围起来/打起来。"A 义位以某种程度、方式参与 B 义位,于是 A 义位就构成了 B 义位的语义特征。词典编者对溢出或搭配的处理可能采取两种方式:一是不加括号,二是加括号。如果采取第一种方式,编者就认为溢出是词义的组成成分;如果采取第二种方式,编者就认为溢出是搭配或组合对象。我们从《现汉》中随机抽出带语义溢出释语的义位 2210 个,其中加括号的 992 个,不加括号的 1218 个。形容词带溢出释语的较少;动词带溢出释语的较多,带溢出对象(受动者)的更多。大致说来,不加括号的是词义的一部分,加括号的是搭配,是用法。维诺格拉多夫(1953)说明的"用法"的四个特点(遗迹、新奇、多变、狭窄)。反过来说,从用法上升到义项,其特点也有四个:已不是古旧义的遗迹;没有新用法的新奇感;用法已不多变;使用范围已不狭窄。这四条,是定性。还应该有定量标准:当一个新用法的数量占原义总量的四分之一,就可以考虑上升为新义项。

6.8.2 语义组合的变异和义项

还有一类义位进入组合后的变异,其大多数是义位及其变体的关系。也就是语言系统中的词在词典中的一个义项,跟在言语组合中的一个语段词表现出的一些具体用法的语义差异。常见的变异有十种,下文分别讨论。

6.8.2.1 同化

原来的两个义位是有差别的,在义位组合里同化无别。如:
① 大野曰平,广平曰原(《尔雅》)→平原
② 上曰衣,下曰裳(《释名》)→衣裳
③ 大曰门,小曰户(《急就篇》)→门户
④ 草曰零,木曰落(《说文》)→零落
⑤ 南北曰袤,东西曰广(《说文》)→广袤

⑥ 直言曰言，论难曰语（《毛传》）→言语①

⑦ 草行曰跋，水行曰涉（《毛传》）→跋涉

⑧ 东西为交，邪行为错（《毛传》）→交错

⑨ 宫商角徵羽，杂比曰音，单出曰声（《礼记》郑玄注）→声音

对以上现象，唐代孔颖达的看法是"对文则别，散文则通"；清代段玉裁的看法是"析言则异，浑言则同"。王宗炎先生（1998）认为是二者合而为一，似应称为合并或一体化。详解或历史性词典可以酌情释出"别、异"，中小型现代语文词典只注明"通、同"即可，即注明义位整体："[平原]起伏较小、海拔较低的广大平地。"

6.8.2.2 异化

同一个义位，在不同的义位组合里异化为对立或有差异的变体。

作为容量单位的"斗"，在下面两个系列组合里，向对立的两极"大"和"小"异化：

$斗_1 = [斗 + (斗 > N)] \to 大$。例如：

斗胆｜斗印｜斗碗｜斗石｜斗大的字。

$斗_2 = [斗 + (斗 < N)] \to 小$。例如：

斗室｜斗舍｜斗城｜斗门｜斗船。

"$斗_1$"异化为"大"，条件是"斗"后面跟上一个比"斗"的体积小的名词义项。

"$斗_2$"异化为"小"，条件是"斗"后面跟上一个比"斗"的体积大的名词义项。

"传统"在下面两个系列组合里，向肯定和否定的两极异化：

传统$_1$：传统工艺｜传统剧目｜传统节目｜传统友谊｜传统教育｜传统产

---

① 《礼记》郑玄注："发端曰言，答难曰语"，"言，言己事，为人语曰语"。《论语》朱熹集注："答述曰语，自言曰言"。

业。(指长久相传的具有特点的,肯定的)

传统$_2$:传统观点|传统观念|传统习惯|传统道德|传统管理。(指陈旧的,否定的)

"大小"在下面两种组合里发生"大"和"小"两种异化:

大小$_1$:省长那么大小官来到了咱们家。(偏指"大")

大小$_2$:乡长那么大小官也进京了。(偏指"小")

"知识"在下面两个组合里,向高、低方向异化:

知识$_1$:知识分子。(指较高的文化水平)

知识$_2$:知识青年。(指一定的文化水平)

动词"驱逐"的"驱"在下面两个系列组合里向着有差别的变化异化:

驱$_1$:(驱+所驱的对象)→驱走(逐)

驱邪|驱虫|驱敌|驱胡|驱鬼。

驱$_2$:(为+场所+驱+所驱的对象)→驱来(去)

为渊驱鱼|为丛驱雀|为汤武驱民。

除了两极异化,还有差异异化,即指事物不同的侧面,或指义位的不同方面的义素。如义位"人体"在下列组合里产生有差异的变体。

人体$_1$测量→指人体的部分外形情况(高、重、围等)。

人体$_2$模特→指人体的裸露形态。

人体$_3$解剖→主要指人体的内部结构。

再如义位"球"在下列组合里也出现差异变体:

这球$_1$真好看→指球的样式、颜色等。

这球$_2$真结实→指球的质料和缝制的质量。

这球$_3$真大→指球的体积。

中小型词典对一个义位的两极变体不必释出,只用举例补充释义不足即可。详解词典宜释出两极变体,多列例证,甚至可以分作两个义项。

6.8.2.3 特指化

义位具有概括性,但在一定组合中可以确指具体的特定的类或个体,即具体化。这种功能俄语叫"指物性"(предметная отнесённость),英语叫特指性(definiteness)。传统词汇学认为,这只是一种功能(特指),不能跟词义混为一谈。而现代词汇语义学则认为,这是一种组合义。义位获得这种指物性的变体,传达各异的指物信息,这就是义位的特指化。本稿原来叫"物化",接受王宗炎教授(1998)的建议,改为"特指化"。如"车"的"陆地上有轮子的运输工具"这个义位在下面五个组合系列中,有五个变体:

车$_1$:车老板→畜力车

车$_2$:车库→汽车

车$_3$:车铃→自行车、人力车等

车$_4$:车棚→自行车、人力车等

车$_5$:车头→火车、汽车等

再如"球"的"球形的体育用品"这个义位,在下面 n 个组合系列中,有 n 个变体:

球$_1$:角球|点球|头球|任意球→足球

球$_2$:扣球|持球|勾手飘球→排球

球$_3$:抽球|近台球|擦边球→乒乓球

球$_4$:运球|跳球|篮板球|三分球→篮球

球$_n$:……→冰球、网球、垒球……

"球",是对无数个体和若干小类的概括。这类具有泛指义的词在语言中占很大一部分。除了"球"这类具体名词以外,还有亲属名词、职位(称)名词、代词等等,都可以特指化。只有专有名词和只指一个客体的名词(如太阳、月亮、地球、赤道等)无所谓"特指化"。

对于上述"球"的 n 个变体,辞书在"球"下不能一一释出,但可以对 n 个变体做概括。目前较好的概括是《汉语大词典》的"指某些圆球形的体育用品"。

有些辞书概括得不好:"某些圆形立体的体育用具"(《汉语大字典》)、"现代体育用品"(《辞海》)、"指某些体育用品"(《现汉》)。这些辞书在概括之后都以特指的典型词例补充了释语的不足。

6.8.2.4 虚化

虚化是指在组合里,有的语素的意义弱化到等于零或趋于零,由实指转为虚指,这类语素成为羡余信息(redundancy)之一。英语的 blackbird 中的 black"黑"的意义大大减弱,不是黑色的鸟,而是"画眉(鸟)"(布龙菲尔德,1933)。虚化,在汉语里主要有三种情况:

(1) 有的语素,在古代有意义,到现代其意义等于零或趋于零。如:"走马观花、走马上任、车水马龙"的"马",在古代确有实在意义;而在现在等于虚设:现代的"观花"、"上任"可能是坐汽车,现代的闹市只有"车如水",没有"马如龙"。辞书释义不应紧扣这类虚化的语素义。"康庄大道",整个成语解释为"宽阔平坦、四通八达、美好光明的大路"。"康庄"原义鲜为人知,且置于该成语中迂曲费解——"一达谓之道路,二达谓之歧旁,三达谓之剧旁,四达谓之衢,五达谓之康,六达谓之庄,七达谓之剧骖,八达谓之崇期,九达谓之逵。"(《尔雅·释宫》)现代的"康庄大道"已远离"康庄"的"五达、六达",辞书不可泥古不化。

(2) 有的语素,是因为用了借代或互文手法,意义由实指转为虚指。如:

南腔北调→"南北"代表几个地方。

东张西望→"东西"代表四处或各处。

辞书对这类语素的解释,应避实就虚。

(3) 在汉语词汇双音化过程中,有时以一个语素为主,另一个语素成了虚设。如:

a. 宇宙=宇。在这个义位上,"宇"指上下四方。而"宙"指古往今来,虚设无义。

b. 人物=人。"物"(众人)虚设无义。

c. 兄弟＝弟。"兄"虚设无义。

d. 面目＝面。"目"虚设无义。

e. 饥荒＝饥("谷不熟为饥":《尔雅》)。"荒"("果不熟为荒":《尔雅》)虚设无义。

f. 雕琢＝琢("玉曰琢":《毛传》)。"雕"("金曰雕":《毛传》)虚设无义。

g. 甘苦＝(多指)苦("患也":《广韵》)。"甘"("美也":《说文》)多虚设。

中小型的现代语文辞书,可以只管现代断面,不追究词的历史。大型的历史性的语文辞书不能不管词的历史。上面的 a、b、c 三例,溯本求源,每个语素都有意义(都有用例),应做历史描述。d 例的"目"一开始就是虚设,这类例子不多。

6.8.2.5 强化

能表达强化义的组合很多,这里只说两种:
(1) 表层的羡余组合,深层的强化。如

a. 白银、白昼、黑夜、圆圈、死尸

b. 硬骨头、软棉花

银、昼,本来就是白的;夜,本来就是黑的;圈,本来就是圆的。在"银、昼、夜、圈"前面分别加上"白、黑、圆"表面上都是羡余信息,实际上一方面是双音化的需要,另一方面是语义强化的需要。辞书对 a 类的隐含的强化义不必释出,对羡余成分白、黑、圆,也不必释出。但是对 b 类的"硬、软"不能只释表层义,而应该释出深层义:"硬骨头"是"比喻坚强不屈的人"(《现汉》),"软棉花"是"比喻不坚强的人"。

(2) 正反对比的组合。如:

a. 软骨头、活地狱、活阎王。

b. 活死人、活尸、活死尸。

a 类的"软"和"骨头","活"和"地狱""阎王"正反对比,使语义强化,且带有比喻性的深层义,因此《现汉》把它们分别释为:"比喻没有气节的人","比喻黑暗悲惨的世界","比喻极凶恶残忍的人"。

b 类的"活"和"死人"等正反对比,使语义强化,且带有特指的深层义,因此《现汉》把它释为"指反应迟钝、动作笨拙的人"。

6.8.2.6　显化

义位在概括事物时把某些属性隐含起来,吕叔湘(1980)说是把外界事物的无穷细节放弃一部分,"说是'放弃',并不是不要,而是不明白说出来,只隐含在里边"。一个义位中这类隐含的义素就是潜在的隐性义素,在组合中使某一隐性义素常常显现出来。这是义位具体化的另一种情况。"雷"这个义位是:"云层放电时发出的响声"。(《现汉》)这是本质属性。还有一些非本质属性,于是在下列组合里它显现出不同的隐性义素:

迅雷不及掩耳——"迅速"义素由暗转明;

如雷贯耳——"大声"义素由暗转明;

暴跳如雷——"猛烈"义素由暗转明;

雷霆万钧——"威力大"义素由暗转明。

"风"是"跟地面大致平行的空气流动"。这是本质属性,舍弃了非本质属性:速度、方向、声音、温度、时间。而在下列组合里,显现出的是速度快:

风行雷厉｜风驰电掣｜风卷残云｜风起云涌｜风风火火｜风马云车｜走起路来一阵风(快而轻飘)。

"梯"在"梯形"里突现的是外形,在"梯田"里突现的是层级,在"梯队"里突现的是"依次相接"。

以上这些显化了的隐性义素,辞书在相关条目的释文中都要一一释出。

6.8.2.7　广化

义位的广化,有两类情况:

(1) 专名义位→通名义位。如：

他们是当代的包公|我们是伯乐|这些人是诸葛亮|他们是体育场上的穆桂英|他们都是阿 Q|登上科学的珠峰。

(2) 普通义位在固定组合里扩大了义域：

就语素义（M）和义位（G）的关系来说，如果语素义组合义值小于义位义值，就得出广化的泛指义位。如：

胸＋像＜腰部以上的人像（《现汉》）
　　→"胸"泛指腹胸颈头

车马＋费＜交通费（《现汉》）
　　→泛指车船机费

手＋表＜戴在手腕上的表
　　→"手"扩大至腕

脱＋产＋学习＜脱离直接生产或工作，专门学习
　　→"产"泛指生产、工作

辞书对这类词语的释义，应该从语素义的表层义扩展为实际运用的义位。

6.8.2.8　狭化

义位的狭化有两种情况：

(1) 在固定的义位组合中的狭化

就语素义和义位的关系来说，如果语素义组合义值大于义位义值，就得出狭化的特指义位。如：

离＋休＞老干部离职休养
　　→特指新中国成立前参加革命工作的干部离休

收＋心＞把放纵散漫的心思或做坏事的念头收起来
　　→"心"特指不好的心思和念头

守＋业＞守住前人所创立的事业

→"业"特指前人的事业

排＋外＞排斥外国、外地或本党派、本集团以外的人

　　→"外"特指某范围之外的人

断＋路＞断开电路

　　→"路"特指电路

美/佳＋人＞美貌的女子

　　→"人"特指女子

老＋脸＞年老的人指自己的面子

　　→"脸"特指自己的面子

辞书对这类词语的释义，应该从语素义的表层义缩小为实际运用的狭窄的义位。

(2) 在临时的义位组合中的临时狭化，这是辞书暂不反映的。共有三类：

a. 义位之间的偏正关系自由组合和半自由组合，其中一个义位狭化。如：

英雄＋少年＞英俊的男少年

　　→"少年"指男的

俊俏＋孩子＞俊俏的女孩

　　→"孩子"指女的

个人＋问题＞个人的婚姻问题

　　→"问题"指婚姻问题

大龄＋青年＞年龄大的未婚青年

　　→"青年"指未婚青年

民族＋干部＞特指少数民族干部

　　→"民族"指少数民族

同类的例子还有"民族地区、民族文字"等等。再如：

服装＋城＞做服装生意的城中的一个区域

　　→"城"特指城中的区域或一个场所

同类的例子还有"美食城、游乐城、大学城、汽车城、商业城、啤酒城"等等。这种用法古已有之,唐朝李泌藏书汗牛充栋,其家被誉为"书城"。后来,鲁迅的《论毛笔之类》里有"国货城"。

b. 义位之间的并列关系自由组合,后一个义位或短语义狭化。如:

"团员和青年"的"青年"指团员以外的青年。

"各民族党派、各人民团体、各少数民族和全国人民"的"全国人民"指上述"党派"等之外的人民。

"核武器和一切大规模的杀伤武器"中的后者不包括核武器。

这一类是义域小的词语在前,义域大的词语在后。有时后者之前还要加上统括词,如"一切、所有、全体、全部、各种"等。

c. 前后小句包括表全的短语义和表独的短语义,前者狭化。如:

什么都不要,只要那件纪念品。

世界各地都走遍了,只有莫斯科没去过。

宝玉和众人都起身让坐,独凤姐不理。

这一类是义域大的词语放在前面,义域小的词语(包括在义域大的词语中,是全中之一)放在后面,前后有表统括和专独的词(副词或连词)呼应:都……只(就);都……只有。这是表层的非逻辑组合,深层的强调。

6.8.2.9 褒化

中性义位倾向化之一——扬升、转佳。

某些抽象的,意义中立的名词,进入下列五种组合框架里,常由中立义位转化为褒义变体。即陪义褒化。

(1)(很/非常)有+(点/些)+名词。其中名词褒化。例如:

有本事|有分量|很有特色|非常有气派|有水平|有思想|有点见识|有些眼光|有办法|有道德|有意志|有模样。

(2) 干/打/玩/赛/混＋出＋(个)＋名词。其中名词褒化。例如：

干出(个)样子|打出(个)情绪|玩出(个)水平|赛出(个)风格|混出(个)人样。

(3) (真/不/很)＋是/算/像/够/成＋(个)＋名词。其中名词褒化。例如：

真是时候|算个人物|像个人样|够意思|很够交情|不成样子|不成比例|是个数目|很是个本事|是条汉子|非常像个样。

(4) 名词＋是＋名词→后一名词褒化(常含有"地道"、"标准"、"像样的")

(这饭店里)饭是饭，菜是菜

(她长得)眼是眼，眉是眉。

(5) 某些褒义动词＋中立名词。名词褒化。例如：

发挥作用/力量/水平|推荐产品/学生/图书|赞美家乡/品德/精神|挑选品种/商品|弘扬民族文化|表扬学生|憧憬未来|仰慕学者/诗人。

离开上述框架，有的中立词或语素在一定的组合里也可能褒化。如：

国饮：一国人普遍饮用的受欢迎的饮料。

绿都：绿化出色的城市。

绿文化：园林式的令人喜爱的文化。

精神食粮：文化艺术的好作品。

"战斗的一生"的"战斗"褒化为"积极拼搏、斗争"。组合中义位的褒化，早在孔子时代已经有了："君子质而已矣，何以文为？"(《论语·颜渊》)的"质"褒化为"(要)好的本质"。

6.8.2.10 贬化

中性义位倾向化之二——贬降、变坏。

某些抽象的，意义中立的名词，进入下列三种组合框架里，多由中立义位转化为贬义变体。

(1)（很/非常）有＋中立名词。名词贬化。例如：

有想法｜很有看法｜有情绪｜有意见

(2) 闹/耍/摆＋中立名词。名词贬化。例如：

耍态度｜耍威风｜耍心眼儿｜耍气派｜摆资格｜摆威风｜摆门面

(3) 某些动词（贬义或中性的）＋名词。名词贬化。例如：

捏造事实/消息/证据/案情/数字｜坦白问题/事实｜隐瞒历史｜纠正发音｜粉饰现实/太平｜标榜自由/团结/军纪｜炫耀身份/成绩/能力

有的中立义位，在一定的组合里，也可能贬化。如：

文山会海｜教书匠｜瞧那长相｜副作用｜太平官（庸官）｜安慰官（闲官）｜权力股（官势股）｜孝敬项目（趋炎附势工程）｜课桌文学（课桌上乱刻写的诗句议论等）｜小报告（不确切的、不好的或不正当的汇报）｜一团和气（无原则和气）

上述褒化和贬化的义位的组合体，在辞书中有两种处理办法：

(1) 酌情选收一些组合体，立为条目，如《现汉》及其《补编》收了"闹情绪、闹意见、摆架子、摆门面、摆样子、文山会海、副作用"。汉外词典收选的应该更多，因为那些组合体是外国人难以掌握的。

(2) 在单字字头下，列出专门义项，列举带有褒化或贬化成分的组合体。如《现汉》在"耍"字下立出一义项——"③施展；表现出来（多含贬义）：～笔杆｜～脾气｜～威风｜～态度。"《现汉》和其他辞书对上述的"有、干、打、玩、赛、混、是、算、像、够、成、摆"等带褒贬义组合成分的描写尚属空缺。详解词典应当填补这类空白。

除了上述组合意义类别之外，还应有反化（逆化）、转化、简化、丰化、确化、深化、淡化、隐化（王宗炎，1998）等。限于篇幅，不再阐述。这里所说的"组合意义"是某个义位跟有限的一些义位组合后才产生的义位变体，而义位变体本身不具有称谓事物的功能，整个义位组合体才具有称谓事物的功能。

总之，上述义位组合义，一类是基义变体，一类是陪义变体；一类是语义性的，一类是语用性的。这些变体，有的语言学家称为"涵义"(指关系义)而不是"意义"(指指称义)。

第九节 义位的语境义和义项[*]

在语境构型里(contextual configuration)，受语境变元的影响，语境义位是可变的(changeable)，而语义的义位是恒常的(constant)。其可变性对义项的影响，主要表现为以下几个方面：

6.9.1 语境义的数量特征和义项

从义位量的信息上看，语境义位跟语义义位相比，除了有许多义位相等之外，还有许多产生了变量：少于、小于或多于、大于原来的信息量。

在文章或发言中，"我们认为……"中的"我们"有时特指"我"。在课堂讲课时用，其义趋于虚化，人称义趋于零。如教师说"我们可以推导出以下结论"，"我们用三个证据，证明这个定理是成立的"。

在对话中，"你们学校寒假放多少天"中的"你们"有时特指"你"。

以上，都是不以等量指称对方，古今中外都是表敬、表谦的重要方法之一。这是在实现应酬功能。用"我们"代替"我"，还能减少论证的主观性，增强客观性。

"您好"平常人用，有敌意的外交官也用。这个"好"已经从评价或认定好坏的"好"这个泛指义转为一种专用义：友好或礼貌应酬。类似的这些变异，词典都应该用一定的方式予以提示。

6.9.2 语境义的范畴特征和义项

从义位的范畴特征上看，语境义位跟语义义位相比，常发生义位的上下位

---

[*] 本节为张志毅、张庆云合作。发表于《牡丹江师范学院》(哲社版)1997年第3期。本书只修改选用一小部分。

转移的情况。"老板"原来大多指男的,因此才说"老板娘"(指老板的妻子)。现在又说"他是我们的老板爷"(指老板的丈夫),这个"老板"显然是指女的。可见"老板"在一定的语言环境中上升为上位义位。

"保姆"本来指女的,在"找个男保姆"中的"保姆"泛指男女保姆,上升为上位义位。

对这些发生范畴变化的义位,词典应该用括号注明。

6.9.3 语境义的表意特征和义项

从义位义素的隐显状态上看,语境义位跟语义义位相比,义位的主要义素不变,某些义素(欲突现的,欲提取表达的)由潜在的、隐性的呈现显性状态。某些义素(欲舍弃的)处于隐性状态,格雷马斯(1966)称为"义素悬置"。如:

豆腐块文章:突现小块面积,隐去小块体积;
豆腐心:突出"软的",隐去"白的"、"嫩的"等;
金子般的心:突现"纯正",隐去"金黄"、"贵重"等;
金子般的东西:突现"贵重",隐去"金黄"、"纯正"等;
金子般的霞光:突现"金黄"、"光亮",隐去"贵重"、"纯正"等。

克鲁斯(1986)曾以汽车为例,说明不同语境突出其部位、性能、重量或外表等。他认为"语境强调某些语义特点,掩蔽或抑制其他语义特点……语境对包含一个词汇单位的这种影响叫作调整(modulation)。"其中包括"语义特点的相对突出(highlighting)或隐退(backgrounding)"。这是话语层面的择取或消除。(格雷马斯,1999:47)虚词的语法意义在语境中也可以发生同样的隐显变化。

对这类语义特征相对突出或隐退的义位,词典应该用子义项或提示的形式予以注明。

第七章

释义的原则*

第一节 整体原则

传统语文性辞书的编纂思想是原子观占主导地位,现代语文性辞书的编纂思想是整体观占主导地位。这种转变导源于20世纪初以来的语言哲学、语言学、心理学等的新思潮。

现代哲学的始祖弗雷格早在19世纪末就主张整体论——整体决定原子,词语的意义(言语意义)只有在语句中才能确定。到了20世纪初,索绪尔才认为,语言系统的词义是由语言整体系统决定的。后来哈克、蒯因、戴维森、心理学格式塔(Gestalt)学派、哲学维也纳学派逐渐形成、发展了较有影响的整体论思潮。《简明牛津词典》(以下简称《牛津》)、《小罗贝尔法语词典》、奥热果夫的《俄语词典》(以下简称《俄词》)、《现代汉语词典》(以下简称《现汉》,指修订本)等现代中型语文性辞书就是在这一思潮中产生的代表作。

现代语文性辞书编纂法中,从前只是有以"相关条目"为代表的整体观念的雏形,还远不成体系,亟待充实、推进、完善。辞书编纂的整体论有十分丰富的内容需要探讨。现代语言学、词汇学、语义学从宏观和微观两个方面促进了辞书编纂整体论的发展。

7.1.1 宏观整体

辞书编纂的宏观整体观,除了哲学思潮之外,主要来源是宏观语言学

---

* 本章为张志毅、张庆云合作。原文名《现代语文性辞书的整体观》,发表于《中国语文》1999年第4期。收入本书时订补多处。

(macrolinguistics),其中诸多社会因素直接影响许多种类词的释义。无论以教人理解语言为己任的描写性辞书(20世纪初兴起,如韦氏三版),还是以教人使用语言为己任的规范性辞书(形成于18世纪中期,如《法兰西学院词典》),以及居于二者之间的辞书(形成于20世纪初),都必须把科学、民族、社会、历史、文化、政治、思想作为自己的宏观整体背景。

受这个宏观整体背景制约,已经没有纯粹的语文性辞书,只有语文性突出的辞书。现代语文性辞书向百科性靠拢,增加科学因子。显出一定的兼容性,已成为一种趋势。但是靠拢的步子大小,实在令编者举步维艰,令读者说三道四。《现汉》(三、四版)对"米"(公尺)的释义是:"长度单位。在国际单位制中,1米是光在真空中于 1/299792458 秒时间间隔内所经过的路程……"。这是1983年巴黎第17届度量衡大会所决定的用物理学的一种基本常数界定的"米"的长度。《现汉》向这一科学成果迈了一大步。而1990年版的《牛津》和2005年版的《现汉》还维持传统的释义,或许其编者认为反映"米"的物理学界定应当是百科性辞书的任务。《现汉》释"三星"为"猎户座中央三颗明亮的星……"比《辞海》只列古籍中的"三星"说法更得体。

历史像一面巨大的镜子照着与之相关词条释义的原形以及扭曲的尺寸。《汉语大词典》(以下简称《汉大》)是语文性的历时大辞书,卷一876页给出"卒"的第5个义项是"古代指大夫死亡,后为死亡的通称。"可是,一些历史事实告诉我们:不是"古代",而是周代,到了唐代已定为"五品以上称卒"。更严格地说,也不是整个周代,而是周代礼制之一,因为《礼记·曲礼下》的礼制另有规定:"寿考曰卒,短折曰不禄。"其实《礼记》常记礼制的理想,实际则不尽然。正如《史通》所说:"夫子修春秋,诸国曰卒,鲁独称薨。而司马迁史记西伯以下与列国诸侯同加卒称。此略外别内耶?向贬薨而书卒也?"

7.1.2 微观整体

宏观整体论略提两笔之后,就来讨论本文的中心——微观整体,而且在讨论中时刻不能忘记微观语言学(microlinguistics)和语义学给它注入的诸多营养。

阿普列祥(1986)提出辞书编纂中对语言进行整体描写的原则,是属于微观整体论范畴的。他的原则包括6个总则:能指(词形、语音等),形态,语义,语用,交际特性,句法。每个总则又包括一些细则、细目。如"语义"之下又有10个细则、10个细目。(倪波等,1995:267)但是,他的总则和细则,大多数讨论的是一个词位或一个义位内部的多种信息整体。这是辞书微观整体论的一个侧面,我们要讨论的另一些侧面,从这些侧面才能纵览微观整体论的全貌。

7.1.2.1 语义场的整体观是现代语义学影响下的语文辞书编纂的第一新思想

一种语言是由百千万高层义场、中层义场、底层义场构成的语义整体网络。尽管语义场的切分至今还没有一个令人满意的结果,但是已有的类似成果是可以参考的:罗杰特的《英语词汇宝库》(译法多种)分出8大类,1000小类;巴利在《法语修辞学》(一译"风格学")改进分类法,分出10大类,297小类;梅家驹等的《同义词词林》分为12大类,94中类,1428类,3925个词群;林杏光等的《简明汉语义类词典》分出18大类,1730小类。对于语文辞书的编者来说,最重要的不是高层义场和中层义场,而是底层义场,即上述的"小类"和"词群"。其重要性如下:

(1) 只有掌握底层义场,才能从整体观了解场内缺少的义位(或词项)。如果对《现汉》来说,收词必须讲究"选择"的高度智慧和技巧,那么对于《汉大》来说,收词尤其需要突出语文性内容的广泛,语文性词条的齐全。如果按其部首及所属下的词目去检查它收词齐全与否,常常是瞎子摸象。如果按底层义场去检索,往往会发现它漏收了许多词项。如"银行"底层义场,只收了"银行、钱店、钱庄",漏收了"银馆、钞店、钞商、版克"等。敬谦中层义场的几个底层义场都漏收了许多词项:诸翁、尊方、尊台、贤婿、阃府、劳驾、芳鉴、芳教、芳影、芳踪、小孙、愚弟、敝上、拜晤、恭迎、鼎助、粲正、台启、勋鉴、鉴纳、枉临、承问、承询、承惠、奉陈、拜陈、呈上、呈准、谨领、领悉、敬复、敬念、惠示、菲礼、殡天、借聆……

（2）只有掌握底层义场，才能从整体观了解场内义位的价值。索绪尔（1916）多次谈到价值，特别是分析出了构成价值的两个因素：一是表示观念、有意义；二是跟"表达相邻近的观念的词"相对立，"任何要素的价值都是由围绕着它的要素决定的。"（1980：161～162）如果用其后 1924 年出现的新概念——语义场——表示他的卓识，就会简而赅：价值首先并主要表现为语义场中义位（或词项）之间的对立和差异。而语文辞书的中心任务就是反映、描写这些价值，提取现代语义学所说的区别性语义特征。义位包括由义场内外一系列因素决定的许多语义特征，而辞书，即使是详解辞书的释义也不能做穷尽式的描写。提取什么？这就显露出编者的见识、学识和智慧，显示出辞书的高低优劣。如：

【桌子】家具，上有平面，下有支柱，在上面放东西或做事情。（《现汉》）

一种家具，上面是平的，有一个或几个腿，用来吃喝、写作、工作或游戏等。（《简明牛津》）

在高支柱或腿上有宽而水平板子的一种家具。（《俄词》）

跟"床、凳子"同一底场的义位比较，《俄词》没有释出"桌子"的核心义素——"功用"这一区别性语义特征。这是释义的缺欠。但是其后用例语做了弥补：饭桌，写字桌，圆桌……

【球】指某些体育用品。（《现汉》）
泛指某些圆球形的体育用品。（《汉大》）

跟"铁饼、哑铃"等同一底场的义位比较，《现汉》没有释出"球"的个性义素，比《汉大》稍显逊色。

（3）只有掌握底层义场，才能做到同场同模式，从整体观统一场内各义位的释语模式。而词典的编写，一般是按音序或形序（如部首）分工的，即使到后期制作阶段统一处理相关条目，也照顾不到所有的场及其包含的义位。因此，从底层义场整体观视角重新审视现代语文性辞书的释语模式,常有不统一的缺憾。"家具"义场是被各国语义学家经常分析的底场,几近经典的范例,且看《现汉》对其中的三个义位给出的释语:

【椅子】有靠背的 坐具,主要用木头、竹子、藤子等制成。
　　　　　S_1　　CS_1　　　　　　　S_2

【凳子】有腿 没有靠背的、供人坐的家具。
　　　　S_3　S_4　　　　CS_2

【沙发】装有弹簧或厚泡沫塑料等的 坐具,两边一般有扶手。
　　　　　　S_5　　　　　　　CS_3　　　　S_6

从比较中可以看出 S_6 是"沙发"独有的语义特征,跟统一模式无关。此外,释语的模式有三点不统一:

第一,上坐标义位 CS_1 和 CS_3 是"坐具",CS_2 是"供人坐的家具",应统一为"坐具"。

第二,区别性语义特征之一,"椅子"和"凳子"给出 S_1 和 S_4,语义学记作[±靠背]。那么"沙发"有没有靠背呢?应该有。

第三,区别性语义特征之二,"椅子"给出 S_2,"沙发"给出 S_5,这是"质料"特征。而"凳子"没有给出这一特征。事实上,这一特征对三个义位有性质的分别:对于"沙发"是主要的、中心义素;对于"椅子"、"凳子"是次要的、边缘义素,给不给出无关紧要,以不给出为宜。

第四,区别性语义特征之三,"凳子"给出 S_3——"有腿","椅子""沙发"也应给出这一特征。是不是因为有上坐标义位"坐具",就不必说"有腿"呢?不是。因为"坐具"不都有腿,如"鞍子"等。

从底层义场释语模式视角看,《汉大》的缺憾更多,如"现在、未来、过去"、"上款、下款"、"立春、雨水、惊蛰……"(二十四节气)、"角、亢、氐、房、心、尾、箕……"(二十八宿)等等义场释语模式都不统一。不再赘述。这是不可避免的。因为《汉大》起初是数千人大兵团作战,后来虽然收缩到 400 多学者,但是 30 多个编写组分散在华东地区五省一市的 30 多个地点,编写人员及主要审稿人训练有素者较少,通晓词典学和语义学的人更少。

7.1.2.2　语义场整体观下的语文辞书释义同场同模式原则*

（一）我国的辞书编纂已有两千多年的历史,辞书编纂思想已由原子观转向整体观,辞书在编纂的工艺性上应该更注重系统性。基于语义场基础之上的同场同模式原则,就是辞书释义系统性中的一个重要体现,同场同模式是指同一语义场的若干个词的释语模式应该相同或主体模式基本相同。在现代语文词典时期,我们应该把同场同模式原则作为衡量词典释义是否具有系统性的一个重要标准。

每种语言都是由千百个高层义场、中层义场和底层义场构成的语义整体网络,处于底层的义场是语义场中最小的集合,底层义场应该是辞书编者在释义时最须关注的对象。处于语义场中的各义位之间具有不同的结构关系,如同义结构、反义结构、上下义结构、类义结构、总分结构等,其中,处于类义结构中具有相同类义关系的义位即类义义位在释义模式上最不易统一。

（二）问题的分析

（1）作为现代语文辞书的代表作——《现代汉语词典》(第 5 版)(下称《现汉》)的释义,它在同场同模式方面多数遵循了规则。见《现汉》下面两组类义义位的释语:

【叨光】tāo//guāng 动 客套话,沾光(受到好处,表示感谢)。
【叨教】tāo jiào 动 客套话,领教(受到指教,表示感谢)。
【叨扰】tāo rǎo 动 客套话,打扰(受到款待,表示感谢)。
【师姐】名①称同从一个师傅或老师学习而拜师的时间在前的女子。②称师傅的女儿或父亲的女弟子中年龄比自己大的人。
【师妹】名①称同从一个师傅或老师学习而拜师的时间在后的女子。

---

* 语文辞书释义同场同模式原则这部分为李智初作。原文名《现代语文辞书释语的同场同模式原则》,发表于《辞书研究》2007 年第 3 期。收入本书时略做订补。

②称师傅的女儿或父亲的女弟子中年龄比自己小的人。

第一组的语义结构式为"客套话＋核心义素＋使用场合",列表如下:

	共	区$_1$	区$_2$
叨光	客套话	沾光	受到好处,表示感谢
叨教	客套话	领教	受到指教,表示感谢
叨扰	客套话	打扰	受到款待,表示感谢

表中的"共"是指共性语义特征(下同),"区$_1$"指区别性语义特征之一,在这里是核心义素,"区$_2$"指区别性语义特征之二,在这里是指括注中的使用场合。

第二组的语义结构式为"共$_1$＋区＋共$_2$",列表如下:

	共$_1$	区	共$_2$
师姐①	同从一个师傅或老师学习	拜师的时间在前	女子
师妹①	同从一个师傅或老师学习	拜师的时间在后	女子
师姐②	师傅的女儿或父亲的女弟子中	年龄比自己大	人
师妹②	师傅的女儿或父亲的女弟子中	年龄比自己小	人

通过比较可见,两组类义义位释语的模式相当统一,没有例外。其他如植物类的"草本""木本""藤本",年代类的"上古""中古""近古",菜系类的"徽菜""湘菜""粤菜""鲁菜""川菜""闽菜""苏菜""浙菜","×迷"类的"球迷""棋迷""戏迷""影迷""舞迷""歌迷"等等,从同场同模式视角下考察这些类义义位,它们的释义模式齐整划一,几近完美,这里不再一一赘述。《现汉》大量的类义义位的释语都遵循了同场同模式的原则,它们体现了辞书释义的系统性和科学性,但也有少数没有做到。

(2) 从家具类语义场中的卧具底层义场看类义义位的释义模式。

【床】供人躺在上面睡觉的家具。(《现汉》)

【摇篮】供婴儿睡觉的家具,形状略像篮子,多用藤或竹制成,可以左右摇动,使婴儿容易入睡。(《现汉》)

【铺垫】铺在床上的卧具。(《现汉》)

三者在客观上的共性义素应该是"卧具",这里,只有"铺垫"归为"卧具",而"床"和"摇篮"却被界定成"家具"。"卧具"是"家具"的下位语义义素,三者不统一。它们应该统一为"卧具",这也是它们的共性义素。

(3) 在星体类语义场中,我们选择了最为常见的五个行星义位来对《现汉》和《应用汉语词典》(下称《应用》)的释义模式做一对比。

【金星】名 太阳系九大行星之一,按离太阳由近而远的次序计为第二颗,绕太阳公转周期约 224.7 天,自转周期约 243 天,自东向西逆转。金星是各大行星中离地球最近的一个。(《现汉》)

【木星】名 太阳系九大行星之一,按离太阳由近而远的次序计为第五颗,绕太阳公转周期约 11.86 年,自转周期约 9 小时 50 分。是九大行星中体积最大的一个。(《现汉》)

【水星】名 太阳系九大行星之一,按离太阳由近而远的次序计为第一颗,绕太阳公转周期约 88 天,自转周期约 58.6 天。(《现汉》)

【火星】名 太阳系九大行星之一,按离太阳由近而远的次序计为第四颗,比地球小,绕太阳公转周期约 687 天,自转周期约 24 小时 37 分。(《现汉》)

【土星】名 太阳系九大行星之一,按离太阳由近而远的次序计为第六颗,绕太阳公转周期约为 29.5 天,自转周期约 10 小时。(《现汉》)

释义模式的语义结构式如下,这里的共性语义特征为"太阳系中九大行星之一":

金星＝共＋区$_1$(在太阳系中的位置)＋区$_2$(公转、自转周期)区$_3$(运转方向)＋区$_4$(离地球最近)

木星＝共＋区$_1$(在太阳系中的位置)＋区$_2$(公转、自转周期)＋区$_3$(体积)

水星＝共＋区$_1$(在太阳系中的位置)＋区$_2$(公转、自转周期)

火星＝共＋区$_1$(在太阳系中的位置)＋区$_2$(公转、自转周期)

土星＝共＋区$_1$(在太阳系中的位置)＋区$_2$(公转、自转周期)

通过对比可以看出,释义的模式有三点不统一:第一,区别性特征之一,"金星"给出了"自东向西逆转",其余均没有,应该给出。第二,区别性特征之三,即"绕太阳公转周期","土星"在其后给出了"约为",其他均为"约",应统一为"约"。第三,区别性特征之二,"木星"的区别性特征中应该加上"木星"。这样,"木星"与"金星"才能在释义的模式上相统一。

下面是《应用》对五个行星义位的释义:

【金星】〔名〕太阳系中九大行星之一。绕太阳一周的时间为224.7天,自转周期是243天。按离太阳远近的次序计算,金星为第二颗星,也是各大行星中离地球最近的一个。

【木星】〔名〕太阳系九大行星中体积最大的一个,按距太阳由近及远的顺序为第五,拥有十四颗卫星。中国古代叫岁星。

【水星】〔名〕太阳系九大行星之一,离太阳最近,体积只有地球的5%,肉眼难以看见。也叫辰星。

【火星】〔名〕太阳系九大行星之一,按距离太阳的远近次序计为第四颗,公转周期687日,自转周期24小时37分,有两颗很小的卫星。

【土星】〔名〕太阳系九大行星之一,其体积约为地球的七百五十倍,有一个光环和十个卫星;绕太阳公转周期约为29.46年,自转周期约为10小时14分。中国古代叫镇星。

语义结构式:

金星＝共＋区$_1$(公转时间和自转周期)＋区$_2$(在太阳系中的位置)

木星＝共＋区$_1$(在太阳系中的位置)＋区$_2$(古代名)

水星＝共＋区$_1$(在太阳系中的位置)＋区$_2$(体积)＋区$_3$(古代名)

火星＝共＋区$_1$(在太阳系中的位置)＋区$_2$(公转时间和自转周期)

土星＝共＋区$_1$(在太阳系中的位置)＋区$_2$(体积)＋区$_3$(公转时间和自转周期)＋区$_4$(古代名)

从义位的语义结构式看,释义的模式有多处不统一:第一,为了使各义位的释语模式统一,"金星"的区$_2$(在太阳系中的位置)应该位于区$_1$的位置。第二,"木星""水星""土星"都给出了古代名,而"金星""火星"没给,其实"金星"还叫"启明""长庚""太白","火星"又叫"荧惑""法星"。第三,"金星"的"共"(太阳系中九大行星之一)后用句号断开,而其他四星的"共"后均用逗号而非句号,应该统一为句号或逗号。第四,"金星""火星"和"土星"均给出了公转时间和自转周期,而"木星"和"水星"没有给,给与不给,应该统一。

通过对比可见,《现汉》的这一释义模式优于《应用》。

(三)在烹饪语义场中,我们选择常见的五个类义义位进行对比。先看《新华词典》2001年修订版(下称《新华》)的释义:

【炒】一种烹饪方法。把食物放在锅里,加热并不断翻动使熟。

【炸】一种烹饪方法。把原料放入多油的热锅中,用旺火或温火使熟。

【炖】一种烹饪方法。把原料连同调料放入锅中,加一定量的水,烧开后用文火久煮使熟烂。

【煮】一种烹饪方法。把食物放在有水的锅里烧熟或把其他东西放在开水锅里烧一段时间。

【煎】一种烹饪方法。把食物放在有少量热油的锅里使表面变成黄色。

它们的语义结构式列表如下:

	共性语义特征	对象	承载物	方法	目的
炒	一种烹饪方法	食物	锅	加热并不断翻动	使熟
炸	一种烹饪方法	原料	锅	用旺火或温火	使熟
炖	一种烹饪方法	原料	锅	烧开后用文火久煮	使熟烂
煮	一种烹饪方法	食物	锅	放在有水的锅里或开水锅里烧一段时间	烧熟
煎	一种烹饪方法	食物	锅	放在有少量热油的锅里	使表面变成黄色

表中可以看出,释义模式基本统一,只是在对象栏里,"炸"和"炖"用的是"原料",其他用的是"食物",应统一为"食物"。

(三)问题存在的原因

从释义的同场同模式视角去审视各部中等规模语文词典,处于同一语义场中的义位释义多处都没有达到理想的模式。究其原因,有以下几点。

(1) 编者对相关理论不够重视。

贯彻释义的同场同模式原则,首先要有现代词汇语义学理论的支持。在每一种语言的义位系统中,都有很多的由义位集合而成的语义场,在底层义场中,若干个共性义位或义素形成核心,相应的是表彼此差异的个性义位或义素,它们彼此制约,互相作用,形成具有相对封闭域的集合。其中,共性义位是集合中各义位的共同特征,表彼此差异的个性义位或义素是各义位相互区别的特征,包括主要的区别特征和次要的区别特征,词典的释义中,义位的共同特征表明了该义位在集合中的位置和相邻义位的关系,义位的区别性语义特征表明了该义位的个性特征,通过共性语义特征与其他义位相联系,又通过个性语义特征与其他义位相区别。鉴于各部词典的性质和编者的主观意志的不同,义位的次要个性语义特征具有可选择性,但主要的个性语义特征和共性语义特征缺一不可。由以上各词典的释义可以看出,它们在释语的模式上具有一定的主观性和随意性。

(2) 词典大多由多人参编,词典编纂过程中的各项标准执行起来有一定困难,难以一致。有的义位的释义需要加上括注,以使义域的大小、使用范围有一个更清楚的描述,实际上,这种描述,常常彼此之间不一致。如某词典对"外行"和"内行"的释义:

【外行】①形对某种专业或某项工作不懂或没有经验的(跟"内行"相对)。②名指外行的人。

【内行】①形(对某种工作、技艺或业务等)具有丰富的经验和知识(跟"外行"相对)。②名内行的人。

其一,同属于一个底层义场的两个义位,"外行"对义域的标注为"某种专业或某项工作","内行"的标注为"某种工作、技艺或业务等",通过对比可以看出它们之间的义域标注明显不一致,而且,"内行"对义域的标注使用的是括注形式,"外行"没有用括注。其二,二者的义项②,均标为名词,"外行"用了打头词"指",而"内行"没有用。可能编者甲编写了"外行"条,他认为应该加"指",而编者乙在编写"内行"条时并不认为要加"指"。其三,区别性语义特征的表述形式不统一,"外行"的义项①是"……的","内行"无"……的",同为形容词性的义项,二者的表述应该统一。

(3) 词典正文按音序排列,不容易发现同场同模式的问题。如"文字"语义场中,《现汉》收了"图画文字""象形文字""拼音文字""音节文字""音素文字""表义文字""表音文字",它们分别位于 T、X、P、Y、B 母中。释语中,它们都首先用了一句定义式的解释,如"图画文字":"用图画来表达的文字。""象形文字":"描摹实物形状的文字。""拼音文字":"用符号(字母)来表示语音的文字。""表意文字":"用符号来表示词或词素的文字。"其后用来断句的标点符号有的用句号,有的用逗号,应该统一为句号或逗号。即使是同处于 Y 母的"音节文字"和"音素文字",它们的释义模式也难以一致:

【音节文字】一种拼音文字,它的字母表示整个音节,例如梵文和日文的假名。

【音素文字】一种拼音文字,它的字母表示语言中的音素,如英文、俄文。

在释义后的举例部分,"音节文字"用"例如","音素文字"用"如",二者应该统一。

又如表问候的敬语:

【早安】⃞动 问候的话,用于早晨第一次见面时(多用于翻译作品)。(《现汉》)

【晚安】⃞动 客套话,用于晚上道别。(《现汉》)

处于同一底场中的"早安"和"晚安",前者给出的是"问候的话",后者给出的是"客套话",而"问候的话"不同于"客套话",可以参照《汉语大词典》的释语并改进,因为《汉语大词典》在"早安"释语中用的是"套语","晚安"用的是"客套话",其实"套语"就是"客套话",应该统一成"套语"或"客套话"。

有一种情况,如果属于同一底层义场的义位恰巧处于同一个字头下,编者容易顾及释义的模式,见(二)之(1)《现汉》对"叨光""叨教""叨扰"以及"师姐""师妹"两组义位的释语,每组义位内部的释义模式相当统一。

(四)问题的解决

(1)解决"场"的问题

一要建立场。按照义类给义位分组,分出的结果就是一个一个的具有树状结构的语义网络,处于网络中的各个集合就是不同的语义场,由高到低,处于最底层的语义场为底层义场。如交通工具场的子场有"车、船、飞机"等,"车"的子场义位有"自行车、汽车、火车、电车"等,"汽车"又有"小轿车、吉普车、面包车、卡车"等。应穷尽式找出所有的底层义场,按义类把每个义位归并到各自的底层义场中,如年龄场:党龄、工龄、军龄、艺龄、役龄、教龄等,其他如颜色场、民族场、菜系场、建筑场、职务场、职业场等。二要完善场。在归并义位的同时,也把漏收的义位补充进来使之平衡,如《现汉》收了"运动战、游击战、持久战、车轮战、遭遇战、歼灭战、攻坚战、野战、巷战、海战、会战、空战、陆战",没收"阵地战、狙击战、阻击战、争夺战、拉锯战、消耗战、破击战、街垒战、地道战"。

在语义场的建立和完善过程中,可以参考两类辞书,一类是类义词典,如梅家驹等的《同义词词林》,张志毅等的《反义词词林》,林杏光等的《简明汉语义类词典》等。另一类的是逆序或叫倒序类词典,如中国社科院语言所词典室的《倒序现代汉语词典》,李国炎等的《当代汉语词典》等,通过倒序类词典,可以较容易地找到一大批类义义位,如"上款、下款""动物园、植物园""力学、声学、热学、磁学、光学、原子物理学""海葬、土葬、水葬、天葬、火葬""海货、山货""干货、鲜货""球迷、棋迷、戏迷、影迷、舞迷、歌迷""平版、凹版、凸版"等。

(2)解决"模式"的问题

解决"模式"问题也就是如何使释义贯彻同场同模式原则的问题,这就需要现代词汇语义学的理论支持和计算机、语料库的手段支持。具体地说,释义完成后,我们可以为每个释义语言建立一个语义结构式,包括文字式的、表格式的、图形的等,然后用义素分析法来考察和验证,还应考虑标点符号、句子长短、打头词等因素,其中义素分析法是内容上的手段,标点符号等是形式上的手段,而义素分析是主要的验证手段。在完成释义和修补释义时,可借助大型语料或典型语料来完善,包括义位的义值、义域、陪义、核心义等。模式验证的过程又需要借助计算机在电子文档中进行大量的查找和比对。

7.1.2.3 等值语义链的整体现

辞书中的等值语义链有显性的和隐性的。

(1) 显性语义链指左项条目和右项释语是一个等式。列公式如下:

$$G=V+F \quad V=B+C$$

G 是词位或义位。右项常是一个义素配列式,把它分解开,有两个子项:V 是义值(相当于而不等于"概念义"),F 是义域(相当于而不等于"外延")。把 V 再分解开,又有两个次子项:B 是基义(相当于而不等于"理性义"),C 是陪义(相当于而不等于"感情义")。右项两个层次的子项 V、F 及 B、C 之和必须跟左项等值。《现汉》绝大多数右项两层子项都跟左项等值,极少数似乎也有待商量。先看右项的义值:

【家父】谦辞,对人称自己的父亲。

【情绪】人从事某种活动时产生的兴奋的心理状态。

"家父"右项次子项陪义"谦辞"跟左项相当。可是基义大于左项,因为"称"可以是面称,也可以是引称(叙称或背称)。依据实际用例,"家父"不用于面称,而用于引称,因此,这里的"称"应改为"称述"。《汉大》用的是"称说",也较准确;可惜,这个词条的编者是不自觉的,对其余的"家～"谦辞引称的释语欠妥,至于"家～"之外的谦敬引称,更是莫守一式,这是出于众人之手的必然结果。《现汉》对"家父"的释义,就理解词语而言是通得过的,但是就指导运用词语而言有点偏差。

"情绪"右项小于左项,因为"兴奋"仅仅是情绪的一种。像"失败情绪、悲观情绪、忧郁情绪、情绪低落"不宜归属"兴奋"。此外还有"反抗/不满/对立/

抵触/急躁/高涨/乐观/激昂/爱国/革命/战斗/不安/偏激……＋情绪",如果概括为"一种情感状态",也许更准些,因为"情绪"是由爱憎、惊惧、欲望、喜悦、厌恶、怜悯等引起的,多是不稳定的。

再看右项的义域。如果说义值是义位的质义素,那么义域是义位的量义素。"量可以分为大小或多少两大类"。(亚里士多德)义域的量,不仅表现为义位这个集所含元的大小或多少,即意义范围,还表现为使用范围。《现汉》使用多种方式方法准确地给出了跟义位等值的义域,偶尔也有千虑一失者：

【年龄】人或动植物已经生存的年数。

【家属】家庭内户主本人以外的成员,也指职工本人以外的家庭成员。

实际上,"年龄"的义域不限于"人、动植物",还可以用于有演化过程的某些物体：天体的年龄、地球的年龄、同位素的年龄、北京的年龄。而同一义场的"年纪",义域没有那么大。"家属"的义域不限于"户主"和"职工"的,还可以是"军人""烈士""被害人""罪犯"等的家庭成员。

显性等值语义链的"值"不仅包括词汇意义的义值,而且包括语法意义的义值。而这种值是语文性(区别于百科性)辞书给定的词的特有属性之一。因此,显性等值语义链也要求左右项语法意义相等。如：

【老奸巨猾】指阅历很深,老于世故,而手段又极其奸诈狡猾者。(《汉大》)

左项是形容词,右项是名词性短语,左右词性不等值。《现汉》该条的右项是"形容十分奸诈狡猾",左右项词性等值。又如：

【固执】坚持己见,不肯改变。(《现汉》)

左项是形容词,右项是动词性短语,左右词性不等值。右项之前应该加上"形容"二字。"固执"偶有动词用法,可以用例语提示该用法。

由以上各节可见,义位的义值(基义和陪义)和义域包含着多种因素,仅仅认为"词典是处理内涵意义的领域"是不符合整体观的。

(2) 隐性等值语义链,列公式如下,并代入实例:

① a＝b［医疗］治疗。

② b＝c［治疗］用药物、手术等消除疾病。

③ d＝a、b［医疗］医治;治疗。

①②是两个等值的左右项,③表示①的左项等于②的右项。这个等值的语义链,有很强的隐性:第一,左项的 a、b、d 在汉语辞书中不在一个词头下,甚至不在一个字母或部首中;第二,右项的 b、c、a 又常常不是一个词,而是一个短语,短语中包含一个跟左项等值的关键词 x 或 y;第三,编者或读者又不注意,到相隔较远的地方去核对 a、c、d 是否等值。因此 a、c、d 难免出现不等式。又如:

【壮士】豪壮而勇敢的人。(《现汉》)

【豪壮】雄壮。(《现汉》)

用"雄壮"置换"豪壮……",结果是:

壮士＝雄壮而勇敢的人。

这是一个不等式,即语义链不等值。又如:

【红】像鲜血或石榴花的颜色。(《现汉》1～4 版)

【石榴】……花红色、白色或黄色。(《现汉》)

《俄词》说"红"是"血的颜色",《简明牛津》说"红"是"从血到桃色或深橘色渐变的颜色"。用具体物的颜色去解释一般颜色,内中已经有一点不等值,而这里用"石榴花的红色、白色或黄色"去置换"……石榴花的颜色",结果是一个更大的不等式,更大的不等值的语义链:

"红"像……石榴花的红色、白色或黄色。

为了防止出现不等式,《简明牛津》在以物色释"红"之前加了一句可见光谱的知识来限定。

7.1.2.4 组合整体观

这是现代哲学和语义学赋予辞书学的突破性的观点。它是对传统辞书学原子观的突破,也是对传统训诂学诠释语段词、随文生义的突破。它是在整体观指导下阐释语言系统中的义位及其语境意义,是纵向聚合和横向组合新思想的兼容,为辞书开辟了新天地,展现了新面貌。

(1) 组合的整体观,反映的重要方式是在释语中使用夹注概括组合对象。这是新时代辞书的特征之一。如:

【霏霏】〈书〉(雨、雪)纷飞;(烟、云等)很盛……(《现汉》)

"霏霏"最早见于《诗·小雅·采薇》:"今我来思,雨雪霏霏。"毛传:"霏霏,甚也。"《广雅·释训》:"雪也。"毛传和《广雅》属于原子观,而《广雅》又有偏误。到了王念孙《广雅疏证》才萌发了整体观:"雪盛貌也。"但是对组合概括还不够。《现汉》则进一步概括为"雨、雪、烟、云等"。《汉大》先概括为"雨雪盛貌",然后说"泛指浓密盛多",并用多个书证提示可组合者:云、木屑、杀气、古树等。当然,《汉大》还有许多条目的释义走了回头路,沿用了传统训诂学的旧模式:"勃勃,①兴盛貌"。实际上,并不是泛指兴盛貌,而是指精神、欲望等。又如:

【豁免】免除(捐税、劳役等)。(《现汉》)

试印本至第二版夹注为"捐税或劳役",概括的组合范围过窄。因为《维也纳外交关系公约》规定,豁免的内容有:刑事管辖、民事管辖、行政管辖、关税和其他直接捐税、作证等。第三版把原夹注中的"或"改为顿号,"劳役"后加个"等",这是符合实际的。

(2) 组合的整体观,反映的常见方式是用例语或书证提示组合对象。如:

【白净】白而洁净:皮肤~。(《现汉》)
【英俊】容貌俊秀又有精神:~少年。(《现汉》)

"白净"条,试印本至第二版是"(皮肤)白而洁净",第三版去掉夹注,并将夹注的"皮肤"改为组合例语,这是符合语言实际的。因为"白净"既常形容"皮肤",又不限于"皮肤",老舍《骆驼祥子》里就用来形容"大白石桥"。"英俊"条,试印本至第二版只有释语,没有例语,第三版加上"～少年"例语,十分重要。但是,还不够,应该再补两个例语:～小伙子,～青年。借以提示"英俊"多用于青少年男子。

弗斯的名言是"观其伴知其义"。也可以反其言而用之:知其义,观其伴。但是,伴毕竟是伴,不能反伴为主。否则,就会重蹈传统训诂学随文生义的旧规,就会又染乌沙阔夫词典等的老病:一些俄语详解词典时常诠释语段词。

7.1.2.5 辞书元语言整体观

辞书中解释词条的语言,是元语言之一。这种元语言的整体观包括元语言的整体简化,即只使用民族共同语的有限的常用词。《朗文当代英语词典》用 2000 个常用词解释 56000 个词条,威斯特和因迪科特的教学词典(第 4 版)用 1490 个词解释 24000 个词条,法国古根海姆两卷本词典元语言包括 1374 个"成分词汇"和 55 个下定义词。(阿普列祥,1967:11)"下定义词"大约指的就是属词。辞书应该设计"属词框架",就是给下定义用的上位词或上坐标词定量。我们《现汉》的元语言还没有从整体上予以控制。如解释"正、恰恰、可巧、正巧、赶巧、刚巧、碰巧、偏巧、恰巧、凑巧、正好、刚好、恰好、可好"14 个词,从被释词任取 8 个词作为同义词对释,即其元语言用了 8 个同义词,应该简化为 1 个。

《现汉》元语言的字、词、句,注意了总体统一规范。例如:

【辈出】(人才)一批一批地连续出现。

《现汉》前几版"辈出"条夹注用的是"人材",修订本改为"人才",因为"人才"是正体、主条。

【房子】有墙、顶、门、窗,供人居住或做其他用途的建筑物。

《汉大》这条释义照抄《现汉》,其中只是把"做"改成"作",这一改动是不合适的。因为"做"有"用做"义,而"作"无此义。当然《现汉》(1～3 版)也有些疏漏:

【一孔之见】……(多用做谦词)

【厕身】……(多用做谦词)

"谦词"、"婉词",按通例应改为"谦辞""婉辞"。《现汉》中"谦辞""婉辞"是正体,是主条。

【纱帽】古代文官戴的一种帽子,后用做官职的代称。

【乌纱帽】纱帽。比喻官职……

《现汉》第四版及其之前各版释前一条为"代称",释后一条为"比喻",自乱体例。"代称"是对的,"比喻"是错的。类似的还有"桑梓"的"比喻故乡"应为"借指故乡"。"半"的"比喻很少","百"、"千"的"比喻很多","万"的"形容很多",释语中的"比喻"不如"形容","形容"不如陈望道(1979:88)的"借指"("以定数代不定数"),也不如宽泛地释为"表示"。

《现汉》的"下台、雅观、识羞、压根儿、声息",前三个词夹注"多用于否定式",后两个词夹注"多用于否定句"、"多用于否定"。应统一为"多用于否定式"。

不独是我们,就连维特根斯坦这样大的哲学家也是"通过几乎貌似琐碎的细节所考察的恰恰是高度形式化的规范问题"。(徐友渔等,1996:289)规范,就是在形形色色的表达层面,在语言历史演变至今的现状中,为语言共同体寻求共同信守的、守恒的用法规则。

第二节 兼容原则

7.2.1 释义的新趋势

古代辞书,在不自觉的状态下兼容语文性和百科性。

现代辞书,在自觉状态下提出词项的两类意义,即二值划分。俄国语言学家波铁布尼亚(1888:19)区分出远义(дальнейшее значение,即科学意义),近义(ближайшее значение,即语言意义)。谢尔巴把意义区分为"百科词典"的和"普通词典"的。美国生成语义学家卡茨(1963)也把词义划分为"百科"的和"词典"的,并认为百科义不属于语义学范畴。俄罗斯的阿普列祥(1974)又区分出"科学概念"和"朴素概念"(又称"常识概念、生活概念、形式概念",即普通词义)。利奇(1987:288)又区分出科学的(或专门的)定义和日常意义。这些二值划分,在理论上提供传统辞书释义的两种操作:语文辞书解释物的符号意义,即词义;百科辞书解释符号所指物,即百科义。

"意义描写的语义层面和百科层面之间的区分,并不像结构主义所认为的那样清晰。""因语言而异的百科知识模式影响到人们的认知程度,不能简单地只考虑语言结构来创建意义系统。"菲尔默(1975、1987)、雷科夫(1987)、莱勒(1992)等许多学者"在对结构主义语义学及其影响的讨论中,已经基于各种理由,对于是否可以保持语义知识和百科知识之间的严格区别提出质疑。"(Dirk Geeraerts,2013:110、255)现在世界新的趋势:提倡兼容性,语文辞书主要解释词义,即给出词的显著的语义特征,兼容百科内容;百科辞书主要概述物的特征,兼容语文内容。这里只讨论语文性兼容百科性。

解释词义,主要是给出义项的三个语义特征。

7.2.2 指物的语义特征

语言中有近二分之一的词是指客体事物的,如天体、山河、动物、植物、房屋、桥梁、家具、衣物、书籍、文具、图画等等。对这些词物只选取最显著的(不是所有的)区别特征:主要的形态、种类和功用,特别注意词的用法。可能没有什么百科性,也可能兼容点百科性。例如:

【筷子】中餐用具,一双细长的棍儿、用竹木、金属等制成,用来夹饭菜等:用~|使~|请您先动~(指开始吃饭菜)|把~长点伸(指请吃放得较远的菜)|一~也没动(指一口没吃)。口语中也说"筷儿"。

【松树】有许多种,一般为常绿乔木、很少为灌木,树皮多为鳞片状,叶子针形,花单性,结球果,卵圆形或圆锥形,有木质的鳞片,木材和树脂都可利用。如马尾松、油松等。(《现汉》)

一种树,叶子细长像针的样,冬天叶子也不落下,生长在寒冷地区。(《商务馆学汉语词典》)

在一些语境中也单说"松":常说"苍劲~|坚定~|参天~|挺直~|雄

伟～|粗壮～"。泰山顶上一棵松（喻指坚定、坚贞）|祝寿图上画的是鹤、松（喻指长寿）。

"筷子"在一般语文词典描写的指物特征是：工用、质料。没有给出百科特征：中餐用具。更没有给出语境中的典型用例。

"松树"的前一个释文给出8个百科特征，这是语文性词典向百科性靠拢过渡，兼容百科性过渡。"松树"的后一个释文选取显著的区别语义特征3个，较适当。可惜，作为语文词典的释文都缺失常见搭配和语境中典型用例，应该补上。切记两个要点：(1)词义不是指事物本身，而是指称事物的概念。（洪堡特：1829)，词义和所指物是不同的。（弗雷格：1892)(2)词义/义项是靠组合实现的。（辛克莱：2004)"意义是一种超越词语层面的认知现象"。（Dirk Geeraerts,2013:205)

还有一类义项，不是所指物本身的特征，而是物的伴随现象，即物象。最常见的物象颜色，人眼能分辨出的颜色有1400多种。其中人们最关注的有"三元色"——红、绿、蓝,日光光谱的七种颜色——红、橙、黄、绿、蓝、靛、紫,六种原色——白、黑、黄、红、蓝、绿(前两种叫"非彩色",后四种叫"彩色"。斯堪的纳维亚颜色研究所1981)。现将"红"的语文辞书的释义摘要如下：

【红】像鲜血的颜色。(《现汉》2012)

近于血色，处于放射的可见光谱末尾，是从血色到桃红、深橘色渐变的颜色。(《简明牛津》1990)

血或火的颜色。(《朗文当代英语词典》1995)

血的颜色。(奥热果夫《俄语词典》1963)

四种释义的共性，都是用"血"做比况,采取直感的办法。个性释义是《简明牛津》：①给出"红"在光谱中的位置；②给出"红"的模糊域。即给出两个百科特征，这是语文性兼容百科性的实例。

7.2.3 表意的语义特征

有一大批义项，所指不是物的特征，也不是范畴（概念）特征，而是表意特征,即语言使用者表示语言的一些意义(指物、指概念以外的意义)。这些意义主要指:(1)某些抽象词的意义,如"天意、神魂、心意、想、相同、包括、幸福、崇高"等等;(2)虚构词的意义,如"宝葫芦、摇钱树、金山、飞毯、美人鱼"等等;(3)介词、连词、叹词等虚词意义,如"把、从、被、和、而且、如果、啊、呀、哎"等等;(4)表示情感、态度、感觉的词义,如"爱、仇视、赞美、废物、宝刀、惋惜、厌恶、轻蔑、讽刺、骄傲、谦虚、尊敬、褒义、贬义"等等。请看《现汉》对这些词义的释义特点:

【天意】上天的意旨。

【想】开动脑筋;思索。

【幸福】(生活、环境)称心如意。

【摇钱树】神话中的一种宝树,一摇晃就有许多钱落下来……

【把】介 a)宾语是后面动词的受事者,整个格式大多有处置的意思。

【爱】对人或事物有很深的感情。

【废物】比喻没有用的人(骂人的话)。

【尊容】指人的相貌(多含讽刺意)。

这些义项的特征不是物的特征(物象、物性),也不是概念的本质特征或属性,主要是表意。其"意"指普通词语的内容,是语言使用者了解的、掌握的、运用的普通意义,主要是人们普通的认知结果,如对自然界的想法,人的思想感情态度、语言关系的表达等。对这些义项,一般不直接界定,常用联想、联系的方式表述。

7.2.4 范畴的语义特征

有一大批词的所指不是物,也不是普通意义,而是非物质的概念、范畴或观念。主要类别有:客体的性质、特征、关系,主体认知的高级成果,包括全部抽象术语、准术语,以及其他一些抽象词语。这些词在印欧语里不表示"数"范畴,前面不用"不定冠词"。在汉语里它们的量词一般限于"种、类、点儿、些"。例如:

规律、真理、范畴、概念、观念、道德、品行、品德、性质、精神、意志、愿望、理想、气质、情操、勇气、青春、价值、意义、灵魂等等；

判断、推理、推导、想象、从属、相同、相反、相关等等；

仁慈、高贵、高尚、善良、忠厚、自豪等等。

我们看看《现汉》对其中的一些词是怎么释义的。例如：

【规律】事物之间的内在的本质联系。这种联系不断重复出现，在一定条件下经常起作用，并且决定着事物必然向着某种趋向发展。

【道德】社会意识形态之一，是人们共同生活及行为准则和规范。道德通过人们的自律或通过一定的舆论对社会生活起制约作用。

【灵魂】迷信的人认为附在人的躯体上作为主宰的一种非物质的东西，灵魂离开躯体后人即死亡。

【推导】根据已知的公理、定义、定理、定律等，经过演算或逻辑推理而得出新的结论。

【自豪】因为自己或者与自己有关的集体或个人具有优良品质或取得伟大成就而感到光荣。

海德格尔在《诗歌中的语言》一文中认为，"自柏拉图学说产生以来，灵魂就被归于超感性的领域内。"其实，不只是"灵魂"，上列抽象词都是超感性的。因此，对它们的释义，都必须运用理性，从它们的全部或若干属性中舍弃次要属性，选取主要属性，而又不是纯百科性的，这就是范畴的语义特征。例如"规律"的"本质联系"选取三个特征：重复出现，经常起作用，决定事物的发展方向。而哲学上的"规律"至少有 10 个属性：起源、发展、稳定、客观、指导性、认知不断深化、人的能动性、绝对与相对、普通与特殊、种类及多样性，等等。

第三节　等值原则

7.3.1　等值

语言学和翻译学上的等值，包括内容较多。严格意义上，两个或多个词、语或句子之间没有完全、绝对等值的,只是部分、相对等值。因此,谢尔巴把双语词典叫"语差词典"。这里只是从释义角度,主要关注被释词和释语的基本意义的等值,其次是义域的等值、附属义的等值、语法意义的等值、语用的等值。

请看《现汉》的释义:

    A.【打的】〈口〉打车。

    B.【打工】做工(多指临时性的)。

    C.【打官司】诉讼的俗称。

    D.【打劫】抢夺(财物)。

    E.【打鸣】(公鸡)叫。

    F.【打屁股】比喻严厉批评(多含诙谐意)。

    G.【打消】消除(用于抽象事物)。

    H.【治疗】用药物、手术等消除疾病。

    I.【家父】谦称,对人称自己的父亲。

    J.【蜷曲】动 弯曲。

    K.【弯曲】形 不直。

A、C、F 释语中的"口"、"俗称"、"多含诙谐意"是附属义,这些附属义跟基本意义合起来,释语和被释词才在语义上形成等值。

B、D、E、G 的"多指临时性的"、"财物"、"公鸡"、"用于抽象事物"是义域,它们限定了义项的意义范围和使用范围,它们跟基本意义合起来,释语和被释词才在语义以及语用上形成等值。

J 的被释词和释语的词性即语法意义不等值。A—I、K 的词性是等值的。

H 的释语,不是用同义词,而是用两个短语表示两个语义特征:"用……等"是行动元之一——手段,"消除疾病"是行动元之二——义核,两个行动元之和等值于被释词。

I 的释语"谦称"一为动词,一为名词,"称"一为当面称呼,一为不当面称述。释语,都指称的后一意义,应该明确所指。否则释语跟被释词不等值。

等值原则,在学习词典里有放弃的趋势,尤其是《柯林斯合作学习词典》,它们关注典型自然语句中的最易识别的语义区别特征。

7.3.2 替换

替换是释义中常被考虑的原则之一。但是它比等值狭窄、受限制,它是等值的一种——语用等值,而且被释词和解释词常是有共性的同义词、近义词。例如《现汉》"打"的动词义项有 24 个:第 1、2、4、19、22、23、24 共 7 个义项是用短语释义,等值而不能替换;其余 17 义项是用同义词、近义词释义,等值而不能任意替换,只能有条件地、受限制地替换。其中第 17 义项释为"买",其替换条件是只有受事是"油、酒、醋、奶、饭、菜、票、酱油、蜂蜜"等,才能说"买/打"。这是用"买"这个泛称词(有人叫总义词、万义词,它的受事不计其数)解释"打"的一个特称义(有人叫分义、专义)。

Ullmann(1951)、Д. А. Булаховский(1954)、A. N. Chomcky 等都认为,同义词一般是可替换的。而索绪尔则认为同义词"只是由于它们的对立才各有自己的价值"。Ю. Д. Апресян(1959)特别强调,替换"这个标准没有普遍性,因为所有同义词在语义或表情—修辞上都是有区别的。"因此,用同义词释义的方式,在语文词典特别是学习词典中出现减少趋势。《钱伯斯 20 世纪词典》还用了很多,旧版《小罗尔》还占 15.02%,《现代法语词典》占 3.7%,《高级牛津学习词典》占 3.1%,《柯林斯合作学习词典》则完全取消了。

第四节 元语言规则[*]

7.4.1 元语言的趋势

metalanguage,辜正坤先生(1999)认为应该译为"解释语言"或"工具语言"。这是合乎理据的。但是,哲学界、语言学界、数理逻辑学界、信息处理科

---

[*] 本节为姜岚、张志毅合作。原文名为《语文辞书元语言的规则》,发表于《辞书研究》2004 年第 5 期。收入本书时增改多处。

学界等通常都译为"元语言"。

元语言有广狭二义：广义的指一切具有解释性的语言或工具性的语言。狭义的指描写、记录目标语言（object language）或自然语言的语义特征的人工创造的、抽象的、高层次的形式语言、符号语言、纯理语言或语义标示语，它是对已知或现存符号系统阐释的符号系统。在语言学中应用的，称为语言学元语言（linguistic metalanguage）。它是以 L. Hjelmslev 的研究为先导的。到 1956 年乔姆斯基首先提倡用形式语言研究自然语言。五年后 J. J. Katz 等人便设计出了形式语言的雏形。

本文用的是广义的元语言。其中的一种便是辞书用来解释条目的语言。"所有描写都具有元语言性质"。（格雷马斯，1999：144）元语言"就是一种用来描写语言的语言"。"现在哲学语义学家已普遍承认自然语言有其元语言：这种语言不止可用来描写其他语言（以及一般意义上的语言），而且可用来描写其自身。一种语言可描写其自身的特性叫自反性（reflexivity）。"（莱昂斯，1995：7）

几部有名的语文辞书的元语言现状是：自觉控制，数量趋简。《朗文当代英汉双解词典》（1988，朗文出版集团）收词 55000 条，其释语及例句中的工具性词条总数限于 2182 个常用词。

《朗文当代英语词典》（2005）收词 56000 条，其工具性词条只有近 2000 个常用词。

威斯特和因迪科特的《英语教学词典》（第 4 版），收词 24000 条，其中工具性词条只有常用词 1490 个。

法国古根海姆词典（两卷本），其工具性词条只包括常用词 1374 个，称为"成分词汇"。而用于下定义的词只有 55 个。（Апресян, Ю. Д. 1967：11）

罗斯·吉琏（Ross Quillian）为语义描写而设计的元素的总数是 100 多个，Margaret Masterman（马斯特曼）设计国际语（interlinguage）时把语义分类元素定为 100 个。这两个数字的设计者过分求简，带有很大的设想性，并非从实际中提取的。（格雷马斯，1999：93）

莫斯科语义学派阿普列祥（Апресян, Ю. Д.）等的《最新俄语同义词解释词典》（2004 第 4 版）用了 1148 个基元词。

以上只是简单介绍了辞书元语言的工具性成分的数字。更重要的是辞书元语言的多种规则。

7.4.2 元语言的使用规则

7.4.2.1 同质规则

一个学科或一个专题的研究对象及手段都应该具有同质性,这是首要(不是唯一)原则。所谓"同质",是指具有共同性质或共同特征,都是属于整体结构系统中的。异质则不属于同一系统。

辞书的元语言,按性质划分,有古代性质和现代性质之别,百科性质和语文性质之别,外语性质和本族性质之别,共同语性质和方言性质之别。《现代汉语词典》的元语言是现代的、语文的、本族语的、共同语的。一部辞书的文本描写部分从头至尾都应该处在同质的语义层中,必须保持内在的质的一致性。释语应该是同质义位的组合。组合结构和聚合结构是同质成分的相互映射。我们必须从同质视角认识、衡量一部辞书右侧元语言的系统同质性。

在以今释古,以普释方的情况下,左右侧必然异质,不可强求时空陪义的同质,而要保持基义的同质。古义位和今元语言在陪义和基义上不能反差太大,较宜求得协调性。例如"尚书"不能释为"部长","皇后"不能释为"皇帝的爱人"。又如对"大方"的一个古代义位的释义,其元语言不能过于现代化。请比较:

  A. 指专家学者;内行人。(《现汉》)
  B. 谓识见广博或有专长的人。(《汉语大词典》)
  C. 后称博学或精于一技一艺的人……(《辞海》)

A 比 B、C 有点"现代化"。

7.4.2.2 科学规则

首先得区别开科学学科的元语言和非科学学科的、普通的元语言。前者,是术语及其符号。后者,是自然语言中的民族共同语,如《现汉》的元语言。

以自然语言为形式的元语言,其科学性受制于一个个初始定义。这些起基础作用的"词典定义"是这种元语言科学性的先决条件。这些工具性词条及其释义就是元语言的元语言。这些词条,大多数属于基本词汇范畴。因此对这些元语言基本成分的初始定义,必须力争达到准确的科学义值。如对"颜色"一词的释义:

《现代汉语词典》(2012版):由物体发射、反射或透过的光波通过视觉所产生的印象:～鲜艳|彩虹有七种～。

《简明牛津词典》(1990版):colour "the sensation produced on the eye by rays of light when resolved as by a prism, selective reflection, etc., into different wavelengths."(不同波长的光线进入棱镜被分解反射时在眼里引起的感觉。)

在这样的科学释义的基础上,用"颜色"去解释"色、色彩(以上为同义对释)、红、红色、绿、黄、粉红、火红等等(以上为"个性语义特征+颜色")"。"颜色"这个元语言的基础成分在《现汉》里被数百次地当作科学基石。

《汉语大词典》有些地方则不恪遵这种科学规则。它说"颜色"是"色彩",而"色彩"是"物体表面的颜色","红"是"颜色的名称……泛指各种红色"。当然《现汉》也偶尔径用工具性词条,而对它不加界定,如"基本"、"基本上"都释为"大体上",而"大体上"连作为词条都未收入,这是违背元语言的严控(regiment)要求的,在这个要求下,就连对日常词汇"语言"(language)、"句子"(sentence)、"词"(word)、"意义"(meaning)、"含意"(sense)等都必须进行限制或改变其用法,定义或重新定义。这跟物理学把"力"或"能"重新定义一样。Lyons(1995:§1·2)

7.4.2.3 等值规则

等值规则要求,被释的词位或义位跟元语言的义素群在语义、语法、语用等层面是等值的。

语义等值包括义值、义域、基义、陪义等语义要素相等。语法等值包括语法范畴义(如词性)、语法结构义、语法功能义等语法意义要素的等值。语用等值包括组合意义、语境意义等动态意义的等值。

这些等值内容又分显性的和隐性的,我们已经在《中国语文》1999年第4期讨论过,不再赘述。这里要强调的是恪守等值规则的一个要领。

淡化对符号所指实体或客体的描述,强化符号在语义世界中环境义素总价值的认识和语义特征的提取。

所谓"淡化"就是在语文辞书中尽量少给出物的属性因子。如对汉语的"水"、英语water、俄语вода三个符号的所指物,《现汉》给出7个因子,《简明牛津词典》给出3个因子,《俄语词典》(奥热果夫,1963)给出两个因子。对汉语的"太阳"、英语的sun、俄语的солнце三个符号所指物,《现汉》给出11个因子,《牛津》和《俄语词典》各给出2个因子。

所谓"强化"是指对符号在语义世界中的语义特征应该提取足够的量。《现汉》对"金子"一词只给出一个义项:所指物——黄金。《牛津》的gold,除给出黄金这一义项之外,还提取名词性的6个语义特征群(义项):①金色;②金币,金制品,巨大金额的钱;③珍贵的、美好的或光辉的事情;④金质奖章;⑤金子的表面涂层,金子颜料,镀金材料;⑥靶心。还提取形容词性的2个语义特征群(义项):①全部或主要用金子做的;②像金子颜色的。

《俄语词典》的золото除了"黄金"义项外,还提取了3个语义特征群(义项):①硬币,金制品;②镀金丝线;③对……有巨大价值的,宝贵的。

是不是现代汉语的"金子"只有黄金一个义项呢?不是。而是因为编者淡化了符号的语义特征,强化了符号所指物。在现代汉语里"金子"一词至少还应该有下列4个语义特征群(义项):①钱,大价钱;②珍贵,宝贵;③金色,金黄色;④纯正,纯真的。这些义项在数亿字的语料库里都有数十乃至成百个用例,仅依次各举一例如下:

① 我这盒烟卷值金子。(老舍《柳屯的》)

② 为什么要为一个素昧平生的人耗费金子一样的年华?(毕淑敏《预约死亡》)

③ 斜阳中的少数黄叶金子似的。(老舍《沈二哥加了薪水》)

④ 凡是吃过苦、喝过碱水的人都是咱们国家的宝贝,都有一颗金子般的心。(张贤亮《肖布尔拉克》)

7.4.2.4 整体规则

早期的机器翻译研究,走以词译词的路子,是走了一条死胡同。后来改弦易辙,以句子、句段翻译句子、句段,而且是以语义世界为背景。于是路子越走越宽。它给辞书运用元语言的启示是,不能管中窥词,而必须用广角镜观察语义世界整体中的词。因为任何一个信息元都是整体信息网中的一元。

词的释义元语言,必须以该词所在的语言整体为大背景。跟大整体不相合者,必须不断地及时地改正。如:

【榜样】值得学习的好人或好事。(《现汉》1983年版及以前各版)

作为仿效的人或事例(多指好的)。(《现汉》2002年版)

【浏览】大略地看(书刊)。(《现汉》1973年版)

大略地看。(《现汉》1978年版及以后各版)

词的释义元语言,必须以该词所在的语义场整体为小背景。应该同场同模式,就是同一语义场的若干个词的释语模式应该相同。有些辞书有时不遵守这一规则。如《汉语大词典》对"现在、过去、未来、将来"的释义:

【现在】眼前一刹那。与过去、未来相区别。后泛指此时、目前。

【过去】现在以前的时期。

【未来】将来。

【将来】未来。

该场的元语言模式,应该以"现在"为初始词条,"过去"既然释为"现在以前的时期",那么"将来"就应释为"现在以后的时期","未来"只以"将来"对释即可。《现汉》用的大体就是这个模式。

7.4.2.5 组合规则

辞书对义位的描写,是元语言活动。这个活动必须遵循元语言衔接规则。其中包括衔接的逻辑规则、语义规则、语法规则、语用规则。在元语言中有若干义位共享一个语境,从这个视角来认识,又有一个兼容规则隐含其中,若干义位可以组合,就是一个语境可以兼容各义位。

逻辑规则,要求组合具有同现实的同构性,客体世界和逻辑的可能性,可接受性(acceptability)。一般不能违背逻辑的判断、推理规则。但容许合乎语用习惯的非逻辑表达式的存在。如:

【除外】……:图书馆天天开放,星期一～。(《现汉》)

这种非逻辑表达式,在汉语修辞里叫"舛互"或"特选"。其作用是在"全、特"、"总、分"矛盾中强调一方或双方。这是从古至今屡见不鲜的语言现象。古代有杜甫《石壕吏》的"室中更无人,唯有乳下孙。"现代有杨朔《三千里江山》的"你这个人什么都好,就是嘴快。"著名哲学家 E. Husserl 和 R. Carnap 都肯定了语言中的非逻辑现象。

语义规则,包括选择规则和序列规则。其中主要是语义的协调性。这里又有许多细则。例如同素规则、语体同一规则,分别要求选择到一个组合中的各义位的语义特征或语体陪义应该具有共性。请看实例:

【天空】日月星辰罗列的广大的空间。(《现汉》)

【不毛之地】不长庄稼的地方……(《现汉》)

前一个例子的"日月星辰""罗列""广大""空间"都具有共同的义素"空间",它是把各义位组合在一起的中心链条。后一个例子的"不毛之地"是自然语言的组合体,"不长庄稼的地方"是辞书元语言的组合体,两个组合体都分别遵守语体同一规则:文言义位和文言义位组合,口语义位和口语义位组合。

序列规则,包括时间序列、空间序列、地位序列等等。各举一例:

【查处】查明情况,进行处理。(《现汉》)

【头重脚轻】上面重,下面轻。(《现汉》)

【官兵】军官和士兵。(《现汉》)

7.4.2.6 简化规则

简化规则,主要从三个方面贯彻。

第一,尽量控制元语言词语总数,并简化到最低数量。以 1500 个词左右为宜。一个基义相同的同义词场的若干词,宜用一个工具词条,不应用两三个。

第二,一个词条的元语言尽量简化。元语言的作用是解码,但是不可能,也不要求把释词的所有信息码一一列出,只是应该选择表示主要语义特征的信息码,即突出区别特征,悬置次要的语义特征。如"人",从外部到内部,从柏拉图到现代哲人,给出人的特征至少有 10 多个。作为百科性辞书《辞海》(1999),从其中选择了 6 个特征。作为大型历史语文性工具书《汉语大词典》,从其中选择了 3 个特征:劳动、语言、思维。作为中型的断代的语文性辞书《现汉》,从中选择了 1 个特征:能制造工具并使用工具进行劳动的高等动物。这就是突现了最主要的区别性特征。对"水"的释义,《现汉》从试用本(1973)到 2002 年本减少了三个语义特征。

第三,尽量减少一个词条后的元语言的冗余成分。元语言所容许的冗余成分是有限的。元语言必须尽可能实现经济原则,以最少的词语,最简明地表述较多较密集的释义信息。也就是把元语言简化为最小量的义素群。如《现汉》把"过门"释为"女子出嫁到男家"。应该简化为"出嫁"。

7.4.2.7 明言规则

简化规则要求元语言尽量简化,而明言规则却要求元语言适量丰化。

一个事物的特征常常是很多的,或者说它有"无穷的细节"。(吕叔湘,1980:63)命名时常舍弃一些特征,语义学上叫命名空位义素。这些义素又有主次之分。释义时一个任务就是要把舍弃的、空位的、隐性的主要语义特征变为显性的语义特征。格雷马斯把这个叫作"明言模型"。

谈到舍弃一些特征时,吕叔湘先生(1980:63)以"苹果、布鞋、谢幕"为例。"谢幕"选取了两个特征命名,《现汉》在释义时又补上了五六个语义特征:"演出闭幕后观众鼓掌时,演员站在台前向观众敬礼,答谢观众的盛意。"

按照"简化原则",似乎应将上引释文简化为"(演出)闭幕后(演员)答谢(观众的盛意)"。但是这样的释文有点残缺不全。宁全不残,只好求助于"明言规则"。

7.4.2.8 单义规则

单义规则,就是无歧义规则。元语言成分必须以术语为榜样,尽量单义化,尽量选择单义词,尽量少用多义词,不用有歧义的结构。这样的元语言,表面上是属于自然语言的,实际上则很像代数符号的元语言。下列释语不太符合单义规则:

【红】像鲜血或石榴花的颜色。(《现汉》)

【贵】⑤敬辞,称与对方有关的事物:~姓|~国|高抬~手。(《现汉》)

【家父】对人称其父。(《汉语词典》)敬辞,对人称自己的父亲。(《现汉》)

《现汉》在"石榴"条下说"花红色、白色或黄色"。显然以石榴花释"红"是有歧义的。"贵"、"家父"条下所用的"称"是有歧义的,是面称,还是背称(引称)。容易产生误解、误用。不如把"称"改为"称述"。

7.4.2.9 规范规则

语文性辞书是语言规范的榜样。因此,语文性辞书的元语言必须在词语、体例、语音、语义、语法、语用各方面都起到规范的示范作用。

《现汉》从试用本到各修订本,释"新闻"条时原用"报导",后改为"报道"。这是用的标准词、常用词。"报道"和"报导"的使用频率为10000:0.5。

《现汉》(2002年版)还有些元语言用词有待规范。如:

【并联】①并排地相联接。②几个电器或元器件,一个个并排的联接……这种联接方法叫并联。

这里的 3 个"联接"都应改成"连接"。因为《现汉》把"连接"定为标准词形,"联接"定为非标准的异形词。

【锋镝】〈书〉刀刃和箭头,泛指兵器,也比喻战争。

这里的"比喻"应改为"借指"。

【登场】(剧中人)出现在舞台上。
【出场】演员登台(表演)。

这两个条目的元语言应该统一体例:(扮演者)走上舞台(表演)。

【小号】②商人谦称自己的铺子。
【小女】谦称自己的女儿。

按大多数的体例,这两个词条的元语言应该分别改为:"谦辞,称述自己的店铺。""谦辞,称述自己的女儿。"

7.4.2.10 程序规则

程序Ⅰ。把整个语义世界切分出若干个或成千上万个语义微观世界,即最小或底层义场。拿这个背景做参数,去描写其中的一个义位的义值、义域、基义、陪义个性价值。否则便不会突现一个义位的个性价值。

程序Ⅱ。给被描写的一个个义位设置一个描写框架——义位分解的链条公式:

义位＝义值＋义域
义值＝基义＋陪义

程序Ⅲ。搜集一个语义底场中几个词位或义位的成百上千个典型用例,归纳并提取其语义特征。分别代入上列公式,并进行比较。确认共性义素,突现个性义素。例如:

		女儿	千金
义值	基义	女孩子（对父母而言）	女孩子
	陪义	中性	敬辞
义域		自己的、别人的	别人的

程序Ⅳ。从常量到变量。上列程序中所描写的是义位的核心义素，即语义特征的常量、常体或不变量。Lyons（1995：78）把它叫作指示意义（denotation）。Greimas（1999：60）把它记作 Ns（按，N＝noyau［核心］，s＝seme［义素］）。

义位语义特征不仅有常量，而且还有变量或变体，即边缘义素或语境义素。Lyons 把它叫作所指意义（reference）。Greimas 把它叫作定位义素，并记作 Cs（按，C＝contexte）。这样，一个义位的"整体意义"便等于 Ns＋Cs。

不过，哪些 Cs 要选进元语言？这是有标准的，标准就是常见的用法以及介于用法和义位之间的意味（оттенки значения）。例如：

【叫】人或动物的发音器官发出较大的声音……◇汽笛连声～。（《现汉》）

菱形符号前面是常量（即核心义素）。菱形符号后面是变量，即语境义素。

【拜见】谒见尊长。亦用为一般访晤中对被访者的敬辞。（《汉语大词典》）

【拜节】节日里向尊长或亲友祝贺。亦特指拜年。（同上）

《汉语大词典》常在一个义项内，先释义位的核心，即常量义素，再补释义位外围的常见的变量义素，即"意味"，常用"亦指""亦特指""亦泛指""亦用为"表示。这是义位"整体意义"中不可缺少的。

7.4.2.11 原型规则

传统的词典学实践，几乎完全是受亚里士多德学派的范畴定义古典理论影响的。新的语文辞书释义应该转向原型论（prototype theory）。这个理论是指人们在心理认知过程中往往是由一个典型的人或事物来认知一类人或事物以及由此形成的概念。在语义学上，原型就是词语义域的典型或中心成员。它的周围有次中心成员、边缘成员。由中心成员形成一个"辐射集"家族。被提取的中心成员的语义特征，便是这个家族的族征。族征构成了家族成员的相似性。从中心成员到边缘成员，族征渐次减少，形成梯度。有些边缘外的"近亲"或"外戚"，在学科分类上和语义划界上常不一致。如"鸡、鸭"等，动物学说它们是鸟类，可是汉语语义把它们排除在鸟类之外，如"鸟巢、鸟害、鸟笼、鸟瞰、鸟兽、鸟葬、鸟语花香、小鸟依人、笨鸟先飞"等词语中的"鸟"不包括鸡鸭。因此，《现汉》对"鸟"的释义元语言应该向语文性靠拢一点。

Lyons(1995：§3·4)认为，语义原型论应该特别注意运用到下列各类词：自然类的词语（狗、鱼、虎、柠檬），文化类词语（学士、茶杯、椅子），动词，形容词，颜色词等。

按照Chomsky的观点，语言能力之中包括词义，词义贮存在大脑的一个区域，而百科术语贮存在大脑的另一个区域。(Lyons,1995：§1·4)对词义的释义不能仅仅盯住指称义，即它和物的关系，还要特别注重关系义，即它和相关义位之间的关系。(Lyons,1995：§3·4)

7.4.2.12 大词库规则

这里说的"词库"是指储存词的语音、语义、语法、语用等各种信息的，以词为检索线索的语料库。

这里说的"大"，是强调语料库的规模巨大、特大。有几百万字、几千万字不行，必须有几亿字，十几亿字，几十亿字。仅仅是量特大、量特多也不行，质的标准还必须高。一是语料的同质性，包括共时（古或今）同质，系统同质（普、方、口、书）等；二是文体的多样性、典范性，库中必须包括文学、政治、法律、科技等语体语料。

这里所以把词库作为一个规则，是针对着有些语文辞书的编者在用元语言下断语时，只凭自己或有限群体的有限语感，不管大小词库一概不用，连现成的搭配词典都不看。这些巧妇能为无米之炊，能为少米之炊。

可是编语文辞书,主要靠的不是巧,不是"才学识",而是千万种足够的米。时代已经由"例不十,法不立",进入到"例不百,例不千,法不立"。在超巨型的词库面前,连有大量米粮做后盾的《现代汉语词典》《汉语大词典》等较成熟的辞书都要受到重新严肃的检验,其中一些挑战是带有颠覆性的,主要是在义域、陪义方面的一些说法。当然《汉大》的始见书证和晚近书证更要补上成千上万个。

特大型词库,代表了语言的整体,具有一定的完整性。而"在整个 19 世纪——现今也常常如此——完整性原则是所有人类研究的必不可少的条件。"(Greimas,1999:203~204)Hjelmslev 也把这一原则看作语言描写的必备条件。

7.4.3 结语

语文辞书越是现代化,越离不开理论。其理论主要是现代词汇学、现代语义学、现代词典学。本文所讨论的辞书元语言,尽量吸收了这些学科的理论成果,但是仍属挂一漏万。

第五节 理据原则[*]

7.5.1 理据及其选择

词的理据,在《词源词典》中必须给大多数词条注明,在语文性词典中只给 1/100 的词注明理据,其限度是帮助理解词义,否则不予以注明。因此,对词的理据,需要正确认识、识别、选择、采用。

7.5.1.1 什么叫词的理据?

词的理据(motivation),[①]是指用某个词称呼某事物的理由和根据,即某

---

[*] 本节为张志毅作。发表于《语言教学与研究》1990 年第 3 期和《辞书研究》1991 年第 4 期,收入本书时略作订补。

[①] 词的内部形式(inner form)是一个有争议的概念,它跟词的理据不完全相同,故本文暂不使用。

事物为什么获得这个名称的原因。它主要是研究词和事物命名特征之间的关系。如"星期一",日语叫月曜日,英语叫 Monday,德语叫 Montay,意大利语叫 lunedi,法语叫 ludi,西班牙语叫 lunes,都是"月亮的一天"。这是因为古代巴比伦人把日、月、火星、水星、木星、金星、土星依次跟星期日、星期一、二、三、四、五、六相配。所谓"星期",就是"日月星七曜的日期"。这种星期命名的理据,至今在许多语言里还全部或部分地保留着。

词有外部形式(outer form,指词的语音及其书写形式)和内部形式(inner form,指词的语法结构和语义结构)。洪堡特(1836)分别叫语言外部形式(äussere Sprachrorm)和语言内部形式(innere Sprachform)。词的理解,通常是寻求这两种形式跟事物的联系,有时是寻求词的内部的语义结构关系,即词素之间的语义联系,有时也是寻求转义的根据。外部形式,是属于表达这一平面(或层次)的。内部形式,是属于内容这一平面(或层次)的。这是欧美语言学传统观点。个别苏俄语言学家(如布达哥夫)说:"词的声音形式与其最初内容间的联系性质,有时也叫词的内容形式。"如果借用这个说法,那么词的理解便跟词的内部形式相当。而现在苏俄许多学者把词的内部形式常理解为词的内部词义结构。如《语言学问题》杂志副主编 Ю. С. 斯捷潘诺夫,语义学权威之一 Л. А. 诺维科夫,汉学权威之一 В. И. 郭列洛夫,在他们的新著中多次表达了这个观点。

词的理据,是当代语义学对应论的内容之一,是传统词源学内容(至少有 5 个方面)之一,也是造词法和名称学的内容之一。词的理据,在中国古代,常以声训(至少有 3 种作用)的形式来探寻。

7.5.1.2 词的理据研究的历史

1. 对词的理据,自古以来就有两种观点。一种观点认识名称和事物之间具有内在或自然联系,名称取决于事物的本质(physei),这种观点叫"本质论"。另一种观点认识,名称和事物之间没有内在或自然联系,名称取决于人们的协商、约定习惯或规定(thesei),这种观点叫"规定论"。

2. 自公元前 4 世纪以来,古希腊的赫拉克利特(Heraklitos,公元前 540~

前480)、苏格拉底(Sokrates,公元前 469～前 399)、克拉底洛(Kratylos,约与苏格拉底同时)、柏拉图(Platon,公元前 427～前 347)、伊壁鸠鲁(Epikouros,公元前 341～前 270)、斯多葛派(Stoikoi)学者克里西普斯(Chrysippos,公元前 280 至约前 207)都主张本质论。例如伊壁鸠鲁派学者鲁克里提乌斯(Carus Lucretius)在《论事物的本质》中说:"语言是在需要表示对象的称谓时由于本质的驱使而发出不同的声音的"。

古希腊的德谟克利特(Demokritos,公元前 460～前 370)、赫尔摩根(Hermogen,约与苏格拉底同时)、亚里士多德(Aristoteles,公元前 384～前 322)都主张规定论。例如赫尔摩根说:"我不能相信名称的正确性在于别的什么东西而不在于约定俗成。"

3. 本质论和规定论的争论,一直延续到近代,甚至在 20 年前美国的《语言学学报》还开展过争论。

在近代,19 世纪初叶,洪堡特(W. F. von Humboldt,1767～1835 年)提出了"内部形式问题",旨在探讨某种语言所特有的语法结构和语义结构这两种内部形式跟语音系统这一外部形式的关系,其中包括词的理据问题。

20 世纪初,索绪尔(F. de. Saussure,1857～1913 年)提出"语法型语言"和"词汇型语言"。前者,有理据的词占优势,如德语;后者,无理据的词占优势,如法语。他认为,语言符号具有任意性。

到 20 世纪 50 年代,布达哥夫则认为,"语言符号在它的初级形式(语音、部分词素)里,一般是无理据的,但在其高级表现形式(词)中,则是趋向于有理据的。"斯米尔尼茨基和加尔金纳(Е. М. Галкииа)也有大致相同的看法。

到 20 世纪 60 年代,乌尔曼认为,语言符号的任意性是绝对的,有理据性的是相对的,并着重论述了相对性。

4. 在研究词的理据的历史上,令世界瞩目的是,20 世纪 20 年代由英国两位学者身格登(C. K. Ogden)和理查兹(I. A. Richards)提出的语义三角(或词义三角,semantic triangle 或 triangle of Significance):

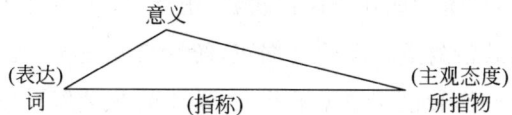

这个图式是属于传统语义学范畴的。现代语义学从哲学、心理学等方面对其提出批评,说形式跟对象之间没有必然的直接联系,于是有人和作者对图式加以改造:一是改变了三角的名目,二是把底线由实线改为虚线。如下图:

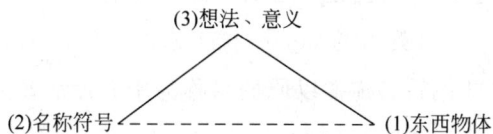

这是由古代的和传统的语义学直接"对应论"转变为现代语义学的"三元论"。这种三元论包含着高层次的哲学思想,是古今许多人文科学的基石。

5. 酷似这种三元论的思想,在中国早已产生并有相沿的历史。墨子(公元前478～前392,约与苏格拉底同时)提出的"实""举""言",相当于语义三角的(1)(3)(2)角:

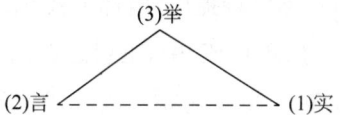

后来,庄子(公元前369～前286,晚于柏拉图)在《秋水》里提出"物"、"意"、"言",《易经·系辞上》也提出了"物"、"意"、"言"。到了魏晋南北朝,陆机(261～303)在《文赋》里又提出"物"、"意"、"文",刘勰(?～约520)在《文心雕龙·镕裁》里再次提出"事"、"情"、"辞",即刘勰所说的"三准"。

6. 在中国古代,除了探讨"实、意、名"的三元论之外,还有古希腊式的只探讨"实、名"的二元论。老子(约春秋末人,早于苏格拉底)、墨子、杨朱(约公元前395～前335,晚于柏拉图)、公孙龙(约公元前325～前250,晚于伊壁鸠鲁)、荀子(公元前313～前238,晚于伊壁鸠鲁)都主张规定论。例如墨子说:名是"通约"的,"无固是(实)"。荀子说:"名无固宜,约之以命,约定俗成谓之宜,异于约则谓之不宜。名无固实,约之以命实,约定俗成谓之实名。"中国声训派学者倾向于本质论。如孔子说:"政者,正也。"在孔子看来,政治之政所以取音为"正",因为政治的重要属性是端正,统治者端正了,民众自然被感化为端正。孟子说:"校者,教也。"在孟子看来,学校的"校"所以取音为"校",因为校的本质是教导学生。班固说:"葬之为言下藏之也。"在班固看来,埋葬的葬所以取音为"葬",因为葬应该就是把尸体下藏于地。以声训探词源,在《说文》中用得较为谨慎,而在《释名》中则肆意滥用。

"本质论",就其实质来说,是唯心的。因为原始名称跟事物的本质没有任何联系。如汉语的"马",英语的 horse,拉丁语的 calculus(石头)完全是任意的、约定的。但是,非原始名称常以原始名称为中介命名。如汉语的"马力",英语的 horse power,法语的 calcue(计算,名词)、culcur(计算着,动词)通过中介词"马"、"力"、horse、power、calculus 的声音探求上例非原始名称的由来,这便步入了科学词源学的天地。声训之中也不乏此例。《诗经·小雅·巧言》传:"盗,逃也。"奴隶制时代,逃亡的奴隶称盗。《释名·释天》:"日月亏曰食。稍稍侵亏如虫食草木叶也。"日月食,后写作日月"蚀",现在又写作日月"食"。

7. 中国在 18 世纪末叶,翟灏著《通俗编》,收集、整理并发现了很多词语的理据。19 世纪初叶,即在洪堡特提出"内部形式"前后,段玉裁在他的《说文解字注》中,王念孙在他的《广雅疏证》中,王引之在他的《经义述闻》中,都有许多关于词的理据的精彩论断。20 世纪初叶以后,刘师培的《物名溯源》、《物名溯源续补》、《"尔雅"虫名今释》,章太炎的《文始叙例》,梁启超的《国文语源解》,周了因的《八卦为原始语根符号考》,杨树达的《字义同缘于语源同例证》等等,王云五的《新名词溯源》,张维思的《语源蠡测》,俞敏的《古汉语里的俚俗语源》、《释"蚯蚓"名义兼辨"朐""忍"二字形声》,都在词的理据研究的材料或方法上做出了新的贡献。

20 世纪近三十几年,值得注意的是孙常叙老师的《汉语词汇》的"造词法"一篇中谈论了词的理据问题。最近张永言先生写了一篇《关于词的"内部形式"》。外国的词汇学、语义学、词源学以及一些语言理论、语言学史著作大都设专门章节讨论词的理据。

7.5.1.3 词的理据研究的意义

为什么词的理据在国内外一直得到重视,因为它既有实践意义,又有理论意义。

1. 它的实践意义之一,从命名的理由和根据角度,帮助人们理解词义,理解词形和词义的联系。19 世纪 80 年代波铁布尼亚认为,理据是构成词的三要素之一(另外两个要素是语音组合和意义)。请看《现代汉语词典》的释义。

【白干儿】白酒。因无色、含水分少而得名。
【步武】指不远的距离(古时以六尺为步,半步为武)。
【景泰蓝】我国特种工艺品之一……明代景泰年间在北京开始大量制造,珐琅释釉多用蓝色,所以叫景泰蓝。

上列例子中加着重号的,就是词的理据。显然,它们也是词的内容之一,也是一种信息。它们越是在透明度低的词中,在信息结构中所处的地位越重要。对理据掌握的程度越高,对词的理解的透明度就越高。因此,对于扩大第一语言的词汇量,对于第二语言的习得,对于词汇教学,都有促进作用。

反过来说,找到词的真正理据,可以纠正关于词的理据的错误说法。如有人说,汉语的"闲暇"源于拉丁语的"利凯雷",原意为"许可",泛指从劳动中获得许可在劳动之余的活动。其实"闲暇"早已在《孟子》《六韬》等书中就出现了。又如明代张自烈《正字通》说:"人之胚胎,鼻先受形,故谓始祖为鼻祖。"从现代胚胎学成果看来,这是可笑的主观臆断。其实,鼻的位置处在人体的最前方,故得"最前"、"开始"义。

2. 它的实践意义之二,可以帮助我们创造新词。研究词的理据,可以了解造词的社会基础、认识基础和语言基础,以及在这些基础上显示出来的着眼于事物特征的造词视角。让我们来看看"火轮船"、"轮船"和"火车"命名的情形吧。一开始,同古老的船相比,现代船的突出特征,一是以火为动力,二是有轮子。如果把"火车"作为比较的参照物,那么现代船比古船最突出特征是有轮子。而火车同古车相比,最突出的特征不是有轮子,而是以火为动力。于是不叫"火轮船",而叫"轮船";不叫"火轮车",而叫"火车"。当然,社会基础、认识基础和语言基础不同,造词的视角也不同。日语把火车叫"汽车",着眼于动力用蒸汽。英语把火车叫 train,着眼于火车是一系列车厢。由此可见,一般事物的命名是在社会、认识和语言基础上,抓住事物最明显的特征,使名称成为其代表,成为区别其他事物的十分明显的标志。

3. 它的实践意义之三,可以帮助我们编《词源词典》和一般语文词典。据现有资料统计,自 17 世纪以来,意、英、法、俄、德语种编出了几十部词源词典。中国至今没有一部真正的词源词典。《说文》只是在几个方面触及到词源问题,它毕竟是一本字源字典。《释名》还不是科学意义上的词源词典。要想编出一部真正的科学的词源词典,在相当大的程度上取决于词的理据的研究。

在一般语文词典中,对于不透明的古词、术语、疑难词语以及具有通俗词源的词,都要注明其理据。这些注释都得依据词的理据的研究。

4. 它的理论意义之一,可以帮助我们研究词义和词汇发展规律。如"鼓",《说文》说它是"春分之音,万物郭皮甲而出,故谓之鼓。"引申为夜间的时段——更鼓,五更即五鼓。因为古时于黄昏后由更夫每个时辰击鼓一次报时,置鼓报时之楼为鼓楼,置钟报时之楼叫钟楼。佛寺里又规定:暮打鼓,晨敲钟。所以又产生了"暮鼓晨钟"、"晨钟暮鼓"或"朝钟暮鼓",比喻寺院里的孤寂生活和时光推移,后又比喻可使人觉醒的话语。这一个理据,使我们找到了词义和词汇演变的轨迹。

5. 它的理论意义之二,可以帮助我们研究语言和思维的历史线索。如古罗马人最早的计算工具之一是石头,因此拉丁语表示石头的词 calculus 演化为法语的"calcue 计算"(名词)和"culcur 计算着"(动词)。中国古老的计算工具之一是竹或木制的小棍(小片)——筹,它作名词用,便产生了"筹码"、"竹筹"、"一筹莫展"、"运筹帷幄"等;作动词用,便产生了"筹谋"、"筹算"、"筹划"、"统筹兼顾"等。

6. 它的理论意义之三,可以帮助我们研究亲属语言之间的历史比较语言学,非亲属语言之间的历时类型学与共时类型学。

大多数词是有理据的,而理据又是词的意义因素。因此在辞书中必然反映出词的理据,只是不同性质不同类型的辞书反映的多寡不同。

（1）在词源词典中,除了注明词的最早的书写和读音形式、最初的意义、词的来源及演变历史之外,还要尽可能地注明词的理据。例如 M. Vasmer《俄语词源词典》(1958 年德文版,1973 年俄文版),E. P. Origins《现代英语简明词源词典》(1961 年英文版),Н. М. НМШанский《俄语词源词典》(1988 年俄文)等都是这样做的。中国的《辞源》、《辞海》是较大的综合辞书,并不是词源词典,但它们比较注重词的最早意义和用例。《说文》更注重字词的最早的意义和字词书写形式的关系。《辞源》、《辞海》和《说文》都注明了许多词的理据。《释名》则滥用声训,过于大胆地解释词的理据。

（2）大型语文词典,如《汉语大词典》（罗竹风主编,1986～1994 年版）、《牛津英语词典》（默雷等主编,1884～1928 年版,1933 年新版）、《法语词典》（李特列主编,1958 年版）、《德语词典》（魏甘夫人主编,1909～1910 年第 5 版）、《俄语详解词典》（乌沙阔夫主编,1963 年版）都较多地注明了词的理据。

（3）中小型语文词典,如《现代汉语词典》、《简明牛津词典》（福勒兄弟,1976 年版）、《俄语词典》（奥热果夫,1963 年版）都选注少部分词的理据。这些理据,在这些词典中,对词的释义有补充作用,是词的解释因子之一。

7.5.2 理据类型的掌控

7.5.2.1 用不同的理论或从不同的角度,对词的理据可以分出不同的类型。从古代的本质论、规定论到现代语义三角,反映出了对应论的二元论和能动反映论的三元论。从这一理论线索,对词的理据可以分出三种类型。

第一种,自然型,本质型。许多语言对某些动物或有声物品用了相似的语音形式命名或摹声。如汉语叫"布谷鸟",英语叫 cuckoo,法语叫 coucou,俄语叫 кукушка。猫叫,汉语为"喵"（miāo）,英语为 miaow,法语为 miaou,俄语为 мяу。牛叫,汉语为"哞"（mōu）,英语为 moo。狗叫,汉语为"汪汪"（wāngwāng）,法语为 ouaoua。钟表声,汉语为"嘀嗒"（dīdā）,英语为 ticktack、ticktock,俄语为 тик-тик。汉语的"乒乓"（pīngpāng）,英语为 ping-pong,俄语为 пинг-понг。这些词描述声音的原则,被苏格拉底、柏拉图称为

"象声原则"。它们只是语音和物音的直接对应。其数量以及在总词汇量中所占的比例极小。其性质类似语音图事,不追求物理感觉上的逼真,只求得心理感觉上的近似。这一类词不能代表人类语言词汇的本质特点。因为这种音与音的对应并不都是必然的,并不完全由物的本质决定的。如汉语的猫、鸭等是拟声命名,而英语和俄语则不是拟声命名。反之,俄语的织布机是拟声命名,汉语和英语则不是拟声命名。这一类型的理据,在苏格拉底、柏拉图和中国声训派学者那里常常被夸大了。

第二种,习惯型,规定型。各种语言依据各自的社会、认识与语言习惯,对同一事物从不同视角,用不同理据命名,而且语言符号跟事物并不是直接对应的,而总要通过一个中介——意义、想法或其代表符号"词"。这些名称跟事物的本质没有固定的联系。

有一类词,虽然是国际通用的,都用一个相似的语音形式,但是其理据则导源于某一种语言。如大家所熟知的化学元素的名称,或导源于希腊语,或导源于科学家的名字。又如欧洲的名称亚细亚(英 Asia,俄 Азия)、欧罗巴(Europe,Европа)是古闪米特语称日出和日落的地方。亚美利加(America,Америка)是证实哥伦布发现美洲的意大利航海家的名字。阿非利加(Africa,Африка)是希腊语指"阳光灼热的"。这一类词,以其词源而论,不属于自然型的,而是属于习惯型的。

另一类词,不是国际通用的。如桌子,汉语原来的叫"桌",且本来写作"卓",取"卓"的"高"义,命名的意图是"卓"比几、凳、椅高。英语叫 table,来自拉丁语的 tabula——木板,命名的意图为:桌子是用木板做成的。俄语叫стол,来自动词сталать——铺放,命名的意图为:桌子上可以铺放东西。德语叫 dertisch,来自希腊语的 discos——圆盘,命名的意图为:桌子是摆放食品的圆盘。这一类,不同语言用不同语音形式表述同一事物的词,其数量和在总词汇量中所占的比例是极大的。其性质是超越感性知觉的理性抽象,具有无限的表达通力。它们代表了人类语言词汇的本质特点。这一类词的内部形式充分体现了词的社会职能。

在同一语言中,不同意义的词,可能具有相同或相似的内部形式。如汉语的"矛盾、心腹、手足、风云"等内部形式都是"纯喻指式"。

在同一语言中,对同一事物,因为采用不同的内部形式,选取不同的特征,所以造出不同的词。如对蛙,取其善跳、股长,叫"长股";取其肉美如鸡,又叫"田鸡、水鸡"。

第三种,自然兼习惯型。几种语言对同一事物命名的理据,既有自然因素的共同点,又有认识和语言因素的特殊点。

葵花,汉语叫"向日葵"或"朝阳花",英语叫 sunflower,法语叫 tournesol,俄语叫 подсолнечник,德语叫 sonnenblume,西班牙语叫 girasol。这些词的特殊点是外部形式(语音)不尽相同;共同点是都含有一个共同的义素——太阳,它们的内部形式之一语义结构,英语为"太阳花",法语为"转向太阳的",俄语为"在阳光下面的",德语为"晒太阳的花",西班牙语为"跟着太阳转的"。

在这一类型中,自然因素是指物的形状或其他外部特征,是通过视觉等感官的感知因素。即使以这些自然因素为命名线索,在名称中自然因素也不是主要的,习惯因素还是主要的。因此,这一类型不倾向于自然型,而倾向于习惯型。

7.5.2.2 词的理据的发展变化

词有两重关系。第一重关系,是词和事物之间的关系。在这一关系中,除了象声词之外,一般的词是没有理据的。第二重关系,是词与语言系统的关系。在这一关系中,派生词和复合词大多数是有理据的。因为这两类词是利用语言中已有的音位、音节、语素、词位、语法模型构成的。以上,是从静态平面说的。如果从历史长河中观察,那么词的理据也是在发展变化的。其变化可以概括为两个方向。

1. 词向有理据发展

(1) 原始阶段的语言,只有数量极少的原始词,其中除了象声词之外,一般词都跟事物没有直接的、必然的联系,都是没有理据的。随着非原始词的增多,派生词和复合词占了大多数,因而有理据的词占了优势。一般来说,现代语言比古代语言,有理据的词显著地增多了。如古代汉语是以单音词为主的,其中大多数是没有理据的。现代汉语是以复音词为主的,其中大多数又是派生词和复合词,因此大多数词是有理据的。现代德语有理据的词所占的比例更大。

(2) 词向有理据方向发展,路线并不都是笔直的。如果有强大的外来语的干扰,便会出现曲折。如有文字记载的英语,始于公元 5 世纪中叶,已经离原始"英语"有一段遥远的距离,已经产生了大量的派生词和复合词。因此古英语(45—1150 年)有理据的词已经很多。后来,由于希腊语、拉丁语、法语的借词大量涌进英语,甚至影响了本族语词的内部形式——语义结构和语法结构,致使无理据的词增多,因而整个词汇倾向于无理据。后来经过自身的语义和语法结构的调整,现代英语(1500 年～今日)词汇又倾向于有理据。

2. 词向无理据发展

很多词本来是有理据的,因为种种原因,它的理据由显性变为隐性,由透明变为模糊。

(1) 由于语音的历时演变,古老的象声词变得不象声了。如《淮南子·道应训》说:"今夫举大木者,前呼邪许,后亦应之。此举重劝力之歌也。""邪许"今已不像举大木声了。上古时代原来读如"耶虎",其音近似现代的"呀哈"。又如"猫"在上古读[meau],很像猫叫声,到中古读[mau],已经不太像猫叫声了。

(2) 由于音节之间的元音或辅音减少,使得一个词语的音节数目减少,发生语素融合现象,于是有理据的透明的短语或复合词变成了理据模糊的单纯词。如汉语的"之焉"变为"旃","之乎"变为"诸","何不"变为"盍","不可"变为"叵","不用"变为"甭","早晚"变为"咱(喒)"。古英语的 hlaf+dige(做面包的人)变成现代英语的 lady(女士、夫人、主妇)。

(3) 由于词语的省略,词的理据丧失了。有些新概念命名,常常经历了从词组、复合词到缩略词的简化过程。如 binary units of information(二进制数字)缩略为 binits,再缩略为 bits。O. Jespersen 把这种最终形式叫作省略复合词(clipped compound)。所谓省略,从逻辑角度看,有的省略了种概念,有的省略了属差，有的省略了整体的一部分，因而丧失了理据。汉语里也有这类缩略词，如"群众体育"→"群体"，"非洲统一组织"→"非统"。

（4）由于语素或词的古义、本义长期不被使用，形成词源中断，理据模糊。如"康庄"，一般词典只释为"宽阔平坦的大道"或"宽畅的大道"。为什么这样解释呢？原来"康"和"庄"的古义之一是宽阔的大路。《尔雅·释宫》说："一达谓之道路，二达谓之歧旁，三达谓之剧旁，四达谓之衢，五达谓之康，六达谓之庄，七达谓之剧骖，八达谓之崇期，九达谓之逵。"又如英语的 spoon 为何指汤匙？因为其本义是木片，起初人们是用木片作匙子用的。而这一意义早已被人忘记。

（5）具有文化历史背景的词（culturally-loaded words），当其文化历史背景远离我们这个时代的时候，词的理据便隐没了。如"印泥"指印图章的红染料，但何以称"泥"？如今已鲜为人知。原来，在秦汉时代，秘密的信息书于木竹板条上，书毕把木竹板条合严，再用绳子捆扎，在绳子结扣处用黏泥封住，加盖印章，作为信验，以防私拆，这个黏泥块称为封泥。因而后世红印色便称为印泥。又如英语的 Ishmael 指称社会摈弃的人。原来是基督教《圣经》中的人物，被其父 Abraham 摈弃了。

此外，还有一些原因致使词的理据模糊或消失，不再赘述了。

在两个发展方向中，以向有理据发展为主要趋势。

7.5.3 理据的分析法、探求法

对词的理据分析与探求，从时间上说，有共时性（synchronically）的，历时性（diachronically）的，泛时性（panchronically）的。从范围上说，有单语言内的，有双语言间的，有多语言间的。从特殊方法说，主要有以下几种。

1. 语素与语义结构分析法

把复合词和派生词分解为语素，即把语法型的词分解为形位，并确定最小单位的意义，再找出语素之间语义的结构关系：并列关系、偏正关系、支配关系、补充关系、陈述关系等。这样便可以提示义位，有助于获得词的理据。如汉语的"飞机"，日语的"飞行机"和德语的 flugzeug，都是偏正结构：飞行的＋

机具。英语的 aeroplane 也是另一类偏正结构:空气(中)＋遨游。俄语的 самолёт 是陈述结构:自己＋飞行。又如汉语的"中肯"是支配结构:正中＋肯綮(筋骨结合处),理据是正中要害。

2. 同根词比较法

把复合词和派生词分解为语素,找出词根,把词根相同的词排列在一起,便会得出词根与命名的关系。例如:

拉丁语 pecus(牛)
↓
pecunia(钱)
↓
西班牙语 pecunia(硬币)
↓
英语 pecuniary(金钱的,金钱上的)
↓
英、法语 peculation(侵吞公款)

在拉丁语系的词语中,还可以找到许多以"牛"或"牲畜"为词根的关于货币的词,原来它们的货币导源于牛或牲畜,起初是以牛或其他牲畜为商品交换的等价物。

这种比较也可以在一种语言内进行,并且可以从比较中找出单纯词的词根及理据。

比较汉语的:

飘[pʻio],浮于风中;

漂[pʻio],浮于水上;

飙(猋)[pio],回风从下向上;

鹨[pʻio],鸟飞;

翱[pʻio],高飞;

浮[biu],漂于水上;

桴[pʻiu],浮于水的小筏;

附[bio],依着物上;

凫[bio],水鸭。

从中可以发现,以〔p'io〕、〔biu〕等为词根的同族词,都含有飘浮于流体或附于物体表面的意思。

词汇对比,不能过分地依据外部形式,否则就会重蹈词源学对比说(词源缩影说)的旧辙。古希腊和中国古代的一部分声训都过分注重外部形式。18世纪的罗蒙诺索夫(M. B.Ломоносов,1711～1765年)常常根据词的外部同音特征确定对应关系,19世纪70年代以后的青年语法学派常常从语音揭示词源,做了过于大胆的词源解释,因而多不能提供正确的主导线索。正确的主导线索应该是以语义为线索,在语法条件限制下的语义比较。这种比较,或者是亲属语言之间的同根词的意义比较,或者是单一语言内同根词的意义比较,而后者还应参照与该语言有亲属关系的语言的同根词的语义结构。

3. 语音探源法

依据上述看法,只能把语音探源法作为寻求词源线索的辅助方法。这种方法只在两个有限的范围内使用:

一是寻求词的声音与物的声音直接对应,即寻求拟声词之中的"自然型、本质型"的理据。

二是寻找非原始词(包括单纯词、复合词和派生词)与其赖以产生的原始词之间的语音联系。如:

韭:《说文》"韭,菜名,一种而久者。"《齐民要术》引《声类》"韭,久长也,一种永生。"

仲:《白虎通》"仲者,中也。"仲裁,即位于中间者裁决。

4. 探求词的典故历史源头

有些词是由典故凝缩而成,只有探求到词的历史源头,才能找到词的理据。如"染指"的典故源于《左传·宣公四年》记载的一个故事:有一次,楚国人献给郑灵公一只大甲鱼。那时公子宋发了急,便把手指头蘸到鼎里,尝了尝味道立即退出去。郑灵公发怒要杀他。后来用"染指"比喻分取非分的利益。

5. 从造词法探求词的理据

有些造词法表明了词的理据。这些造词法主要有:

(1) 比喻造词法

抓住甲事物的特征,用乙事物(可能是想象中的)来暗喻甲事物,并用乙事物的名称来作甲事物的名称。

汉语中根据月亮的形状、颜色及人们的感觉,造出许多借喻名称:金盆、玉盆、玉环、玉轮、金轮、冰轮、冰鉴、冰镜、冰盘、寒玉、素壁、玉钩、玉弓等等。

汉语的"蚕室"在先秦就有了,指养蚕的温密之室。到汉代,刚受过宫刑的人怕风寒,也须住温密狱室,故喻其狱为"蚕室"。《后汉书·光武帝纪》:"诏死罪系囚,皆一切募下蚕室。"唐·李贤注:"蚕室,宫刑狱名,有刑者畏风,须暖,作窨室蓄火,如蚕室,因以名焉。"

英语中把虹比喻为雨后的弓,所以叫作 rainbow。把 V 型电视天线比喻为兔子耳朵,所以叫作 rabbit ears。把立体交叉公路比喻成苜蓿叶的形状,所以叫作 clover leaf。

(2) 借代造词法

抓住事物的部分特征,并用这个特征的名称来代表该事物。

汉语对月亮用借代造词法造出很多形象的别称。月中想象有嫦娥,于是便称月亮为嫦娥、素娥、婵娟。月中想象有桂树,于是便称月亮为玉桂、桂魄、月桂。月中想象有兔子,于是便称月亮为玉兔、金兔、白兔、顾兔。月中想象有蟾蜍,于是便称月亮为蟾蜍、玉蟾、玉蟾蜍。月中想象有宫殿,于是便称月亮为月宫、蟾宫。

也有以功用特征代本体的。如绑腿、裲裆(背心)、蔽膝(长围裙)等。也有以原料代本体的。如英语的以 copper(铜)代铜币(coin),以 willow(柳木)代某种球棒(bat)。此外以局部代本体的词也很多。以发生地点代事件的词在现代英语中更多。

(3) 夸张造词法

抓住事物的特征,从数量或形象等方面加以夸张造出一个词。如一尘不染、三缄其口、七拼八凑、九天、十分、什锦、万能、百衲衣、千里马、万能胶等是数字夸张造词,飞舟、绝顶、极端、滔天、虎背熊腰等是形象夸张造词。

(4) 委婉造词法

对人们禁忌、避讳的事物,不能直言,只能用委婉曲折的词表示。各语言中都有许多委婉词语。特别是对"死",各语言都有大量的代用品,英语中有一百多个,汉语中竟然有二百多个。在汉语中"死"的二百多个委婉词语中,最科学的大约是"物化",最动听的当数"永眠、长辞、安息、牺牲、驾鹤西游、千秋万岁、兰摧玉折、玉碎珠沉",最刺耳的可能算得上"完蛋、玩完、挺腿、喂狗、填沟壑、死于非命"。此外,汉语中把"失火"叫"走水","上厕所"叫"更衣","受伤"叫"挂花","肥胖"叫"富态",也都委婉动听。

7.5.4 《说文》对理据的选择

《说文》的词源学观念至少应研究以下五项内容:

(一)一个词的来源:(1)起源于何时;(2)最早见于何种典籍;(3)来自何种语言或方言,跟其相对应的词有什么关系。

(二)一个词可追溯的原始形式:主要是语音形式及书写形式。

(三)一个词可追溯的最古的意义。

(四)一个词的原始形式和最古意义之间的联系:(1)词的语音形式和词义的联系,事物命名的理由与根据;(2)词的书写形式和词的联系。

(五)一个词的形式与意义的演变及其结果。

第(一)项,在《说文》中有所反映,量不多。第(二)项,在《说文》中是力求做出尽可能多的反映,但限于当时资料不足,只达到了很有限的程度。第(三)项,在《说文》中有充分的反映,记录了词的最古的意义,而且大部分是可信的。第(四)项的(2)项,是《说文》追求的重心,也是人们研究《说文》的重要课题。第(四)项的(1)项,《说文》也多处涉及,至今未被学者予以足够的重视。至于第(五)项,因为《说文》是重源不重流,所以自然不予以应有地位。而《段注》则用了足够的篇幅,既溯源又探流。总观五项,《说文》在相当的量及其质上,是一部词源词典。

《说文》在释字时曾努力寻求过词的理据。对其寻求理据的释语加以分析,可以概括出七种公式:

一式:[被释词]＝释词(＋也)＋命名理据＋故谓之＋被释词＋解字。例如:

【仓】 谷藏也。仓(＝苍)黄取而藏之,故谓之仓。从食省,口象形。(《说文·五下》)

【韭】 菜名。一种而久者,故谓之韭。象形,在一之上。一,地也。(《说文·七下》)

二式:"解字"项从最后一项移至第二项,即位于"释词"项之后。例如:

【茇】 草根也。从艸,犮声。春草根枯,引之而发土为拔,故谓之茇。(《说文·一下》)

三式:在"命名理据"项之前加"以"字,强调命名的理据。例如:

【黍】 禾属黏者也。以大暑而种,故谓之黍。从禾,雨省声。(《说文·七上》)

四式:"故谓之"一项替换成"故曰"、"故称"、"故因以为"。例如:

【婚】妇家也。礼,娶妇以昏时,妇人阴也(《段注》:"幽阴之义也"),故曰婚。从女从昏,昏亦声。(《说文·十二下》)

【西】鸟在巢上也。象形。日在西方而鸟栖。故因以为东西之西。(《说文·十二上》)

五式:"故谓之"一项替换成"言"。例如:

【玉】赤色也。从玉芮声,禾之赤苗谓之虋,言虋玉色如之(按:如赤苗秬色)。(《说文·一上》)

六式:[被释词]＝声训词＋也＋释词＋解字。或将声训词包含在释语之中。不用"故谓之"一项。例如:

【户】 护也。半门曰户。象形。(《说文·十二上》)

【土】 地之吐生物者也。二象地之上、地之中,物出形也。(《说文·十三下》)

七式：[被释词]＝声训词＋也＋解字。如：

【政】　正也。从攴从正，正亦声。(《说文·三下》)

【葬】　藏也。从死在茻中……(《说文·一下》)

声训常有三种作用：一是释义，二是指明假借字的本字，三是探求词源。因此，不能把所有的声训都认为是探求词源。

总括上述七种公式，一式是基本的。二至七式，是一式的变式或省略式。

《说文》并不是真正的词源词典①，它只不过是人类文明史早中期之交的一部断代性的字(词)典。这种性质的辞书，对动词和形容词的理据极少注意，而对名词的理据则特别注意。在名词中，对具体的名物词的理据更加注意。例如：

【螟】虫食谷心者，吏冥冥犯法即生螟，从虫冥，冥亦声。(《说文·十三上》)

【狗】孔子曰：狗，叩也。叩气吠以守。从犬句声。(《说文·十上》)

【禾】嘉谷也。二月始生，八月而熟，得时之中和，故谓之禾。(《说文·七上》)②

这些词，都是跟人们生活密切相关的动植物名称以及常用物品等名称。

《说文》是一部解释单字的字典，其中也包含着对一些单音词的解释。因此，它对词的理据的解释，一般限于单音节词，其中有些是汉语词族的语根(即原始词)，也是汉语基本词汇的根词。比起派生词和复合词，探求这些语根或根词的理据，是相当困难的。《说文》在突破这个难关基础上，也偶尔分析了"常用语"的理据。如对"无它乎"理据的说明：

【它】虫也。从虫而长，像冤曲垂尾形。上古草居患它，故相问"无它

---

① 自 17 世纪以来，意英法俄德出现了几十部词源词典，如：Walter. W. Skeat. Etymological Dictionary of English Language, Charles. T. Onions. The Oxford Dictionary of English Etymology, А. Г. Преображенский. Этимологическцй словарь русского языка.

② 《说文》徐铉本作"得时之中"，无"和"字，段玉裁依《思玄赋》注，《齐民要术》订补。

乎"。(《说文·十三下》)

至于对双音节复合词理据的分析,在《说文》中尚未见到,但是在许慎时代的其他名家的训诂里则屡见不鲜。如高诱在《吕览》的注解里说:

【宾爵】(＝宾雀)"老爵也。栖宿于人堂之间,有似宾客,故谓之宾爵。"(《吕氏春秋·季秋纪》)[1]

《说文》一般是探求本义的理据,有时也探求引申义的理据。对引申义理据的探求,都是以本义为基础,如前文二之一式至四式中所举的"西"引申义的理据。

7.5.5 《说文》探求词的理据,其线索是多方面的

兹举要如下:

1. 声音线索。仔细分析,有两种声音线索。

(1)拟音线索,它反映了音与音的联系,即词的语音和所记录的声音的联系。如:

【啾】 小儿声也。(《说文·二上》)

【喤】 小儿声也。(同上)[2]

【哮】 豕惊声也。(同上)

【喔】 鸡声也。(同上)

【轰】 群车声也。(《说文·十四上》)

上述举凡人声、动物声、物声等所要记录的声音,跟啾、喤、哮、喔、轰等词的语音之间联系,不是追求物理上的音色、音高十分精确的听觉相似,而是追求心理上的语音感觉相似。《说文》对这些象声词的说明较为客观,而古希腊苏格拉底的象声论则带有较多的任意性,他以为"每个字母都模仿一定的性

---

[1] 《二十二子》,上海古籍出版社,1986年,653页。
[2] 段玉裁注:"啾谓小儿小声,喤谓小儿大声也。"见《说文解字注》,上海古籍出版社,1984年,54页。

质,或者表示一定的特征……字母 P 是表示运动的。"①

(2) 谐音线索,它反映了一个词的语音跟语根的语音的联系。如:

【笙】……正月之音,物生,故谓之笙。(《说文·五上》)

【麦】芒谷。秋种厚埋,故谓之麦。(《说文·五下》)②

这种谐音关系,是人们从词源角度,在"同族词"跟"语根"之间的一种心理联想。因而它比起前一种拟音线索,常常带有主观色彩。

2. 形象线索。其中包括形状和颜色两种线索。

(1) 形状线索,它反映了词形与物形的联系。《说文》对描写人、动物、植物、器物、影物之类的词,如女、目、马、鱼、木、瓜、刀、贝、山、云等,都注明"象形"、"象×之形"、"象××"或"××形"。此外,还用"状似"、"其状"、"如"等用语,交代词源。如:

【虹】 蝃蝀也。状似虫……(《说文·十三上》)③

【菉】 椒莍实,裹如裘也。(《说文·一下》)④

菉,即花椒子,聚于壳内,郭注《尔雅》谓其"聚生成房貌"。如球似丸的圆珠形,即其得名的理据。

《说文》是字书,对多音节词的由形状得名的理据,不便注明。这项工作,由许慎前后时代的人做了一部分。《史记·司马相如列传》里说:"相如身自著犊鼻裈。"韦昭注解"犊鼻裈"说:"以三尺布作,形如犊鼻矣。"即今之裤衩,其形像犊鼻,所以叫犊鼻裤。

(2) 颜色线索,它反映了词和物的颜色联系。如二节五式中的"璊",又如:

【绮】 赤缯也。以茜染故谓之绮。(《说文·十三上》)⑤

---

① 威廉·汤姆逊,《十九世纪末以前的语言学史》,科学出版社,1960 年,11 页。
② 依据《说文通训定声》改用"埋"字,以便印刷。
③ 虹,英语叫 rainbow,法语叫 l'arc-en-ciel,俄语叫 радуга,都是从弓得义,同汉语一样都着眼于形状弯曲这一特点。
④ 徐铉本,"裘"作"表",误。此从《尔雅》《段注》《句读》。
⑤ 徐铉本,"以"作"从",以《段注》《义证》《句读》订。茜,红染料。

通过形象线索探求词的理据,《说文》的说法大都谨慎稳妥,极少牵强附会。如果硬要在表音词形里随心所欲地截取象形的理据,有时就要闹到荒唐的地步。个别的罗马语言学家断言说,vallum(堡垒)的理据是由于堡垒围栏的柱子上头都被劈成Ｖ字形,hostis(敌人)的理据是Ｈ象征敌对双方的双头宝剑。① 这些象形说,比《说文》象形词源说带有较明显的任意性。

3. 声音和形象线索。《说文》有时把声音和形象线索结合起来探寻词的理据,它反映了词的形象及其语音跟语根语音的联系。如:

【芋】大叶实根,骇人,故谓之芋也。(《说文·一下》)段注:"口部曰:吁,惊也。毛传曰:訏,大也。凡于声字,多训大。芋之为物,叶大根实,二者皆堪骇人,故谓之芋。"

【豕】彘也。竭其尾,故谓之豕。(《说文·九下》)段注:"此与'后蹏废,故谓之彘'相对成文,於其音求其义也。立部曰:'竭者,负举也。'豕怒而竖其尾,则谓之豕。"又在"犬"下注曰:"后蹏废谓之彘,三毛聚居谓之猪,竭其尾谓之豕,同时一物异名之所由也。"

4. 功用线索。它反映了词和器物功用之间的联系。人们对一些器物从功用角度命名,因此可以从功用线索寻求词的理据。如上文第 4 节一式的"仓"是用做藏谷物的。又如:

【户】护也。(《说文·十二上》)《释名》:"所以谨护闭塞也。"《句读》:"所以防盗也。"

5. 工具线索。它反映了词跟有关的工具之间的联系。人们对一些物品从与之有关的工具角度命名,因此可以从工具角度寻求词的理据。如:

【脤】社肉,盛以蜃,故谓之脤,天子所以亲遗同姓。(《说文·一上》)《句读》:"地官掌蜃,祭祀共蜃器之蜃……蜃之器,以蜃饰,因名焉。"

此外,还有时间线索,如 4 节三式的"黍""以大暑而种",四式的"婚""娶妇

---

① 威廉·汤姆逊,《十九世纪末以前的语言学史》,科学出版社,1960 年,29 页。

以昏时"。逻辑线索、词义线索,如"王,天下所归往也","姻……女之所因(＝就)","西"是鸟在日西而栖,故有东西之称。

在诸线索中,声音线索是许慎常用的主要的线索。除了拟音线索之外,许慎通过声音线索寻找词与词之间的意义联系,即形状、颜色、功用、工具、时间、逻辑及其他诸方面的联系。从哲学心理学来说,词的形式和事物对象之间没有必然的本质联系,非原始词总要通过原始词(initia 或 redices)[①]这一中介,间接地反映事物。因此,《说文》寻找"词源之词"的做法是科学的。它说明,只有采取历史主义态度,研究词源才能走上广阔的道路。

费尔巴哈对名称有一段精彩的论述:"感性知觉提供对象,理性则为对象提供名称……那么名称是什么呢? 名称是用来区别的符号,是某种十分显明的标志,我把它当作表明对象的特征的代表,以便从对象的整体性来设想对象。"上古汉语的一些词正是反映了对象的明显特征,许慎从不同线索揭示了一些词中所包含的特征,说明了一些词的理据。

7.5.6 《说文》探寻词的理据的历史意义

《说文》探寻词的理据,在学术史上具有不可忽视的地位与价值。

公元前 4～前 3 世纪,人类古代文明的两个摇篮——希腊和中国,都是在哲学思辨的推动下,几乎同时触及到了事物命名的理由和根据问题,问题的争论都持续了几百年,而且争论的中心都是一个——是按名实的内在联系或按事物的本质自然命名的,还是按习惯约定俗成命名的? 前者称为本质论(physei),后者称为规定论(thesei)。

古希腊哲人赫拉克利特、德谟克里特、赫尔摩根、克拉底鲁、苏格拉底、柏拉图等先后参加过论战,结果是"本质论"暂时占了优势。当时的一些论争情景还保留在柏拉图对话录《克拉底鲁篇》(Kratylos)里,因而柏拉图被尊为词源学创始人。后来的亚里士多德和伊壁鸠鲁派学者又把规定论和本质论的争论延续下去。

---

① 古希腊苏格拉底常用原始词解释派生词和合成词。

中国哲人孔子提出"正名",以旧名正新实,用事实去迁就概念,以名称为第一性的。墨子承认概念是事实的反映。荀子提出"制名以指实"、"名闻而实喻"。春秋时开始的名实争论,形成了战国时期的名辩思潮。由此兴起的声训,到东汉末刘熙写《释名》时,已经泛滥。除释义、求假借字的本字,声训还滥用于词源探求。汉代声训风压倒了先秦的"规定论",使"本质论"暂时占了优势。①

在这样的学术大潮中,许慎保持了科学家特有的冷静,他竭力抵制、排除声训及理据探求的任意性。他在本质论和规定论的然疑之间,尽力做出谨慎的选择。采用了孔子的"政者,正也",淘汰了其他解释。采用了"君,尊也"这一较为概括的释义,淘汰了荀子的"君者,善群也"。采用了《易经》的"校,木囚也"这一初始义,淘汰了孟子"校者,教也"等引申义。又如"商,从外知内也",淘汰了《白虎通》的声训及理据义:"商之为言章也,章其远近,度其有亡,通四方之物,故谓之商也。"当然,《说文》中的声训,有极少一部分也不可避免地保留了当时颇带主观色彩的声训。如"马,怒也,武也。"②

《说文》在字源学之外,还给我们开创了词源学。其内容大部分是科学词源学,第一次从语言角度指明了单音节词的音义联系以及词与词之间的音义联系。少部分内容是俗词源学(folk etymology,或 popular et.),即根据语音的相似,牵强附会地推测词源。如"鬼,人所归为鬼。"(《说文·九上》)就科学词源的内容说,《说文》一方面保存了词的理据,一方面又使一些词的理据从隐性变为显性。由于语音、书写形式、词义以及词的外部因素的变化,许多词的理据变为不可理解。而后世人依靠《说文》,那些词又从不透明的(opaque)变为透明的(transparent)。《说文》中保存的大量词的理据,证明汉语的复合词和派生词之外的单音节词(包括原始词及由之产生的非原始词)有许多也是有理据的。可见,索绪尔(F. D. Saussure)认为汉语是"超等词汇的典型",其中

---

① 王力,《中国语言学史》,山西人民出版社,1981年,54页。
② 马、武,上古同音,皆为明母,鱼部,上声。怒,明母,鱼部,与"马"声近韵同。

无理据性的词占优势,[1]乌尔曼认为汉语是理据性最缺乏的语言,[2]都是不符合古今汉语事实的。

《说文》对于词的理据的记录和发掘,有助于我们:(一)认识上古汉语词的形式和词义之间的联系;(二)理解词义;(三)发现词与词之间的形式、意义联系;(四)研究词义和词汇发展规律;(五)考察语言和思维之间的历史脉络;(六)进行汉藏语系的历史比较;(七)进行汉语和某些外国语言之间的类型学研究;(八)编写一部科学的、真正意义的《汉语词源学词典》。

第六节 四个传统原则:概括、简明、通俗、准确

7.6.1 概括原则

语文词典需要注意概括义域内的绝大多数用例,适当照顾边缘用例,舍弃域外用例。概括义域圈,可以尽可能扩大,而不能无限扩大。例如:

【球】指某些圆球形的体育用品(《汉大》)

　　某些体育用品　(《现汉》)

　　现代体育用具　(《辞海》)

【田径运动】体育运动项目之一。包括竞走、跑赛、跳跃、投掷和全能运动等三十几个项目。(《汉大》)

体育运动项目的一大类,包括各种跳跃、投掷、赛跑和竞走等。(《现汉》)

A series of contests in running, jumping, shot-putting, etc, performed on a track or on a field. (WNWCD4)/在跑道或运动场上进行的跑步、跳跃、射击等系列项目的比赛。(《韦氏新世界大学词典》第4版)

《汉大》对"球""田径运动"的概括,显然高于《现汉》《辞海》《韦氏》。"田径

---

[1] 费尔迪南·德·索绪尔,《普通语言学教程》,商务印书馆,1980年,184~185页。
[2] S. Ullman, Semantics 第四章,Oxford,1962。

运动"下,《现汉》《韦氏》都缺少"全能运动";《韦氏》多出"射击"。

7.6.2 简明原则

简明,主要指精选显著的区别性的语义特征,舍弃其他特征。这就是简明扼要。文字必须惜墨如金,多用电报体或短信体,能省则省,能简则简,能删则删。不许重复,不用赘言。如不许用"就是、就是说、就是指、毋庸讳言、必须指出"等。"释义的艺术不仅取决于分析和理解词义的能力,也取决于简洁表达词义的能力。"(Landau,2005:184)例如:

【人】能制造和使用工具进行劳动,并能用语言进行思维的高等动物。(《汉大》)

能制造并使用工具进行劳动的高等动物。(《现汉》)

【膝下】指父母的跟前、身边。儿女幼时常在父母跟前,因此旧时表示有无儿女,常说"膝下怎样怎样";给父母或祖父写信时,也在开头的称呼下面加"膝下"两字,以表亲敬……(《现汉》)

对父母的亲敬称谓;指父母身边。(《汉大》)

"人"有 10 多个特征,《汉大》选 3 个,《现汉》选 1 个,一个比一个简明。"膝下",《汉大》比《现汉》(释语长达 80 多字)简明。

7.6.3 通俗原则

词典的通常规则是,以易释难,以熟释生,而不能相反。释语不能用难词、古词、旧词、方言、术语、外来词、非常用词等。不能用有标记词解释无标记词。《不列颠百科全书》第 14 版总编辑 H. S. 阿代莫尔说,他们是为外行人编写的。便于读者理解,是释义的优先原则。杜绝学院式的释义。例如:

【詈辞】诟骂的言辞。(《汉大》)

【晚婆】晚娘。(《汉大》)

【乾屍】即木乃伊,保持外形干瘪尸体。(《汉大》)

【红宝石】一种红色透明的刚石。(《汉大》)

上列释义,都不怎么通俗:"诟骂"比"詈辞"难;"晚娘"是方言,应改为"继母";"木乃伊"是外来词,不能用外来词解释本族词;"刚石"比"宝石"不常用。

7.6.4 准确原则

准确,指释义的词语和数字完全符合被释词的义值、义域、附属义,而不能有偏差或偏误。尤其要注意,把模糊的义值、义域解释成准确的或明确的。

【命令】①现指上对下发指示。(《汉大》)

【乙夜】约为夜间10时。(《汉大》)

【薨】……唐代则以薨称三品以上大官之死。(《汉大》)

【小康】指家庭经济状况可以维持中等生活水平。(《现汉》)

【春季】……我国习惯指立春到立夏的三个月时间……(《现汉》)

【脚】人与动物腿的下端,接触地面、支持身体和行走的部分。(《汉大》)

"发指示"不一定是命令,也许改成这样稍好一些:"上级对下级下达强制性指示"。"乙夜"应改为夜间9时至11时。"薨"的"三"应改为"二",否则与事实不符。

"小康"模糊义确化为两项:①"家庭经济生活",②"中等"。"春季"确化为"立春到立夏三个月"。

"脚"释义不准,只释出"腿的下端,接触地面"部分,即现代意义的"脚";还缺漏古代意义的脚——小腿(包括膝盖),如"孙子膑脚于魏"。

第 八 章

学习词典

第一节 学习型词典及编纂的基本理念

学习型词典是专门帮助学生更快更好使用基础语言的辞书。

双语词典是学习词典的前奏。现代世界编出种类繁多的双语词典尤其是教学词典,都是学习词典的基础。近几年国内编出了多部学习词典,都在起步、探索阶段,比起《柯林斯COBUILD英语词典》等英法学习词典还有一段距离。我们首先应该理解英法学习词典的几个基本理念,然后才能编出好的学习词典,并探讨如何改进、提高一般语文辞书的编写水平。

8.1.1 L2习得的新理念

二战以后的两三年,战败国、战胜国的经济开始复苏,美英在1938~1948年已经拿走了诺贝尔奖项的一多半。于是学习科技、学习英语,成了战后的当务之急。因而产生了学习英语的新理念——把词作为语义、语法、语用统一体,突出语用,提示惯用法。L2习得的转向,强调在正确性(correctness)基础上更突出得体性(appropriateness),于是1948年演绎出世界上第一本外向型、学习型词典——*Oxford Advanced Learner's Dictionary of Current English*(《牛津高阶当代英语学习词典》由Hornby主编)。20世纪70年代以来,进入信息时代,英法美德中涌现了几十种学习词典。中国至今没有一本理想的学习词典。

综合性、语文性词典向积极的、学习型词典靠拢,吸取其释义优点。《朗曼当代英语词典》就是把学习词典作为竞争的首要因素,因此获得了极大成功。

8.1.2 元语言理念

元语言,一是指用来释义的自然语言的两三千常用词,叫"释义元语言"或"义元"(primitive);二是指代表义素的人工设计的语言,叫"形式语言""符号语言""语义标示语"或"析义元语言"等。1935 年《朗文》首次使用"朗文定义专用词汇/Longman Defining Vocabulary"2116 个,1978 年的《朗文当代英语词典》用 2000 个常用词释义。1982 年卡拉乌洛夫等的《俄语语义词典》使用过析义元语言 7800 个义素。未来的理想的汉语学习词典,应该以 3500 个常用词或《普通话三千常用词》(实际是 3454 条)为基础浮动,用三四千常用词较为合适。可惜,现代汉语的许多词典,在这方面还没有清醒的认识。例如:

【成年】指人发育到已经成熟的<u>年龄</u>。
【青年】指人十五六岁到三十左右的<u>阶段</u>。
【老年】六七十岁以上的<u>年纪</u>。
【幼年】三岁左右到十岁左右的<u>时期</u>。

上例的核心词"年龄、阶段、年纪、时期"应该统一为"年龄"。

8.1.3 语料库理念

语料库理念,萌生于 1959 年伦敦大学语言学教授 R. Quirk,几年间建起涵盖多种语体的上百万字的"英语用法语库"。50 多年来,语料库由(原始阶段的)第一代、第二代、第三代发展到最潮的超深度加工,它给编词典和科研提供最高、最便捷的台阶。学习词典必须以足量、平衡、针对的语料库为前提。《柯林斯》初版语料库只有 700 万字符,2000 版已扩至 33 亿。什么叫"足量"?收 10000 条、20000 条、30000 条的初阶、中阶、高阶学习词典,其语料必须 3 亿、6 亿、9 亿字符。什么叫"平衡"? 必须包含并分主次的语体、语域:口语、书面语,通用语体、经济、政治、法律、新闻、体育、文学、外交、科技、译文、评论等。什么叫"针对"? 为特定的词典研制具有针对性的语料库:时间的针对性,历时的,共时的,泛时的,古代的,近代的,现代的,当代的;空间的针对性,共同语的,方言的;语体的针对性,口语的,书面语的,通语的;语域的针对性,经济的,法律的,文学的,等等。总之,它是语言的真实文本,是活语言的缩微本。它的鲜活性和时空的广阔性,给编者和读者提供了诸多的自然语言完整典范的例句。收词、释义、举例等都必须依据语料库。它决定词典信息的真实性、现实性。

8.1.4 语境理念

语境理念主要考虑自然完整语句的语境,即语句的语言语境和非语言语境。语言语境包括:(1)言语近境——上下词、上下句;(2)言语远境——上下段、全章篇、全书、风格、语体、语域等。非语言语境包括:(1)主体语境——交际者及其使用的副语言(身势语、面目语等);(2)客体语境——交际情景、社会背景。《学习词典》对这些语境的多种因素都应该照顾到。

最佳语境给被释词的义值,只能是一值的,即只有一种理解或解释;不能是二值或多值的,即有两种或多种理解或解释。

8.1.5 读者本位理念

如果说一切辞书都考虑读者对象,那么学习词典则把读者对象置于前所未有的高度,置于前所未有的中心地位。

一般语文辞书选词目的重要原则之一是,照顾词汇系统,讲究语义场平衡。例如太阳系的行星,不能只选一两个,必须选全;二十四节气不能只选几个,必须选全。而学习词典以读者的解码和编码需要为轴心,根据频率,二十四节气可以只选常用的一些。

一般语文辞书释义的重要原则之一是,同场同模式及其等值原则。而学习词典以读者的解码和编码需要为轴心,可以适当放弃同场同模式及其等值原则;它的首选原则是,简明、通俗、易懂。

一切为读者的编码需要着想,《柯林斯》三版在词的右侧,用黑白菱形标明词的使用频度。这都是可以效仿的精神。

总之,学习理念演绎学习词典,学习词典又推动着学习理念的进步,这种互动是永无止境的。

第二节　学习词典的收词原则

学习词典分三阶,收词有三个量:初阶收 10000 条以内;中阶收 20000 条左右;高阶收 30000 条左右。

8.2.1　以频率为主,参照通用度

收词按语料库频率,由高到低,收到该阶的最高词量。当频率很低时,参照通用度:时间通用度,使用的时间接近中频词;空间通用度,使用的地区接近中频词;用者通用度,使用者尤其是名家的数量接近中频词;语域通用度,至少在新闻、经济、体育、文学等语域使用过。

8.2.2　不追求平衡原则

学习词典,尤其是初阶的,不追求语义场内的绝对平衡,可以适当考虑场内的相对平衡。例如如果汉语初阶学习词典的正条或主条,按频率收了"外科、大方、慷慨、晚餐、悲剧、天堂、大于、师长、团长、排长"等,没收"内科、吝啬、小气、早餐、喜剧、地狱、小于、军长、旅长、连长"等。对没有收入的词可以列入内词条或以其他方式提示。

8.2.3　只收通用词

不收或少收非通用词:方言词,百科词,外来词,书面词,新词等。

8.2.4　词位常体立为主条

异形词:频率高的作为标准词形,即作为主条(详释),释义后附带异形词说明:"多不作××"。

同形词(音义不同,或音不同)分立条目,不应合为一条再分义项。这是《牛津》《朗文》《柯林斯》《罗贝尔》等当代权威词典的共识,是符合词位理论的。"存款",《现汉》1~4 版分为两条,5~6 版合为一条,分两个义项,把离合词看

作短语的人认为,这是把不同层级单位(短语和词)合为一条,违背科学原则。把离合词看作词的人认为,这是合理的。从科学和实用的角度说,5～6版的做法是可行的。

8.2.5 词条原型档次

初阶学习词典,多数都收五六千词。按原型论观点,这些大致可以分为4档:200多个核心词是常用词的核心;850～1000词是常用词的次核心;1000多～3000多常用词是一般常用;3000多～6000多常用词是边缘常用词。对于这4档词,可以按频度及通用度,在词条的右上下标处,分档标出,见《柯林斯》。

核心词或次核心词是一级重点条目。其后适当位置应列出它的常见的同义词、近义词、类义词、反义词,以便从义查词。这是罗贝尔的创造。但要适量、适度,不可使主条内容臃肿、庞杂、紊乱。

第三节 学习词典的义项划分

学习词典只收常见义项,不收下列义项:古义项,旧义项,新奇义项,方言义项,术语义项等。

8.3.1 常用义项多可细化

汉英一些对应词,虽不可能完全等值,但在西方词典中的义项,比汉语词典的义项常常多、细。如汉语最常用词和次常用词共3051个,其中多义词1337个,占43.8%,平均有2.91个义项。而英语常用词共2078个,其中多义词1673个,占80.5%,平均有4.65个义项,其中 run 有"跑"等36个常用义项,非常用义项还有70来个。又如约翰逊《英语词典》(1775)take(拿)及物义项130个,不及物义项21个。新版20卷《牛津大词典》set(放、置)的主要义项有400个(俄国谢列盖统计,转自薛恩奎2006:150)。即便小型词典,该词也占2页篇幅。"从"在《故训汇纂》中汇集了271个"古训",其中绝大多数是语境义即语用义,到了《汉语大字典》《汉语大词典》都只给出20多个义项。多义词占常用词的比例,汉语约为英语的1/2;多义词平均义项数量,汉语约为英语的2/3。这不完全是语言的实际情况的差异,而一部分原因是所见的语料多寡不同,或编者认识的粗精各异,所以提炼出的义项多少有别。

《现汉》"走"的第三义项:"(车、船等)运行;移动;挪动。"这三个二级义项是有差别的:运行,用于车、船、日、月、星等;移动,用于钟表等;挪动,用于人移动棋子等。可以考虑用 a)、b)、c)分小项表示,甚至分为三个一级义项。

8.3.2 常用义可以划分出义项群核心义及其子义项

有的词条(如"打")义项繁多(30个义项),且频率无大差别,应划分三五个义项群,概括出群的核心义,其下列出子义项 a)、b)、c)、d)等。如曹先擢先生对"打"的分群分项释义(《现代汉语规范词典》)。《罗贝尔词典》、《剑桥国际英语词典》、《新牛津英语词典》都是这样做的。

8.3.3 常见义项应该丰化

例如:

【书】《现汉》只有一个义项——"装订成册的著作"。

《牛津》有两个义项:(1)"写成或印成的著作……"(2)旨在出版的书面作品。

汉语的"书"最好列出两个义项:(1)用纸等装订成册的、自成知识系统的、供人阅读的东西。(2)正在写的书,如"他在写书"。

【科学】名词之下,《现汉》只有一个义项——反映自然、社会、思维等的客观规律的分科的知识体系。

《牛津》《韦氏新世界词典》等英语词典都给出5个义项,汉语的"科学"至少应给出4个义项:

(1)在观察、研究、实验的基础上建立起来的知识体系。如"学习科学""用科学"。

(2)专指自然科学。如"科学技术""科学实验"。

(3) 专指知识体系的一种或一个分支。如"化学是一门科学""经济学是一门社会科学"。

(4) 指科学研究。如"从事科学工作""科学院""科学选题"。（陈晓鸥 1997）

8.3.4 义项排列

学习词典的义项排列,大多数按频率(如《朗文现代英语词典》)。此外,可适当照顾：

词性顺序。词性常用的排列在前,词性相同的义项合并为一个大义项,再按①②③等标出小义项。

认知顺序。树一类的植物词语,《现汉》多用"树"→"果"分项释义模式,《牛津》多用"果"→"树"分项释义模式。在绝大多数人的认知世界里,先认知的是"果",后认知的是"树",甚至最终也无缘见到结这种"果"的"树"。因此用"果"→"树"分项释义模式,是符合人类认知顺序的。另外,从现代汉语实际出发,说树时,不常说"杏、梨、枣"等,而常说"杏树、梨树、枣树"等；说果品时,常说"杏、梨、枣"等,因此"杏树"和"杏"等应分别立目,分别释义。

第四节　学习词典的释义

目前语文性和百科性两类辞书,释义的总趋势是：词、物二分及适当兼容。给词释义,不是释物,而是要给出表意特征,该义项能进入的语境,该义项的用法。如"在科研上,他是一头牛"。比喻勤奋、能干。给词释义,不只是解释概念,而是要给出可感的最显著语义特征。如《牛津》10 版对水的解释："形成大海、湖泊、河流和雨水的液体,是活的生物体流体基础。[化学式：H_2O]"

学习词典释义的个性原则有下列各点。

8.4.1　适当照顾等值性原则

即可替换性原则。被释词和释语,在语义上是等值的,多数语境具有替换性。如：

a)【治疗】用药物、手术等消除疾病。

b)【家父】谦称,对人称自己的父亲。

a) 具有等值性,b)不具有等值性。b)释语中的"称"改为"称述",即消除面称这一歧义,才具有等值性,但仍不能替换。

《柯林斯》等外向型词典近来有放弃可替换性原则的趋势,多用自然句子释义。"我赞成释义策略多样化,也不要求让所有的释义都具有替换性,但我仍主张在没有其他明显更好的释义方式时,可替换释义是最佳选择。"(Landau2005:180)

8.4.2　积极性原则或编码原则

即着眼于说话或写作者的角度。释义从单一的词义标示转为语义、语法、语用整合的一体描写。义位是语义、语法、语用三项接口,注重语用。

8.4.3　释义方式

从单一(直接)释义向分解释义、向多式综合释义转化,少用单一释义。单一释义,就是同义对释、反义加否定、分释素义、二三词组合释义,它们注重的是共性特征,是内向型词典的主流模式。由于外向化,同义对释率渐趋减少。《钱伯斯20世纪词典》大多用同义对释,Martin, R.(1997)统计,旧版《小罗贝尔》占15.02%(12087动词中1815个用单一释义),《现汉》占39.71%,是《小罗贝尔》的2.6倍,《现代法语词典》占3.7%,《高级牛津学习词典》占3.1%,《现代汉语学习词典》占26.02%(选465个动词义位,单一释义121个),《柯林斯》是完全取消了。

一般不用同义对释(在同栏、同页的同义词、反义词除外,释语超过两行的除外),以免读者到别处翻检之苦。

分解释义,就是用词群或短语给出足量(≠全量、非足量)的语义特征。它们注重的是个性特征,这是外向型(即学习型)词典的主流模式。《朗文3》对大多数名词、简单形容词、一些动词用短语释义。从用短语释义向用句子释义,是《柯林斯》的独创,《朗文3》对难定义的词语也多采用,如许多动词、短语。释义句子多用"if you⋯/如果你⋯⋯"结构。本词典可以适当采用。

学习词典应该较多使用短语式分解释义。如用同义对释,前后(以常用词或核心词释义)必须给出个性特征,且应附以个性化的搭配例子;这里不必再设"辨析"栏,以便节省更多篇幅。分解释义,首先应尽量给出动词的客体义子。客体义子在动词释文中出现的百分比,《简明牛津》47.01%,《现汉》47.67%,《柯林斯》89.94%,《牛津高级学习》95.65%,《朗文》100%。其次,较多地给出主体义子。主体义子在动词释文中出现的百分比,《简明牛津》5.16%,《现汉》15.15%,《柯林斯》96.46%,《牛津高级学习》8.42%,《朗文》11.68%。在主体义子中,84.8%是"人",对此应注意区别度;如果是泛指,没有区别度,可省略,《现汉》省略的这类义子占"人"义子的84.84%;如果是某类人,尽量给出人的类别。

学习词典早、中、近期,释义方式由传统,经句子,转向多式综合。用句子释义的有《BBC英语词典》《钱伯斯基础英语词典》《柯林斯》(99%运用语境中自然语句释义)。如:

【食物】(人或动物所需的)吃食、饮料;(植物所需的)养料。食品。(《牛津英汉》)

人或动物吃的或植物吸收的为维持生命和生长需要的某些营养物质。(《牛津》)

人或动物吃的东西,如蔬菜或肉。(《朗文》)

食物是人或动物吃的东西。(《柯林斯》)

多式综合释义应该是:食物是人或动物吃的东西。≈食品(多指人吃的,经加工的),≈吃食(多指人吃的)〈口〉。(本书)

《柯林斯》让被释词进入释句(自然句子),其特点是(一)用带有语境的完整的自然句子,称之为"句子型释义、讲解体释义或辅导体释义",既是释文,又是例证,便于模仿;(二)提示词的语义、语法和语用信息,真实、实用;(三)取消括注,把注释成分直接写进释文里,增加可读性,简洁、易懂、通顺;(四)基本放弃了替换原则;(五)加速外在语言内化(习得语言规则、知识)速度。《朗文》3版对难定义的词语(某些动词、短语等)也用句子释义。"现代语文词典应是句子词典。"(黄建华《词典论》)句子释义的缺点是:常以个例掩盖类型,搭配类型不足(常漏掉优先搭配),句法结构类型不足,基本义和附属义照顾不周,必需的语法语用信息未能提示,等等。

多式综合释义,是根据具体的词,或采取短语释义,或采取句子释义,或采取同义对释等方式。以《麦克米伦英语学习词典》为代表。学习词典应该多采用多式综合释义。

8.4.4 尽量少用括注

括注中的内容多是义域范围、使用范围、搭配成分等。《高级牛津学习词典》平均每条有1.3个括注,《朗文当代英语词典》平均每条有0.7个括注。《现代法语词典》平均每条有0.5个括注,而《柯林斯》则取消了括注。汉语学习词典可以考虑尽量少用或不用括注,只是在特别需要的时候才括注语域、语体、语境、语法、语义、搭配等信息。多用括注,常自乱体例(分不清加括注和不加括注的界限),给读者阅读释文造成麻烦。

8.4.5 学习词典的例证

学习词典比普通语文词典的例证丰富。它有足量的例词、例语、例句。突出用法,鲜活、自然、完整、典范,选自并验证于代表自然语言的真实文本语料库。

第五节 外向型学习词典释义的优化[*]

8.5.1 引言

外向型学习词典脱胎于传统的内向型词典,供外国人使用,解码性是它的

---

[*] 本节为李智初作。原文名《对外汉语学习型词典释义的优化》,发表于《辞书研究》2012年第6期。收入本书时订补数处。

根本属性,这决定了其释义应有别于传统的内向型词典。世界上第一本外向型学习词典 1948 年出版,至今已有六十多年的历史了,六十多年来,英、法、美、德等国已经出版了十多本较有影响的学习词典,它们突破了传统词典的查考功能,为学习者着想,突出编码性。国内至今已有数本对外汉语学习型词典,本文从中选取三本,我们姑且称之为甲本、乙本和丙本,这三本词典先后于 1995 年、2000 年和 2006 年出版,时间相隔均在 5 年上下。以传统型现代语文中型辞书的代表——《现代汉语词典》的释义为参考系,分析所选三本词典的长处与不足,以促进外向型学习词典释义的不断优化。

8.5.2 对外汉语学习型词典释义的非优选方法

(一) 同义对释

对于传统型词典来说,同义互训、同义对释的方法,是最简单的释义方式,如《现汉》释"现世"为"出丑","出丑"为"丢人","丢人"为"丢脸"。由于释义的主观性、词义的模糊性等因素的相互影响,有学者认为这种灵活多样的训释方式是可取的。它的不足在于,它只表现出同义词之间相同的一面,隐藏了各自不同的一面。学习型词典应摒弃这种方法,否则,对于二语习得者来说,只能知道甲词就是乙词,但是不知道甲词和乙词用法有何区别。而在实际的语言交际中,常常是只能用甲词或只能用乙词,或者是常用甲词而不常用乙词。如:

【看待】对待。【对待】❷以某种态度或行为加之于人或事物。(《现汉》)

【看待】对待。【对待】用某种态度或行为来应付人或事物。(《甲本》)

【看待】用某种态度看人或物。【对待】用某种方式或某种态度对人或事物。(《丙本》)

"看待"和"对待"都指对人或事物采取某种态度或行为,有时可以互换,如"我们要用积极的心态看待/对待此事",正如《现汉》和《甲本》均释"看待"为"对待"。但二者各有一个区别性语义特征,"对待"强调的是行为,"看待"强调的是态度,在明确表示行为的时候,可以说"对待朋友像春天般的温暖",不可以说"看待朋友像春天般的温暖";可以说"不要用粗暴的手段对待他",不可以说"不要用粗暴的手段看待他"。《丙本》对这两个词分别解释,从释义看,"对待"多了一个语义特征"用某种方式",这正是这两个同义词的区别所在。

(二) 循环释义与交叉释义

循环释义就是把甲说成乙,再把乙说成甲,在学习型词典的释义中,这种方法不宜提倡。如:

	《现汉》	《甲本》	《乙本》	《丙本》
好像	❷似乎;仿佛。	(未立目)	有些像;仿佛。	很像。
似乎	仿佛;好像。	好像;仿佛。	仿佛;好像。	表示不十分确定。
仿佛	似乎;好像。	似乎;好像。	像;类似。	似乎。

"似乎""好像""仿佛"这三个词在《现汉》和《甲本》中的释义及其相互之间的关系用图示法可表示如下:

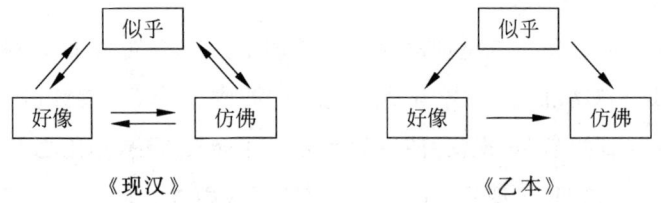

可见,《现汉》和《乙本》释义的循环明显,《现汉》呈双向循环模式。

交叉释义就是同时用两个或两个以上的词来解释一个词,被释词和释语部分重合,或者同义词的释语部分重合。交叉释义有利有弊,简明实用是其有利的一面,有学者认为,这是"利用词义交叉来补充或限制词义范围,以求较准确地说明被释词的意义。"①不利的一面是,这种方法容易堆砌词语,给人模棱两可的感觉,使人对词义的理解难以把握。如:

【容颜】容貌;脸色。(《现汉》)

---

① 参见胡明扬等,《词典学概论》,中国人民大学出版社,1982年,第134页。

【面容】面貌;容貌。(《现汉》)

【面容】面貌;容貌。(《甲本》)

【面貌】脸的形状;相貌。(《现汉》)

【面貌】脸容;相貌。(《甲本》)

【容貌】相貌。(《现汉》)

【容貌】相貌。(《甲本》)

【相貌】人的面部长的样子;容貌。(《现汉》)

【相貌】人的面部模样儿。(《甲本》)

从《现汉》例看,是用"容貌""脸色""面貌""相貌"这四个词来反复交叉解释"容颜""面容""面貌""容貌""相貌"五个词的,而且"容貌"释为"相貌","相貌"又释为"容貌",这里也有循环之嫌。从《甲本》例看,是用"相貌""面貌""容貌""脸容"四个词交叉解释"容貌""面容""面貌""相貌"四个词的。在学习型词典的释义中,应少用交叉释义的方法。

(三) 语素扩展释义

用语素扩展法释义就是把语素扩展成词语进行释义。如"坑骗",《丙本》释为"坑害欺骗","坑"扩展成"坑害","骗"扩展成"欺骗";《现汉》释为"用欺骗的手段使人受到损害",《现汉》使用的是分析性释义方法,相比之下,这种方法更便于理解。"预期",《现汉》释为"预先期待",《丙本》释为"预先希望出现某种情况",相比之下,《丙本》的释义更好理解。

语素扩展法释义的弊病在于:通过扩展给出的两个词对于外国人来说可能是同义词或近义词,甚至还是生词,看后仍然不会明白,会造成理解上的障碍。下面是几本词典对"珍惜"的释义:

【珍惜】珍重爱惜。(《现汉》)

【珍惜】珍重爱惜。(《甲本》)

【珍惜】珍重爱惜。(《乙本》)

【珍惜】觉得很珍贵并且很爱惜。(《丙本》)

"珍惜"="珍重"+"爱惜"吗? 我们继续运用语素扩展法,加入《现汉》对

"珍重"和"爱惜"的解释并替换,即:"珍惜"="珍重"(爱惜;珍爱)+"爱惜"(爱护珍惜)=爱惜+珍爱+爱护+珍惜。再加入《现汉》对这四个词的解释并替换,即:"珍惜"=爱惜(爱护珍惜)+珍爱(重视爱护)+爱护(爱惜并保护)+珍惜(珍重爱惜)=爱惜+保护+爱护+珍惜+重视+珍重。这几乎就是同义词的叠加了。对于外国人来说,这种推演是毫无意义的,只能使学习者对词义的理解变得越来越复杂。

参考第一次语素扩展法得出的两个词"珍重"和"爱惜",可以看出"爱惜"与"珍惜"的同义关系更近,二者有同有异,"珍惜"的其中一个区别性语义特征应该是"珍"(像对珍宝一样),我们可以用这一语义特征来限制它的语义范围,可解释为"珍惜":"像对珍宝一样爱惜、看重",还可加上一句:"对象多是难得的珍贵的事物或人",以表明该词的使用对象,使左项与右项两边的语义等值。

作为外向型学习词典,不要以词释词,应给出分析性释义或定义式释义。我们提倡释义方式的多样化,应回避单一的释义方式;提倡在释义时使用短语或完整的句子,给出被释词的主要的语义特征和区别性语义特征,必要的时候还应给出使用对象、使用范围等,否则,就只能具有查考功能,而没有使用功能了。

(四)反义加否定释义

反义加否定释义的框架,考察《现汉》的做法,可大致归纳为四种类型,举例如下:

序号	条目	《现汉》	《甲本》	《丙本》
①	碍眼	①不顺眼。	(未出条)	(未出条)
②	禁止	①不许可。	不许可。	不允许。
③	冷落	不热闹。	(未出条)	(未出条)
④	否认	不承认。	不承认。	①不承认;不同意。
⑤	未必	不一定。	不一定。	不一定。
⑥	迟缓	不迅速;缓慢。	(未出条)	(未出条)
⑦	反对	不赞成;不同意。	不赞成;不同意。	不赞成;不同意。
⑧	笨	②不灵巧;不灵活。	不聪明;不灵巧。	①不聪明。②不灵活。

(续表)

序号	条目	《现汉》	《甲本》	《丙本》
⑨	冷淡	①不热闹；不兴盛。②不热情；不亲热；不关心。	②不热闹；不兴盛。②不热情；不亲热；不关心。	③(对人)不热情。
⑩	盗猎	非法捕猎。		

以上十例中，①-⑤属于"不+反义词"形式，这是反义加否定释义框架中的基本类型；有的是在此基础上再加一个同义词，如例⑥；还有连用两个"不+反义词"的，如例⑦-⑨；也有少数是前加其他否定成分的，如例⑩。

在《甲本》中，"禁止""否认""未必""反对""冷淡"的释义跟《现汉》完全一致，"笨"的释义跟《现汉》的部分相同。在《丙本》中，"未必""反对"的释义跟《现汉》完全相同，"禁止""否认""笨"的释义用词虽跟《现汉》不同或不完全相同，但释义模式相同，只有"冷淡"的释义前加了括注，表明了使用对象，这是《丙本》的进步。总的来说，这些释义中的反义加否定形式依然明显，反义加否定的释义方式难以摆脱以词释词的局限。外向型学习词典的释义，应该在词义的个性区别特征方面下足功夫，应该尽量回避上述几种释义方式，努力遵循以下几种释义方式。

8.5.3 外向型学习词典释义的优选原则

（一）同场同模式原则

1924年，德国学者伊普生（G. Ipsen）提出语义场（semantic field）这一术语，之后又有多位学者研究过语义场。"场理论虽然还存在这样那样的缺点，但无疑增进了我们对一种语言的词汇的理解。"(Lyons，1977：267)语义场的确立，使义位的位置显得有序，义位之间的关系变得明晰，运用到词典释义中，有利于提高词典释义的系统性、科学性和准确性。在辞书释义系统性中，同一底层语义场的若干个义位的释语模式应该相同或大致相同，这体现了词典释义系统性的一个重要原则——同场同模式原则。在学习型词典中，我们应该按语义关系整理词目，根据语义特征解释词义。

第五节 外向型学习词典释义的优化

"语义场中的义位是以共性语义特征相聚合,以个性语义特征相区别的。"(张志毅等,2005:63)义位在语义场中的结构有多种,如同义结构、反义结构、上下义结构等。下面在语义场视角下试分析具有同义结构的"斑白""花白"的释义:

	《现汉》	《甲本》
斑白	(须发)花白	(头发)花白
花白	(须发)黑白混杂	黑白混杂的样子(一般只用于形容头发和胡须)

从上表看,《甲本》应完善的地方有三点:1)括注一为前注,一为后注,一指头发,一指头发和胡须,应该统一为前注或者后注,以前注为好。2)"斑白"的括注为"头发",其实不止头发一种,还可指胡须、眉毛、鬓发等,即义域过窄。二者可统一括注为"头发、胡须等"。3)"斑白"释为"花白",这是同义对释,不可取。其实二者的共性语义特征是指头发、胡须等黑白混杂。"斑白"的主要区别性语义特征是黑中夹白,强调的是黑多白少;"花白"则指黑白相间,白发的分布形状已经不是斑点了,而是条纹状,可见"花白"所指白发的量要大于"斑白"。总之,二者可试释如下:

【斑白】(头发、胡须等)黑中夹白。

【花白】(头发、胡须等)黑白相间。

学习型词典的释义应该更深入细致地揭示义位的共性语义特征和区别性语义特征,具有同义关系、类义关系等的义位应侧重于区别性语义特征的揭示,具有反义关系、交叉关系等的义位要考虑到共性语义特征及其内部的个性语义特征的揭示。不论具有何种关系的义位,在语义场的规约下,每个义位的核心义、附属义和义域可以清楚地比照,优劣得失一目了然。我们应在底层义场下对各个义位的释义进行修改和完善,重视语义特征的提取,使各部分得以修改和完善,使释义不断优化。例如"东边""南边""西边""北边"四个具有类义关系的义位,《乙本》释义是:"东边"释为"东","西边"释为"四个主要方向之一,太阳落下去的一边","南边"释为"南面","北边"释为"早上面对太阳时左手的那一边"。在这个表方位的语义场下,《乙本》中的四个义位的释义模式各不相同,应该统一为一种。它们的共性语义特征(这里指类属义)只有一种,即四个主要方向之一。在此基础上又可细分为两个下层义场、两种释义模式,即"东边"和"西边"为"指太阳出／落的一边";"南边"和"北边"为"指早上面对太阳时右手／左手的一边"。

只有了解一个词所处的语义场和它与同一语义场里的其他词之间的语义联系,才能确定词之间的语义关系,才能确定一个词的真正涵义。(张玉华,1993)在词典编写时,应先按语义关系整理词目,并在语义场视角下解释词义。具体来说就是按不同语义结构分出尽可能细的底层义场,再对这些义场中的义位进行语义特征分析,包括共性语义特征和个性语义特征,在此基础上提取与之相对应的核心的语义特征作为释义的主要因子。对于可以同时分属不同底层义场的多义义位,在不同的底层义场中,其语义特征应有所取舍、有所选择。

(二) 同类同模式原则

不同词性的释义,应有不同的释义模式,相同词性的词,应有大致相同的释义模式,而在同一词性里往往还应当分出多种类型的释义模式,"X+的"就是形容词的一个释义模式,如"好"①,《现汉》释为"优点多的;使人满意的。"这是"X+的"模式下的两个子模式,即"名词＋形容词＋的;动词＋的"模式。通过相对固定的释义模式,可以检验释义的正误或词类标注的失误。如:

【水平】[名] ①跟水面平行的。②在生产、生活、政治、思想、文化、艺术、技术、业务等方面所达到的高度。(《乙本》)

释义模式要与所标词类一致,《乙本》的"水平"①"跟水面平行的"属于"介宾＋动词＋的"的模式,这里不是名词,应属形容词性的,"水平"②才是名词。下面看"水电"的释义:

【水电】[名] ②利用水力发电。(《乙本》)

这一句可改为"利用水力发的电"或"水力发电产生的电能"。这属于名词中

"区别性语义特征+共性语义特征(即类素)"的模式,而《乙本》原释义"利用水力发电"属于动词中"个性条件+相关动词"的释义模式,具有明显的动词性。再看"顺手"的释义:

【顺手】[形]②很轻易地一伸手;随手。③顺便;捎带着。(《乙本》)

义项②和义项③中分别用了副词"随手"和"顺便"来释义,而且这两个词在《乙本》中均已立条,均标注为副词。这属于用同义副词释义的方式。因此,义项②和义项③均应标注为副词而非形容词。

在各词类中,动词的释义难度较大,情况较复杂,一是动词与形容词容易混淆,二是动宾关系复杂,再就是动词的类别多,里面还可分出很多小类。如果我们肯下一番功夫把某一部词典中所有的动词释义模式整理一遍,并按照各类模式来修改动词的释义,会大大提高该词典中动词释义的系统性、精准性。试举例如下:

【胜利】[动]〈不及物〉①在斗争或竞赛中打败对方。(《乙本》)

【失败】[动]〈不及物〉①被打败。(《乙本》)

这是不及物动词的释义。"胜利"及其相对应的反义词"失败"的释义应该归为"个性条件+相关动词"模式,故,"失败"的释义应改为"在斗争或竞赛中被对方打败"。及物动词的释义,倾向于把宾语放在释语中,这样的释义模式较完整,语义较清晰。如:

【俘虏】[动]交战时抓住敌人。(《甲本》)

【俘虏】①(动)作战时抓住敌方的人员。(《乙本》)

【抚养】[动]抚育教养。(《甲本》)

【抚养】(动)提供生活条件,保护、教育(孩子)。(《乙本》)

在"俘虏"条中,《甲本》和《乙本》均把宾语"敌人""敌方的人员"放在了释语中;在"抚养"条中,《乙本》用括注的形式给出了及物动词"抚养"的宾语。两种释义哪一种更受外国人欢迎?《柯林斯当代英语词典》采取前一种做法,这也许反映了当前的倾向。

（三）义素分析法对释义的优化原则

20世纪50年代，美国人类学家朗斯伯里(F. G. Lounsbury)和古迪纳夫(W. H. Goodenough)在分析亲属词的关系时提出了义素分析法，此后，几乎各种语义学派都开始研究并运用义素分析法。义素是义位的语义成分，因此，义素分析法也叫语义成分分析法。人工元语言的义素分析和词典释义元语言的义素分析，道理相同，形式不同。词典的义素分析法只能在定义式释义、分析性释义等的基础上进行，而对以词释词的释义形式无效。义素分析法是检验释义优劣的一个有效方法，通过义素分析法，可以清楚地看出一个义位中各语义特征的情况，也可以比较处于同一底层义场下各义位的语义特征的情况。在较成熟的学习型词典中，义素分析法几乎可以指导和检验所有的释义，包括义位的基义、陪义、义域等。针对陪义的优化，试以"浅近""浅显"为例：

【浅近】形 浅显。（《现汉》）

【浅显】形 （字句、内容）简明易懂。（《现汉》）

通过参考若干含有"浅近"和"浅显"的相关语料，在同义义场的微观视角下可分析出二者的共性语义特征和个性语义特征。二者的共性语义特征一是都可指"字句、内容"方面，二是都可指"通俗易懂"；"浅近"的个性语义特征是"强调程度接近常人的或初级的"，"浅显"的个性语义特征是"强调明白易懂"。

为弥补"浅近"释义的不足，可用括注的形式加上"跟'高深'相反"，相应地，在"浅显"的释义后加上括注"跟'深奥'相反"，试释如下：

【浅近】形 （字句、内容）通俗易懂（跟"高深"相反）。

【浅显】形 （字句、内容）明白易懂（跟"深奥"相反）。

再以"生命""性命"为例：

【生命】名 生物体所具有的活动能力，生命是蛋白质存在的一种形式：牺牲～｜～不息，工作不止◇学习古人语言中有～的东西。（《现汉》）

【性命】名 人和动物的生命。（《现汉》）

从二者的义域看，前者是一切生物体，后者指人和动物。在同义场的规约下,二者的义域一目了然。"生命"释义的后一句话,似乎不算"添足",因为语文词典或学习词典有向百科辞典适当靠拢的倾向。

(四)元语言的优化原则

1956年,乔姆斯基首先倡导用元语言研究自然语言。狭义的元语言(metalanguage),是指人工符号形式的元语言,是用来描写语言的语言,有人又叫解释语言、工具性语言、符号语言、语义标示语,作为一种形式(人工形式、自然形式)语言,还包括"＋"表示肯定,"－"表示否定,"N"表示名词,"V"表示动词等;广义的元语言除指人工符号形式外,还包括来自自然语言的工具语言,也叫工具词条、词典释义基元词、释义元语言。辞书中用来解释词条的语言就是一种元语言,学习型词典的释义更需要元语言理论的指导,其指导原则如下:

1. 工具词条的精简原则

学习型词典在元语言的运用方面表现出自觉控制、数量趋简的趋势。《朗文当代英语词典》(3版)用近2000个常用词解释8万个词条,威斯特(M. P. West)和恩迪科特(J. G. Endicott)的《教学词典》(第4版)用1490个词解释24000个词条,《麦克米伦高阶英语词典》用不到2500个常用词解释近10万个词条,此外还有《柯林斯合作词典》、《剑桥国际英语词典》等也严控工具词条数目,这些词典的做法是我们编写外向型学习词典最好的借鉴。学习型词典应该严格控制释义用的工具词条数目,运用元语言理论,使用一定数量的常用词来释义,会使释义通俗易懂,学习者能轻松地读懂词典中的释义。

据不完全统计,在《现汉》释义中,用了40000多工具条解释60000条词。如"客套话"做释义用词共有80余例,如"包涵、拨冗、不安、不吝、承蒙、怠慢"等词的释义。"多年生"共有200多例,基本用于如"凤梨、佛手瓜、甘草、何首乌、黄连"等表植物的词条释义中。"像"共有1500余例,用于"爱河、白头翁、白蚁、飞白、粉碎、火红"等词的释义中。"比喻"的用次更是高达3000多例,用于"暗箭、暗流、半边天、半瓶醋、包袱、鼻祖"等词的释义中。在《丙本》的释义中,用"特指"近70例,用"形容"近200例,"另见"有570余例,"表示"高达1000余例。以上列举的《现汉》中的"客套话""多年生""比喻"等,《丙本》中的

"特指""形容""另见""表示"等,还有很多释义元语言,数量太多,有些失控。

不止一位学者在文章中提到,词典编撰首先应建立词典元语言表。我们认为不同的学习型词典应建立不同的元语言词表,在编写前,要根据收词情况建表,编写后再根据释义情况完善词表。入门级的外向型学习词典以使用4000个常用词作为释义语言为好,中级或高级的外向型学习词典用5000个常用词做释义语词是比较合适的。因为多义词,汉语少于英语,所以工具词条多于英语。而工具词条所含的义位数目,汉英是相当的。

2. 人工符号元语言使用的适度原则

狭义的元语言是高度形式化的元语言,表现为符号、标识等人工符号元语言。人们公认的词汇类别、词类或其他类别符号可以使用符号语言来表达。这里所说的符号语言就是指狭义的元语言,这些符号、标识一般都可以和解释语言互换。人工符号元语言具有含义单一、简约高效的特点,有必要在词典中酌情增设,比如《现汉》中使用的〈书〉、〈方〉、〈口〉,分别表示书面上的文言词语、方言、口语;图、动、形等分别表示名词、动词和形容词;//表示离合词;◇表示使用该词的例句是比喻用法;比前后字小一个字号的"儿"表示儿化音。狭义的元语言在词典中的使用要有一个度,不能泛滥,如果使用过多,使用者不易掌握;要注意通用性,如果是随意生造的,往往会有歧义,使用者会产生误解,如果高度抽象,就会给使用者带来理解上的障碍。

3. 解释语言的自足性原则

词典学家 Ladislav Zgustal 于 1971 年在他的《词典学概论》(*Manual of Lexicography*)中曾提出过词典的释义原则之一就是"词典定义应该只包含词典中经过解释的词"。(1971:351)

以"词典"条为例,《丙本》释为"收集词汇加以解释供人检查参考的工具书",《甲本》释为"把收集的词语按一定的次序排列并加以解释供人检查参考的工具书",释义里面的词均有解释,《丙本》的"词典"释为"把词语按一定的顺序排列起来并加以解释的工具书",在这一释义中,"排列""工具书"两个词没有立目,没有解释。以国家名"中国"为例,《丙本》的"中国"在词典中共出现七百多处,但没有立条,没有解释。《丙本》的释义中也用到了"中国",但未立条,在《甲本》中,"中国"已立条。

所有叙述语言的用词在该词典中都有解释,使用者在查看某词释义时如遇到不理解的词可自行到该词下再查看解释,不用另行翻阅其他工具书,这充分体现了学习型词典的自足性原则。WNI(The Word Not In)原则[1]的意思是释文及其他叙述语言里出现了本词典未收录的词,在词典中,它与解释语言的自足性原则是矛盾的关系,应努力回避 WNI 原则。

8.5.4 结语

从词典的类型角度看,内向型汉语词典是第一性的,外向型学习词典是第二性的;从学习过程看,后者是过渡型的,具有引导学习的功能,通过引导和过渡,使学习者最终能使用我们的内向型汉语词典。外向型学习词典应努力消除学习者查考时理解的障碍,建立畅通的学习通道,让学习者在查考的同时能学以致用。不否认例句在外向型词典中的重要作用,但释义是第一位的,让学习者理解词汇意义是首要任务,其次是语法意义和语用意义,如果学习者连词义都难以理解,那就更谈不上例词和例句的学习了。

从国内较早的《现代汉语学习词典》出版至今,新的学习词典不断问世,其编撰质量不断提高,词典特色更加鲜明,但至今仍然没有一本十分理想的外向型学习词典。之所以会这样,是因为有些问题我们还没有深入研究,有些方法还没有熟练掌握。比如从释义看,一个突出的问题和难点就是语义特征的提取问题(限于篇幅,这一问题会另文详述)。随着学汉语的外国人数量的不断增加,对学习型词典的需求量也会逐渐增加,使用者对词典的要求也越来越高,如何编出令人满意的、既有学术含量、又有编码实用性、引导性能与对外汉语词汇教学相匹配的学习型词典,这是很值得我们思考的问题。如何结合汉语自身的特点,并借鉴国外学习型词典如《柯林斯当代英语词典》等的编纂经验,及时吸收学界的相关研究成果,这些都是值得我们思考的问题。

---

[1] 参见[美]Sidney I. Landau 著的《词典编纂的艺术与技巧》,第 173 页,章宜华、夏立新译,商务印书馆,2005 年。

第 九 章

同义词词典编纂法

同义词研究和辨析以及同义词典的编纂,有五个意义。第一,有助于推广普通话;第二,有助于汉语的规范化;第三,有助于语言表达的准确与丰富;第四,有助于语文或汉语的教学水平的提高;第五,有助于思维的训练。

近百年来,外国语言学家又写出了许多关于同义词的论著,编出了一百多部"同义词词典"。有的在一般词典里专设"同义词"一项,如韦氏词典、罗贝尔词典。

要想编出理想的同义词词典,首先得解决两个理论问题:一个是同义词界说;一个是辨别同义词的原则和方法。

第一节 同义词词典的收词原则

词和词形成同义词,需要五个条件。

(一) 前提条件:系统相同,即同质条件。一般指同处于现代民族共同语之中,就汉语来说,是指同处于普通话系统之中。

(二) 基本条件:语义基本相同,主要义素相同,次要义素不同。

(三) 附属语用条件:在特定语境中可以互换,而句子的主要义值或真值不变。这是操作性条件,不是必备的语义特征。

(四) 附属语法条件:词性相同,这占同义词群的绝大多数,只有极少数不同。

(五) 附属语音条件:音节相同,这占同义词群的绝大多数,只有极少数不同;词音不相,这占同义词群的绝大多数,只有极少数词音相同,但词形不同。

《同义词词典》的收词,大多遵守上述条件,只有少数可以适当放宽。

9.1.1 词汇系统相同

例如:

(一) 父亲——爸爸,医生——大夫,课堂——教室,违背——违反,肥——胖;

(二) 知道——晓得(方言),妻子——老婆;

(三) 父亲——老豆(粤方言),医生——郎中(闽方言),小孩子——细佬哥(粤方言);

(四) (甲)(殴)(客方言)——挠(客方言),闹热(吴方言)——闹忙(吴方言);

(乙) 蔎米(粤方言)——金豆(闽方言),闹热(吴方言)——红火(内蒙古西部);

(五) 水银——汞(化学术语),肺病——肺结核(医学术语);

(六) 石灰——氧化钙(化学术语),手表——转枝子(黑话);

(七) 短语——词组(语言学术语),同一性——统一性(哲学术语);

(八) 滑稽——幽默(外来词),米(外来词)——公尺;

(九) 手杖——司提克(外来词),钢琴——披霞娜(外来词)。

很明显,我们这里把一种语言在共时之中的词汇系统看作一个总的大系统。其中包括共同语词汇、社会方言词汇等几个小系统。处于这个大系统内的一切词都具有两个特点:(1)都属于一种民族语言,(2)都处于断代语言这个平面上。在这个平面上普遍地存在词汇单位的同义现象。其中大多数是同义词现象,但是非同义词现象也不在少数。它们之间的界限是:同义词现象既具有断代的同一性,又具有词汇系统的同一性;非同义词现象只具有断代的同一性。请看上述九类例子:

第一类是典型的同义词现象,同义的词都处于现代共同语这个词汇系统之中。

第二类和第五类也是同义词现象。因为像"晓得"、"老婆"、"汞"、"肺结核"之类的方言词、术语词已经进入共同语。

第八类也是同义词现象。因为像"幽默"、"米"之类的外来词早已进入了现代汉民族的共同语。

第三类、第六类和第九类不是同义词现象。因为像"老豆"、"郎中"、"细佬哥"这样的地域方言词，像"氧化钙"、"转枝子"这样的社会方言词，像"司提克"、"披霞娜"这样的外来词并没进入共同语。

第四类的(甲)代表某种方言内的同义词，(乙)则不是同义词现象，因为"蜀米"和"金豆"之类的是分属于两个方言词汇系统的。

第七类代表某种社会方言内的同义词，因为其中的每一对词都具有词汇系统的同一性。但是如果是在两种社会方言词汇系统之间出现的同义现象（实际上极少见），就不是同义词。

进一步应该指出，一种语言处于共时的几个词汇系统并不是平行的。共同语词汇系统是主体，占着主要地位，其余的词汇系统是主体的支派，处于从属地位。我们不能把它们相提并论。可是处于共时上的几个词汇系统，彼此又不是孤立的、绝缘的，而是经常发生着互相渗透的现象。我们必须注意非共同语的某些词，特别是某些方言词和术语词，具备一定条件时就会跟共同语的相应的词形成同义词。

特别值得注意的是：同义词的成员是词位，而不是词位变体。

第一，加入同义词群的成员，不能是词位的词形变体。

如汉语的"抹杀/抹煞"、"烦琐/繁琐"等等，英语的"room/roum（房间）"、"swab/swob（擦去）"等等。它们的音、义都完全相同，只是形体不同，是一个词位的词形变体（不是两个词），可称之为异形词。同义词群不应该包括异形词。而有些声音相同的同义词又常被误认为异形词，如"界线/界限"、"察访/查访"等。对这类声意相同的同义词，现代汉语同义词词典应当尽量收进去。汉语的"叱责/斥责"、"选集/选辑"、"考查/考察"、"化妆/化装"、"十足/实足"、"做/作"这些词常被用混。可见有的汉语教科书说"同义词是发声不同而意义相同或相近的词"，这是借用了外国的定义，而忽略了汉语的实际。

第二，加入同义词群的成员，不能是一个词位的构词变体。如"手指/手指头"、"树墩/树墩子"、"手车/手推车"、"数字/数目字"、"提包/手提包"等等。

有些词加了词缀，带上了感情色彩，如"教员/教员儿"、"老头子/老头儿"，但是"儿"、"子"的色彩都是通常语感所能区别的。这类词似乎不必收。

第三，加入同义词群的成员，不能是词位的语法变体，如一个词和它的不同时态，英语的"work/working/worked"，汉语的"工作/工作着/工作了"；一个词和它的重叠形式，如"高的/高高的"、"看/看看"、"清楚/清清楚楚"等。

第四，加入同义词群的成员，不能是词位的语音变体。如一个词位常用的典型的语音形式和它的语音变体，汉语 luō·suō（啰唆）有时有人说成 luō·sū、lū·su 或 lū·suō。又如 gēn·tou（跟头）有的地方说成 gēn·dou。

第五，加入同义词群的成员，不能是词组。如"跑/跑向/跑到"、"坏/不好/太坏"、"好/很好/非常好"。但是固定词组（包括成语）是可以作为同义词群的成员的。

9.1.2 同义词的语义条件

9.1.2.1 同义词存在的主要基础是词义的共同性，但究竟是什么样的共同性呢？这要从对词义的认识谈起。

我们认为，词义就是处于一种语言系统中的、包括在词的语音形式中的人们对客观事物的理解。词义是个较广泛的概念，它泛指词的形式（语音）所包括的一切内容，如：语义意义，语法意义；基意（大体相当于"理性义"），多种陪义（相当于"色彩"）；义值（相当于"内涵"），义域（相当于"外延"）；处于自我状态的词所包含的潜在性的意义，词在具体的语言结构中的固定用法。我们把词义看得这样广，与许多人的看法有些出入。出入就在陪义（色彩）和固定用法上。

我们所以把陪义包括在词的内容里，是因为非临时性的陪义不是单纯地由词使用的专门特点所引起的，它还跟事物概念的非重要特征是相应的。例如"月亮"的基义是：地球的一个自然卫星。它的非重要特征是：总在夜晚出现，经常残缺不全，因而给思想不健康的人（特别是旧时的某些文人）以阴暗、冷漠、凄楚、悲伤等感觉；有时月亮也以自己的圆满无缺、明亮如镜的特征，给人以光明、皎洁的感觉。总之，不管消极的感情陪义，还是积极的感情陪义，都是跟"月亮"的非重要特征相应的。

我们所以把词的非临时用法也包括在词的内容里，是因为它不是任何人在使用时临时外加上的。词在使用上的比较严格的限制，是由一种语言意义联系规律决定的，不能从词所反映的客观对象的性质上或逻辑上去找根据。例如现代汉语的"深"，跟"春""夏""秋""冬"的联系是这样："深"一般只形容后两个词，说成"深秋"、"深冬"；一般不形容前两个词，不大说"深春"、"深夏"。一般词只能跟某些词配合，而不能跟另一些词配合，就显示着这个词的意义关联性的特征。这种特征的形成，不仅跟词的原来意义有关，而且是由人们使用语言的习惯决定的。例如"庞大"和"伟大"，"大"是共同的语素，"庞"和"伟"是决定这两个词的意义不同的"示差语素"，而"庞"的本义是"高屋也"(《说文》九下)，"引申之为凡高大之称"(《段注》)。后来，人们就常用"庞大"形容表形体的词，不含有什么褒义；"伟"的本义是"奇也"(《说文》八上)，"人材傀伟也"(徐锴曰，见《系传》)，"伟哉，夫造物者"(庄子曰，见《段注》)。后来，人们就多用"伟大"形容表抽象意义的词，而且含有褒义。词的用法常常跟义域有关，形容词的意义跟它所经常修饰的中心词有关，动词的意义跟施动、受动者有关。总之，词的固定用法并不是游离在词的内容之外的。我们不能同意 H. H. Амосва(阿摩索娃，1957)的意见："词的用法不能包括在词的内容里。"由此推断，词的用法包括在词的形式里吗？显然不能。如果既不存在于词的内容里，又不存在于词的形式里，那么用法就得被认为存在于词的内容和形式之间，而按内容和形式的原理来说，这是不可能的。"用法"是属于词的，它既然不能包括在词的形式里，就一定包括在词的内容里。

陪义和用法是词的内容的组成部分，但不是核心。它们是词的附带意义。基义是词的内容的核心，它是词的根本意义，有人叫作"对象—逻辑"义或理性义。在有陪义的词里，基义是词汇意义的主体；在没有陪义的词里，基义就独自成为词汇意义。

在了解了词义的组成成分及其关系之后，就可以对同义词存在的词义基础做如下分析。

9.1.2.2 同义词存在的基础是基义大部分相同

一般只说同义词在词义上有共同性,其实更确切地说,应该是在基义上大部分相同。很明显,只是陪义相同,而基义小部分相同,不能构成同义词。D. A. Cruse(克鲁斯,1986:265—291)也认为,同义词是核心语义特征相同,边缘语义成分有差异。

基义的共同性,是指基义部分相同,可粗略地分三种情况。用下图示意:

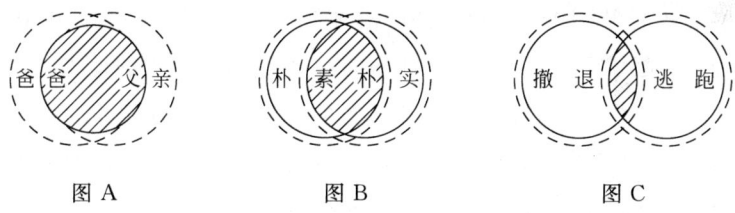

图 A　　　　　图 B　　　　　图 C

实线的范围表示基义,虚线的范围表示陪义。我们只从基义来看,如图 A 所示,以"爸爸"和"父亲"为代表的是一种情况:基义完全相同。如图 B 所示,以"朴素"和"朴实"为代表的是一种情况:基义大部分相同,即都指"毫不加装饰";基义的一小部分不相同,"朴素"偏重指外表,"朴实"偏重指内里。此外,像"心情"和"心绪","勇敢"和"英勇",后一个词比前一个词含义较丰富,语义特征较多,前一个词的语义特征几乎为后一个所包括,这一类也可以归到基义大部分相同这种情况里。如图 C 所示,以"撤退"和"逃跑"为代表的是一种情况:基义只有很小一部分相同或只有一点连带关系(后者可以画两个相切的圆)。

C 种情况,不能看成同义词,只有 A 种情况和 B 种情况才能看成同义词。从图示和说明中看到的只是同义词的量的规定性——同义词至少得基义大部分相同。我们正是想通过量来说明质。量变规定事物的质。当两个词的基义只有一小部分相同时,它们还只是一般的近义现象。当相同部分的量改变,并达到最低限度的数量——大部分相同时,一般的近义现象就转变为同义现象。基义至少要大部分相同,就是同义词的质的规定性。

说到这里,我可以对同义词和近义词的关系表示一点意见。在印度 Bholānāth Tivāri《同义词大词典》里这样写道:"常凭同义词的字面把它理解为具有同一意义的词,实际上带有相近意义的词都叫同义词。"(见《Вопросы Языкознания》1962, No 2, 103) P. A. Larousse(拉鲁斯)把同义词解释作"差不多同义的词"。这些定义,标准太宽了,它着眼于同义词在基义上的差别,但却忽略了这种差别的量的大小。如果不管差别的量的大小,只要有一点共同的地方或某种关联(即所谓"有相近意义"),那么许许多多"近义词"就一齐涌进同义词的队伍。比如"撤退"和"逃跑","收获"和"成就","强调"和"夸大"等等。其实这些词组,不管哪一组,共同的地方极小,而差别很大:"撤退"是作战的一方为战略战术上的需要,而主动地有目的地离开所占的地方;"逃跑",如果用于作战的一方(还可以用于个人),那是指为敌方武力所逼,不得不盲目地急速离开敌人。"强调"是特别着重或着重提出,"夸大"是把事情说得超过了原有的程度。这些所谓的"近义词",实在似是而非,意义并不是很相近的。

也许持"同义即近义"观点的人,会维护他们的见解,说任何一组近义词中都有共同的东西。如有人说"强调"和"夸大""都是把某一件事情或某一个条件看得特别重要,并且把它着重地说出来。"(姑且不论这个共同点概括得是否恰当)从近义词中能找出"共同的东西",这一点我们完全相信;不用说在近义词里,就连在反义词里也有"共同的东西"。问题在于,同义词的"共同的东西"绝不是在某一点次要意义上的随便的共同点。忽略了这一点,就会把近义词都看成同义词,因此会轻率地把一切近义词都归并到同义词中去。

但是我们也不能轻率地排斥一切近义词。问题在于,一般所说的"近义词"并不是一个严密的科学概念。它的范围很广,既包括上面提到的仅有一点点共同处或有某种关联的词,又包括差别较小而共同处较大的词。应该根据同义词的质的规定性,把近义词一分为二,只有后一类才属于同义词。

9.1.2.3 同义词存在的基础,不是指称同一对象

同义词是指称同一对象的词。这种观点的基础理论是词义是对象。这是上起荀子、Platon(柏拉图),中经 B. Russel(罗素)、L. Wittgenstein(维特根斯

坦,早期),后至现代一些学者,一脉相承的唯实主义语义观,是意义对应理论(Correspondence Theory of Meaning),它把直指定义(实指定义)作为词义的基本模型。

从根本上动摇唯实语义观的,首推 19~20 世纪之交的现代哲学创始人之一的 G. Frege(弗雷格),他多次论证意义和所指是不同的,并举出无可反驳的经典的重砝码的例子:晨星(启明星)和昏星(长庚星)所指都是金星,可是词义不同。同理,等边三角形和等角三角形所指相同,园丁和教书匠所指相同,可是它们的意义不同。实际上,早在 19 世纪 20 年代,洪堡特就认为,词不是某个事物的等价品,不指事物本身,而是表示人们对事物的理解。

语文词典对词义的解释,不是解释所指事物,而是提取反映事物的词的语义特征。因此,确定是否是同义词就是看语义特征是否大同小异,而不能看是否指称同一对象。

9.1.2.4　同义词存在的基础,不是词义的全等

在印度某些语言词典里却把同义词规定为"表达同一意义的词","具有同一意义的词"。中国有人提出所谓"绝对同义词"。总之,不管哪种提法都认为同义词存在的基础是词义的全等。具有这种观点的人,常常用三点理由为自己的观点辩解:

首先,比如 S. Ullmann(乌尔曼,1962)认为,意义完全相同的词是存在的,而且存在于人们最想象不到的地方——科技术语中。如本文上面所举过的,语言学中的"连词"和"连接词","文法"和"语法"。

其次,从一般人的语感看,好些同义词是没有什么差别的,如"源泉"和"泉源","哪里"和"哪儿","缺少"和"缺乏"。

最后,从整个同义词系统上看,绝对同义词总是不间断地存在着,因为有些成对的同义词在产生之初常常是没有什么差别的。如"电话"和"德律风","神经"和"脑筋","紧要"和"要紧"。现在让我们来逐一讨论一下这三点理由。

科学术语中的"绝对同义词",一点差别也没有吗？不,仔细分辨起来,绝大多数是有差别的。科学概念并不就是科学术语词的全部内容;术语词的用

法(在使用上的差别)也是不可忽视的方面。比如在语言学中,现在一般都用"连词",少用"连接词";一般都用"语法",少用"文法"。"文法"这个形式不能确切地表达这个术语的内容,从字面上看常常会误解。像这样的术语同义词并不是词语的"并行体"或"重复物",因为它们能使人们从不同方面更完整、更确切地掌握一个概念,在不同场合选择意义最明确的一个,表达这个概念在具体事物上的具体内容。至于那些单纯的并行体、重复物,将随着术语的规范化越来越少。在大量的同义词中,科学术语的"绝对同义词"是极少的,而且不能跟共同语的同义词相提并论。

以一般人的语感作为标准,是不足为凭的。如果仔细观察使用词的具体情况,就会发现许多"绝对同义词"有各种各样的差别:"源泉"比"泉源"的使用频率大得多(10∶1),"源泉"的书面语色彩弱一些。"哪里"比"哪儿"多用于书面语言,"哪儿"的口语色彩浓一些。"缺少"的对象是具体的或抽象的,"缺乏"的对象一般是抽象的;"缺乏"具有较明显的消极的意义色彩,"缺少"的对象一般没有消极的意义色彩(有时有,但不明显)。有些人把这类的同义词误认为是词义完全相同的,问题就出在他们把词义看得太窄了,用基义代替了词义的全部内容,而无视陪义。可是许多同义词的差别恰好主要表现在陪义上。

诚然,从整个同义词系统上看,绝对同义词总是不间断地存在着,但是这种同义词跟一般的、有细微差别的同义词相比较,毕竟不是主流,不是本质的东西。而且就一组一组的具体的"绝对同义词"来看,总是暂时的、不稳定的现象。否则就不合乎语言规律。语言的两个符号一旦不能辨别什么东西,就会给交际带来麻烦,成为语言中的累赘。于是物极必反,"绝对同义词"便开始分化。一种分化,是一个词以"多余者"的身份离开词汇系统,如在汉语中曾风行一时的"德律风"(电话)、"赛因斯"(科学)、"密斯"(小姐)等音译词,现在已经没人用了。一般说来,按本族语言特点改造的(有的在一定意义上可称为"意译词")会逐渐排挤掉音译词,而相反的情况则很少。如果不是这种一消一长、一胜一负的分化,那么就是在意义上有分工:A. 干脆变为两个不相干的词,B. 还保持同义词关系。A类如"神经"和"脑筋",在"戊戌变法"时期刚从日语借来,当时还是两个没有什么差别的、并行的借词。从辛亥革命时期以后它们逐渐分化了:"神经"表示动物体内传达知觉和运动的组织,"脑筋"表示思考、记忆等能力。B类如"紧要"和"要紧","紧要"侧重指紧急,"要紧"侧重指重要。受绝对同义词分化的规律制约,有些外来词进入本族语的同时,就跟本族词产生分化。如在英语的中古时期,法语的"beef"(牛)进入英语,只是在社会上层使用,如果要进入全民语言,就要跟英语的"ox"(牛)形成"绝对同义词"。但是,在"beef"进入全民语言的同时,就跟"ox"分道扬镳了;"ox"依旧表示"牛","beef"就只好另选一个意义——"牛肉"。

总之,用来维护"同义词存在的基础是词义的全等"这个观点的三点理由,都是不成立的。认识同义词时,不要被某些表面现象所迷惑,应该抓住本质的、主流的东西。从本质上看,同义词存在的基础不是词义的机械全等,不是词义的完全重合。这正如美国普通语义学创始人 A. H. Korzybski(柯日布斯基,1941)在论证"非等同原理"时所说的,"世界上不可能有等同的东西","我们都生活在一个非等同的世界上,非等同犹如万有引力一样,无所不在。"

9.1.2.5 同义词存在的基础,受陪义影响

有些人在讨论同义词时,把"含蓄"和"含胡","详细"和"啰唆","赞美"和"奉承"等叫作同义词。(张璖一,1953)这就使我们不得不谈一谈陪义对同义词基础的影响的问题。

前面说过,词的陪义以附带意义的性质,与基义共处于词义之中。在千万次言语活动当中,词的陪义可能不断加强或减弱,以致会影响基义。到一定程度,陪义就由附带意义的地位向基义的地位逐渐转化,最后促使词义改变。这就是词义内部不同性质义素转化的一种规律。这种规律作用于同义词,常常使有陪义差别的同义词的同义关系破裂,变为基义不同的非同义词。如"勾当"和"事情"原来是同义词,后来"勾当"逐渐带有强烈贬斥的意义色彩,指见不得人的坏事情,以后这个附带意义就变成了根本意义,于是跟"事情"就不再保持同义关系了。这就是同义词的差别可能导致其自身分化的逻辑。差别的内在发生,可能向两极发展。这个规律告诉我们,在讨论同义词词义时不能不考虑到同义词在陪义上的变化和这个变化对同义词存在的基础的影响。在确

定同义词时,对作为词义要素的陪义是不可忽视的。

说到这里,我们再回过头来看上面举过的几个例子。我们认为,"含蓄"和"含胡","详细"和"啰唆","赞美"和"奉承"是一种虚假的同义词现象。因为词的陪义的截然对立已经破坏了它们同义的基础,每组词只有基义很小的部分是共同的。它们的特征是,前一个词具有明显的褒义(跟后一个词比较而言),后一个词具有明显的贬义。这种对立甚至都要使两个词成为反义词,哪里还有什么"同义"可言?即使从认为它们是同义词的人的解释上看,也会发现其间的差别是很大的,而共同处是很小的:"赞美""是别人真有好处,自己诚心诚意的来说","奉承""是别人不见得有那种好处,自己假意的来说,想要讨别人高兴"(张瓌一,1953:34)。二者的共同处仅仅在于"说别人的好处",其他地方完全相反。可以说,在这里"反义"是主要的,"同义"是次要的。

9.1.3 同义词的附属条件,在特定语境中互换

Ullmann(1951)等人就专从替换这个角度给同义词下定义。Л. А. Булаховский(布拉霍夫斯基,1954)说:"在同一上下文或意义相近的上下文中,能互相替换,而在意义上又不觉得有明显区别的一些词,叫作同义词。"A. N. Chomsky 也有类似的观点:"如果两个词对它们所在句的蕴涵命题的贡献完全相同,这两个词就是同义词。"(见尼尔·史密斯等《现代语言学》180 页,外语教学与研究出版社 1983 年)而 Апресян(阿普列祥,1959)则认为"这个标准没有普遍性,因为所有同义词在语义或表情—修辞上都是有区别的。"

我们认为,同义词的基义至少得大部分相同,这一基础决定了互相替换是有可能性的;同义词的陪义或基义的一小部分是不同的,这种细微差别又决定了互相替换是有局限性的。

不能因为有"局限性"而否认"可能性"。同义词的替换,是以保持基本意义不变、不产生明显区别为条件的,即不改变动态语义真值。这个条件大体上符合同义词的性质,因而在这个条件下的替换,对判断是否是同义词,不失为一种有效的方法。

同样,不能因为有"可能性"而否认"局限性"。同义词的替换是有条件的,

这就说明这种替换的性质不是等价物之间的交换,这种替换是某些研究者就同义词的词义关系提出的局部替换,在具体的言语实践中,许多语言大师的作品都说明了这一点。

郭沫若在《女神》里写了这样的一节诗:

地球,我的母亲!
我的灵魂便是你的灵魂,
我强健我的灵魂,
用来报答你的深恩。

这里的"母亲"不能换成"妈妈"。因为"妈妈"没有"母亲"这种比喻用法,色彩也不如"母亲"庄重,声音跟"魂"、"恩"等韵脚也押不上。这正像臧克家(1946)所说:"敲好了它的声音,配好了它的颜色,审好了它的意义,给它找一个只有它才适宜的位置把它安放下,安放好,安放牢,任谁看了只能赞叹却不能给它调换。"

同义词差别决定了,在具体的言语实践中同义词的替换一般是不可能的。索绪尔(1982:162)认为同义词"只是由于它们的对立才各有自己的价值"。这正是研究同义词的一个重点,专门研究替换后有什么差别。

总之,在客观的言语实践中,同义词的替换是有条件的、相对的;同义词的不可替换则是无条件的、绝对的。因此我们说,同义词存在的客观基础不是彼此之间的替换。

可见,替换并不是同义词的本质特征。专门从替换角度给同义词下的定义,当然不能概括同义词的本质。而专用替换法判断是否是同义词,当然也不免有不妥当的地方:有些非同义词被确定为同义词,有些同义词反而被排除了。例如:"你的妻子在哪儿工作?"也可以说"你的爱人在哪儿工作?""爱人"可以代替"妻子",有人据此就认为二者是同义词。实际上,二者并不具有同义词的最起码的条件(基义大部分相同),只是后者包括了前者:"爱人"包括"妻子"和"丈夫"两个意思。推而广之,表示上下位概念关系的词,如"科学家"和"化学家","笔"和"毛笔","牲口"和"马",有时也能互相替换,因此也有人认为是同义词。说这样的词是同义词,不仅在人们的语感上通不过,而且也破坏了同义词存在的逻辑基础,表上下位概念的两个词,内涵不同,只是前者的外延包括后者,不能构成同义词。

"他牵着一匹马过河",不能改成"他牵着一匹马匹过河"。"马"和"马匹"不能互相替换,有人据此说二者不是同义词。实际上,二者是同义词,因为它们具有同义词存在的逻辑基础。虽然"马"是普遍概念,"马匹"是集合概念,二者的外延一大一小,但这两个概念的内涵基本相同,应该认为是同义词。

在基义上大部分相同,又有一小部分不同的词,如"朴素"和"朴实","战士"和"兵","英勇"和"勇敢","缺少"和"缺乏","夸大"和"夸张",等等,它们在具体的言语实践中一般都不能互相代替。可是不能因为这个就把它们排队在同义词之外。应该看到,这一类在基义上有细微差别的同义词,正是同义词的主体,也是同义词的精华。

9.1.4 同义词的附属条件,是语法意义的大同小异

词的语法意义,主要有语法范畴意义(词性、性、数、格、时、体、态、句子成分等),结构意义(结构类型、结合能力),功能意义(句法功能等)。同义词绝大多数是语法范畴意义——主要是词类相同,而结构意义和功能意义可能不完全相同。这是大多数学者的共识,不必赘述。

同义必同类,这是绝大多数。据我们统计,在同义词总数中,同义动词占49%,同义形容词占22%多,同义名词占16%多,同义副词占5%多,此外还有同义代词、同义连词、同义介词等。同义也可以不同类,这是少数例外。有些学者不允许有例外,我们承认有例外。

从哲学上说,绝对的"非此即彼"是低级思维,而高级思维承认在一定条件下"亦此亦彼"。绝对分明和固定不变的界限是不存在的。有的差异会在中间地段融合,有些对立会经过中间环节而互相过渡,使对立变为中介。

语言学也不例外。20世纪70年代曾任美国语言学会会长、美国和加拿大语言学会首任会长的 D. L. Bolinger(鲍林格,1957:第15章)认为"语言学诸范畴之间并没有截然分明的界线"。

词类也不例外。每个词类都有一些中心成员,它们具备该词类的全部语法特征。其次还有一些次中心成员,它们只具备该词类的大部分语法特征。最后还有边缘成员,它们只具备该词类的一部分语法特征。也就是说,在同一个词类内部的全部成员,并不是平等并列的,而是有梯度的。这种梯度就造成了 A、B 两类词的边缘成员交界处的语法特征的相似乃至交叉。即便是词类研究的顶尖级专家或著作,对同一个词位(一个义位和一个语音的结合体)的词性认定也不同。在此仅列三家:俞士汶《现代汉语语法信息词典详解》(简称"俞"),社科院语言所词典室《现代汉语词典》(6 版,简称"现"),邢福义《词类辨难》(简称"邢")。请看下表:

	秉公	而后	而今	绝望	快速	失望	致使
俞	d	d	d	a	d	a	v
现	d	c	a	v	a	v	c

	必然	差点儿	而今	会心	临时	宁愿	顺手
俞	d	d	d	d	d	c	a
邢	a	v	n	v	a	d	d

从上列表格可以看出,动词和形容词,动词和副词,动词和连词,形容词和副词,名词和副词,副词和连词之间都有过渡带、模糊空间。因为其中一些词归类尚无共识,所以甲专家说 AB 词同义同类,乙专家说 AB 词同义异类。而《现代汉语词典》又把不同类的词释出同一个意义或大同小异的词汇意义。如"困苦"是形容词,"疾苦"是名词,而把"疾苦"释为"……困苦"。"多少"是代词,"几"是数词,而二词的释义是:①问数量/询问数目。②表示不定的数量/表示……不定的数目。"永久"是形容词,"永远"是副词,用"永远"解释"永久"。在诸如此类情况下,我们认为确定是否是同义词的主要根据应该是语义特征,而不是语法特征。

此外,同义词还有词类次范畴(如"及物/不及物","可数名词/不可数名词")的差别,功能意义的差别。这里不再赘述。

9.1.5　同义词的逻辑条件

确定同义词时，用逻辑标准代替语言标准，用概念代替词义，是不对的。但是不能由此完全忽视同义词的逻辑基础。问题仅仅在于，"代替"是不对的。诚然，词义和概念有着原则上的区别，但是二者却都是人类抽象思维活动的结果，都可以反映同一事物；有许多概念和词义是一一对应的，概念的外延和词义的义域有许多是相当的。词义和概念的同一性，决定了同义词的共同性必须以概念的逻辑关系为基础，绝不能违反。

作为同义词的逻辑基础，只有一种概念关系：内涵相同或大部分相同。只要合乎这个条件，即使是表示两个虚假概念的词也可以构成同义词，如"上帝"和"老天爷"；只要合乎这个条件，即使是表示两种性质不完全相同的概念的词也可以构成同义词，如"马匹"和"马"，"马匹"表示集合概念，"马"表示普遍概念，但两个概念的内涵相同，只是外延不重合。

除了这种概念关系，诸如下列各种概念关系，不能作为同义词的逻辑基础。

同一关系："教员"和"老师"，这类词表示的概念，只是外延大体相同，内涵不同。"教员"指担任教学工作的人，"老师"是对担任教育工作的人的尊称。这是人们从不同角度反映出在特征上有区别的两个内涵。两个内涵的外延偶然重合，造成了同义词的假象。从人们的同义联想来说，由"教员"联想起的同义词是"教师"，而不是"老师"。

交叉关系："学生"和"男孩儿"，这类词表示的概念，内涵显然不同，只是外延部分重合。而外延部分重合不能作为同义词的逻辑基础，否则就连"工人"和"歌手"，"诗人"和"画家"这类意义根本不同的词都可以成为同义词了！

属种关系："牲口"和"马"，"爱人"和"妻子"，"笔"和"毛笔"，这类词表示的概念，内涵不同，只是前者的外延包括了后者。可是有这种关系的词可能转化为同义词，其条件是：表示上位概念的词，意义缩小，变为表示下位概念，并在语言系统中成为一个稳定的词义；或者表示下位概念的词，意义扩大，变为表示上位概念,并在语言系统中成为一个稳定的词义。前者如"丈人",由泛指一般年长的人缩小为专指妻子的父亲,结果跟"岳父"成为同义词。后者如"河",由专指黄河扩大为泛指一般的河,结果跟"河流"成为同义词。

并列关系:"走"和"跑","钢笔"和"铅笔",这类词所表示的概念,不仅内涵显然不同,而且外延也显然不相交,只不过是被一个上位概念所包括。

因为词义和概念有同一性,又因为概念内涵的相同是同义词的基础,所以有人专门从概念角度给同义词下定义。如 Е. Ф. Ворно(伏尔诺 1955/1959:32)等人说:"同义词就是一些表达同一概念,但彼此有一些细微的语义差别或者有不同文体色彩的词。"Р. А. Будагов(布达哥夫,1958:51)也有同样的见解:"同义词是意义相近,但发音不同的词,这些词表示着同一概念的一些色彩。"同时他用下图示意:

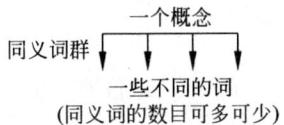

这两个定义的共同点是,把"同一个概念"作为确定同义词的唯一根据,实际上就是用概念代替了词义。这样就要导致在同义词研究中忽略词汇系统的界限,把不同的词汇系统的"同一概念"的词当作同义词(如上所述)。这样也就要排除在某个义位上大部分相同的这类同义词,如"心情"和"心绪","朴素"和"朴实","歌唱"和"歌颂"。其中的每一对都不能说是"同一概念",但因此就说它们不是同义词,这无论在理论上,还是在实践上都不能通过。问题在于,逻辑仅仅是同义词存在的基础之一,而不是主要的基础,更不是唯一的基础;同义词存在的主要基础是词的语义特征相同或大部分相同。

9.1.6 总括前文,得出三点认识

(1)按同义词的性质说,它是语言系统中的稳定单位的同义现象,而不是言语实践中的临时性成分的同义现象。但是,同义词并不等于语言单位同义现象;同义词不是语法单位同义现象,而是词汇单位现象。

(2) 同义词是词汇单位同义现象的一部分。同义词只存在于一种语言的同一个共时断面上,只存在于一种语言的同一个词汇系统内。一种语言的现代共同语词汇系统,是该语言同义词存在的主要场所。

(3) 同义词存在的客观基础是言语实践,而同义词存在的质的规定性基础是,词的基义至少得大部分相同;同义词存在的逻辑基础是,词所反映的概念的内涵至少得大部分重合;语法意义大同小异。同义词存在的基础不是指称同一对象,不是词义的全等,不是彼此的互相替换。陪义这一词义因素,对同义词存在的基础是有影响的。

第二节 同义词群及其划分

9.2.1 同义词群的核心词

处于同一个词群里的各个成员,其地位多半并不是平等、并列的,其中有一个成员处于核心地位,В. В. Виноградов 称之为"核心词"(俄语叫 Стержневое слово),有的研究者称之为中心词、主脑词、主导词(英语叫 dominant、俄语叫 доминанта)。不管叫什么名字,它的特征是:它的周围聚集了同义词群的其他成员,它的意义对于其他成员都是共同的,而且其意义性质应该是直接逻辑意义或事物意义,义域应该较宽,而不能太窄。陪义一般应该是中立的。从词汇系统上说,它就是该共同语里的常用词或基本词。如《尔雅》的核心词,释诂第 1 组是"始",第 2 组是"君",第 3 组是"大";释言第 1 组是"中";释训第 1 组是"察",都是常用词。在现代汉语中,"看、盯、瞧、望"一组中,"看"是核心词;"希望、渴望、盼望、期望"一组,"希望"是核心词;"商量、商榷、商讨、协商"一组,"商量"是核心词。当然,并不是所有的同义词群都有核心词。

核心词是联系本组同义词成员的纽带,是限定本组同义词范围的尺度。加入同义词群的每一个成员,都必须跟其核心词(或其中的一个义位)具有同义关系,否则便不能加入。这样,同义词群不仅有了核心,而且有了范围,于是就形成一个相对的封闭式的系统。如果只要跟任何一个成员有同义关系就可以加入,那么同义词群就没有核心,没有范围,就会形成几个开放式的系统。

A 词与 B 词,差别虽然较明显,但是可以拿 C 词为核心,组成一个同义词群。如:

  英勇→勇敢←大胆 创立→建立←树立

9.2.2 同义词群的划分

事物总是不平衡的。聚集在各个核心词周围的同义词的数目也是不平衡的。如《尔雅·释诂》的大多数同义词群、释言和释训的绝大多数同义词群,只包括二三条词,或四五条词。而释训的第 45 个同义词群,其成员多达 11 条词;释诂第 3 个同义词群,其成员近 40 条词。《广雅·释诂》第 49 个同义词群,其成员多达 60 多条词:"……丽、佳……妙……婵约、媚……好也。"可见,这类同义词群是相当庞大的。如果把这类庞大的同义词群的所有成员放在一起辨析,就很困难,也显得臃肿不堪,不如化整为零好。

一个同义词群,以包括二三条词或四五条词为宜。在《韦氏同义词词典》(*Webster's Dictionary of Synonyms*)中,多数词群只包括四五条词,少数词群包括 10 条词,如以"flash(闪光)"为核心的词群包括 14 条词(见该书 374 页),以"stylish(漂亮的)"为核心的词群包括 15 条词。

多义词的几个义位,可以分别跟一些词形成同义词群,这些同义词群应该划分开,如表 A。一个中性词,跟褒、贬义截然对立或相反的两个词,不应该混在一个同义词群里,应该划分开,如表 B。

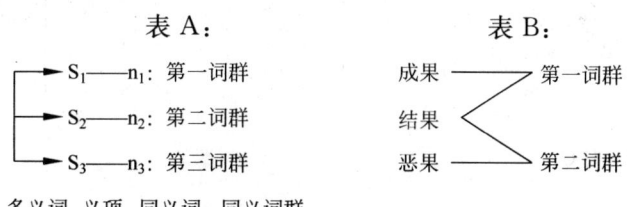

  多义词 义项 同义词 同义词群

有明显褒义的"成果"和有明显贬义的"恶果",是虚假同义词现象。

第三节　辨析的单位

9.3.1　两种单位,三种做法

要描写同义词差别,首先碰到的问题是辨析的单位问题,辨析的单位有两种:一种是词位,一种是义位(相当于词典里的义项)。辨析的做法有三种:

第一种,以词位为单位。这里包括两类情况:一类是单义词 n 和多义词 N 比较,实际上 n 只与 N 的第 2 个义位(S_2)同义,但是辨析时却拿 n 跟 N 的三个义位($S_1 S_2 S_3$)比较,也就是把 N 作为一个整体单位,如图 A(图中≌代表相同或相似的意思)。另一类是多义词 n(包括 $S_1 S_2 S_3$ 三个义位)跟多义词 N(包括 $S_1 S_2 S_3$ 三个义位)比较,实际上只是 nS_2 和 NS_2 同义,但是辨析时却拿 n 和 N 为单位,如图 B。

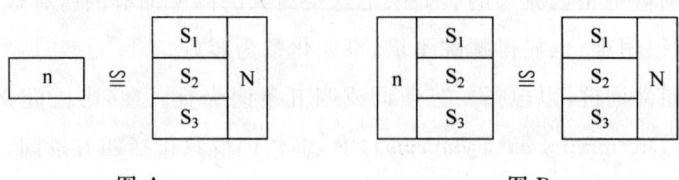

图 A　　　　　　　　图 B

第二种,以义位为单位。这里也包括两类情况:一类是单义词 n 跟多义词 N 的一个义位(例 S_2,此义与 n 同义)比较,如图 C。一类是多义词 n 的一个义位(例 nS_2)和多义词 N 的一个义位(例 NS_2,此义与 nS_2 同义)比较,如图 D。

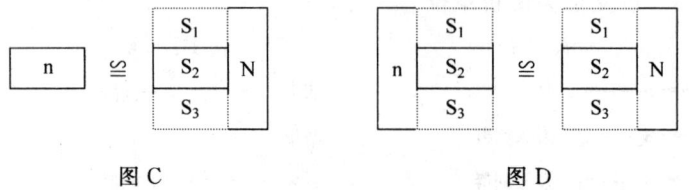

图 C　　　　　　　　图 D

第三种,主要以义位为单位,必要时兼顾多义词的有关义项。
下面考察一下三种做法的利弊。

9.3.2 以词位为辨析单位

先看以词位为单位的辨析实例：

| 重 | 1. 重量
2. 重量大
3. 程度深
4. 重要
5. 重视
6. 不轻率 | ⊆ | 1. 跟"浮"相对
2. 使降落、放下
3. 程度深
4. 重量大
5. 感觉沉重，不舒服 | 沉 |

[辨析]"重$_2$"和"沉$_4$"，"重$_3$"和"沉$_3$"同义。"重"还能表示"重量"、"重要"、"重视"、"不轻率"，而"沉"不能。"沉"还能表示"跟'浮'相对"、"使降落、放下"、"感觉沉重，不舒服"，而"重"不能。

从这个实例可以看出，以词位为单位辨析，就是把辨析的基础扩大到比较大的范围——整个词。其优点是给读者以一个词的完整印象。其缺点是罗列烦琐，不得要领；浮于表面，不深入；详解粗疏，不够缜密。在共同义位范围内的细微差别，往往被忽略。我国的"词义辨析"一类的小册子和短文多以词位为辨析单位。如说"成绩/成就"的区别是，"成就"还有动词意义："完成"。"奋斗/斗争"的区别是，"斗争"还有及物动词意义："打击"。我们打个比方，两个人的相似处是眼睛，本应该仔细地找出他俩眼睛的差别，不应该再去说他俩耳朵、鼻子等有什么不同。

9.3.3 以义位为辨析单位

再看以义位为单位的辨析实例：

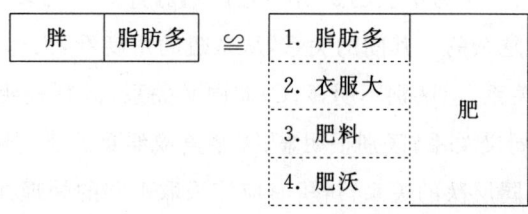

[辨析]"胖"和"肥₁"比较：A."胖"多兼指脂肪多和肉多，"肥"多半指脂肪多；B."胖"多形容人，少形容动物，"肥"多形容动物或一块肉，少形容人（这时含贬义）。

从这个实例可以看出，以义位为单位辨析，就是把比较的基础缩小到比较小的范围——一个词之内的一个义位。其优点是简明扼要，细致，能提示出在共同义位范围之内的细微差别，缺点是不能给读者以词的完整印象。但是给读者以词的完整印象，不是同义词词典的任务，而是一般语文词典的任务。吕叔湘先生在《中国人学英语》中谈到"happy, cheerful, gay"等五个词的差别时说："……这都是就'快乐'一义说。Happy 又有'巧'、'幸运'、'满足'等义，cheerful 又有 hopeful 义，gay 又有'华丽'义（如 gay colours）。这都不在比较之列。"这就是辨析同义词的一条原则：不必涉及共同点之外的义位。《韦氏同义词词典》、《简明英语同义词词典》、《简明俄语同义词词典》等多数同义词词典，都是以义位为单位。郝懿行在《尔雅义疏》第一个同义词群里说："初者，裁衣之始。哉者，草木之始。基者，筑墙之始。肇者，开户之始。祖者，人之始。胎者，生之始也。"描写各词特点时都没有涉及"始"之外的义项。总之，同义词辨析的重点是寻求"同中之异"。黑格尔(1981:253)把这种能力看作很高的能力："假如一个人能看出当前即显而易见的差别，譬如，能区别一支笔与一头骆驼，我们不会说这人有了不起的聪明。同样，另一方面，一个人能比较两个近似的东西，如橡树与槐树，或寺院与教堂，而知其相似，我们也不能说他有很高的比较能力。我们所要求的，是要能看出异中之同和同中之异。"

9.3.4 主要是以义位为单位辨析，必要时兼顾词的完整性

比较起来，以义位为单位辨析，其好处多一些。但是在辨析的实践中，在一些情况下，跟以词位为单位的辨析不宜截然分开。因为多义词各义位跟其同义词的关系是复杂的。其间的关系，从亲疏的角度看，大体有四种：A)同义关系；B)非同义关系，但区别不明显；C)非同义关系，区别较明显，但有某种牵连或纠葛；D)非同义关系，区别很明显，无牵连或纠葛。

对于这些不同层次的关系，辨析时应该采取不同的处理办法：上述的第一

种,即 A 义自然应该放在辨析的正文中,B 义有的也宜于纳入辨析正文中,C 义有的宜于放在辨析正文之后,附上简要的说明,D 义完全可以舍弃不管。例如在"work/labour/toil"这组名词同义词中,work 的意义,按它跟 labour, toil 的关系亲疏,可以分成四种:A)"工作、劳动的活动";B)"正在加工或正在制作的东西"、"作为工资来源的工作、作业";C)"工作结果、成品、作品、手写或印刷出的作品";D)"作用、功(物理学)、工程、工事(军事术语)、善行、德行(神学术语)……"。波达波娃在《简明英语同义词词典》里,把 A、B 义放在辨析正文中,把 C 义放在正文后的"附注"里,D 义不涉及。

"力量"的"能力"、"效力"二义跟"力气"的区别不明显,宜纳入正文中;"肥"的"衣服大"、"肥料"、"肥沃"等义,跟"胖"毫无关系,完全不必涉及。

第四节 辨析的方法

9.4.1 以核心词为基点

索绪尔·巴利学派,在辨析同义词时,先确定核心词,然后以核心词为基点,跟各同义词比较。这个方法被后来的许多研究者使用。如塔克霍威在《英语同义词解释和辨析》中,先列出核心词并详加解释,然后列举同义词群,再围绕核心词一一辨析。其实,在中国很古的时候早已经有这种方法了。莫斯科语义学派也继承了这一做法。中国古代早就有这类范例。如许慎《说文解字》卷四上"目"部,对以"视"为核心的同义词做了辨析,许慎说:"眡,直视也","瞯,深视也","睗,疾视也"……都以"视"为基点。这种方法,可以使一组同义词的辨析有一个核心,主题突出,条理清楚。当然,如果有必要,也可以拿核心词之外的两个词做比较,对于没有核心词的同义词群,自然不能用这种方法。

9.4.2 凭语感辨析

语感,就是人们在使用语言的实践中,通过知觉(主要是听觉、视觉)而得到的关于词句习惯用法的感性经验,它具有一定的客观性和群体性。许多语言学家具有很高的语言修养,因而可以用丰富的语感较准确地辨析同义词。

18~19世纪,俄国也流行这种方法。Д. И. Фонвизин(冯维辛,1744~1792)在1783年,凭语感辨析过 Старый,Старинный 等五个同义词。В. Даль(达里,1801~1872)在他的《现代大俄罗斯语详解词典》里,在用同义词注释的地方,常凭语感区别同义词。

我们现在辨析同义词,只能以语感为辅助手段。语感,毕竟属于感性认识。它往往带有一定的主观性和个体性。依靠感觉去辨析,常常因为语感不同,得出的结论也不同,或者因为语感不足而产生错觉的误差。如宋代的王观国,大约因为语感不同于何休、段玉裁等人,他就以为"'不''弗'二字通用"。出于同一原因,王筠在《说文句读》中也以为"今多以'弗'为'不'"。大约因为语感不足,清代的俞樾引元代赵德的说法:"就己而言,则曰吾,因人而言,则曰我。吾有知乎哉,就己而言也。有鄙夫问于我,因人之问而言也。"其实"吾""我"并没有这种用法分工,至少在甲骨文、宗周金文、《诗经》、《尚书》中没有这种分工。因为甲骨文、宗周金文、《诗经》中连"吾"字都没有,《尚书》中也仅一见。(周生亚,1980)大约也因为语感不足,1955年有人认为"部队"大有顶替"军队"的趋势,应当以"部队"为规范。实际上,这两个词的意义、用法并不完全相同,因而50年后的今天,"部队"仍旧不能顶替"军队"。这只要用一两个较科学的方法认真考察一下,就能发现它们的区别。

9.4.3 广集用例,运用归纳法

随着思维的发展,人们辨析同义词的方法也逐渐趋于科学化。归纳法,就是科学方法之一。运用归纳法时,主要分三个步骤:

第一步,有目的、有意识地观察广泛的语言事实,包括读各种体裁的典范的书面语言,听录基础方言区各种职业者的口头语言。同时,搜集尽可能多的、丰富多彩的语言事实材料。建成百万、千万、数亿字,乃至上百亿字的深加工的语料库。这是辨析同义词、编同义词词典的客观依据和基础。《韦氏同义词词典》的编者搜集多少材料且不必说,就说该词典引用的作为例句来源的作品竟超过了一千部。当然,今日的语料库都超过几千部了。

第二步,从语言事实材料里,归纳同义词的差别。这种归纳,不可能根据语言中的全部用例,只能根据无限多的用例中的足够量推导出结论。因此,结论正确的程度,就由用例的数量和性质决定。首先要注意找到、选择足够数量的用例。黎锦熙在《新著国语文法·序》中说:"例不十,法不立。"归纳同义词的差别时,今日已达到"例不百,法不立"。因为一组同义词的差别表现在许多方面,而其中一个方面,如"使用对象"或"搭配关系"的差别,就需要近百个用例才能归纳出来。没有足够的数量,就要犯逻辑学上所说的"轻率概括"的错误。如有人把"对比/对照"的差别归纳为:

"对比"较广,包括同类事物、相反事物的比较;"对照"指相反事物比较,较狭。其中"对照"的结论似乎欠周全。大约至少忽略了下列用例:

①把照片跟本人对照一下。②对照正本和副本。③对照原稿和成稿。④原文和译文对照。⑤医学词汇日汉对照。⑥对照一个人的两种手迹。⑦对照两份供词。

以上七个用例,比较的都不是相反事物,而是相关联的并列事物。由此可见,只有从大量的用例里,才能归纳每一个同义词的语义特征。这恰如从一吨矿石里提取一克镭。

其次,要注意用例的性质。为编同义词词典搜集的用例,除了应该具有一般辞书要求的性质(诸如典范性、稳定性、简明性、完整性、通俗性、科学性、知识性、现实性、政治性、思想性等)之外,还应该具有示差性,即用例本身能显示出同义词的语义特征的差别。因此,应该特别注意搜罗下列用例:

(1) 从原稿到成稿,或从旧版到新版换用了同义词的。如:

A_1 从铁的熔炼开始……(恩格斯《家族、私有制和国家的起源》1954年中译本)

A_2 从铁的冶炼开始……(恩格斯《家族、私有制和国家的起源》1972年中译本)

B_1 惟有儿孙忘不了。(《原本红楼梦》第一回戚蓼生序本)

B_2 只有儿孙忘不了。(《红楼梦》第一回 1964 年第 3 版)

从这些同义词替换的材料里，我们可以归纳出两类差别：例 A 基义有差别，"熔炼"只是"冶炼"的一种，在这里一般说"冶炼"（对铁、铜等金属）；例 B 陪义有差别，"只"代"惟"，用白话代文言。

（2）一句或邻句包括两三个同义词的。如：

A. 它只是一片沉着的鼓声，鼓舞你爱，鼓动你恨，鼓励你活着，用最高限度热与力活着，在这个大地上。（闻一多《时代的鼓手》）

B. 我也怕思想发霉，乐意跟他出去看看新鲜景致，就到了陶然亭。这地方在北京南城角，本来是京城上有名的风景，我早从书上知道了。（杨朔《京城漫记》）

这类用例，也是比较理想的。它能更明显、更准确地表示同义词的基义、陪义或用法的差别。例 A 的三个同义词，基义和陪义有差别："鼓舞"着重指使增强信心或勇气，褒义词，所以后面跟上"你爱"；"鼓动"着重指激发情绪，并使行动起来，中性词，所以后面可以跟上"你恨"；"鼓励"着重指勉励、使更积极、努力上进，多用于褒义，所以后面跟上"你活着"。例 B 的两个同义词，基义有差别："景致"比"风景"义域小，常指好的、特别是别致、有趣的风景。

（3）带有说明或解释成分的。如：

A. 苏东坡游赤壁，用了八个字："山高月小，水落石出"，总结了赤壁的风景。（老舍《怎样丢掉学生腔》）

B. 我有四年多，曾经常常——几乎是每天，出入质铺和药店里……（鲁迅《呐喊·自序》）

例 A 的"风景"一词的说明成分，是"山高月小，水落石出"。它显示了"风景"的含义：供观赏的山水等景物，多着眼于整个形象。这样的例句，比"这里风景很美"要明确得多。

例 B 的"常常"一词的注释成分是"几乎是每天"。这个注释，把"常常"跟"时常"区别开了：如果是隔了许多天，就用"时常"。

第三步，回到言语实践中去，一一检验每项归纳的正确性。在检验中，不断修改和补充，使我们的归纳尽可能地符合语言习惯。有位语言学家说，在语言中唯一的权威就是习惯。我们总结出来的语音、词汇、语法的规律，特别是同义词差别的规律,就是习惯的记录和描写。但是问题在于是什么样的"习惯"。现代汉语同义词词典所描写的习惯应该是现代的全民性的、系统性的语言习惯,而不是古语、各种方言(包括社会方言)的习惯,更不是个人的言语习惯。有的名家名篇,偶尔也可能流露出方言的、古语的或个人的言语习惯。这些非典范用例,自然不能作为检验的标准。

9.4.4 结构分析法

对一个词的语义特征的描写,不应该仅仅局限于词的本身,还应该列举词与词之间的结构关系(语言结构包括词汇性上下文和语法性上下文)。这种关系能显示义位的基义的某些特征和价值。

描写虚词的词义时,人们自然凭借这种结构关系。但是描写实词的词义时,人们却往往忽略了这种关系。

在做结构分析时,首先要考察同义词的分布情况,即同义词分布的位置、环境。请看下表:

	同义词	位置、环境			同义词	位置、环境	
A组		"名词N+不+名词N"之前		B组		单音节形容词前	双音节形容词前
	不管	"他不管家不家……"√			很	很好√	很美好√
	不论	"他不论家不家……"×			甚	甚好√	甚美好×
C组		"有""没有"之后	时间数量词之后	D组		"大""小"前后	"好""坏"前后
	时间	√	√		成就	√	×
	时期	×	×		成绩	√	√
E组		表示所到的具体名词前	表示所到的抽象名词前	F组		表示某种组织的名词前	表示集体活动的动词前
	到达	√	×		参与	×	√
	达到	×	√		加入	√	×

从上表可以看出,B、D组的分布是有交叉的,如"成就"出现的第一环境,"成绩"也出现。E、F组的分布不交叉:"到达"出现在前一个环境,"达到"出现在后一个环境里,二者在"到某处"这个语义场内,形成互补分布;"参与"出现在后一个环境里,"加入"出现在前一个环境里,二者在"参加"这个语义场内,形成互

补分布。当然上述这些分布,在语言实践中并不是一刀切的,偶尔也有交叉。

这些关系,也就是词所处的语义系统的环境,索绪尔(1982:162)说:"任何要素的价值都是由围绕着它的要素决定的。""意义是分布的一种功能,而意义的差别同分布的差别是相关联的。"(Harris,Z.)例如"到达"的价值在于用在表所到的具体名词之前,"达到"的价值在于用在表所到的抽象名词之前。离开一定语言环境的、孤立的、游离的词,常常看不出它的特点。因此,辨析同义词时不能忽略了对词与词之间的意义结构关系的分析。

在做结构分析时,还应该注意运用置换试验。就是在某一结构中,我们用 n 词去置换其同义词 N,在具体语言环境中就会比较出其间的差别。例如:

1 { N:错误常常是正确的先导。
    n:错误经常是正确的先导。

2 { N:祝您新年愉快!
    n:祝您新年高兴!

3 { N:这个人真有兴趣。
    n:这个人真有趣味。

4 { N:那是不平凡的岁月。
    n:那是不平常的岁月。

从置换试验中,我们发现两类情况:一类,如1、2是不能转换的,转换后的意义结构不合乎逻辑,"错误"不能"经常"是"正确的先导"。新年时没有说"祝您高兴"的,因为"高兴"还指情绪的兴奋,而"愉快"还指幸福、舒畅。另一类,如3、4,虽然可以置换,但是置换后的意思有变化。3N,指的是这个人对身外的事物有兴趣(喜好的情绪);3n,指的是这个人本身有趣味(即有意思)。4N,是称赞那岁月,或因为在那时做出了成绩,或因为在那时得到了收获;4n,没有称赞的意思,也可能在那时是受苦受罪,也可能在那时有成绩、有收获,反正是不平常。置换试验做得越多,越能发现同义词的更多细微差别。

9.4.5 义素分析法

义素,是构成义位的基本语义要素。义素分析法(seme analysis)是对词的义位的微观的、深层的分析,即义位构成成分分析法(componential analysis)。这一方法,欧美在 20 世纪 40～50 年代开始设想、提出,60 年代应用并取得一些成果。中国在 60 年代中期已有介绍,现在也有了一些应用成果。实践证明,这里有一定效用的方法。

义素分析的第一步,确定最小的同义义场。第二步,比较同场的义位,找出义素。分析义位的语义结构,分清义位的基义成分和陪义成分。第三步,找出同义词的个性义素和共性义素。

第二步是关键的一步。其主要方法是比较,通过比较找出义素。常用的比较方法有:①二元分析法及多元分析法;②图表比较法;③小语境(上下文)比较法;④词典释义比较法。为了确保这一步结果的可靠性,必须把分析结果返回言语实践中去,通过大量用例进行验证。

用义素分析的方法辨析同义词,可以得出微观的深层结果。如下列二表:

义 素		词(义位)	
		月亮	月球
基义成分	地球的自然卫星	+	+
陪义成分	通称	+	−
	术语	−	+
	重于光	+	−
	重于形	−	+
	通俗	+	−
	科技	−	+

义 素		词(义位)	
		观赏	欣赏
基义成分	A(施事义素)	+	+
	感官:视觉	−	+
	听觉	−	+
	味觉	−	+
	嗅觉	−	+

(续表)

基义成分	P(表动义素) ① 感觉：看 　　　　听 　　　　品 　　　　闻 ② 心理：享受 　　　　领略	+ − − − + +	+ + + + + +
	G(受事义素) 　美好事物 　有形的 　有声的 　有味的 　抽象的	+ + − − −	+ + + + +
陪义成分		0	0

除了上述辨析方法之外，还常用语素（表层义）比较法、反义词对比法、构词比较法、词源比较法、转义背景比较法、不同搭配比较法、转换比较法、用于不同句型（被动句、否定句）比较法。这些方法的大多数已有许多人论述过，有的不常用，限于篇幅，不再赘述。

第五节　辨析的项目

9.5.1　差别项目

运用上述方法辨析，可以得出辨析的结果：同义词的差别项目。有了这些项目，也就提供了辨析同义词的思考线索和门路，因此国内许多研究者把"从这些差别项目进行辨析"叫做"辨析方法"。其实是不准确的。

同义词的差别项目相当繁多。国外有的研究者，如 W. E. Collinson（柯林逊）将其分为九项：1.甲比乙更概括；2.甲比乙意义更强；3.甲比乙更富有表情色彩；4.甲具有褒贬意味；5.甲属于职业用语；6.甲比乙更文雅；7.甲属于俚俗词汇；8.甲属于方言；9.甲属于儿童用语。Ullmann(1962)对此批评说，这九种差别不是从同一标准着眼的,堆在一起,有些凌乱。

随着语义因子研究的精细化,同义词的差别项也越来越精细,至少已经有几十种了。(阿普列祥,1995)

9.5.2 差别项目系统

"词既是系统的一部分,就不仅具有一个意义,而且特别是具有一个价值。""差别造成特征。"(索绪尔,1982:161,168)例如,"边疆/边境、母亲/妈妈、偶然/偶尔",分别有着基义、陪义、语用上的差别。因此每条词在整个汉语词汇系统里各有自己的意义和价值。我们经过多年研究,把五花八门的差别,总结出如下系统:

3个大类意义,7个中类意义,30多个小类意义:

(一) 语义意义

1. 义值

(1) 基义:①多数不是所指对象不同,而是认知结果不同(多数是词义,有时是概念),②义素丰度,③义位重点,④义位轻重,⑤义位虚实(抽象义、具体义),⑥义位数量(普通义位、集合义位),⑦行动内容(施事、受事、方式、方法、时间、空间、原因、目的、结果、方向等),⑧性状义征(性状个性义素,所饰词不同)。

(2) 陪义:①属性次要义(含意味),②理据义、词源义,③情态陪义,④形象陪义,⑤风格陪义,⑥语体陪义,⑦时代陪义,⑧方言陪义,⑨语境陪义,⑩外来陪义。

2. 义域

(1) 义位范围大小;

(2) 搭配伙伴词的多少;

(3) 使用范围大小。

(二) 语法意义

1. 范畴意义:词性差别等。

2. 结构意义:①词的内部结构,②构词能力,③重叠形式。

3. 功能意义：①句法功能，②词间组合，宾语不同，中心语不同。

（三）语用意义

1. 使用频率，常用或不常用。
2. 所处的语境不同，语境义不同。

9.5.3　注重个性差别项目

索绪尔的学生巴利，按性质把同义词分为 A、B 两大类。他所说的 A 类，就是后来一些国家的语言学者所说的表意同义词（意念同义词或狭义的词汇同义词）。他所说的 B 类，就是后来一些国家的学者所说的修辞同义词。A 类主要包括"近义词"，B 类主要包括"等义词"。A 类同义词的主要差别表现在第一类"语义意义"上的"基义、义域"上，B 类同义词的主要差别表现在第一类"语义意义"的"陪义"上。A 类同义词的次要差别表现在陪义、语法、语用上。B 类同义词的次要差别表现在语用上。

在 A、B 类之外，后来又有学者另立一类"语法同义词"，其中包括一部分语法单位的同义现象，如词义相同而数或性不同的词，俄语的"крестьяне（普通名词'农民'的复数）/ крестьянство（集合名词'农民'）"、"зал（大厅，阳性）/ зала（大厅，阴性）/ зало（大厅，中性）"。我们认为，语法同义词还应该包括虚词同义词。这类同义词的主要差别表现在语法上，次要差别表现在陪义、语用上。

同义词，按词性又可以分为名词同义词、动词同义词、形容词同义词等。名词同义词的主要差别表现在所指的人或事物的语义特征上，还常有义域大小、义位内数量（词/词汇）、义位重点、陪义等方面的差别。动词同义词的主要差别表现在所指的动作或变化的语义特征上，常有行动义特征（施事、受事、方式、方法、方向、结果等等）、所带宾语、义位轻重、义位重点等方面的差别。形容词同义词的主要差别表现在所指的性质或状态的语义特征上，常有义位重点、义位轻重、所修饰的中心语等方面的差别。下面着重谈谈同义词在语法方面的区别。

（一）在词性上的区别

对于词性和同义词的关系的看法，学者们历来分成两个势均力敌的阵营。

一方认为,同义词必须同词性。一方认为,同义词不必同词性。笔者认为,同义词应该以语义意义的大同为首要的判定标准,以语法意义的基本相同为参照标准。在绝大多数情况下,同义词的语义意义大同,其词性也必然相同,因为词性是对同类词语义意义的再概括,再抽象,再类聚。在极少数情况下,同义词的词性不尽相同。因为那种概括、抽象、类聚的结果,并不是在所有词类之间都划定了一条条不可逾越的鸿沟,而是在临近的词类之间都留有过渡的模糊的地带。使得两个临近词类的外围成分纠葛不清。另一个结果是,在同一个词类之中出现了不同的次范畴,而分属两个次范畴的词也有构成同义词的可能。这样,同义词在词性上的区别,主要表现在两方面。

(1) 极少数同义词分属临近的两个词类。如"永远/永久",各家都认为是一级同义词,也都认为"永远"是副词。但是对"永久"的看法则不一致,有的认为它是形容词,有的认为它是副词;较为科学的、可信的看法,应该是非谓形容词:永久不变、永久中立、永久雪线、永久工事、永久磁铁、这种措施是永久的。

"吝啬/吝惜",一般都认为是一组同义词。但是,"吝啬"是形容词:吝啬鬼、吝啬的人、大自然不吝啬、奸商极吝啬。"吝惜"是动词:吝惜时间、吝惜精力、对金钱不该吝惜。

"麻痹/麻醉",有一部分人承认它们是同义词。但是,"麻痹"常作形容词用:麻痹大意、思想麻痹。"麻痹"也有使动用法:麻痹斗志、麻痹敌人。在这一用法上,更与"麻醉"这一动词的抽象义大同小异:用求佛麻醉自己、他消沉并设法麻醉自己的灵魂和意志。

(2) 极少数同义词分属同一词类的不同次范畴。在动词之中,同义词甲是及物动词,同义词乙是不及物动词。如:斗争/奋斗,比赛/竞赛,着手/动手,停止/停顿,夸大/夸张,瓦解/崩溃,等等。在名词之中,同义词甲是普通名词、个体名词,同义词乙是集合名词。如:词/词汇,书/书籍。

有的词兼具两种或几种词性。对这样的词,要分清:一个是作为同义词基础的词性,一个是不作为同义词基础的词性。如:"坚固/巩固"的同义基础都是形容词,"巩固"另属动词。"差别/区别"的同义基础都是名词,"区别"另属动词。"发展/发达"的同义基础都是动词,"发达"另属形容词(且比动词常用)。

(二) 在词的结构上的区别

同义词的大多数,都是词的语素间语法结构相同。如:"安静/宁静/清静""包含/包括/包罗",都是并列结构;"本相/原形/真相""矗立/耸立/屹立",都是偏正结构;"标明/表明""夸大/夸张",都是动补结构,等等。

有些同义词的语素词间的语法结构不同。如:"拍照、拍摄",是并列结构;而"照相、摄影",是动宾结构。"出发",是并列结构;"动身",是动宾结构。"簇拥",是并列结构;"蜂拥",是偏正结构("蜂",名词做状语,表示"像蜂群似的纷乱")。

(三) 在构词能力上的区别

同义词甲,有构词能力,可以加上词缀;同义词乙,没有构词能力,不能加上词缀。如:

"创造/创制""重要/主要""夸张/夸大""顽固/固执",前一个词都能加上后缀"性",说成"创造性""重要性""夸张性""顽固性",而后一个词不能。

"简单/简略""标准/尺度""典型/范例",前一个词都能加上后缀"化",说成"简单化""标准化""典型化",而后一个词不能。

"二/两",前一个词能加上前缀"第",说成"第二",而后一个词不能。

(四) 在重叠形式上有区别

同义词甲,能重叠;同义词乙,不能重叠。如:

"简单/简略""马虎/大意""明白/明确""安静/宁静",前一个词都能以叠字的形式重叠,说成"简简单单""马马虎虎""明明白白""安安静静",而后一个词不能(或不常)这样重叠。

"高兴/喜悦""欢快/欢畅",前一个词除了能以叠字的形式重叠,还能以叠词的形式重叠,说成"高兴高兴""欢快欢快",而后一个词的两种重叠形式都不常见。

"欣赏/观赏""关心/关切""非常/异常",前一个词都能以叠词的形式重叠,说成"欣赏欣赏""关心关心""非常非常",而后一个词不常这么说。

（五）在组合关系或搭配关系上的区别

因为词与语素不尽相同，词性不尽相同，使用习惯不尽相同，所以同义词便出现了组合关系或搭配关系的不同。如：

"火热/酷热""接近/迫近""隐蔽/隐藏"，前一个词都能受程度副词"很""极""非常""特别"等的修饰，而后一个词不能。

"消耗/消费""瓦解/崩溃""停止/停滞"，前一个词是及物动词，都能在前面加上助词"被""所"，而后一个词不能。

"时间/时期"，前一个词能加上表时间的数量词，如说"三天时间""两年时间""一个世纪的时间"等，而后一个词则不能。

"出现/呈现"，前一个词的后面可以跟上"了""过"，不能跟上"着""出"，后一个词则能跟上"着""出"，不常跟"了""过"。

"以来/以后"，前一个词的习惯搭配有"有生以来""自古以来""长期以来"等，后一个词的习惯搭配有"从今以后""从此以后""不久以后""明日以后"等。

"观赏/欣赏"，前一个词的对象只能是看得见的东西，如景物、美术作品等，后一个词的对象还可以是听见的、闻到的或感受到的事物，如音乐、香味、美好的思想感情等。

（六）在语法位置或语法环境上的区别

从语法角度看，一个词在一个短语或句子中处于什么位置，处于什么环境，能显示出其语法特点。有些同义词的这些语法特点是不同的。如：

"增加/增添"，都能跟"衣服""粮食""力量""负担""品种""麻烦"等词搭配，但是"增加"可以置于这些词的前面，构成动宾结构；也可以置于这些词的后面，构成主谓结构。而"增添"一般是置于这些词的前面。

"很/太"，"很"能置于"形容词＋得"这一结构的后面，说成"漂亮得很"，而"太"则不能。

"到底/终于"，"到底"可以用于问句，加强语气，说成"你的话到底算不算？"而"终于"则不能。

"从来/历来"，"从来"多用于否定句，说成"从来不说谎""从来没见过海"；"历来"多用于肯定句，说成"历来说话算数""历来如此"。

"耐烦/耐心","耐烦"常用于否定词"不"的后面,说成"等得不耐烦""你总是不耐烦""他不耐烦地说下去",而"耐心"则不限。

"究竟/毕竟","究竟"用于非疑问句和疑问句都常见,"毕竟"则多于非疑问句。

(七)在句法功能上的区别

即使同义词的词性是相同的,它们在句法功能上也常常是有区别的。如:

"充足/充分",都是形容词,但是"充足"只能做定语、谓语、补语,说成"充足的阳光""物资很充足""理由摆得十分充足"。而"充分"不仅能做定语、谓语、补语,还能做状语,说成"充分的信心""时间充分""准备得很充分""充分地讨论""充分地利用"。

"沉重/繁重",都是形容词,但是"沉重"既能做定语、谓语,也能做状语、补语,说成"沉重的负担""心情沉重""沉重地打击了敌人""病得很沉重"。而"繁重"只能做定语、谓语,说成"繁重的工作""家务繁重"。

"宣告/宣布/公布",都是动词,但是所带的宾语不同:"宣告"的宾语常是小句或某些动词,如说"宣告计划完成""宣告独立"。"宣布"的宾语除了小句、动词之外,还可以是名词,如说"宣布国家诞生""宣布成立""宣布法令"。"公布"的宾语常是名词,如说"公布账目""公布方案"。

"保障/保证",都是动词,但是"保障"的宾语常是名词及其词组,如说"法律保障人民的自由权利"。"保证"的宾语常是动词(形容词)及其词组,如说"保证完成任务"、"保证坚固耐用"。

"善于/擅长",都是动词,但是"善于"的宾语除了"辞令"之外,常是动词及其词组,如说"善于建设""善于写文章"。而"擅长"的宾语除了动词及其词组之外,还常是名词及其词组,如说"擅长绘画""擅长写诗""擅长音乐""擅长山水画"。

"缺乏/缺少",都是动词,但是"缺乏"的宾语常是不可数的抽象名词和集合名词,还有行为动词,如说"缺乏积极性""缺乏分析"。而"缺少"的宾语常是可数的具体名词,如说"缺少几本书""缺少指南针"。

当然,同义词在语法意义方面的区别还是可以列举一些,这里只就常见的区别举例简述如上。

此外,同义词的差别,还表现在转义方面。N 词的本义和 n 词的转义(包括引申义和比喻义)形成一类同义词,其主要差别是:n 词比 N 词的使用范围常常狭窄一些。这是因为转义常受本义这个背景义的影响,转义常有特殊意味,使用上不那么自由。如"气氛(N)/空气(n)"、"考虑(N)/斟酌(n)"、"手段(N)/把戏(n)"。以"斟酌"为例说明:"斟酌"本义是斟酒,转义是"考虑",但只能用于考虑小事情、小问题、文章的内容和词句。而"考虑"的使用范围则大得多。

总之,同义词的界说和辨析,是编一部理想的同义词词典的两个主要问题。次要问题还有体例问题、举例问题、编排问题等,我们已另有文章论述,在此不再赘述。

第六节 同义义场视角下的语文辞书释义问题[*]

处于同义语义场下的义位是同义义位,同义义位之间具有"大同"和"小异"的关系。"大同",是指同义义位之间的核心义大部分是相同的,这是义位的共性语义特征;"小异",是指同义义位之间都存在细小的差别,这是义位的个性语义特征,又叫区别性语义特征。"大同"和"小异"都是同义义位存在的语义基础。语文辞书的释义应该增加同义义场视角,在同义义场的规约下,释语模式会趋于统一,释义会更加精准和科学。《现汉》释义关照了同义义位中的"大同"和"小异",并有效提取其中的核心的共性语义特征和个性语义特征。下面从四方面进行分析。

9.6.1 重视共性和个性语义特征的提取

以"保暖""保温"为例:

---

[*] 本节为李智初作。发表于《〈现代汉语词典〉学术研讨会论文集》(二),商务印书馆,2009 年。收入本书时订补多处。

【保暖】动保持温度，通常指不让外部的寒气侵入：～御寒｜～内衣。

【保温】动保持温度，通常指使热不散出去：～杯｜积雪可以～保墒。

"保持温度"是"保暖"和"保温"的共性语义特征，这体现了二者的同义关系，而"通常指不让外部的寒气侵入"（即防止外部寒气侵入内部）和"通常指使热不散出去"（即防止内部热量散发出去）则分别是"保暖"和"保温"的个性语义特征，这体现了二者的细微区别。可见，它们的释语模式一致，释义精准。

以"打量""端详"为例：

【打量】动①观察（人的衣着、外貌）：对来人上下～了一番。

【端详】动仔细地看：～了半天，也没认出是谁。

"打量"释为"观察"，再看"观察"，《现汉》释为"仔细察看（事物或现象）"。可见，"观察"的语义特征之一是"察看"，再看"察看"义："为了解情况而细看。"我们把这几个释义结合起来图解如下：

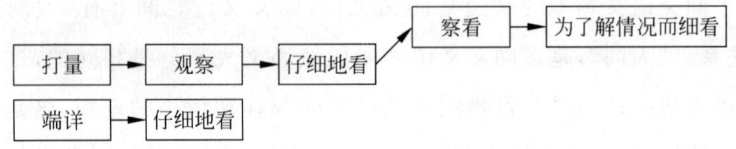

可见，二者的共同点均为"细看"或"仔细地看"，也就是说，打量＝端详。实际上并非如此，请看二者的伙伴域，即组合特征：

"打量"之前所带状语经常是"上下、略微、稍稍"等，之后所带补语常为"一眼、一下、一番"等。"端详"之前所带状语常是"上下、细心、认真、好好、久久"等，之后带补语常是"一番、半天"，"端详"，均须慢而细。二者的语义结构式如下表：

	共$_1$	共$_2$	共$_3$	个$_1$	个$_2$	个$_3$	个$_4$
打量	看	人、物	外表、外貌	上下扫视	时间较短	口语	—
端详				仔细观看	时间较长	书面语	看人的面部

作为同义词辨析词典,以上各个语义特征可能都要考虑到,而通用型的语文辞书不必全收,只收主要的共性语义特征(共₁)、个性语义特征(个₂)即可。可释为:

【打量】动①大体一看;不仔细地看。

【端详】动仔细地看。

9.6.2 避免以词释词

以"靠近""靠拢"为例:

【靠近】动①彼此间的距离近。

【靠拢】动挨近;靠近。

首先,从语义场视角看,二者释义模式不一致。前者是用一个短语来解释义位的,符合词汇语义学的规则。后者以词释词,也可以说是以词位来解释词位。其次,释义不明晰,给人模棱两可的感觉。"靠近"的义项①释为"彼此间的距离近。""靠拢"释为"挨近;靠近。"再查"挨近""靠近"的释义,《现汉》分别释为"靠近""彼此间的距离近"。也就是说,靠拢=挨近+靠近,挨近=靠近,靠近=彼此间的距离近。图解如下:

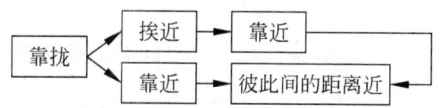

由上可以作如下推论:靠拢=挨近+靠近=靠近+靠近。这是循环释义,近似于没有释义。

从同义语义场的视角下,二者可表解如下:

	共₁	共(搭配)₂	个₁	个₂
靠近	向某个目标移动	人、领导、上级	语义程度重	距离很近
靠拢		组织、地点	语义程度轻	距离较近

作为通用型辞书的释义,可选收共₁和个₂,综合如下:

【靠近】动①靠得很近。

【靠拢】动靠得较近。

9.6.3 重视义域的选择

以"生命""性命"为例：

【生命】名生物体所具有的活动能力,生命是蛋白质存在的一种形式:牺牲～│～不息,工作不止◇学习古人语言中有～的东西。

【性命】名人和动物的生命。

从二者的义域看,前者是一切生物体,后者指人和动物。在同义场的规约下,二者的义域一目了然。只是"生命"释义的后一句话似乎可以不要,那应该是百科辞典要完成的任务。

以"气候""天气"为例：

【气候】名一定地区里经过多年观察所得到的概括性的气象情况。它与气流、纬度、海拔、地形等有关。

【天气】名①一定区域一定时间内大气中发生的各种气象变化,如温度、湿气、气压、降水、风、云等的情况。

"天气"给出的义域是"一定地域、一点时间",语义要素是"温度、湿气、气压、降水、风、云等"。"气候"给出的义域是"一定地区、多年",语义要素是"它与气流、纬度、海拔、地形等有关"。

二者在同义义场下的语义结构式如下：

	共$_1$	共$_2$	共$_3$	个$_1$	个$_2$	个$_3$	个$_4$	个$_5$
气候	一定地区	一定时间	气象情况	较大地区	较长时间	较概括的	气温、湿度、雨量、气压、风向等	与气流、纬度、海拔、地形等有关
天气	一定地区	一定时间	气象情况	较小地区	较短时间	—	气温、阴晴、风向、风力等	与晴、雨、冷、暖、干、湿等有关

可见,"气候"应增加个$_4$,"天气"应增加个$_5$,以丰富和完善二者的语义特征,应删去"气候"中的"经过……观察所得到的"试释为:

【气候】名 一定地区里多年的概括性的气象情况,如气温、湿度、雨量、气压、方向等,它与气流、纬度、海拔、地形等有关。

【天气】名 ①一定区域一定时间内大气中发生的各种气象情况,如温度、湿气、气压、降水、风、云等的情况,它与晴、雨、冷、暖、干、湿等有关。

再以"浅近""浅显"为例:

【浅近】形 浅显。

【浅显】形 (字句、内容)简明易懂。

二者在同义义场下的语义结构式如下:

	共$_1$	共$_2$	个$_1$	个$_2$
浅近	字句、内容	通俗易懂	强调程度接近常人的或初级的	跟"高深"相反
浅显			强调明白易懂	跟"深奥"相反

为弥补"浅近"释义的不足,可用括注的形式加上"跟'高深'相反"的义域,相应地,在"浅显"的释义后加上括注"跟'深奥'相反",以完善义域的不足,试释如下:

【浅近】形 (字句、内容)通俗易懂(跟"高深"相反)。

【浅显】形 (字句、内容)明白易懂(跟"深奥"相反)。

9.6.4 重视用例子完善释义

以"饱满""丰满"为例:

【饱满】形 ①丰满:颗粒~。②充足:精神~|~的热情。

【丰满】形 ①充足:今年好收成,囤里的粮食都很~。②(身体或身体的一部分)胖得匀称好看:他比去年生病的时候~多了。

从同义义位视角看,"饱满"和"丰满"是一组同义义位,而"饱满"的义项①和"丰满"的义项②是一组同义义项。"饱满"义项①的用例为"饱满"和"颗粒"的组合,"丰满"义项②的用例为"丰满"和"他(即身体)"的组合。处于同一语义场下的同义义位"饱满"和"丰满",它们的组合对象各异,"饱满"有"a.谷粒、果实,b.脸颊、胸脯、肌肉,c.形象、构图、笔墨"等,"丰满"的组合对象较少,有人体和鸟的羽毛等。由此可见,"饱满"义项①的用例应该增加 b 类和 c 类组合对象,"丰满"义项②的用例应该增加羽毛这一组合对象。试补充如下:

【饱满】形①丰满:颗粒～｜肌肉～｜笔墨～。

【丰满】形②(身体或身体的一部分)胖得匀称好看:他比去年生病的时候～多了｜小燕子长着一身～的浅黄色羽毛。

以上用例中通过对组合对象的完善,体现了用例的示差性和示同性。
再以"奔驰""奔腾"为例:

【奔驰】动(车、马等)很快地跑:骏马～｜列车在广阔的原野上～。

【奔腾】动(许多马)跳跃着奔跑:一马当先,万马～◇思绪～｜黄河～呼啸而来。

通过释义可以清楚地看出,二者的共性语义特征都指马飞快地跑,"奔驰"的个性语义特征是又急又快地飞跑,重在"驰";"奔腾"的个性语义特征是许多马一起一伏地、跳跃似地跑,重在"腾"。此外,"奔腾"的例句后用"◇"引出另两个例句:"思绪～｜黄河～呼啸而来",这是"奔腾"的比喻用法——常比喻某些液体的流动,如大江、大河、山洪、热血、铁水以及感情等,这是"奔腾"的意味(оттенки значения),它的稳定性介于义位和用法之间,它还不足以构成义位。
再以"沉没""淹没"为例:

【沉没】动没入水中:战舰触礁～◇落日～在远山后面。

【淹没】动(大水)漫过;盖过:河里涨水,小桥都～了◇雷鸣般的掌声～了他的讲话。

"沉没"强调的是往水下落,并有一意味,用于比喻义,指完全落入或进入某情景中。"淹没"强调的是洪水或大水漫过,它也有一个意味,用于比喻,表示完全覆盖住,使显不出来。《现汉》均给出了比喻用例。

通过例句体现比喻义,对释义是很好的补充。这种比喻义的用例,《现汉》中不下于数百处。

9.6.5 结语

语文词典对词义的解释,不是解释所指事物,而是提取反映事物的词的语义特征。因此,确定是否是同义词就是看语义特征是否大同小异,而不能看是否指称同一对象。(张志毅,2005)现有的语文辞书释义往往忽视同义义位释义的系统性问题,很多同义义位在释义时缺少"大同"和"小异"的规约,致使释义缺少系统性和精准性。那么,同义视角下的语文辞书释义还应注意什么?

首先,应参考相关的同义词辨析词典、搭配词典、类义词典,先分出尽可能多的同义义场,把两个或若干个义位归并于各个底层义场中,同时要善于甄别同义义位和近义义位、同义义位和非同义义位。其次,从释义着手,借鉴同义词辨析词典的成果,从具体的辨析中汲取精华。先要分析语义特征,包括共性语义特征和个性语义特征,在此基础上提取与之相对应的核心的语义特征作为释义的主要因子;重视同义义位间陪义的分析和提取。最后,从例句着手,注意义位间义域的宽窄,注意义位组合的典型性、示差性和示同性。

综上所述,我们应该依托语义学和词汇语义学的相关理论,在同义义场的视角下全面把握同义义位之间的同和异。只有了解一个词所处的语义场和它与同一语义场里的其他词之间的语义联系,才能确定词之间的语义关系,才能确定一个词的真正涵义。(张玉华,1993)系统体现价值,让具有同义关系的义位在同一系统内互相关照,努力提升释义的精准性,逐步完善释语的同场同模式,继而提升辞书的科学性和实用性。

第 十 章

反义词词典编纂法*

反义词是古今中外语言共有的现象。我们的祖先,在很早以前就自觉地、巧妙地运用了反义词。如《易经》的"大往小来";《书经》的"满招损,谦受益";《论语》的"君子坦荡荡,小人长戚戚";《老子》的"有无相生,难易相成,长短相形,高下相盈,音声相和,前后相随";《庄子》的"死生存亡,穷达贫富,贤与不肖毁誉,饥渴寒暑";《荀子》的"骐骥一跃,不能十步;驽马十驾,功在不舍"。甚至连孔子的学生取名字也用了反义词,如有个姓曾的,取名为"点"(黑),取字为"皙"(白)。后来,人们对反义词的运用更是笔下生花。因而,"很早以来,反义关系就被认为是一种最重要的语义关系。"(J. Lyons, 1968:460)

那么,什么是反义词呢?通常说是"意义相反或相对的词"。严格地说,反义词是受六个条件限制的:①词的词汇系统相同,②逻辑意义不相容,③语义的共性义素相同,个性义素相反相对,④语用意义相对,⑤语法意义大多相同,⑥音节大多相同。满足这六个条件,就是词的最佳反义类聚。跟最佳反义类聚相伴随的,还有一个比较复杂的词典编纂问题。

第一节 反义词词典的收词原则

10.1.1 反义词的词汇系统相同

反义词的词汇系统应该是一致的。有的语言学家认为,语言是系统的系

---

* 本章由《中国语文》1989 年第 5 期和《辞书研究》1988 年第 3 期的张志毅、张庆云三篇文章合并、修改而成。

统(system of system)。每个语言单位都处于互相关联的不同层次的系统中,离开所在的系统或人为地使之超越所在的系统,便失去其价值。因而每个语言单位都从有关系统中获得许多规定性,构成最佳反义词的各单位也必须具有系统的一致性。词汇系统最显著的系统有 7 个:古代,现代,普通话,方言,口语,书面语,术语。

古代汉语、现代汉语、普通话、方言,应该在各自词汇系统内组成反义词,而不宜交叉。如:

  古:嫫↔妍

  普:丑陋↔美丽

  方:砢磣↔俏式

系统交叉的反义现象是虚假的反义词,如"嫫/美丽,妍/丑陋,美丽/砢磣,丑陋/俏式"。如果系统之间有渗透,也可以跨系统组成反义词。如普通话的"脆、酥"跟方言的"艮(gěn)",方言的"腌臜"跟普通话的"干净"。

普通话词汇系统又有子系统:口语和书面语,普通词和成语。一般来说,只有在子系统内,才能构成最佳反义词。如:

  口语:快↔慢,好看↔难看,肥↔薄

  书面语:迅速↔缓慢,美丽↔丑陋,肥沃↔贫瘠

  普通词:诚实、老实↔狡猾

  成语:心口如一、表里如一↔口是心非

个别情况,两个系统间也有渗透。如古代的"售、鬻"也渗透到现代的"买↔卖"组,只不过"售、鬻"在现代只用于有限的范围。"至交"和"一面之交"也常用做对立的词语。

术语词汇系统构成的反义词,一般不跟普通词汇系统交叉。如下列 4 组,A 和 B 组,C 和 D 组不算最佳反义词:

  A. 数学的:奇数↔偶数

  B. 普通的:单数↔双数

C. 军事的：开拔↔进抵

D. 普通的：启程↔抵达

反义词词义系统也应该具有一致性。如：

A	B	C	D	E	F	G
雄	男	公	牡	叫	儿	乾
雌	女	母	牝	草	骒	坤

A至G组的反义词，都是区分性别的。它们的词义处于不同层次系统：最高一层是泛称系统——A组，通用于人、动物、植物。第二层次是特称系统——B组只用于人，C组只用于动物。第三个层次是次特称系统——D组只用于禽兽，E组只用于家禽、家畜。第四个层次是末级特称系统——F组多用于马，G组只用于属于男性和女性的某些物品。反义词一般不能超越这些层次不等的词义系统。

不具有词汇、词义系统性的反义词聚合，被称为"边缘反义词"（peripheral antonyms）、"非规范反义词"（non-canonical antonyms）。(D. A. Cruse, G. L. Murphy)

10.1.2 反义词的逻辑基础——不相容

反义词的逻辑意义应该是概念的不相容。在逻辑范畴相同的前提下，下列四种不相容概念都是构成反义词基础的逻辑意义。

矛盾概念。如：生↔死，真↔假，正↔反，对↔错，阴↔阳，直↔弯，导体↔非导体，等等。它们之间多是质的对立，绝对对立，互补对立。具有矛盾性(J. J. Katz)、互补性(J. Lyons)、排中性，不存在中间概念。有人把它们叫作矛盾词（contradictory terms）、二元反义词（binary antonyms）、互补词（complementaries，D. A. Cruse, 1986)、非分级反义词（ungradable/ungraded/non-gradable antonyms）。

对立概念。如：多↔少，大↔小，长↔短，贫↔富，高↔低，冷↔热，等等。

它们之间多是量的对立,极性对立,渐变性对立。具有容中性,在两极中间存在着中心点或中轴,其两侧可能有若干中间概念,而对称的中间概念也往往是对立概念。Lyons、Katz 认为它们具有对立性。有人把它们叫作相对反义词(contrary terms)、极性反义词(两极词,polar opposition)、分级反义词(gradable/graded antonyms)。

对偶概念。如:买↔卖,原因↔结果,目的↔手段,东↔西,左↔右,父↔母,丈夫↔妻子,主人↔客人,老师↔学生,内政↔外交,等等。它们之间是事物关联的对立,也是人们联想得到的对立,它们成对对应,相互依存,相互制约。Lyons、Katz 认为它们多有互逆性。有人把它们叫作关系对立词(relational opposites)、换位反义词(conversive/converse terms)。

某些并列概念。如:方↔圆,手↔脚,饭↔菜,悲剧↔喜剧,格律诗↔自由诗,等等。它们之间常是二项或多项事物并列而不相容,也是人们最低限度的联想。如果人们经常把某两个概念对比使用,就可以作为反义词看待。对比使用的两个概念,内涵中的特有属性往往是人们的着重点。如"悲剧↔喜剧"并不着重于剧,而着重于悲和喜;"大陆性气候↔海洋性气候",并不着重气候,而着重于大陆性和海洋性。

10.1.3　反义词的语义基础——共性义素相同,个性义素相反、相对

(1) 语义的个性义素相反相对

上述逻辑意义,仅仅是构成反义词的必要条件,而不是充分条件。因为反义概念,并不一定是反义词。有的矛盾概念是由正概念和它的负概念构成的,如:白/非白,人/非人,等等。负概念的形式,只有少数是词,大多数是短语。词和短语,一般不能构成反义词。作为语言中的反义词,它应该具备语义方面的充分条件。分述如下。

反义词的个性义素应该相反、相对。语义意义,是词的内容的主要部分。一个词的语义意义可以分析出一个或两个以上的义位,而在一个义位中又可以分析出共性义素和个性义素。如下表:

义位	共性义素	个性义素
教	知识技术	传授
学		获得
高	从上向下的距离	大
低		小

共性义素,是反义词的语义基础。个性义素,是反义词的语义特征。个性义素不相反或不相对,当然不是反义词。共性义素不相同,也不是反义词。如:苦瓜/甜瓜,一个是蔬菜,一个是水果,没有反义词的语义基础。

(2) 有些反义词的个性义素并不是一一相对的。如:

呼:<u>生物体</u>把<u>气体</u> <u>排出体外</u>。
　　S　　O　　V_1

吸:<u>生物体</u>把<u>液体</u>、<u>气体</u>等<u>引入体内</u>。
　　S　　O_1　　O　　V_2

上例 S 和 S,O 和 O,是共性义素。V_1、V_2 和 O_1 是个性义素,其中 O_1 是"呼"所没有的,O_1 是"吸"的又一语义特征。这说明语义的错综复杂,不像一般逻辑概念那样井然有序。

(3) 一个词的一个义位因为有不同义素,所以可能系联出不同系列的反义词。如"强攻"含有"①用强力"、"②攻击"两个义素。在第①义素上,有"不用强力"、"用智力"与之相对,因此有反义词"智取"。在第②义素上,有"不攻"与之相对,因此有反义词"围困"。如果把攻、守双方联系起来,攻方是"用强力""攻击",守方便要大力守住,于是有反义词"死守、固守、坚守"。只考虑一个义素或一方面义素,就不可能获得一个义位的不同系列的反义词。

(4) 把语素和义位两个因素联系起来,有助于从错综复杂的语义关系中认清反义词现象。

有的语素义相反,义位不相反。如:大米/小米,大豆/小豆,高能(指物的能量)/低能(指人的能力),有趣(有兴趣)/没趣(没面子),深远(指意义影响等)/浅近(指字句等内容)。

有的语素义相反,义位却相同。如:买好/卖好,都指向别人讨好。

有的语素义不相反,义位相反。如:蚕食/鲸吞,化缘/布施,粗放/集约。

从以上几种情况可以看出,在确定反义词时,义位是主要依据。义位相反、相对,方能构成反义词。

10.1.4 反义词的语用意义相对

(1) 反义词的语用意义应该相对

语用学是从整体上研究语言运用的,主要研究在语境上下文中对话语的理解。语义学局限于词句的字面意思或约定俗成的意思,而语用学则要弄清话语的隐含意思或会话意思。因为"每当我们使用一个词的时候……我们就变换了它的语义价值"。(卡尔采夫斯基,1979)语用学所说的"词语的语用意义"、"词语的会话含义"(conversational implicature),是制约反义词群的重要因素之一。

(2) 语用意义,对于反义词群来说,有质的制约作用

有一类反义词,分布在坐标横轴两端或两侧,跟中点距离相当。如:

```
 A   B   Z   b   a
─┼───┼───┼───┼───┼─
 热  暖  温  凉  冷
```

横轴上的语义具有渐进性和层次性,也具有相对性和归一性(polarity)。在两极中间,可以在相对的位置上插入不同程度的词语,而每一个词语都有其内外项。萨丕尔(E. Sapir)用层次可分性(gradability)来分析两极中间语义的不同层次。上列横轴上的词按语义层次来分析,A 和 a,B 和 b,应该是相对的反义词。但是,词的语用意义却不是这样整齐、机械地对应。在语用这个平面上,A 和 b,B 和 a 也可以在同一语境中出现而显示出相对的意义,因此也就成了反义成分。如:

$$\begin{cases} A \ 热:\sim菜|\sim水|\sim药|头\sim。\\ b \ 凉:\sim菜|\sim水|\sim药|脚\sim。\end{cases}$$

$$\begin{cases} B\ 暖:\sim 气 | \sim 风 | \sim 天 | 春\sim。\\ a\ 冷:\sim 气 | \sim 风 | \sim 天 | 冬\sim。 \end{cases}$$

不仅如此，而且在语用这个平面上，"凉"和中项"温"也可以成为反义成分，左侧的"热"和"暖"还可以跟右侧端点的"冷"（说天气时也常用"寒"）成为反义成分。

同样，手↔脚、红↔绿，在语义系统里不算反义词，但是在语用意义上却是反义词。

反过来说，丑↔美丽、快↔缓慢，在语义系统里是反义词，但在语用意义上，不用于同一语体、同一语境，不作为反义词用，而是把丑↔俊，丑陋↔美丽，快↔慢，迅速↔缓慢作为反义词用。

(3) 语用意义，对反义词群来说，有量的制约作用

语用意义制约一个词的反义词的多寡和异同。一个义位，有几个语用意义，往往就有几个反义词。如"稳定"在"稳固安定，没有变动"这个义位上，可以用于三个方面：

用于局势方面，跟"动荡"是反义词；

用于人心方面，跟"浮动"是反义词；

用于物价方面，跟"波动"是反义词。

语用意义制约反义词之间义域的差异。如：老↔幼、小、少，在"年岁"上是反义词，其中"老、幼、小"都能用于人和动植物，而"少"只能用于人。又如：美↔丑，在"好看、难看"的意义上是反义词。但是"美"能用于人和风景，而"丑"只能用于人。美好↔丑恶，在社会、现实、灵魂等方面是否令人满意这个意义上是反义词，而"美好"能用于许多抽象事物，"丑恶"则不能。

以上所说的语用意义都是在语境中的含义，这跟语义学所说的意义不同。某一语义意义是由语素或义位的义素体现出来的，并在语义系统里占有一席位置，可以跟语义系统里的另一个相反或相对义位构成约定俗成的反义关系而不需要语境显示。而语用意义，则不能离开语境。语境是词语的解释因子之一。

反义词群中的每个词在语义场里的义域常不尽相同,相应地,其语境也不尽相同。考虑到这些因素,才能较为完全地揭示反义词的语义和语用意义。

(4) 语用意义对于反义词只是起制约作用,并不起决定作用

有些词在语用环境里被用作反义词,但在语义系统里却不是反义词。第一种情况是,所谓临时词(trancient word)不能与相应的词构成反义词。如:

A. 阴谋、文化、内战、阔人、纠正
B. 阳谋、武化、外战、狭人、纠歪

B类词是瞬息新词(ephemeral word),是临时造的形式(nonce-formation)。它们还没有进入语言词汇系统,当然更没有列于词典之中。B类和A类是两类性质不同的词,不能组成反义词类聚。

第二种情况是,组合的临时短语之间不能构成反义词。如:和平战士/战争贩子,热爱和平/反对战争,保卫和平/煽动战争,自己的幸福/别人的痛苦。

第三种情况是,个别或偶然性的语用环境(例如短语)里出现的单音临时词(或是语素)构成的反义关系,也不应跟语言系统里的反义词同等对待。如:"夙兴夜寐"的"兴"和"寐"。

第四种情况是,个别作家在偶然的语用环境里临时用的对立词,也不能看作反义词。如鲁迅先生在《颓败线的颤动》中所用的"眷念与决绝,爱抚与复仇,养育与歼除"。

上述四类,只是修辞性的反义词语或成分,只在言语中临时使用或在固定场合里使用。

10.1.5 反义词的语法意义大多相同

(1) 反义词的语法意义应基本相同

语法意义主要包括:语法单位的范畴意义,语法功能意义,语法结构意义。

这些意义是由一整类、一整类的语言单位所具有的聚合关系或组合关系中抽象、概括出来的。词汇意义是它们的基础，并跟它们具有逻辑范畴类别的一致性。"当一个一阶逻辑的形式系统被建立起来并证明了它是完全的，那么立即可知，语义的有效性等价于语法的可证明性，语义的可满足性等价于语法的协调性"。(王浩，1981)因此，语法意义对反义词群具有不同程度的规定性。

(2) 反义词的大多数是词性相同的

反义词在各个词类中的分布，是不平衡的。根据我们对 182 个反义词群的抽样分析统计，其中属于形容词的最多，有 98 群，占总数的近 54%；属于动词的次之，有 43 群，占总数的近 23%；属于名词的再次之，有 36 群，占总数的近 20%；另外属于副词的有 3 群，属于代词的有 2 群。当然，数词、介词中也有极少数的反义词群，可惜抽样时未能遇到。这种分布是正态的，带共性的，请看 S. Jones (2002:139) 对 3000 个英语句子中的反义词在词类中的分布统计：形容词有 1739 例，占 58%；名词有 520 例，占 17%；动词有 427 例，占 14%；副词有 314 例，占 11%。

从抽样统计中我们还发现，意义相反的反义词大多数分布于形容词和动词中，意义相对的反义词大多数分布于名词（特别是时间名词和方位名词）和代词中。

(3) 反义词的少数是词性不同的

日本的中村一男先生很重视反义词同词性的原则。他说："我认为(A)在反义词中相互间要以同一词类为原则，(B)如果不属于同一词类的，但它们有很高的使用价值，那只好作为例外的反义词来看。"(中村一男，1976)在少数的不同词类的反义词中，首先较为多见的是由形容词和动词构成的。如：平稳（形）↔摇摆（动），真实（形）↔虚构（动），陌生（形）↔熟悉（动），俭省（形）↔浪费（动），兴盛（形）↔衰落（动）。其次见到的是由形容词跟名词或副词构成的。如：长远（形）↔眼前（名），永久（形）↔暂时（名）。再次，也见到了由介词和动词构成的。如：自（介）↔至（动）。此外，还见到了同词类之中的不同次范畴的反义词，主要是及物动词和不及物动词构成的。如：固守（及物）↔

失守(不及物),启程(不及物)↔抵达(及物)。

为什么少数的不同词类或不同次类的词可以构成反义词？因为"语言学诸范畴之间并没有截然分明的界线"。(鲍林格,1979:225)处于某一范畴中心的成分和外围成分的属性不尽相同。越靠近外围的成分,属性越弱。因此,临界范畴的外围成分之间,在一定条件下常常是十分相近的或有密切的联系。例如我们所说的形容词,就被赵元任先生(1979:299)包括在广义的动词里,叫它性质动词。至于形容词和副词,也有统称区别词的。而动词和介词的联系更密切。又何况反义词所反映的是两种相反或相对的意义。而某些形容词所形容的不动状态跟某些动词所表示的动的状态、变化、行为或动作,常是相反或相对的。

(4) 反义词的语法功能多数相同,少数不同

萨丕尔所说的位置范畴和类别范畴,在说明词的语法功能方面具有重要作用。一个词(A)处于某种语法类别词的前后,(B)跟某种语义类别的词联系,(C)进入同一语法结构或同一语句的相应位置,是我们判断是不是反义词的三个语法功能条件。同词性的词,大多数是功能相同的。反义词大多数是同词性的,因此反义词的语法功能大多数是相同的。可是,由于汉语语法特点之一——词性与句法功能不是一一对应的,少数反义词尽管词性相同,功能也不尽相同;有的词性不同,功能却有一部分相同。前一种情况,如:老↔嫩,在"食物火候大小"这一义位上,是形容词,构成反义词,但功能不尽相同。如下表:

功能异同词 \ 功能项	做补语		做定语	在程度副词后	
	不带"得"	带"得"		在"太"后	在"很"后
老	+ 菜炒~了	−	−	+ 炒得太~	+ 炒得很~
嫩	−	+ 菜炒得~	+ ~肉片	−	+ 炒得很~

有的词,看上去好像是反义词,但是不具备上述三个语法功能条件,也不宜算作反义词。如:希望/失望,都是动词,按词典的释义,《作文词典》把它们看作反义词。实际上,它们的语法功能基本不同。如下表:

功能异同 词 \ 功能项	带谓语短语宾语	很+~+宾	很+~	带结果补语	带趋向词
希望	+ ~到海滨去	+ 很~下雨	−	−	−
失望	−	−	+ 很~	+ ~不了	+ ~起来

虽然两个词都可以带时量词和"着、了、过",但所表示的意义不相反。

在有的情况下,两个词的词性不同,功能有一部分相同,并且在这个特定范围内的意义相反或相对。如:集体↔单独,一为名词,一为副词兼形容词。它们都能分布在下列词的前面,并且具有相对立的意义:~行动、~监禁、~生活、~会见、~谈话、~房间。又如:必然↔未必,一为形容词,一为副词。都能用于动词、形容词、助动词的前面而意义相反:~失败、~高兴、~会成功。像上面这样的成对的词,也可以算作反义词。

反义词的词的结构意义多数相同,少数不同。在研究反义词时,词的结构是不容忽视的一个方面。

(5) 有的传统观点认为,反义词应该是词根不同的。如下表:

汉 语	英 语	俄 语
正确	right	правильный
错误	wrong	ошибочный
清晰	clear	ясный
模糊	vague	смутный

也有传统观点认为,反义词可以是同词根的。其中有三类:(A)部分词根相同,部分词根相反;(B)反义前缀加在同词根上;(C)反义后缀加在同词根上。如下表:

类	汉　语	英　　语	俄　　语
A 类	左派 右派	left wing right wing	— —
B 类	革命 反革命	revolution counter-revolutionary	реконоция контрреволюция
C 类	— —	employer(雇主) employee(雇员)	дворянин(贵族) дворовый(奴仆)

在汉语中，用否定前缀（不、非、无、反等）加在词根上面构成词，并收入《现代汉语词典》中的，很少。如：不动产、不规则、不人道、不送气、不作声、不图、不许，非导体、非金属，反冲力、反革命、反作用，等等。反义词词典收这类词，以不超越《现代汉语词典》的收词范围为宜。

现代观点认为，反义词确定的依据不是词根相同与否，而是语义相反或相对与否。

无论同词根的反义词，还是不同词根的反义词，它们的结构意义绝大多数是相同的。所谓结构意义，这里是指语素间的语法关系。如：优良↔恶劣，平民百姓↔达官贵人，是联合关系；明码↔密码，世外桃源↔人间地狱，是偏正关系；提高↔降低，集合↔分散，是补充关系；有限↔无限，适逢其会↔错过时机，是述宾关系；眼生↔眼熟，喜从天降↔祸从天降，是主谓关系；急急忙忙↔慢慢腾腾，堂堂正正↔鬼鬼祟祟，是重叠式的。反义词也有结构关系是不同类型的，特别是成语反义词中有不少。

10.1.6　反义词的音节大多相同

音节整齐相对，是汉语反义词的形式特点。

反义词音节不同的，在外语里是大多数，在汉语里则是少数。

汉语里有单音节对双音节的反义词，如：有↔没有，难↔容易，横(hèng)↔和气，这类反义词，自古有之。如：贤↔不肖，这是惯用的反义词，打开古籍，俯拾可得。

双音节对三音节的反义词。古代的有：店东↔店小二。现代的有：吃亏↔占便宜，熔点↔凝固点，导体↔绝缘体，口语↔书面语。

双音对四音节的反义词较罕见。如"至交、深交、知交",在语言实践中常用"一面之交、点头之交"与之相对。反义词词典对这类反义词不可因音节形式不整齐而拒之于外。

有些音节不同的意义相反的词是为了声律的需要而临时用于文学语言中的。如:"清早担水晚烧饭,上午跑街夜磨面。"(鲁迅《聪明人和傻子和奴才》)这样的成对的词,反义词词典里不应该收。

10.1.7 许多词没有最佳反义词

因为一个最佳的反义词类聚,是受词汇系统性、逻辑意义、语义意义、语用意义、语法意义、音节形式诸条件限制的,所以有许多词没有反义词,更没有最佳的反义词。名词的"尺、书、树、铅笔、眼睛、墙壁、声音、蓝色、飞机"等,动词的"看、喝、摸、玩耍、考虑、研究、学习、飞翔"等,都没有反义词。像"遥远"这样的词,居然也没有最佳反义词。甚至像"许多"这样的词,竟然也没有最佳反义词,只是在不同语用环境里跟"少许、些许、个别、零星、点滴"构成反义词。总观语言全局,反义词比同义词的数量少得多。正是这种情况,迫使古今经典作家在运用一系列最佳反义词的同时,偶尔也拼凑一两对临时的"反义词"。如:

《老子·二章》:有无相生,难易相成,长短相形,高下相倾,音声相和,前后相随。

鲁迅《野草·狗的驳诘》:我终于还不知道分别铜和银;还不知道分别布和绸;还不知道分别官和民;还不知道分别主和奴……

这些临时的"反义词",词典里当然不能收。

第二节 反义词群的划分

反义词群的组配,比起同义词群的组配,更为困难。因为一个同义词群是一个整体,而一个反义词群则是一个二分体,即包括两个同义词群。对两分的反义词群的组配,至少要解决三个问题:一是反义词群的划分,二是反义词群内部词序排列,三是反义词群之间的群序排列。第一个问题,是前提问题,只有对反义词群的划分确定以后,才能着手排列反义词群的词序和群序。

对反义词群的划分,首先遇到的是两项式和三项式的问题。

10.2.1 两项式

一个反义词群划分为两项,是最普遍的形式。在两项式里,又有几种情况。有的,是一对一的。如:

安↔危　霸道↔王道　悲观↔乐观

褒↔贬　暴政↔仁政　动态↔静态

有的,是一对多的。如:

背↔向、朝、对

敌国↔盟国、盟邦、友邦、盟友

有的,是多对多的。如:

动手、着手、入手、下手↔住手、完成、结束

独立、自立↔依赖、依附、依存、从属

在一对多、多对多两种情况里,必然要涉及同义词。这正像吕叔湘先生在给我们的一封信中所说的:"同义词可以不涉及反义词,反义词很难不涉及同义词。我们可以说 $A_1A_2A_3$ 是一组同义词,不涉及 $B_1B_2B_3$,但很难说 A_1B_1 是一对反义词,A_2B_2 是一对反义词,A_3B_3 是一对反义词,只能说 $A_1A_2A_3$ 和 $B_1B_2B_3$ 是一组反义词。"同义词群的每一个词又不一定都有同样的反义词,反之亦然。这就更增加了反义词词群组配的困难。

多对多的左右两项,都可能是十几个词或几十个词,它们组成了较庞大的反义词群。

在划分反义词群时,要充分注意左右两项的不平衡状态。如关于美食的成语有"美味佳肴、美馔佳肴、山珍海味、龙肝豹胆、珍馐佳肴"等,而关于粗食的成语只有"粗茶淡饭"。如果翻开《同义词词林》就会发现,关于"美丽"的词语竟有 150 多个,而关于"丑陋"的词语只有 20 多个。当然,反义词词典不可能在一个反义词群里把"美丽↔丑陋"的成员悉收无遗。即使是缩小 10 倍,左项也得收 15 个词语,右项得收 2 个词语,实际上,反义词词典可以收这样一个词群:美丽、漂亮、标致、俊秀、俊美、俏丽、优美/丑陋。其两项为七比一,这足以说明反义词群内的悬殊的不平衡状态。对这种悬殊状态的解释,有认知上的对肯定项的更多关注,也有心理学上的 Pollyanna Hypothesis(波里安娜假说,即乐观假说),即总是看重、倾向肯定项。(Boucher, J. 和 Osgood, C. E. 1969)

10.2.2 三项式

反义词群划分为三项式,是较罕见的形式。在三项式里,常遇到两类问题。

第一类,左、中、右项的词,互为反义词。如:

    来↔去↔回   民↔官↔兵   平行线↔斜线↔垂线

这样的三项式反义词是大家所公认的,当然应该收入词典。

第二类,左、中、右项的词,是否互为反义词,大家看法不一致。如:

    A. 寒冷/温暖/炎热   B. 过去/现在/将来
    C. 南极/赤道/北极   D. 凸版/平版/凹版
    E. 大学/中学/小学

这里有一个问题:在两极中间的中项词,能否进入反义词群?较为客观的回答是:有的能,有的不能。其间的标准,就是首先看语用意义:在语用环境里经常是把中项词跟左右项词对比使用的,如 A、B 两组,中外的一般反义词词典都收了其中的中项词。在语用环境里不经常或很少把中项词跟左右项词对比使用的,如 E 组(常把"中小学"跟"大学"对比),我们所见到的反义词工具书都不收这类中项词。对 C、D 组的看法是有分歧的:就气候说,C 组的"赤道"确实跟"南极、北极"对立,并且也时常对立着使用。D 组,在旧印刷厂里,"平版"时常跟"凸版、凹版"对立着使用。从实用角度说,C、D 组也该收进反义词词典。仅仅在这个意义上,《作文词典》把"新颖↔一般、平常、普通"收作反义词,似乎宽了一些,而日本的中村一男先生在《反义词大辞典》编辑方针的第四点里专门谈到"增加了一些具有中间意义的反义词"的问题。他说:"在反义词里具有相当数量的中间性的词语,在这部词典中也收入了这些词,而且比《反义词词典》有所增加。某一学者认为在类义语辞书中把'今月、前月和来月'作为反义词是可笑的。但是,大和小,长和短,远和近,过去和将来,等等,它们当然使人想到了属于中间性的东西。现在,那些学者也把'中和大、小','现在和过去、将来'看成是相对词了……我觉得这些都是不成问题的问题。我认为,今天和昨天、明天,这回和前回、下回,中旬和上旬、下旬,中称和远称、近称,中间色和浅色、深色,这许多包括中间性意义的词的词群是反义词群,应该收在词典里。"

10.2.3 反义词的大群宜分为小群

一个较大的同义词群与另一个较大的同义词群形成一个更庞大的反义词群。为了符合反义词应用的实际情况,对庞大的反义词群应该依据音节、语义、语法、语用等多种条件进行划分。

(1) 依据音节条件划分反义词群

除了少数反义词群外,应该尽量使反义词音节数目对等。表示"密"和"稀"的词语各有十来个,依据音节把它们分为四个反义词群:

  A. 密↔稀、疏

  B. 密集、稠密、繁密↔稀疏、稀少、疏落、疏散

  C. 密麻麻、密匝匝↔稀拉拉

  D. 密密麻麻、密密匝匝、密密层层、密密丛丛↔稀稀拉拉

(2) 依据语义条件划分反义词群

这里所说的语义条件,是指义位、义素条件。

① 依据义位划分反义词群

反义词的构成,通常是以义位(相当于词典学上的义项)为单位的。一个词可以因不同的义位跟不同的词构成反义词,它们在反义词词典里应该划分为不同的反义词群。如下表:

反义词左项	左项义位	反义词右项
正	① 垂直或符合标准方向	歪
正	② 位置在中间	侧、偏
正	③ 正面	反
正	④ 正当的	邪
正	⑤ 基本的,主要的	副
正	⑥ 大于零的	负
正	⑦ 失去电子的	负

如果一个多义词的不同义位跟另一个多义词的不同义位对应着构成反义词,那么对这样的反义词群有两种处理办法。一是以词为单位组成反义词群,即把几个义位都编在一个反义词群里。如下表:

左 项	反义词义位		右 项
大	① 数量等的大小	①	小
	② 排行先后	②	
	③ 敬辞或谦辞	③	
	④ 年纪大小	④	

另一种办法是,以义位为单位组成一个个反义词群,即按义项划分几个反义词群。如把上表的"大/小"划分为四个反义词群。

② 依据义素划分反义词群

义素的多少和异同,在反义词群的划分上也起一定的作用。如下表:

第二节 反义词群的划分

反义词群		义素的多少、异同			
A	肥胖 瘦瘠	① 脂肪或肉 ①（同上）	② 多 ② 少		
B	肥硕 瘦小	①（同上） ①（同上）	② 多 ② 少	③ 大 ③ 小	
C	肥壮 瘦弱	①（同上） ①（同上）	② 多 ② 少	③ 大 ③ 小	④ 健壮 ④ 柔弱

A 群有两个义素,B 群有三个义素,C 群有四个义素,第一个义素,是六个词的共性义素。第二至第四个义素,是个性义素。从 A 至 C 群内有一至三个相反的个性义素,因此依次划分为三个反义词群,这样才较为符合语义和语用的实际情况。同样,依据义素的多少和异同,将下列两组相关的反义词群划分为四群：

  A. 迎接↔送行　　B. 欢迎↔欢送
  C. 骄傲↔谦虚　　D. 傲慢↔谦恭

"傲慢"是骄傲而没礼貌,"谦恭"是谦虚而有礼貌。在有无礼貌这一义素上,它们不能跟"骄傲↔谦虚"合为一群。

如果某个词的不同义素,分别跟两个词的义位相反或相对,那么这个词应该分别跟两个词组成反义词群。如下表：

群	词	义　素		
A< B<	原料	未加工的		材料
	成品	加工完毕的	合格的	产品
	废品	加工过的	不合格的	产品

在加工与否的义素上,成品↔原料,是反义词；在合格与否的义素上,成品↔废品,是反义词。因为个性义素的显著不同,所以应该划分为不同的反义词群。同样道理,下面的一个词跟两个相关的词构成的反义词,应该划分为两个反义词群：

  A. 消费↔生产   B. 消费↔积累
  C. 接受↔拒绝   D. 接受↔给予
  E. 奋起直追↔踌躇不前   F. 奋起直追↔得过且过

（3）依据语法条件划分反义词群

这里的语法条件，主要指词性。兼类词，一般按词性划分反义词群。如：

  A. 保守（动词）↔革新、创新（动词）
  B. 保守（形容词）↔急进、激进（形容词）
  C. 背（动词）↔向、朝、对（动词）
  D. 背（形容词，耳背）↔尖（形容词，耳尖）

有些兼类词和兼类词的词性相对应，义位相对或相反，可以不再划分为不同的反义词群。如：左/右，都有名词和形容词两个词性相对应，可以编入一个反义词群。

（4）依据语用条件划分反义词群

语用的实际情况是相当复杂的，但是其中有常数或常量。我们可以依据语境的常数或常量，把一个庞大的反义词群划分为几个较小的反义词群。如"大路↔小路"的正极有20多个成员，负极有30多个成员。根据语境中常见的相对使用的情况，把"大路↔小路"的庞大反义词群划分为几个较小的词群。举要如下：

  A. 大路、大道↔小路、小道
  B. 直路、直道↔弯路、弯道、盘道、岔路、岔道
  C. 坦途↔险途、险路、畏途、隘路、鸟道
  D. 平路、平道↔山路、山道、坡路、坡道
  E. 近路、近道、便道、抄道↔远路、远道

当然，语境中也偶尔见到A、B、C、D、E小群间交叉而相对使用的情况。

（5）依据语体条件划分反义词群

语体色彩相同，应该是划分反义词群的条件之一。如：美、俊↔丑，是口语

词;美丽↔丑陋,是书面语词;妍↔嬡,是文言词。但是,有时一个反义词群也有兼容两种语体的。如:

  A. 死↔生、活 B. 富↔贫、穷

其中的"死"、"富"是古今通用的,"生"、"贫"是古代常用的,现代某些词语里也用得着,"活"、"穷"是现代常用的。原则上是用语体划分反义词群,有时允许变通,即还得从语义、语用两个角度看,把"生"、"贫"分别划入两组是比较妥当的。

第三节 反义词群群内的排列

反义词群群内各词的排列,可以用三个标准:义序,用序,音序。

10.3.1 群内的义序

这里说的义序,主要指表示事物先后的意义次序。表示事物在前的词,排在前面;表示事物在后的词,排在后面。如:

  早晨↔晚上 出生↔死亡 产生↔消亡 出发↔到达
  本钱↔利息 致谢↔答谢 成立↔解散 原料↔产品

这是人们所熟悉的自然的逻辑次序。反义词词典里的群内词序,自然也可以依据这样的次序排列。

10.3.2 群内的用序

只有一小部分反义词有表示事物先后的意义次序,大部分反义词没有这样的次序,而有另一种次序:语用习惯次序。如:大↔小,高↔低,粗↔细,贫↔富,等等。区分这类反义词,用得着两个概念:有标记(the marked term),无标记(the unmarked term)。就词汇范围来说,所谓的有标记和无标记,少数情况表现在语素上。如"巫师"、"巫婆",前者的语素没有标出男女,是无标记的;后者的语素"婆"标出是女的,是有标记的。多数情况,表现在语义、语用上。在语义上，无标记项的意义更为一般化和概括化，其中更多的含有"积极"或"正极"，如下列 A 行；反之，则是有标记项，如下列 B 行。

    A. 好，胜，强，多，富，前，大，新，高；
    B. 坏，败，弱，少，穷，后，小，旧，低。

在语用上，首先表现为无标记项使用次数多，有标记项使用次数少。如下表：

用次＼词项＼著作	无标记项						有标记项					
	得	好/善	胜	强	富	多	失	坏/恶	败/负	弱	贫/穷	少/寡
频率词典	458	1026/	64	215	29	2139	69	340/	47/	45	13/	568/
孟子	104	/111	16	5	25	25	33	/40	3/	4	7/	14
荀子	300	/173	67	100	70	81	82	/164	16/	40	42/3	56

其次，表现为分布语境的广狭：第一，无标记词比有标记词多用于问句，如常说"好不好？"不常说"坏不坏？"第二，无标记词比有标记词多用于比较句，如常说"这本书比那本书好"，不常说"那本书比这本书坏"；第三，无标记词比有标记词多用于表担心或设想的句子，如常说"能胜吗？"不常说"能败吗？"第四，无标记词比有标记词更多地用在数量结构的后面，如常说"二尺长"，不说"二尺短"。

最后，在词语中的次序是，无标记词多放在有标记词的前面。如：好坏，胜负，强弱，多少，前思后想，眼高手低。个别的有例外，如常说"贫富"，不说"富贫"，这跟音乐性（平仄）有关，有的跟表义的特殊需要有关。

所以，在反义词群群内词序的排列上，按语言使用的习惯次序，一般把无标记词排列在有标记词的前面。

10.3.3 群内的音序

有的反义词词群内，既无所谓义序，也无所谓用序，这时候只好用上音序。如：仇敌/朋友、刺耳/悦耳、独木桥/阳关道、赤手空拳、手无寸铁/荷枪实弹。

反义词群群内的词序，也可以不依据义序和用序，一律用音序编列。这样做的好处是简明，不足之处是不符合逻辑和习用次序，也不便释义。

10.3.4　群间的单序列

单序列，指所有的反义词群群内词序只排出一个单一的次序，确定一个个首词或领头的词，而群间的次序只按首词音序（或笔画次序，或部首次序）排列出一个单一的总序列，如张庆云等主编的《反义词大词典》。这样的词典必须附有"单词（音序）索引"。

10.3.5　群间的复序列

复序列，指所有的反义词群群内词序排出两个或两个以上的次序，即让群内的每一个词都轮流做一次首词，而群间的次序则按各个首词音序（或别的次序）排出一个复式总序列，其中自然存在一个词条出现两次以上的现象。采用复序列的词典，最大优点是，便于检索已知词条的反义词，不用再辗转去查索引，当然这样的词典也没有必要附有索引。这样的词典有中村一男的《反义词大辞典》(1965年东京版)、林玉山的《简明同义反义词典》(1987年深圳版)、鲍克怡的《汉语同义词反义词对照词典》(1996年上海版)、张庆云等主编的《反义词词林》(2001年上海版)。这样的词典多不释义，只有反义词词目对照。

第四节　反义词词典释义特点

反义词词典除了不释义的，还有一类释义的。后一类词典，除了检索反义词之外，还供人们了解反义词的意义和用法。如利沃夫的《俄语反义词词典》(1978年莫斯科版)、纳托尔的《纳托尔同义词反义词词典》(1982年伦敦版，第26次印刷)、张庆云的《汉语反义词词典》(1986年济南版)、张庆云等主编的《反义词大词典》(2003年上海版)。这类词典释义有以下三个特点。

10.4.1 分清反义词的共性义素和个性义素

分清两种义素是关键,是基础,至于具体处理办法可以不同。

一种办法,先释反义词群的共性义素,然后分别释出每个反义词的个性义素。如:深↔浅,先释其共性义素——从上到下或从外到里的距离,然后分别释个性义素——"深"指距离大,"浅"指距离小。

另一种办法,只分别释义,在义位中包含着共性义素和个性义素。无论哪种办法,目的都在于指出一群反义词的基点或划定反义词的界限。只要能达到这一目的,反义词词典里允许简化释语。如"伟大",《现代汉语词典》释为"品格崇高;才识卓越;气象雄伟;规模宏大;超出寻常,令人景仰钦佩的"。当它跟"藐小、平凡"等构成反义词时,《反义词词典》可以把它的释义简化为"形容人或事物极不平凡"。

"水",《现代汉语词典》释为"最简单的氢氧化合物,化学式 H_2O。无色、无味、无臭的液体,在标准大气压(101 325 帕)下,冰点0℃,沸点100℃,4℃时密度最大,为1克/毫升。"当它跟"火"构成反义词时,《反义词词典》把它简化为"人们日常饮、用最多的液体"。

在海量的语料库参数的左右之下,对许多义位的义值和义域,都得重新审视,重新确定。

同义词,在一般词典里是允许分别释义的,当它们集中于反义词群的一侧时,可以只释其中一个词,余者用同义词代替。如"稀、疏",《现代汉语词典》均释为"事物之间距离远;事物的部分之间空隙大(跟'密'相对)",当两个词同处于"密↔稀、疏"这一反义词群时,"疏"只释为"稀"即可。

10.4.2 反义词释语的义素、义位应该严格相对

反义词在相反的对应义位里,义素应该严格对应。如下表:

词	义素不对应	义素对应
富	财产多	财物多
穷	缺乏生产资料和生活资料,没有钱	财物少
批发	成批地出售商品	成批地出售商品
零售	把商品不成批地卖给消费者	不成批地出售商品
脑力劳动	以消耗脑力为主的劳动	主要用脑力的劳动
体力劳动	主要靠体力进行的劳动	主要用体力的劳动

多义词组成的反义词群,反义词之间的义位应该对应。如果一般语文词典释义的义项不对应,反义词词典应加以调整。其一,调整义项的分合。如下表:

词	义项数目不对应	义项数目对应
上升 下降	① 由低处往高处移动 ② (等级、程度、数量)升高,增加	① 由低处往高处移动 ② (等级、程度、数量)升高,增加
	从高到低;从多到少	① 由高处往低处移动 ② (等级、程度、数量)降低,减少
甘 苦	使人满意的;甜	① 像糖或蜜的味道 ② 使人满意的,美好的
	① 像鱼胆汁或黄连的味道 ② 难受,痛苦	① 像胆汁或黄连的味道 ② 使人难受的,痛苦的

其二,调整义项的次序。如"明白/糊涂"的义项,在一般语文词典中的次序是:

[明白]① 内容、意思等使人容易了解;清楚;明确。

② 公开的;不含糊的。

③ 聪明;懂道理。

④ ……

[糊涂]① 不明事理;对事物的认识模糊或混乱。

② 内容混乱的。

③ ……

在反义词词典中,为了义项的对应,可以抽取"明白"的第一、第三义项,使之分别跟"糊涂"的第二、第一义项对应。因此,两个词的义项次序都应适当调整一下。

10.4.3　反义词释语应该尽可能地反映出对应义位的细微差别

有些反义词在对应义位中,除了共性义素相同、个性义素相对之外,个性义素还有一定的差异。如:

出访：到　外国　访问
　　　V_1　O_1　V_2

来访：到　我国或我处　访问
　　　V_1　　O_2　　　V_2

在这个反义词群中,V_1、V_2 是共性义素,O_1 和 O_2 是相对的个性义素,O_3 是独有的个性义素。反义词词典反映出独有的个性义素,对读者准确理解词义、准确使用反义词是十分必要的。

第五节　反义词词典的举例

反义词词典的一类是不释义,当然也不举例,另一类则释义并举例。一般语文词典举例的主要作用,是补充释义,提示用法。同义词词典举例的主要作用,是显示同义词的差别。反义词词典举例的主要作用,是显示反义词的语义相对及语法语用特点。

10.5.1　力求例子的对应

反义词词典的举例,为了显示反义词的相对,首先应该力求例子的对应。如:

　　　　伟大　　　　　　　渺小
　　①～的发明家。　　①～的人物。

② ～的革命先行者。　　②～的个人主义者。
③ 感觉到我们民族的～。　③感觉到自己的～。
④ 人民的力量是～的。　　④个人的力量是～的。
⑤ 科学事业太～了。　　　⑤个人的得失太～了。

其次,应该力求在一个例子里出现两个反义词。如"赏/罚"中的"赏"的举例:

赏罚严明|赏以劝善,罚以惩恶|赏不论冤仇,罚不论骨肉|有赏有罚|信赏必罚。

10.5.2　示同和示差

反义词词典举例的次要作用,是示同和示差。

所谓示同,就是用例子显示反义词的同一语义场、同一语用环境、同一语法功能、同一修辞语体。如上文所举的"伟大/渺小"的5个例子。例①—③显示着两个词都分布在"人"这个语义场里,例④显示着两个词都分布在"力量"这个语义场里,例⑤显示着两个词都分布在"事"这个语义场里。从语法角度看,例①②都是做定语,例③都是做宾语,例④都插在"是……的"中间,做谓语,例⑤都受"太"的修饰,跟上个"了",做谓语。

所谓示差,包括的内容是多方面的。一方面,用例子显示反义词在共性基础上的语义、语用上的差别。如"伟大"能形容发明家、革命先行者、民族、人民的力量、科学事业等词语,而"渺小"常常形容与上述词语相对或相区别的词语。

另一方面,用例子显示语法环境的不同或语法功能的区别。如:

{舒服:身上有点儿·不舒服|(无下例用法)
 难受:(无上例用法)|身上有点儿·难受

{大胆:为人不够大胆|(无下例用法)
 胆怯:(无上例用法)|心里有点儿·胆怯

{ 真切:看不太真切|(无下例用法)
  模糊:(无上例用法)|向里看有点儿·模糊

{ 精细:精细地思考问题|考虑得很精细
  粗糙:(无上例用法)|(无上例用法)

总之,反义词词典的举例,应当照顾到反义词词典的特殊需要,而跟一般语文词典的举例有所区别。所有的例子从语义、语法、语用三个角度对反义词作一体化描写,使人们能从整体上去把握反义词。

第十一章

新词语词典编纂法

第一节 新词语词典收词原则

11.1.1 新词语

新词语,是个相对的概念,汉代有汉代的新词语,鸦片战争、1950年、新时期,各有其当时的新词语。各语言、各学科都有其新词语。广义的新词语,在全世界范围内,每年都有一个爆炸性的数字——十几万条!即使是狭义的新词语,即刚刚进入语言系统的新词、新义和新用法,各语言每年有300~800条不等。这种不可忽视的语言事实,势必反映在词典里。

11.1.2 新词语词典

从20世纪初以来,外国出版了上百部新词语词典,80年代至今中国就出版了100来部,其中引人注目的有:《俄语新词词典编纂大纲》,科捷洛娃主编,列宁格勒,1982年。《新词50年——1941~1991年新词词典》,John Algeo主编,剑桥大学出版社,1991年。《6000词:韦氏第三版新国际词典补编》,1976年(从许多学科和共同语中选收了近50000条新词)。《20世纪末俄语语言变化详解词典》莫斯科,1998年,2001年12版。此外,法、德、俄、西、日还出版了许多编年本、多年本、断代本新词词典。闵家骥等的《汉语新词词典》上海辞书出版社,1987年,李行健等的《新词新语词典》语文出版社,1989年,周洪波的《新华新词语词典》商务印书馆2003年。还有另有十几本编年本新词词典。

11.1.3 新词语词典收词原则

中外这些词典是依据什么原则从众多的新词语中收词立目的呢?中外收

新词的原则,主要有六个:

(一) 时域原则,某个词使用三年以上至二、三十年以内。

(二) 空域原则,某个词使用的文本或语域(政治、经济、法律、文学等等)在三个以上。

(三) 用者原则,某个词使用者(尤其是名人)在三个以上。

(四) 所指原则,某个词的所指具有较强的生命力,能长久地存在下去。

(五) 能指原则,词形简单,词义简明,理据透明,见字明义,结构符合规律。

(六) 编码原则,主要收三类编码:1. 新码新义,如"手机",即词汇新词;2. 旧码新义,如"病毒"的"指计算机病毒"义,即语义新词,孙常叙(1956:83)"语义造词";3. 旧码旧义新用,如"股市、招聘、倒爷、小姐",即语用新词,其中一部分又叫"复活词、复苏词"。此外,还有少数新码旧义,如"瘦身、负增长"。

新词语词典的收词,大多遵守以上原则,一人一时一地使用的"瞬间词"都不收,只有少数"编年本"可以适当放宽。

第二节 新词语词典收词的趋势[*]

11.2.1 术语增多

世界各学科、各行业,每年新增加的术语行话大约在 100000 多个,仅化学术语每个月就增加 300 多个。但是,这个庞大的词层,对于各个语言的共同语来说,并不是统一的、游离的词层,而是至少包括三个亚层次:不能进入共同语的专业层,占绝大多数;有可能进入而尚未进入的中间层,只有很少数量;已经进入共同语的通用层,是极少数,大约只有几百分之一。

通用术语层,在共同语的不同历史时期,比例越来越大。《现汉》从近 50 个学科选收了 1000 多条术语。《现汉》3 版科技语占 12.5%,5 版占

---

[*] 本节为张志毅、张庆云合作,发表于《语文建设》1997 年第 3 期。收入本书时订补多处。

16.15%。闵家骥等的《汉语新词词典》占 56%。1973 年俄语《新词新义词典》占 80%。利奇(1987)把这种趋势叫"行话化"。布莱恩·福斯特认为"科学是造成当代英语崭新面貌的最有力的因素之一"。(张会森,1984)

因为术语太长,大多都变成了缩略语。因此,缩略语增多是术语增多的伴随现象。

11.2.2 外来词增多

外来词,也叫借词,广义的包括借意词(意译词,用本族的造词法表示外来的概念,如"铁路"。这种词占汉语外来词的 75%左右),借音词(音译词或半音译词,用本民族的拼写法表示外来词的读音或音节,如"沙发、卡车"),借形词(通称字母词,如"B超、DNA")。狭义的外来词,只指后面两种借词。

世界上 200 来个国家和地区的几千种语言,每年都在进行着大量的跨语言文化的词语代码转换——生成符合本民族词汇系统的外来词,也叫"转借"(borrowing)。逆此潮流而动者,被称之文化保守主义者,必然失败。"土耳其政府曾一度禁止使用任何阿拉伯词语和波斯词语,但是后来不得不放弃……法国人禁止从英语中借用词的做法也未获成功。"(奈达)与此相反,各语言都不可阻挡地出现了外来词激增的趋势,大约都占了新词的四分之一左右。1914 年房德里耶斯(2012:273~275)提出著名原理:"词跟着物走"。"文化词特别易于借用,它们和它们所表示的事物一起被输往各地"。"(法语)它在旧词还保存着活力,具有足够表达力的时候就急急忙忙去采用新词"。

各语言的外来词,特别是术语,都走了一条国际化道路(或者先民族化而后国际化):120 种使用拉丁文的语言都以借形为主,非拉丁文语种(如日语)大多以借音为主,只有汉语等极少数语言还做着大量的民族化工作,即对外语原词进行着语音、语法、词形,尤其是语义等多方面的"汉化"工作。

借形词,除了借原来的字母以外,各语言中都出现了混合词(hybrid word［英］、mots hybrides［法］、hybrides wort［德］、гибрид/полукалька［俄］),即外语字母加本族成分。如卡拉OK、AA制。当这种现象在各语言刚一出现时,大多受到经院式的纯语主义者和封闭式的排列主义者的指责。可是,混合词的准确性、国际性最终还是打开了"纯而又纯"的森然门禁。

11.2.3　港、澳、台及华语词增多

几百年来,在今世界范围内,形成了华文文化圈。跟这个文化圈相伴随的是华语世界,即"以普通话为基础的全世界华人共同语"。它的常体是中国大陆的汉民族共同语,它的周边变体是台港澳汉语,次周边变体是新加坡、马来西亚、泰国、印尼、菲律宾、越南、柬埔寨、老挝、缅甸的汉语,外围变体是欧美俄澳日的汉语。

自从改革开放以来,汉民族共同语跟它的变体,接触、交流日益增多,变体的词语通过各种渠道,以不同方式,在不同层次上,快速大量地进入大陆信息载体。作为大陆出版的《新词词典》自然应该越来越多地选收这些华语新词。尤其要特别注意下列十几个语域的新词:文学、文化、体育、环保、娱乐、广告、经济、法律、政治、新闻、军事、治安等。同时要关注的是港、澳、台等地的:(1)多区用词,如"水货、巨无霸、得主、打工、大跌眼镜、埋单、泊车、界定、心态、养眼、义工"等。(2)两区用词,如台港的"吧女、打女、飞弹、履新、首读、大牌、告白、鬼佬、老千、水喉"等。(3)单区用词,如香港的"特首、吧女、薪级、干薪、增薪点"等,台湾的"医政、农社、首谋、军款、西画家、展演界、双首长制"等。(4)异区异频词,在不同地区,某个词的使用频率有高低之分,如"港人、政制、传媒、报章、总监、赛事、修宪、定位",大陆、台湾少用,香港多用;"立委、放款",大陆、香港少用,台湾多用。(汤志祥,2001)

第三节　新词语编年本的收词趋势*

记录年度新词语的出版物,称之为新词语编年本,国内新词语编年本较早的应数于根元主编的《1991汉语新词语》,是国家语委年度新词语研究项目,

---

* 本节为李智初作,发表于《词汇学理论与应用》(六),商务印书馆,2012年8月。收入本书时做了订补。

自1991年起每年一本,连续出版了四本。2005年以来,国家语委再次启动"新词语编年本"课题,自2006年起又出版三本,第四本即《2009汉语新词语》也出版了。对以上前后两个阶段共八部编年本进行对比,可以看出编年本所收年度新词语呈四多二少的态势。

11.3.1 百科词语增多

新时期以来,文化教育和现代大众传媒的普及,科学技术的迅猛发展,人们求新求雅的社会心理,是科技术语增多和普通化的主要原因。国家语委在中国语言生活绿皮书《中国语言生活状况报告2007》中指出:"随着许多科技术语快速进入日常生活,当今的语言生活呈现明显的'百科化'趋势。"这一趋势从第一阶段的新词语编年本中很容易得到印证。如《1991汉语新词语》中收录的"太空棉"(一种超薄、超轻、高保暖材料)、"水幕"(喷水形成的银幕)、"轻轨交通"(轻型轨道交通),《1994年汉语新词语》收录的"地税"(经济类)、"绿肺"(环保类)等百科词语到现在还在用。这些词,在当时具有显著的百科特征,了解和使用的人并不多,现在已经是广为人知、广泛使用了。

对于日益增多的百科词语,新词语编年本在收录的同时,要考虑到释义问题。如2006年度新词语"手机幻听症"的释义,采取的是专科与语文相结合的释义模式,先总说"因过分依赖手机而产生的一种强迫性心理现象",后分说其五种具体表现,相当于临床症状。再如2007年度新词语"纳斯达克中国指数",在进行语文性释义后,设立知识窗进行更为详细的背景知识说明,以弥补释义中专科性的不足。对于语文化程度较高的百科类新词,释义的用词和表达方式要向语文类新词靠近,同时注意引申义、比喻义、普通义、附属义等的挖掘和提炼,如2007年度新词语"脑残"的释义:"大脑有生理缺陷或伤残,也指因此而引起的智障。也用来讥讽愚蠢的人或行为。"

11.3.2 同族词语增多

同族词,大都由准词缀构成新词,成族出现。新时期以来,同族词的类型和数量都呈显著上升趋势。较为显著的有"××族"、"××门"、"××奴"、"××客"、"××令"、"××日"、"××女"、"××男"、"雷××"、"被××"、"山寨××"等。

以"××族"为例，1991年编年本中没有出现，1992年收录"电脑族"一词，1993年收录7条，1994年为4条，2006年15条，2007年34条，2008年30条，而2009年国家语言资源监测与研究中心语料库中初步筛选出来的竟高达65条。从编年本的已有记录中可以看出，"××族"从出现至今已有近20年的历程，其生命力旺盛，能产性强。

与此相反的一类同族词，在较短时期内往往呈爆发趋势。如"奥运××"，集中出现在2007年和2008年，这两个年度的编年本分别收录7条，2008年本另收"奥××"5条。"山寨××"，2008年集中爆发，如"山寨版"、"山寨春晚"、"山寨经济"、"山寨文化"等，2008年本共收18条，而到2009年，只收录了"山寨足球"和"被山寨"两条。

ABB式的同族词也呈增多趋势。汶川地震催生了ABB式的称谓类新词，2008年本收入"范跑跑""郭跳跳""洋跑跑""朱抢抢""姚抄抄"，2009年本初稿收入"周逃逃""何逛逛"等7条。2009年6月上海市闵行区"莲花河畔景苑"楼盘工地发生楼体倒塌事故，被网友戏称为"楼脆脆"，此后"楼歪歪""楼薄薄""楼断断""楼高高""楼靠靠""楼垮垮""楼裂裂""楼酥酥"等新词成族出现。这类词一般均为贬义词，大都有戏谑色彩，寿命多不长。

同族词大量产生，除了社会发展的需要、语言内部的类推机制和人民趋同求简心理外，有学者甚至认为，这是一些媒体人一味求新，靠大量简单组合产生同族新词以吸引读者眼球，是大众传媒凭借话语霸权而人为发起的造词运动的结果。对于这类词，编年本在收录时应从严，避免泛滥。审稿和编辑加工时，都应按类提取，集中处理，这样做会提高收词质量、提高释义的准确度和释义模式的齐整性。如《2009年汉语新词语》讨论稿中筛选出的"被××"多达24条，"被就业""被增长""被时代"等的词频很高，可以收录，而"被复出""被富裕""被满意"的词频很低，可以考虑删除。

11.3.3 事件词语增多

1991年至1994年的第一阶段编年本中,事件词较少,2006年以来的第二阶段编年本中事件词明显增多。2007年因陕西省镇坪县村民周某谎称发现野生华南虎而闹得沸沸扬扬,与这一事件相关的新词很快出现,编年本根据这一事件的被关注程度而收录了"周老虎""虎照门""伪虎门""正龙拍虎""华南虎事件"。2008年更是事件多发年,光是以"事件"命名的新词语编年本就收录了诸如"黑屏事件""饺子事件""孟连事件""三鹿事件""3·14事件""水饺事件""平江虎事件""瓮安事件""黑砖窑事件"等,还有不含"事件"二字的事件词,如"断供案""久耕托市""川震""叉腰肌""做俯卧撑"等。

事件词增多的原因主要是客观事实如此,随着新闻报道的不断深入,网络媒体的快速传播,事件词更多地被人们所关注。以上这些事件词都是广受社会关注、有较大社会影响的,其中典型的是"××门"结构的新词。

据粗略统计,第一阶段的四部编年本中没有收录一条"××门",2006年编年本只收了"电话门""监控门""解说门""骷髅门"4个,2007年收录10个,2008年随着"艳照门"事件的爆发,这个表示新闻事件的"门"似乎一下子敞开了,媒体上"××门"的数量飙升。2008年编年本在众多的"××门"中挑选了22个事件词,从附录《2008年年度新词语使用状况表》中可以看出,在444条年度新词语中,"艳照门"位居第三,而在22个含"门"的事件词中,"艳照门"的频次最高,其次才是"迟到门""返航门""洗牌门"等。从国家语言资源监测语料库2009年语料中初步筛选出的"××门"更是高达40个。

对于频繁出现的事件词,编年本在收录的时候,总体上要从严,多收国内的,少收国外的;多收有重大社会影响的和社会意义的,少收影响力小的;多收寿命长久的事件词,少收或不收寿命短暂的事件词;敏感度较高的政治类事件词,编年本更应谨慎收录。对于《2009年汉语新词语》课题组初步筛选出的40个含"门"事件词中,"骗补门""购房门""砒霜门""气候门"等出现频次高的新词语应该重点考虑收录,"血袋门"(国外事件词,与欧洲橄榄球比赛有关)、"种票门"(境外事件词,与香港一家电讯公司有关)、"壁炉门"(与建筑商偷工减料有关的事件词)等,它们的出现频次和文本数均为最低,可以考虑不收录。

11.3.4 网络新词增多

这里所说的网络新词,主要指网络流行语,它们最初基本产生于网络并使用于网络,有的逐渐被纸媒体采用。如2006年的"梨花体""晒""晒客""威客""游戏手",2007年的"标题族""海蒂族""脑残""死亡社交""淘客",2008年的"草食女""E爸妈""饭Q""话语志""婚活""人肉""肉友""商业云""铁漂"等,还有新义"控""雷""纠结"等。《2008年汉语新词语》还收录了两个特别的网络新词"槑"和"囧",这两个词都是借形的。"槑"是"梅"的异体字,多指很呆、呆极了(因为字形有两个"呆"字并列),口语多读 dāi。"囧"字形甲骨文已经有了,而网上的这个字借自《广韵》,读 jiǒng,义为光明,现转指窘迫、郁闷、无奈。含有"囧"字的网络新词还"囧剧""囧片""囧吧""囧事""囧文化"等。

有学者认为网络新词语是一种社会方言,是流行于网络新闻、BBS、QQ、论坛、博客等网络环境中的行业语言。网络新语有逐渐向日常语言生活渗透的趋势。对待网络新语,学界向来有保守、拒绝和开放两种态度,我们认为,对待网络新词,既不能拒绝,又不能滥用,更不能乱用。有价值的,会被更多人使用,没有价值的,会逐渐被使用者遗忘,所谓"词竞众择,适者生存"。随着网络新词的大量增加和广泛运用,学界对网络新词的态度从不屑一顾到开始关注和研究,表明了网络新词的社会影响力和语言学意义,目前,数部网络用语词典已经出现,网络语言学理论体系也将逐步建立。

作为编年本,它的最大功能是记录,在收录网络新词时,我们应该视同其他类新词语,只是不能滥收,在忠实反映和记录的同时,与其他类年度新词语相比,在数量上要进行控制;同时,新词语在搜获时,不能过多依赖于互联网。

11.3.5 语文词和旧词新义偏少

与前四年的编年本相比,近几年的编年本中所收语文词数量偏少。语文词偏少的原因,一是源于以上的"四多",相比之下显得少了,尤其是科技类新词和网络词语的增加,这是客观原因;二是语文词本身的构词形式所含的"新"的特征较为隐晦,难以发现,这是语言自身的原因;三是新词语搜取队伍中,基本为高校师生,成员组成较为单一,这是语言主体的原因;四是语料来源还没有足够丰富;五是搜取手段还不够完善。鉴于以上原因,编者队伍中应该积极吸收新成员,如科研机构和编辑出版界的语言文字工作者,并适当扩大语料搜取的范围,比如新近的一些文学作品中,往往存在语文类新词。

据资料显示,旧词新义在新词语中所占比例约3%,也有统计为10.1%,而近四年编年本中的旧词新义的百分点分别为3、1、18,平均占新词语的2.18%,可以看出,旧词新义的数量少于平均数,而且四年的数量悬殊较大,曲线显得不够平稳,主要原因是新词搜取手段有限。近几年的新词语搜取主要是:人工读报+网络回查验证;机器切分过滤+人工干预两种方式。后一种方式主要依赖于计算机的自动提取,计算机提取新词语的主要技术手段为语料的切分和过滤,这一环节会把旧词新义给过滤掉。应对的措施,在人工搜取方面,要完善新词语搜取队伍和语料来源,在机器搜取方面,要加大人工干预成分,并不断完善机器搜取效力。

两个阶段共八部新词语编年本可以概括出的"四多二少":"四多"(百科词语多、同族词多、事件词多、网络新词多)应该是年度新词语的总体态势,"二少"(语文词少、旧词新义少)既是编年本的收词特点,同时也是需要努力完善的方面。对于"四多",我们既要忠实记录客观事实,又要有效控制各类新词语的数量比,以免把新词语编年本编成了事件词典、百科辞典或网络流行语词典。新词语词典就是新词语词典,它的主要功能是历史的记录和真实的反映,在做好历史记录的同时,要进行适度的人工干预、合理的规避、理论的探讨。要努力发现多个领域的新词语,发掘并保留新词语各类理据,提高语文类新词语和旧词新义的数量。理论上说,新词语编年本会越编越难,但事实肯定会告诉我们,新词语编年本会越编越好。

第四节 旧词语义域的新变化*

义位结构论将义位分解为:质义素,即义值;量义素,即义域。义值由基义和陪义构成,基义是基本义值,陪义是附属或补充义值。我们所说的义域,是指义位的量,是义位的意义范围和使用范围,比概念的外延广泛。义域包括大小域、多少域、伙伴域和适用域。

据此,我们对比了李行健等主编的《新词新语词典》(1993年增订本)、商务印书馆辞书研究中心编写的《新华新词语词典》(2003年版)以及2002年增补本和2005年第5版《现代汉语词典》(下文简称《现汉》)。从义域的对比中,我们可以发现义位的意义范围和使用范围所发生的变化。

需要指出的是,我们在判断义位的义域时,有的义位很容易界定基义、陪义和义域,但是词典对很多名词义域的限定都隐含在对其语义特征的描写中,尤其是不能用分类列举式、类别限定式限定其义域,义值和义域常交织在一起。由于我们的研究对象就是义域,所以我们把释语中描述该义位意义范围或使用范围的义素都离析为义域。但是,我们判定陪义和适用域是本着从严的原则的,以利于研究的进行。义域的变化,主要表现为三类:多少域、伙伴域和适用域。

11.4.1 多少域的变化

多少域的变化,是指名词义位所指类别多少的变化。可以分为两类:
(一) 义域由少类广化为多类
义域由一类或较少的类扩大到较多的类。例如:

【品位】③指物品质量;文艺作品所达到的水平:高~的蚕丝|节目的艺术~较高。(《现汉》2002年增补本)

---

* 本节为袁世旭、张志毅合作。原名为《新词语的义域变化》,发表于《辞书研究》2011年第5期。收入本书时订补多处。

【品位】③泛指人或事物的品质、水平:高～的蚕丝｜节目的艺术～较高｜他的谈吐很有～。(《现汉》第5版)

"品位"的义域原来为两类——物品、文艺作品,后来扩大为三类——人、事、物。

【开局】②(下棋或赛球)开始的阶段:～不太顺利,后来逐渐占了上风。(《现汉》2002年增补本)

【开局】②名(下棋或赛球)开始的阶段;泛指工作、活动等开始的阶段:～不太顺利,后来逐渐占了上风｜今年的图书市场～良好。(《现汉》第5版)

"开局"的义域原来为两个小类——下棋、赛球,后来扩大为两个大类——工作、活动(包括下棋、赛球等)。

此外,还有:老总、手稿(名人的▷一般人的)、键盘、来电、回电……义域发生广化的义位,在词典释语中大都用"泛指"、"泛称"等释义元语言标识。

(二) 义域由多类狭化为少类

义域由较多的类减少到一类或较少的类。例如:

【特区】名①在政治、经济等方面实行特殊政策的地区:经济～。②特别行政区的简称:香港～。

【第三者】名①当事双方以外的人或团体。②特指插足于他人家庭,跟夫妇中的一方有不正当的男女关系的人:～插足。(《现汉》第5版)

"特区"的义域原来为多类——政治、经济等,后来减少为一类——行政区。"第三者"的义域原来为两类——当事双方以外的人、团体,后来减少为一类——跟夫妇中的一方有不正当的男女关系的人。

义域发生狭化的义位,在词典释语中大都用"特指"、"专指"、"特称"等释义元元语言标识。

11.4.2 伙伴域的变化

弗斯有句名言:"观其伴,知其义。""伴"就是动词或形容词的搭配伙伴(对

象)。由此导出"伙伴域"。动词或形容词的伙伴域的变化,可以分为两类:

(一) 伙伴域由少变多

这类变化,指动词或形容词的搭配对象由较少变为较多。例如:

【翻录】照原样重录磁带(多指不是原出版者重录)。(《现汉》2002 年增补本)

【翻录】动照原样重录磁带、光盘等(多指不是原出版者重录)。(《现汉》第 5 版)

"翻录"的搭配对象原来为一类——磁带,后来增多为两类以上——磁带、光盘等。

【出版】把书刊、图画等编印出来。(《现汉》第 2 版)

【出版】把书刊、图画、音像制品等编印或制作出来,向公众发行……(《现汉》第 5 版)

"出版"的搭配对象比原来多出一类——音像制品。

(二) 伙伴域由多变少

这类变化,指动词或形容词的搭配对象由较多变为较少。例如:

【包养】①供养某人或某些人,供自己专用。(《现代汉语规范词典》)

【包养】②特指为婚外异性(多为女性)提供房屋、金钱等,并与之长期保持性关系。(《新华新词语词典》)

"包养"的搭配对象原来为一个大类——人或某些人,后来减少为一个小类——情妇。此外还有:伙同(做事▷做坏事)。

一、二两大类中的(一)(二)两小类,分别是广化、狭化,哪一类多呢?王力(1958:568)认为,广化现象多;乌尔曼(1962:229)认为,狭化现象多。我们对《现汉》全量统计,广化约为狭化的两倍多。

11.4.3 适用域的变化

适用域的变化,指义位由指某一事物转向指相似或相近的另一事物,包括相似转移和相近转移。"相似转移,就是事物间的某种相似性靠隐喻

(metaphor)促成的新旧义位之间的语义演变。""相近转移是事物之间的某种相近性靠转喻(metonymy 或译换喻)促成的新旧义位之间的语义演变。"适用域转移不发生在同一义位内(而多少域、伙伴域的变化,有的发生在一个义位内,如"键盘"),而是发生在两个义位之间,而且是从 A 义场转移到 B 义场。

（一）向相似义场转移

【运营】动①(车船等)运行和营业:地铁开始正式～。②比喻机构有组织地进行工作:改善一些工矿企业低效率～的状况。(《现汉》第 5 版)

①和②由"(车船等)运行和营业"到"机构有组织地进行工作"是通过相似转移完成的。属于这一类型的还有"板块""擦边球""对接""软着陆""杀手"等义项。大都属于"如牛生犊"式的新旧义位共存,少数新义代替旧义。

通过隐喻可以使许多义位的义域发生相似转移,而且也可以使义域发生变化的同时增加义值的个性义素。如:

【蒸发】动①液体表面缓慢地转化成气体。②比喻很快或突然地消失:中介公司一夜间卷款～｜股市大跌后流通市值～近 500 亿。(《现汉》第 5 版)

【黄牌】原指某些球类比赛中裁判员向犯规的运动员、教练员出示的、表示一般警告的黄色牌子。区别于"红牌"。新义:比喻对违反规定的行为做出的提醒或警告。(《新华新词语词典》)

"蒸发"的义域由水等液体转移到其他的许多事物和人(语料库显示),而且凸显其"很快或突然地消失"。"黄牌"的义域由犯规的运动员、教练员转移到其他违反规定的人,而且凸显"提醒或警告"。

（二）向相近义场转移

这类转移情况比较复杂,较常见的有两种:转喻型"在相近转移中,稍有条理的是借代修辞手法促成的新旧义位之间的语义演变。"关联型是旧义位的个别义素游离到新的义位上,新旧义位仅凭这个个别义素发生关联。

(1) 转喻型

【银屏】名 电视机的荧光屏,也借指电视节目。(《现汉》第 5 版)

属于这一类型的还有"外脑""眼球"等义位。义域发生转移的新旧两个义位,从共时层面来看,大多为共存的关系。

通过转喻可以使许多义位的义域发生相近转移,但也可以使义域发生其他类型的变化。如特称代泛称,部分代整体。

(2) 关联型

【回馈】①回报;回赠。例 人们捐赠的动机主要是出于对社会上不幸群体的同情和感到自己应该对社会有所回馈。(《人民日报》1997 年 12 月 25 日)……②信息、意见等返回。例 知识竞赛参与者踊跃,80 岁的老翁、十几岁的娃娃、在职干部、退休员工、大中学生、部队官兵、外来农工等 25000 多人回馈了答卷。(《北京日报》1997 年 5 月 4 日)(《新华新词语词典》)

它们的共同义素是[返回]。两个义位都是从施动者的角度来说的,某一动作、行为得到了受动者的反作用,又返回到施动者那里。这种类型是通过个别的义素关联促成的新旧义位之间的适用域发生变化。

适用域发生转移的义位,在词典释语中大都用"比喻"、"借代"等释义元语言标识。

11.4.4 义值的变化对义域的影响

上文讨论的是义域的变化,从中可以看出,量(义域)变或多或少地影响质(义值)变。下文附带论及义值变化对义域的影响,即质影响量。

义值是义位的质,即质义素。义值是由基义和陪义构成的,基义是义值的基本义值、基本语义特征,陪义是义位的附属意义、附属语义特征、附属义值、补充义值。质义素的变化对量义素会有直接影响,甚至在某些情况下质义素就是量义素,质义素变化本身就是量义素的变化,即义域的变化。尤其是把义域的限定隐含在语义特征的描写中的义项,它的上位义位、类素本身就是一个义域。语体、语域、方言、时代等陪义本身也作为义域中的一种——适用域而存在,用来标识义项的使用范围。

"在语义学看来,缩小着眼于义域狭化的演变结果,实际上其中还包含着个性义素或区别特征的增加(偶尔也有减少),也包含着共性义素(类素)的狭化。"扩大"在语义上它着眼于义域广化的演变结果,实际上其中还包括个性义素或区别特征的减少(偶尔竟是增加),也包含着共性义素(类素)的广化"。个性义素、共性义素、陪义的变化对义域也有影响。

(一)个性义素的变化对义域的影响

个性义素是义位的区别性语义特征,是该义项区别于其他义位的重要的区别性义素。从理论上探讨,某个义项的个性义素越丰富,义位的义域就会越呈反方向变化,意义范围和使用范围就会狭化。例如:

【外援】名①来自外面的(特指外国的)援助。②指运动队从国外引进的运动员:北京足球队添了三名～。(《现汉》第5版)

个性义素"来自外面的(特指外国的)"缩小为"运动队从国外引进的"。

(二)共性义素的变化对义域的影响

共性义素是义位的上位义素,是该义位与同场或同类其他义位发生联系的共同义素。从理论上说,某个义位的共性义素范围越大,它的义域也就越大,两者呈相同方向的变化。甚至对于某些名词义位,我们可以说该义位的共性义素就是该义位的义域。例如:

【来电】打来的电报:～收到,货款不日即可汇出。(《现汉》2002年增补本)

【来电】②名打来的电报或电话:～收到,货款不日即可汇出。(《现汉》第5版)

从两个例子可以看出,共性义素(电报→电报、电话)使义域广化了。

（三）陪义的变化对义域的影响

陪义是义位的附属语义特征，它包括属性陪义、情态陪义、形象陪义、风格陪义、语体陪义、时代陪义、方言陪义、语域陪义和外来陪义。"语体、语域、方言、时代、外来等陪义具有二重性，既是义位的附属、补充义值，又表明义位的使用范围。"语体等陪义变化本身就是义域变化，以语域陪义为例，如"蒸发"由物理术语转为普通词语，义域由水扩展为许多事物和人。"登录"原义是"登记，记录"，转为信息术语，义域由一般义专指进入计算机操作系统或互联网。从义域的角度来说，术语的普通化趋势越强，语域陪义越弱，那么义域就会越加广化。反之，义域就会狭化。术语的普通化和普通词语的术语化，借助比喻手段完成的比借代要多一些。商务印书馆《新华新词语词典》中借助比喻完成语域转化的有 100 个左右，借助借代完成语域转化的只有 20 个左右。普通义转为术语义，就会变成有标记的义位，从义域角度来说，大都表现为狭化，但也可能发生其他类型的变化。例如"疲态"原指身体的疲劳状态，新义指股票、货币、商品等疲软的市场态势。(《新华新词语词典》)原义适用于人的身体，新义适用于股票、货币、商品等经济领域，属于义域的转移。术语义转为普通义，就会丢掉原有的标记，从义域角度来说，大都表现为广化，但也可能发生其他类型的变化。例如，"板块"的适用域发生了从 A 场到 B 场的转移。

综上所述可以看出，词语语义的变化首先显现在量义素上，即义域发生了广化、狭化、转化。促使义域发生变化的原因是，在客观事物和主观认识的作用下，义项内部的量义素常处于活跃因子状态。量义素的运动导致新旧量义素调整，最终促成意义范围或使用范围的变化。量义素和质义素永远互相推动着。

第 十 二 章

义类词典编纂法[*]

第一节　义类辞书的源流

12.1.1　传统义类辞书

义类辞书,也叫概念词典或题材词典,它们区分为传统的和现代的。传统义类辞书,旨在训诂读经,分类较粗,不便检索。如古希腊的《Philo of Byblos》(比布鲁斯语文词典)、中国的《尔雅》(成书于战国末期)把 2074 条词,分为 19 类:释诂(古代同义词)、释言(多是常用词)、释训(多是叠字)、释亲、释宫、释器、释乐、释天、释地、释丘、释山、释水、释草、释木、释虫、释鱼、释兽、释畜。《释名》(成书于西汉末)把 1502 条词,分为 27 类:释天、释地、释山、释水、释丘、释道、释州国、释形体、释姿容、释长幼、释亲属、释言语、释饮食、释采帛、释首饰、释衣服、释宫室、释床帐、释书契、释典艺、释用器、释乐器、释兵、释车、释船、释疾病、释丧制。《通雅》(成书于 1573 年以后)分 52 类。《通俗编》(成书于 1788 年前)分 38 类。1920 年中华书局出版的《作文类典》,把作文能用的古旧词语按国家、法律……人事、妇女等分为 31 类,附有部首索引。还有准义类词典,即所谓的"类书",如较早的、唐代的《艺文类聚》分 46 类,727 小类。较晚的、清代的《渊鉴类涵》分 43 类,2536 小类。类书,海纳古代各类事物,精选丽词骈语。以上这些义类,属于古典范畴,跟柏拉图式的知识分类没有本质区别。

---

* 本章为李宏、张志毅合作。原名为《义类辞书编纂问题》,发表于《燕赵学术》,2012 秋之卷·语言学。收入本书时订补多处。

12.1.2 现代义类辞书

现代义类辞书,旨在帮助选词用词,其分类是比较科学的,便于检索。

现代的语义分类,从哲学上继承了培根、圣西门和黑格尔等人的思维成果,从自然科学上继承了现代研究成果。1852 年,具有现代科学头脑的、受到了现代语言学"联想关系"影响的英国皇家学会会员罗杰特(Roget, P. M.)医生主编出版了 *Thesaurus of English Words and Phrases*(常译作《英语词汇宝库》,准确的译名应该是《英语词语和短语义类词典》),收 256000 个词语,附音序索引,便于检索,至今已经印刷了 100 多次。后来,多国多次效仿该书:1859 年罗伯逊(Robertson, T.)的《法语概念词典》、1862 年波斯尔(Bossiere, P.)的《法语类比词典》、1877 年以前桑代尔斯(Sundares, D.)的《德语词汇》(副标题是:德语写作人人必备的修辞手册)、1881 年施列辛(Schlessing)的德语《适当的词语》(1927 年修订本改名为《德语词语及同义词手册》)、1934 年德恩赛夫(Dornseiff, F.)的《德语分类词典》(又译《按类义群划分的德语词汇》或《德语词汇的题材组列》,分 20 个义类)、1936 年马奎特(Maquet, Ch.)的《分类词典》、1942 年卡萨雷斯(Csares, J.)的《西班牙语义类词典》(又译《西班牙语概念词典》)、1963 年哈里格(Harlig, P.)和瓦尔特堡(Wartburg, W.)的法语《作为词汇基础的概念体系》、1981 年《朗文当代英语词库》等。在中国有,1982 年梅家驹等的《同义词词林》(以下简称《同》)、1985 年林杏光等的《简明汉语义类词典》(以下简称《简》),1991 年竺一鸣等的《俄语同义词词林》,1998 年董大年的《现代汉语分类词典》,1999 年梅家驹等的《写作语库》。近几十年外国又出版了几十部义类词典,并且形成系列,如柯林斯 8 部,牛津 11 部。

现代义类辞书,跟传统义类辞书相比,功用明确而突出——在"辞穷""辞乏"的时候,为寻辞、选辞等表达(写作、翻译、作文)提供一个备用词库,帮助提高一语或二语学习者的表达能力。正如罗杰特《宝库》副标题所显示的——本书的分类和排列对于思想表达和文学写作大有帮助。《德语词汇》也有近似的副标题:德语写作人人必备的修辞手册。例如,在汉语《同》中想找对别人父亲的尊称,可以查到"令尊"等 10 个词语,其中的"令翁、尊父"等连《汉语大词典》都没收录。

第二节 义类和科学类的分类体系

语义类别跟科学类别,是两套体系。其区别,至少有六个方面:

12.2.1 两种分类的体系性区别

义类词典的分类,是面向语言使用者的词语意义的分类,至少受三个条件制约:语义类别,语法词类,事物科学类别。大类、中类更多显现出科学和语法特点,小类特别是更小的类更多显现出语义特点。

罗杰特的语义分类体系是:第 1 版分为 6 大义类(抽象关系、空间、物质、智慧、意志、感觉),24 中类,1000 个小义类,35000 组同义词。第 3 版分类又细化了一些 8 大类(抽象关系、空间、物理学、物质、感觉、智慧、意志、感情),42 中类,1040 个小类。索绪尔的高足巴利(Bally, C.)在名著《法语修辞学》把义类分为 10 大类,42 中类,297 个小类,他更注意同义词的等价关系,反义词的对应关系。波兰著名语义学家韦尔兹毕卡(Wierzbicka, A. 1985)从语义角度,把词语划分为 4 类:(1)简单的人工制品,如水杯等;(2)复杂的人工制品,如汽车等;(3)民俗生物或自然类,如狗等;(4)集合概念,如服装等。

汉语的《同》划分 12 大类,94 中类,1428 小类,3925 细类(同义词群),细类(群)再分更小的类(组);《简》划分 18 大类,1730 小类。

义类体系的要点是:大类宜粗,不宜细,分出几类至十几类较合适;中间几类层次不宜过多,大多不超过 5 个层次(从大类到小类);小类宜细,分出几千乃至几万个小组,都不算过度。例如《同》Af08"官吏"分成几个小词群,比较合适;而《简》—(94)"官吏"未分词群。又如《同》Ec01"红"下又分 6 个小词群,而《简》没细分。这些小词群都比《简》细致而实用。反过来看,《简》的"手动作"分 119 小类,"脚动作"分 17 小类,"拟声"分 65 小类,都比《同》细致而实用。《现代汉语分类词典》(苏新春等)一级类含 9 类,二级类含 62 类,三级类含516类,四级类含2086类,五级类含12602类。

科学分类,是面向科学研究者的对概念或事物的科学分类。至少受制于下列四个条件:概念的本质属性,事物的外部特征和内部特性,事物的渊源关系和临界关系,科学发展水平。例如近代生物分类学,始于18世纪瑞典人林奈(Linné,C. von),他建立了分类阶元系统:自然界三分为植物、动物、矿物;生物四分为纲、目、属、种。现代分类学七分为界、门、纲、目、科、属、种,七单元上下再加次生单元(如总纲、亚纲、次纲等等),总共20多个层级。比语义类层级繁多,界限严格。

12.2.2　两种分类对象和依据不同

语义分类的对象主要是词语及其义位,科学分类的对象是概念或事物。例如分类对象为"蛙",《同》等"义类词典"关注的是"蛙"类的词语,只收"蛙、青蛙、田鸡、蛤蟆,牛蛙、树蛙、哈什蚂",它们分别是古代常用词、现代常用词、通称、统称(上义词)、同类词、商品名。在上列"蛙"名中,除了后面两个词,都是常见词。百科全书和动物辞典关注的是"蛙"类的千百种自然物体,分为50属670种,如高山蛙、倭蛙、浮蛙、岩蛙、扁手蛙、真蛙、水蛙、林蛙、棘蛙……但是不收"蛤蟆、哈什蚂",因为不是正式科学术语。而上列术语,又不是广大语言使用者需要掌握的,因此语义类词典不必收列。

语义分类的对象还有义位,如"蛤蟆"既可以指青蛙,也可以指蟾蜍,因此"蛤蟆"在《同》里先列于"青蛙"之后,又列于"蟾蜍"之后。

语义分类依据的是语义特征,科学分类依据的是本质属性。例如"章鱼、鱿鱼",从造词到用词一直以为是鱼,《同》《简》都分到鱼类,动物学则依据体态本质特征分到软体动物一类。

12.2.3　两种分类的原则不同

(一)子项邻近原则的宽严不同

科学分类,必须遵守邻近原则,不能超越层级。如动物分类的"界、门、纲、目、科、属、种",七单元及其上下次生单元(如总纲、亚纲、次纲等等),总共20

多个层级。每一次分类,必须在邻近的上一层单元下、本单元内进行,不能超越层级。例如对龟鳖的分类,必须在动物爬行纲之下的龟鳖亚纲内,再分出曲颈龟亚目、侧颈龟亚目等,下面又分出总 4 科、分 11 科……

语义分类,可以适当跳跃,超越层级。例如《同》Bi 动物这一种类之下不分门、纲、目、科等,只直接分出 23 个小类:Bi01 牲畜 野兽……Bi15 龟 鳖,其下直接列出两类词群:

　　龟　乌龟　金龟　玄武　元武　元夫　元绪　王(忘)八　洞幽先生　玄衣督邮　缁衣大夫

　　鳖　鼋　甲鱼　鼋(元)鱼　团鱼　王(忘)八　醉舌公　元长使　河伯使者

(二) 子、母项等值原则的宽严不同

所谓"等值原则",是指子项之和必须穷尽母项。科学分类必须遵守这个原则。如龟鳖的纲、亚纲、目、亚目、科、亚科、属、亚属、种、亚种几十个子项必须等于其总纲。

语义分类的等值原则,较宽松,可以接近或超越等值。语义词典里,可以不收录"曲颈龟、侧颈龟、太平洋海龟"等目科种术语。如《同》只收录了龟鳖的不足 20 个词语。但是,不可缺少的子项是不能遗漏或省缺的。例如《同》的大类 L"敬语"下,应该补列"尊称"。

(三) 子项不相容原则的宽严不同

科学分类所谓子项不相容原则,指各子项的外延不能有交叉关系、包容关系或全等关系,只能有全异关系、排斥关系。如鱼下分无颌类、有颌类,有颌类下又分三个亚纲,其中一个亚纲下又分鲈形目、鲤形目、鲑形目、鲱形目、鳕形目等。各小类间外延不相容。

《同》Bi14 小类"鱼"中使用的是宽松的不相容原则:其中有包容关系的上位词"鱼虾、水族、鳞介、鳞甲"等;更多的是全等关系的同实异名,如"鲳、鲳鱼、银鲳、镜鱼、平鱼"。

12.2.4 语义分类比科学分类更需要照顾词性

科学分类,虽然不强调照顾词性,但是实际上,大多数类别都隐含着词性区别。语义分类,大多强调照顾词性。在这一方面,《简》首先注重义类,其次照顾词性,把不同词性的词语合编到一个大义类。例如:在"空间"这个"大类"里,大多是名词,少数是形容词(如远近、长短、厚薄、深浅、粗细等),还有动词(如分割、衔接、容纳等)。在"疾病"这个"中类"里,多数是名词(如疾病、病象、病情、病人),少数是动词(如生病、康复)。在"地位"这个中类里,多数是名词(如位置、身价等),少数是形容词、动词(如平等、平行)。而《同》把"疾病""生病"分别分到 Dl01、Ib10,把"位置""平等"分别分到空间、异同两个类别里。照顾词性,是更严格的分类。不照顾词性,虽然不是严格的分类,但是对于不关心或忽视词性的读者来说,检索也许方便些。

第三节 义类辞书的词、义归类问题

分类难,归类更难。难在义类词典的归类需要照顾三个层次:词位的归类,义位的归类,义素的归类。

12.3.1 词位的归类

词位,首先遇到的问题是词位的词形变体、语音变体:不要把它的变体跟常体并列为主条,而要把变体作为副条。例如《同》列出"唯(惟)一",表示"唯一"是常体,"惟一"是变体;但是收了变体"惟独",漏收了常体"唯独"。这表明编者没有把词位及其变体观点贯彻到底。又如,在"高兴"类里把"欢娱""欢虞"都列为主条,实际上"欢虞"是"欢娱"的词形变体:李善注谢朓《始出尚书省》诗"虞,与娱通",朱熹注《孟子·尽心上》"欢虞与欢娱同"。《同》(233页)在"犹豫"类里把"犹豫""尢豫"都列为主条,实际上"尢豫"是"犹豫"的词形变体。

其次,对词位的具体特征必须仔细辨认分析,语义分类既要照顾语义特

征,又要兼顾事物本质特征。在二者矛盾的情况下,义类词典应该以前者为主,就因为是义类词典,不是百科词典。例如:

"乌贼、墨鱼、墨斗鱼",《同》把它们归为鱼类,比较符合语言习惯,而《简》把它们归为软体动物,把"鱿鱼"(乌贼的一种)归为鱼类,归类标准不统一。有的词位,特征不是简单明了,不容易归到适合的类别。

"摇钱树",《同》把它归为 An 丑类/An07 妓女……嫖客类,而《简》把它归为"一(103)富人"类,恐怕都是偏误;比较合适的分类,应该归为"臆想物"。

《同》把"眼睛"归 Bk03,"眼皮"归 Bk10,"眼毛、眼睫毛"归 Bk12,后三个词都应该归到 Bk03"眼、耳、鼻"类。

《简》不该把"徐图"归"慢"类,应该归到"图谋"类,因为这是它的主要义征。不应该把"井井有条、有条不紊"归为"言语"类,而应该归到"整齐"类。

12.3.2 义位的归类

一个词位归属不同义类,这是因为多义关系。一个词位包含多少个义位,就应该归属多少义类。例如:

"特写"有两个义位:报告文学的一种;摄影的一种手法。《同》把前一个义位归为 Dk26 散文……杂记类,把后一个义位漏收了,应该补进 Dk29 戏剧……电影类。

"泼辣"有两个义位:凶悍而不讲理;做事大胆,有勇气。按照前一意义,《同》把它归为 Ee38"民主……蛮横"类;按照后一意义,《同》把它归为 Ee12 "果敢"类。

"欢畅"只有一个义位:高兴,痛快。《同》把它归到 Ga06"满意"类,似乎不如归到 Ga01"高兴"类。

"殂落"《简》归到"薨"类,不太合适,因为"殂落"不限于指天子、高官死亡。

12.3.3 义素的归类

一个义位归属不同义类,这是因为一个义位含有多个义素,显示出多个语义特征或义征(即"多面性"),应该按不同语义特征划归到不同的义类。例如:

"大师"的第一个义位"在学问或艺术上有很深的造诣,为大家所尊崇的人。"其中有两个义素:一学问,多指知识和学识;二艺术,多指擅于运用形象的技能。因此,《同》把"大师"归为两个义类:一方面归入 Al01 知识分子·学者类中的"大师",着重指有学问;一方面归入 Al03 俊杰 人才·能手类中的"大师",着重指技能高超。

"供奉"这一义位有"虔诚献给神佛""供养老人"二义素,因此《同》把"供奉"归为两个义类:Hk 宗教活动,Hi 社交活动。

"老相""少相"都只有一个义位:"相貌显得比实际年龄老/年轻",是标准反义词;而《同》把它们归为两个义类——"老相"归为 Dc03"相貌"类,"少相"归为 Eb36"年老…年轻"类,可见这是按照两个义素归类的,既然如此就应该把它们一起都归到"年老""年轻"两个类别里。

"销魂"只有一个义位,内含两个相反的义素:形容极度悲愁;形容极度欢乐。因此《简》把"销魂"归到四 15、21"悲伤""忧愁"类;四 17"快乐"类。而《同》只把"销魂"归到 Ga"高兴"类,失于缜密。

"比翼鸟",《现汉》在一个义项里给出两个子义项(在一个义项里包括本义和比喻义),因此《同》把"比翼鸟"归到两个义类:Bi11 禽兽类;Ah08 夫妻类。而《简》只归到夫妻类,只考虑现代也有道理,如果兼顾古代本义,就应该再归到禽兽类。

"异曲同工"只有一个义位,内含两个义素:相同;效果好。因此,《简》把它分别划归两类:三智能 116 效果;十八性质 27 相同。而《同》只把"异曲同工"归到 Jb"异同"01"性同"类,失于偏颇。

在科学分类中,一个术语义,归属两个类别是极少见的。

第四节 增补词条及义项

12.4.1 增补的原则

义类词典,常见的有大型的和中型的。收词语的原则,大型的也不可能囊括无余,以 20 万～30 万条左右为宜;中型的应收常见的,以 5 万～10 万条左右为宜。《同》的作者自称收录近 70000 条,实际收录近 64000 多条。《简》作者称收录 60000 多条。《现代汉语分类词典》(苏新春等)作者称收录 83000 多条。大辞书学家罗贝尔(1980)强调说:"任何一本大型词典都不可能包含一种语言的全部单词。今天科技的词汇不可胜数……如单是硬鳍类的鱼就有三千多种,而一部语文词典,从无数种表示鱼类的词汇中能收进其词条栏内的不会超过一百五十个较常用的名称……"《同》收进"鱼、虾"类的词条 127 条,《简》收进"鱼、虾"类的词条 27 条。前者,特别是后者显然需要增补词条。最急需增补的,是高频词、次高频词及中频词。

12.4.2　增补举例

《同》《简》都需要增补的:

　　电视、信号、老将、新星、文献、杠杆、杂家、宝葫芦、拜门、杏坛、杏花坛、杏树坛、弑、系列、秊列等等。

　　富贵荣华、新陈代谢、富可敌国、天道酬勤、生为人杰、暬者论日、众星捧月、文如其人等等。

《同》需要增补的:

　　治学、先后、嫌疑、眼拙、看齐、芳容、芳邻、演进、扬弃、公元、科举、交割、周年、惠书、孤僻、入世、伴舞、独舞、拨冗、阳婆、大著、委身、广袤、动力、仙乡、谦退、谦克、谦辞、谦逊、谦冲、阒然、逆光、内涵、手套、令妻、贵恙、玉照、宝眷、初叶、初探、阵容、厚爱、任何、记载、冥寿、冥诞、成败、不德、若属、若辈、走(自谦称谓)、艾(50 岁)、艾老(50 以上的人)、纠葛、尊容、尊颜、周年、争光、振兴、伟人、恭维、垂涎等等。

　　量力而行、添砖加瓦、佛头着粪、太平盛世、林林总总、从长计议、举世无双、众叛亲离、童心未泯、事在人为、良师益友、用心良苦、自圆其说、自暴自弃、自不量力、厚积薄发、吆三喝四、穿金戴银、幸灾乐祸、坐吃山空、追名逐利、勤奋志笔、勤劳致富、勤能补拙、鞠躬尽瘁、死而后已等等。

《简》需要增补的:

重要、次要、表现、大胆、运用、作者、编者、画儿、年画、版画、名画、杰出、唯独、购置、购买、睡、安息、安歇、瓜分、分割、划分、割让、革除、割除、毒品、动摇、序曲、妄念、及门、手册、滋补、滋补品、核、核心、用处、高下、忧伤、标准、尺度、绳墨、规矩、总则、细则、附则、纠葛、头衔、阖家、阖府、桂冠、重逢、内涵、内含、盲目、袜、袜子、宠物、能量、能源、产生、出版、面世、强化、熏陶、医疗、医治、诊疗、诊治、银行、钱庄、地震、地动、震、独到、独步、大作、及门、鲍鱼、鲸鱼、乘、搭、搭乘、捎脚等等。

调查研究、多种多样、丰富多彩、循序渐进、循规蹈矩、远见卓识、真知灼见、鬼鬼祟祟、安然无恙、乌烟瘴气、必由之路、衣冠楚楚、跋山涉水、名落孙山、屡试不第、榜上无名、妙语连珠、闭目塞听、望而生畏、姑息养奸、盲人摸象、瞎子摸象、瑕瑜互见、瑕不掩瑜、概莫能外、乘坚策肥、曝鳃龙门、铭感五中、玉楼琼宇、创巨痛深、结驷连骑、离经叛道、随波逐流、锲而不舍、简明扼要、不遗余力、不言而喻、不堪一击、不舍昼夜、不设城府、非分之想、不栉进士、寄人篱下、仰息他人、安如磐石、全力以赴、相得益彰、牢不可破、量力而行、略胜一筹、渐入佳境、更上一层楼、高屋建瓴等等。

12.4.3 按系统增补

以上属于零星的发现和增补,不是有效率的办法。科学的办法,应该是按词汇系统,成类、成群地增补。《同》《简》至少应该增补以下各系统词语。

(一)口语。目前《口语词典》至少已经出版了 8 本,收录的词位已经超过几千条,大多数应该补进《同》《简》,而二书原来收录的口语词不到 200 条。

(二)方言。应该增补使用频率较高的方言词,尤其是港澳台和北方官话区的。相关的词典已经出版了十几本,应该从中选录近 1000 条。

(三)术语。应该增补进入中学课本和中等文化范围的百科术语。《同》《简》不仅应把《现汉》所收的 15000 条术语悉数收入,而且应该从《中国中学生百科全书》再选收 1000 多条《现汉》未收入的新术语。

（四）新词语。近几十年出版了 60 多部新词语词典,收词最多的已达 20000 多条。《同》《简》应该增补分布较广、频率较高的新词语几千条。

（五）书面语、古旧词语。《同》《简》不仅应该从《汉语大词典》选收近 10000 条,还应该从《渊鉴类函》类书中选收《汉语大词典》漏收的同实异名词。例如《渊鉴类函》四百四十卷之三列举了龟鳖近 50 个名称,其中《同》未收列的有：

  元龟、神龟、乌衣、王虚、驼龙、大鼍、圆鳖、白若、玄夫、地甲、江使、玉灵、时君、灵蔡、神蔡、大蔡、金介、昭亮、神使、冥灵、藏六、元伫、甲虫长、玄介卿、先知君、阴虫老、灵寿子、清江使、漏天机、绿衣使者、巳日时君、玉灵夫子、通幽博士、洞元先生、洞玄先生。

《同》至少应该从上列词语中选收 10 来个。

僻词或近现代用不着的,中型义类词典不能收。例如：

  令閤（贤妻,仅见宋人笔记）
  下春（黄昏,仅见《淮南子·天文训》）
  狼犹（笨拙,像猴的兽。古少用,今不用）
  付诸剞劂（刻印书。古少用,今不用）

但是,富于表现力的词语,还可以酌情收录一些。例如：芝宇、芝眉（以上,脸的敬辞）、寿倒三松、寿享期颐、芝焚蕙叹（为同类的不幸而悲伤）。

（六）成语。应该补收的更多,如：姊妹篇、妙语佳句、乌合之众、幸灾乐祸、用心良苦、穿金戴银、不可告人、不可名状、不世之才、不世之功、群龙无首、年富力强等一大群。

（七）检查最小的语义场,补充漏收的词语。如：《简》中"我"的谦称这个语义场漏收的词语有"小子、末学、不慧、不肖、牛马走"。"班门弄斧"这个语义场漏收的词语有"布鼓雷门、关公面前耍大刀、圣人面前卖三字经（斯文）"又如《同》在对来信的尊称义场,原来只收了"华翰、朵云、瑶函、琅函",还应该增补许多敬称词。例如：

  大函、惠函、大札、芳札、芳信、芳缄、芳翰、瑶翰、台翰、尊翰、玉翰、鼎札、手教、尊谕、诲存。

还有"生病"、"腐败"等等义场还需要补收许许多多词语。

除了增补词条,还有增补义项。漏收义项,是常见的。编者常把多义词一个或两个义项漏掉。这是义类词典增补工作值得重视的问题。漏收义项的例子有:

《同》漏收了"分身"的"抽空"义;只收了"分娩"义。漏收了"指导"的名词义;只收了动词义。漏收了"鸟瞰"的"概况"名词义;只收了"观看"义。

《简》漏收了"首要"的"最重要义";只收了"首脑"义。

第五节 微观体例的参数调整

义类词典的宏观体例,差别较大,这是由词语划分的大、中、小类决定的。其微观体例,差别较多,这是由较多参数影响的。对下列参数应该做出合理的选择。

(一)类目标记和标记词

《同》的类别结构是:

大类	→中类	→小类
大写英文字母	→小写英文字母	→两位阿拉伯数字
A 人	→Ab 男女老少	→Ab01 男人女人男女

《简》的类别结构是:

大类	→小类
汉字数字	→两位阿拉伯数字
一人物	→03 男人,04 女人,05 老人……

从以上对比可以看出:《同》《简》大类基本相同;《同》有中类,《简》没有中类;细目《同》划分较粗,《简》划分较细;小类之下的细目,《同》划分较细(用分行的方式显示),《简》划分较粗(不分行,不显示细目)。类目、正文,都应该用

编号和字体区别开。

（二）标示和标注。小类和细目，其首词都应该用黑体标示。对这一方式，《简》给予了足够重视，而《同》忽略了。

此外，还应该标注词的语体类别等附属义，如〈口〉〈方〉〈书〉〈旧〉等。因为这跟用词有关。

（三）简注。词目后面用括号简注词义，不能滥用。比较合适的做法是：注难词、难义，不注常用词、常用义；注可能误解的词或义，不注不大可能误解的词或义。《简》的诸如此类简注似乎应该删除：

> 同学（在一个学校学习的人），同事（同一单位工作的人），敌人（敌对的人），牧民（牧区中以畜牧为生的人），军人（军队的成员；服兵役的人），教员（担任教学工作的人员），学生（在学校读书的人）。

（四）搭配。在词条后面，用括号给出必要的搭配，提示用法。这一举措，是义类词典的特征。因为它是为读者着想的，必须突显了使用原则。在这方面，《简》比《同》更受读者欢迎。例如：

> 记者（新闻记者、特派记者、外勤记者），教练（总教练、主教练、副教练），跳（跳高、跳绳、跳远、跳水、跳伞），磨（磨面、磨粉、磨豆腐、磨麦子），静（静默、夜阑人静、更深人静、闹中取静），分明（分明可见、黑白分明、泾渭分明）。

结　语

传统的义类辞书，作为历史产物，它们的生命已经终结了。现代的义类辞书，作为现代文明国家共有的辞书类型，100多年来，一直方兴未艾。世界各辞书大国，大中小型义类辞书已经出版了100多本。中国作为奋起直追的辞书强国，义类辞书也已经出版了十来本，奋斗目标有两个：（一）编纂出版一两部大型的，对象是资深的写作者和翻译家，收词语近30万条，分类和归类需要更科学；（二）编纂出版多部适用的小型的，对象是初学写作者，收词语约2～3万条，分类和归类需要更简明。

第 十 三 章

《国语辞典》*

第一节 国语运动和《国语辞典》的出版概况

国语运动,是中国20世纪前10年至40年代末发生的空前的语文运动。它推动着中国语文乃至文化迅速走向现代化,其中最显著的标志是编纂并出版了《国语辞典》。

国语运动,早于五四运动,是中国文化先驱启蒙运动的潮流之一。1909年提出:改官话为国语,设立"国语编查委员会"。1911年出台《统一国语办法案》,主要有5项决议:①成立国语调查总会及分会,调查词语、语法、音韵,②审定国语标准,③编辑国语课本,④编辑国语辞典,⑤编辑方言对照表。后来,1916、1919、1928各年多次强调国语辞典,相继成立了"国语辞典委员会""国语辞典编纂处""中国大辞典编纂处",《国语辞典》(以下大多数地方简称《国》)的编纂上升为国语运动后期的重点工作。1934年商务印书馆出版《国语运动史纲》(黎锦熙)。

《国语辞典》,中国大辞典编纂处编。1929年着手,1931年正式编辑,1933年夏初稿完成,秋后补充、修改,钱玄同提过意见,赵元任参与校订,黎锦熙不仅校订,而且于1936年12月25日作序,商务印书馆(上海)1937年出四卷本第一卷,1944年出八卷本,1947年再版合订为四卷本(黎锦熙复校于长沙),1948年再版,32开四本,4924页。1945年北平1版,32开八册4727页。收字(包括简体字、异体字)、复合词(以之为主)、成语等10万多条。按注音字母

---

* 本章为李宏、张志毅合作,原名为《国语运动的杰作——国语辞典》,发表于《澳门语言文化研究》,2011年。收入本书时订补多处。

顺序编排。附音序和部首检字表。1957年出简本并更名为《汉语词典》,32开1254页,选收了原书中的"北京话语汇和有翻检必要的古汉语材料",收词70644条。

杰出的辞书,正像杰出的科研成果一样,都是承前启后的。

对《国》起过前导作用的主要辞书有:《中华大字典》1915,《辞源》1915,《辞源续编》1931;《国语普通词典》(单音词、复音词1万条)1923,《白话词典》1924,《王云五大词典》1930,《王云五小词典》1931初版/1936增订(词语5800条),《辞通》1934,《标准语大辞典》1935,《辞海》1936。

受过《国》启迪的主要辞书有:《中华国语大辞典》1940,《国音字典》1949,《人民小词典》(5万条)1951,《学文化字典》1952,《新华字典》1953,《同音字典》1955/1956,《汉语词典》1957,《现代汉语词典》1978。

《国》在四个方面起了承前启后的作用:收词,正音,定形,释义。

第二节 《国语辞典》的主要贡献

13.2.1 收词

《国》冲破了中国辞书强大的"厚古"传统势力,把自己的性质定位于:民族共同语的中型描写词典。因此,它收词的总原则是,普通适用。具体分解为以下5项。

(一)"常用、间用及虽罕用而须供查考之辞"。

A.常用,指国语语文中常用的词语。B.间用,指介于常用和罕用之间。C.罕用,指很少使用的。D.罕见,不收。例如"父亲"语义场的常用、间用、罕用、罕见的4类词主要有:

  A. 父亲、爸爸、爹爹、爹、老爷子、老太爷

  B. 严父、严君、严亲、令尊、家父、老爹、阿父、阿爹

  C. 太公、椿庭、尊府、尊甫、尊公、尊君、尊翁、尊大人、尊大君、家公、家君、家严、乃公、乃翁、所天

D. 令翁、令椿、家翁、家大人、郎罢、尊父

(二)"各学科较常用之辞"。例如:

代数学、平方、电磁波、热量、化合物、硫酸、花粉、叶脉、石英、白云母、恒星、太阳历、白内障、猩红热……

(三)"见于古籍而尚流行于现代语文中及通俗口语中所用之辞",即古语词、口语词。注重古语词,这是中国辞书的传统。注重口语词,这是各国近现代语文辞书的惯例。《国》能够兼顾,实在难能可贵。例如:

古语词——弗弗(风疾貌)、莆莆(强盛)、多故(多患难)、堕毁(堕落败坏)、蹋鞠(习武之游戏,犹今之足球)、骀藉(掩映,踩躏)

口语词——头里、头响、脚丫(儿/子)、脚脖子、眼面前儿、眼圈儿、日头、老爷们儿、跑肚、日里、老实巴交儿、甜头

(四)"成语之具有特别意义或行文时惯用者"。例如:

A. 有特别意义者:太阿倒持、冬温夏清、东食西宿、投鞭断流

B. 行文时惯用者:独木难支、东山再起、头童齿豁、体大思精

(五)"习见之简体字,酌为采入"。例如:

体(體)、听(聽)、号(號)…

总之,从收词等方面看,其思想开明、开放。因为有开明人士献计献策。其中提过建议的有钱玄同,他留学日本,提倡新文化,参加过国语运动,主张汉字改革,拟制过罗马字拼音方案,任过北大、北师大教授。参与校订的有赵元任,他留学美国,也参加过国语运动,主张汉字改革,拟制过罗马字拼音方案,任过清华教授,"中央研究院"研究员,具有现代语言学思想。出谋划策、多次校订并作序的是黎锦熙,他是北大、北师大等多所大学教授,他主张推广国语、言文一致、普及白话,创制了注音符号,与钱玄同创办《国语周刊》,与钱玄同、赵元任研制国语罗马字,1924年、1933年、1935年出版了《新着国语文法》(吸收了美国人的图解法)、《比较文法》、《国语运动史纲》,都体现了开明意识。

13.2.2 正音

20世纪20～30年代,古音演变的尾声在国音中留有余音,方音向国音靠拢中显现出一字多音的复杂问题。因此许多具体、繁杂的语音问题有待处理。例如:古今音演变遗留问题(入声遗留问题,阳声韵尾 m 遗留问题),古今异读问题,文白异读问题,雅方俗异读问题,别义变读问题,轻声问题,儿化问题,等等。这些都是《国》注音的难题,而难题大多都被解决得比较稳妥。

注音方式,1936年出版的《辞海》还是反切加直音,次年出版的《国》则把反切或直音转换成用注音字母标注的准确读音,反映了国语运动的新成果,体现了国语运动的创新精神。其注音创新,举要如下:

(一)确定北京音系、标准音(1931年有《国音字母表》)。注音字母表包括:24个声母,16个韵母(结合韵母22个),4个声调。

(二)区分了"读音""语音",即文白异读。

以读音为标准音的词条。例如:

【解手儿】ㄐㄧㄝ₃ㄕㄡ₃ㄦ ……语音亦作ㄐㄧㄝ₁ㄕㄡ₃ㄦ

【蛰】读音为ㄓ₂,带出的复音词有:蛰伏、蛰居等。

以读音为附条的。例如:

【陆】❹"六"之大写字,(读音)。

以语音为标准音的词条。例如:

【白报纸】ㄅㄞ₂ㄅㄠ₄ㄓ₃

以语音为附条的。例如:

【散光】ㄙㄢ₃ㄍㄨㄥ₂(语音)

"读音""语音"兼采者,在单字下标〇,表示尚有他读。例如:

【瘀血〇】ㄩㄒㄩㄝ₄ 【流血〇】ㄌㄧㄡ₂ㄒㄧㄝ₃

(三) 活语言,依口语标注。例如：

【溜达】ㄌㄧㄡ·ㄉㄚ 【溜边儿】ㄌㄧㄡㄅㄧㄚㄦ

(四) 轻声

制定轻声号·及标注格式。例如：

【巴掌】ㄅㄚ·ㄓㄚ 【直溜】ㄓ·ㄌㄧㄡ

(五) 儿化

儿化,是汉语语音十分复杂的现象。有的语音和读音都儿化或两可,有的只是语音儿化;有的用于构词,有的用于构形,有的只是一种音变。对这些复杂的现象,《国》主要采取三种办法处理：a. 必儿化者,词目为【词根＋儿】,注音为"注音字母＋儿";b. 可儿化,词目为【词根＋(儿)】,注音为"注音字母＋(一儿)";c. 因儿化变音者,照变音标注。例如：

【凉粉儿】ㄌㄧㄤㄈㄜㄦ

【疤癞眼(儿)】ㄅㄚ·ㄌㄚㄧㄢ(一ㄧㄚㄦ)

【白面儿】ㄅㄞㄇㄧㄚㄦ

(六) 异读,别义异读,分别注一二音;一义异读,注"又读"。例如：

【畜】㊀ㄔㄨ₄········ ㊁ㄒㄨ₄

【颤】㊀ㄔㄢ₄(颤巍巍又读)。按,颤巍巍的颤又读ㄓㄢ₄ ㊁ㄓㄢ₄

【颤巍巍】ㄓㄢ₄ㄨㄟ₂ㄨㄟ₂

【过】ㄍㄨㄛ₁,ㄍㄨㄛ₄ 的又读。

(七) "词类连书法",即词语中分词连写。例如：

【打游击】ㄉㄚ ㄧㄡㄐㄧ

【推波助澜】ㄊㄨㄛ ㄓㄨㄌㄢ

【吞舟之鱼】ㄊㄨㄣㄓㄡ ㄓㄩ

13.2.3 定形

汉语一个词,常因为古今、雅俗语音或用字不同,而出现不同形体。《国》

的编者用现代语言学观点,分清了常体和变体。

(一)"以通行习见之体为主,附以简体、异体"。例如:

"鬏角"是主条,用"亦作鬏脚"引出副条;"鬏脚"是副条,只注"即鬏角"。

"螳螂"主条下有"亦作螳蜋";"螳蜋"不常用,没出条目。

"标致"主条下有"亦作标致";"标致"不常用,没出条目。

(二)带"儿"和不带"儿",跟意义有关,有构词区别,分立词目。例如:

【解手】犹分手。　　　　【泥胎】谓泥塑之神像。

【解手儿】谓排泄大小便。　【泥胎儿】陶器未烧者。

(三)同形不同音义,分立词目。例如:

【公道】ㄍㄨㄥ ㄉㄠ₄ 至公之道理。

【公道】ㄍㄨㄥ·ㄉㄠ 公平。

【四海】ㄙ₄ ㄏㄞ₃……四方……

【四海】ㄙ₄·ㄏㄞ 谓性情豪爽慷慨。

【三正】ㄙㄢ ㄓㄥ₇ 谓夏正建寅……

【三正】ㄙㄢ ㄓㄥ₄ 谓天地人之正道。

13.2.4　释义

(一)义训变迁、语源考证,不详叙。例如:

"解",自《庄子》以后的经籍"解"的古训共有 149 个,《辞源》归纳 3 个读音,21 个义项;《辞海》归纳 4 个读音,27 个义项;《汉语大字典》《汉语大词典》分别归纳为 3 个读音,40、44 个义项;《国》只给出 3 个读音,13 个义项,简化义训变迁,省略语源考证,突出简明意旨。

(二)简而不漏,浅而不陋,"浅"指"简明浅近文言或语体"。例如:"解",

一些辞书分别列出的 20～40 多个义项,《国》选取其主要的或核心意义就是 10 来个,因此《国》确属简而不漏。而其"浅而不陋"主要体现在释义的简明浅近。如:《辞海》给"解"的第三个义项是"说也,析言事理也。"《国》只浅显释为"讲说"。又如:

【解放】谓解除种种违反自然之道德、习惯、制度等之束缚使各个人归于自由平等……(《辞海》)
　　　　谓脱去束缚。《国》
【解热剂】使患热病者热度减退之药品也……(《辞海》)
　　　　使病人热度减退之药品。(《国》)

(三)"一义中更可分为数项者,则用(ㄅ)(ㄆ)(ㄇ)……"。这是"子义项""子义群"观念,在当时中国是了不起的创新。例如:

【唐】❷朝代名:(ㄅ)帝尧之朝代(公元前 2357～前 2256)。(ㄆ)李渊代隋,国号唐,凡二十帝,二九零年(公元 618～907)。

(四)"两词不互注",其一"必有相当之注释",已有"闭环"或"不循环"观念。例如:

【国人】犹国民。
【国民】具有某国国籍之人。
【热肠】犹热心。
【热心】谓有血性而富于同情心者。
【热诚】犹热心。

(五)已有标注词性的观念,特别是对虚词,"各词中有注明词性之必要者,均于释义中分别注明之。"例如:

【之】❺助词……❻介词,犹"的"……❼代名词,作宾语用……
【罢了】助词,表语意之制限或让步的口吻,相当于文言之而已……
【与其】比较连词,恒与不如、不若、宁、宁可等词连用,表审决之意……

(六)建立了释义术语系列

1. 释义术语的分布类别

《国》从训诂学和辞书中梳理、整合出一系列释义专用术语。共有3类:第一类,数量较多,用在释文前头,起搭头作用(有时用在释文后面),吕叔湘先生叫"搭头词",如"谓、犹、指、喻、同、即"等等;第二类,用在释语之后的,起收尾作用,如"貌、总称、合称、统称、通称"等;第三类,用在释文中间,起搭桥作用,如"曰、亦称、又称"等。有的,可以用在两个位子上,如"谓、指、喻、称、简称、统称"等。

2. 释义术语的意义类别

(1)"谓"类有4个:

谓 常用格式是:A谓B,意思是"A说的是/指的是B"。其中A是被释词语,B是释文,其语义关系是:A较特殊,B较一般;有时A较抽象,B较具体。例如:

【支派】谓歧出之流派。

【支付】谓付出款项。

【拔白】谓破晓。

【枝头】谓树枝之上。

俗谓 民间流行的称谓、称呼。例如:

【山根】俗谓后颈曰山根。

【四眼人】俗谓妊妇。

【三角(儿)眼】俗谓目形之有锋棱者;为狠鸷之相。(按,鸷即凶猛)

旧谓 旧时代说的是或指的是。例如:

【热官】旧谓势要之官。

【散职】旧谓闲散之官。

泛谓 广阔范围说的是或指的是。例如:

【五湖四海】泛谓各地。

(2)"犹"类有2个：

犹/犹言　常用格式是：A 犹/犹言 B，意思是①"B 义近似/等于 A"，②"B 是 A 的引申义"，③"B 是 A 的本字"，④"A 是古语，B 是今语"，⑤有时表示比喻。例如：

【枝蔓】犹枝节。

【贱年】犹言凶年。

【千眠】犹芊绵。

【执掌】犹言管理。

【潜居】犹言隐居。

(3)"称"类主要有14个：

称　曰称呼，用于名词释语前面，"称"有时也用于后面。"曰"有时也用于区别近义词。例如：

【支线】称分支之铁路。

【老朽】……年老者自谦之称。

【讣闻】告丧于人曰讣闻。

【幅员】……广狭曰幅，周围曰员……故称疆域曰幅员。

俗称　民间通行的称呼。其俗称，常包括方言词。例如：

【山楂】……俗称红果儿，或山里红。

【月份牌(儿)】日历之俗称。

【老爷儿】太阳之俗称。

泛称　宽泛的称呼。例如：

【热病】泛称体温增高之一切病症。

亦称、又名、亦曰、又称　(少用)正式名称之外，另一种称谓。例如：

【月末】……亦称月终。

【马铃薯】……又名山药蛋。

【浮力】……亦曰上压力。

别称 指正式名称以外的名称。例如：

【山左】山东省之别称。

总称 总括一体称呼。例如：

【四郊】城外周围附近之总称。

【四肢】人两手两足之总称。

【三光】日、月、星之总称。

【三教】儒、佛、道三教之总称。

合称 合起来称呼。例如：

【四民】旧时士、农、工、商之合称。

【老公母俩】合称年老之夫妻二人。

通称 通常称呼。例如：

【川】❷水之通称，如言高山大川。

统称 多者合一称呼。例如：

【三行儿】厨夫、油伙儿及茶房之统称。（按，油伙儿即厨师助手）

概称 概括称呼。例如：

【山陵】高原之概称。

简称 简缩称呼。例如：

【老贤侄】……亦简称老贤侄。

【五律】五言律诗之简称。

自称 对着别人，称呼跟自己相关的人或事物。例如：

【山妻】自称其妻。

【老夫】年老者自称。

尊称　对人尊敬称呼,称呼对方或跟对方相关的人或事物。例如:

【老爷子】尊称老人。

【老师】学生对先生之尊称。

敬辞类的还有:尊敬词、敬称、敬词(敬辞),以上皆未立词条。

谦称　对人谦恭称呼,称呼自己或跟自己相关的人或事物。例如:

【贱躯】谦称己身。

【小侄】对于父执之谦称。(按,父执即父友)

谦辞类的还有:谦辞、谦称(以上皆未立词条)、自称之谦词、自谦之词、自谦之称。

(4) "指"类有3个:

指　指称的是(指的范围,比字面儿可能大或小)。例如:

【马上】指用武,"马上得天下",见《汉书》。

专指　专门指称一个或一小类事物。例如:

【热闹儿】❷专指戏剧娱乐之事。

泛指　宽泛指称的是。例如:

【干部】……泛指一般工作人员。

(5) 其他类

喻　常用格式是:A喻B,意思是A比喻B,A是较具体的词语,B是较抽象的词语。例如:

【枝节】喻事之旁出者。

【羽翼】喻辅佐之人。

【雨露】喻恩泽。

亦作　正体外的变体,多指异形词。例如:

【月蚀】亦作月食。

【三合土】亦作三和土。

【欲盖弥彰】……彰亦作章。

为节省篇幅,成语或短语异形,只注某字异形。亦作,也用于注音。

即 常用格式是:A 即 B,意思是:A 是副条,B 是主条(或异形的常体,或同义的常用词)。例如:

【知宾】即知客。

同 常用格式是:A 同"B",意思是:A 是副条,B 是主条(多指异形的常体)。例如:

【直日】同"值日"。

貌 常用格式是:A……B 貌,意思是"……的样子","A"多是形状形容,有时是副词,"B 貌"多是"形容词/动词+貌"。例如:

【直挺挺】僵直貌。

隐语 秘密语,常用词语的代换词语。例如:

【三只手】隐语,谓窃贼。

13.2.5 编排

《国》的"凡例·排列顺序"(一)至(十四)有详细说明,这里不再赘述,只强调两点:

《国》第一次按字词注音字母音节次序排列,在汉语辞书历史上是重大创新,特别难能可贵。

《国》的词条立目及其排列已有词位及其变体观念,空前创新,极其难得,更加难能可贵。

(一)同形词(或音有别)分立条目。例如:

【霸道】ㄅㄚˋㄉㄠˋ❶轻仁义而尚权术之政,别于王道而言。❷谓行事蛮横。

【霸道】ㄅㄚ·ㄉㄠ谓剧烈,厉害。

(二) 同音异形词分作主副条,副条常用者出条并标出"同××",副条不常用者只附于主条后标出"亦作"。例如:

【飞语】无根之语。

【蜚语】同"飞语"。

【把式】亦作把势

【巴头探脑】谓引首窥伺。巴亦作扒。

(三) 词位构词变体,常用者出条,或并列,或分立;不常用者只附于主条后标出"亦作"。例如:

【树根(儿)(子)】树之根。

【说三道四】谓乱加谈论。

【说五道六】犹说三道四。

【巴不得】亦作巴不的、巴不得的、巴不到。

第三节 《国语辞典》的局限性

13.3.1 未吸收当时国外重要成果

当时国外已有一批惊人的词典成果。如:1755 年约翰逊《英语词典》;1828 年韦伯斯特的《美国英语词典》(7 万条);1854～1862 年已经出版 3 卷的格林兄弟《德语词典》;1876 年大拉鲁斯万有词典(15 卷),1905 年《小拉鲁斯》;1884～1928 年出版的《牛津英语词典》;1911 年福勒兄弟的《简明牛津词典》(至 1934 年已出三版);1935 年已经出第 8 版的《法兰西学院词典》。

《国》没吸收"基本意义"和"附属意义"的词义研究成果。从 19 世纪 20～30 年代,索绪尔、萨丕尔、奥格登/理查德兹、布龙菲尔德,对词义渐渐产生了二分观、三分观等。词义包含着如下要素:第一是所指或外指意义(指物、指概念/观念等),第二是系统价值或内指意义(跟相关词的义差、用差等),第三是各种附属意义(感情、语体、语域等),第四是语法意义(词性、结构、变化、功用等),第五语用意义(语境义、义位变体、常用、罕用)。其中第二、第三要素最为重要。反映出第二、三以及第四、五要素的,属于释义现代化。这些现代语义理念,演绎出《简明牛津词典》(1911)等词典。《国》对这些现代语义理念,多半未予反映,偶尔注意到了词的附属义,如:【洋鬼子】旧俗称外国人,含讥诮意。而后来的《现汉》则大量地注明了词的附属义。

13.3.2　收词立目的原则,不尽科学

例如:收"犹豫",不该收"犹豫"的重叠变体"犹犹豫豫"。

13.3.3　有些概念、用语、释义陈旧

例如:

　　【国家】封建时代,诸侯称国,大夫称家,封建废后,乃合为一词。

13.3.4　释文用了较多文言,甚至用文释白

例如:

　　【饭锅】釜。　　　　【雨星星】微雨貌。
　　【知道】谓知之。　　【说服】谓以言语折之使服。

13.3.5　释义及其术语有些不准确

释义有些不科学。例如:

　　【支气管炎】即感冒。

释义有些不准确。例如:

　　【八面玲珑】喻行为言论处处巧妙。
　　　　原指窗户宽敞明亮,后用来形容人处世圆滑,不得罪任何一方。

(《现汉》)

【八面威风】喻声势广大。
　　　　　形容神气十足。(《现汉》)
【三军】军队之通称。
　　　对军队的统称。(《现汉》)

13.3.6　偶尔有循环互注现象

例如：

　　【薄情】寡情。/【寡情】薄情。

13.3.7　多处出现"非自足"弊病

即违背 WNI(The Word No In)原则，用于释义的词语，未收词立目。例如：统称、总称、合称、敬称、谦称、概称，等等。

13.3.8　注音未准确反映语言事实

　　【八哥儿】ㄅㄚ·ㄍㄜㄦ

　　【八成】ㄅㄚㄔㄥ(ㄦ)

《现汉》的注音分别是 bā·ge(～儿)，儿化由常体改成变体；bāchéng，取消儿化变体，都是符合语言实际的。

结　语

《国语辞典》，虽然有些局限性，但是仍然是历史丰碑。

最难能可贵的是，《国》的编创者们，在军阀混战、列强入侵、国无宁日、多事之秋中，南北辗转，乱中求治，难中求进，大志终酬。中华文化的先行者们，事业精神，大业魂魄，伟哉！大哉！

第 十 四 章

《现代汉语词典》

第一节 中国语文词典的新里程碑*

自从1956年郑奠等的《中型现代汉语词典编纂法》在《中国语文》上发表，至《现汉》第6版出版，《现汉》已经光荣地走过56个年头。它从中国辞书长河中走出，它突破了《国语辞典》(1937～1943年。1957年改为《汉语词典》)及其以前的传统模式，它步入了《简明牛津词典》《小拉鲁斯词典》《俄语词典》(奥热果夫)等世界现代语文辞书之林，成为真正意义的现代语文词典。它是现代文明的产物，是以词典形态存在的词汇学、语义学和词典学著作。在继承和借鉴中，它创立了现代语文词典的释义体系并在不断地完善着。它作为母本，引领了《汉语大词典》等辞书的释义路径。这其中体现了两位先哲、大师、主编吕叔湘和丁声树先生的现代词典学思想以及深厚中西文化交融的卓见和匠心，也凝结了老中青三代编者的学识和功力。

《现汉》，是中国现代学术成就之一。它是以词典为形式的学术著作。它继承并向前推进了汉语语音学、语法学、修辞学，特别是词汇学、词义学、词典学的科学成果。它以多方面的成就表明了，它发扬了中国历代字典、词典的优良传统，学习了外国词典的先进经验。因此，它不仅耸立于中国辞书之林，而且闪耀于世界辞书银河。它是里程碑性的词典。主要的标志是：共时性、简明性、规范性、语文性。这几个标志，在《国语辞典》中也可以发现，但是只有在《现汉》里才具有里程碑性。

---

* 本节为张绍麒、张志毅合作，原名为《中国语文词典的新里程碑——〈现代汉语词典〉的半世纪》，发表于《词汇语义学与词典编纂》，外语教学与研究出版社，2007年。收入本书时订补多处。

14.1.1 里程碑之一——共时性

用时间的标准,可以把辞书分为历时性的、共时性的、泛时性的。历时性的,如《牛津英语词典》(默雷主编,1884~1928年版,1933年新版)、《法语词典》(李特列主编,1958年版)、《法语宝库》(伊姆斯主编,1971年始出)、《德语词典》(魏甘夫人主编,1909~1910年第5版)、《汉语大词典》(罗竹风主编,1986年始出)。泛时性的,如《成语词典》、《哲学词典》、《方言词典》。共时性的,如《说文解字》专收先秦典籍中的字(词),《古希腊语词典》专收古代希腊语的词,《宋元语言词典》专收宋元时代语言的词,《中古英语词典》专收中古英语词。《现汉》也是共时性的,即断代的,现代的。当然,这里的"共时性"不是绝对的,还是照顾一点历时性。

请看,《现汉》收词和义项的5个特点:

(1) 收现代汉语的通用词,特别是1949年新中国成立以后的新词。

(2) 收一少部分"不久以前还使用的旧词语、旧意义,现在书面上还常见的文言词语"。如:

【斛】旧量器……容量本为十斗,后来改为五斗。

【兵丁】士兵的旧称。

【店小二】饭馆、酒馆、客店中接待顾客的人(多见于早期白话)。

【暴客】〈书〉强盗。(按,〈书〉即表示文言词)

【风】〈古〉又同"讽"(fěng)。

【觚】①古代一种盛酒的器具。②古代写字用的木板:操~(写文章)。③〈书〉棱角。

(3) 现在书面上不常用的文言词语,不收。如有时也说"写于兵书旁午之际。"其中的"旁午"见《汉书·霍光传》:"受玺以来二十七日,使者旁午。"旁午,就是形容交错、纷繁。

(4) 现在书面上根本不用的文言词语,更不收,如《史记·伯夷列传》上说的"左右欲兵之",其中的"兵"是说用兵器杀人,现在的书面上没有用这一义项的,因此"兵"就没列出这个义项。

（5）义项的排列,大多是按使用频率的大小这一标准处理的。《简明牛津词典》是这样处理的。《现汉》也是这样处理的,如"展"的义项依次为:①张开,放开,②施展,③展缓,④展览。把使用频率大的义项排在前面。而带一定历史性的《说文通训定声》则把"展"的本义——"转、辗转"放在前面,其次列出引申义——舒展、伸展(即张开、放开)等;新《辞源》也是这样处理的。总之,历时性的词典是按词义演变的历史顺序排列义项的。

《现汉》在条件许可时,也兼顾词义的历史顺序。如"兵"把"兵器"义排在前面,把"军人、军队"等义排在后面。

14.1.2 里程碑之二——简明性

从词典学观点看,所谓的"简明性",首先是指规模属于中型的,即收词量在4万～10万条之间,32或16开本的,页数在1000～2000页上下。如福勒兄弟的《简明牛津词典》1976年第6版收74000条词。奥热果夫的《俄语词典》1963年版收53000条词。我们的《现汉》1983年版收56000多条词,2012年版收69000多条。

简明性,其次是指释义简明扼要。这是这类词典自始至终所遵循的主要宗旨,也是区别于详解词典的主要特征。仅以"犁"为例:

《现汉》只简要地解释为:"翻土用的农具,有许多种,用畜力或机器(如拖拉机)牵引。"

魏甘夫人的详解《德语词典》第5版(1909～1910)"犁"条则不属于简明,而属于详解:

先释义——破土及翻土用的耕地工具;再交代词的历史:在德国不同地区及德语史不同时期的写法和意义,该词的来源;又交代了该词的同义词;最后列举了犁的各部分,如犁骨、犁头、犁把等。

详解词典,是写给少数人的。简明词典,是写给大众的,因此它必须通俗而简明。

14.1.3 里程碑之三——规范性

凡是词典,都具有典范性,而语文词典又具有更高规范性——它给人们总结、规定了应该遵守的一些标准。当然,这些标准,并不是人们主观规定的、人为的,而是来源于客观实践,来源于历史及科学。

汉民族共同语,经过了漫长的发展过程。特别是近半个多世纪,各种力量正在积极、迅速地促使它日益推广,日益规范。反映这个必然趋势的《现汉》便应运而生了,它把规范化过程中形成的词形标准、语音标准、词汇标准一一记录下来。

(1) 词形规范

口头上是一个词,而书面上常写成不同的词形这就是异形词(英语称为 heterograph)。《牛津词典》把弄清词形的沿革作为自己的一项任务。《简明牛津词典》把异形词区分为常用的和不常用的,区分的办法是:一用括号夹注,二用逗号间隔。如:

  rac(c)oon(这表示 racoon 比 raccoon 常用)

  carass,carcase(这表示后者用得也不少)

《现汉》则采取两种形式:

  【仿佛】(彷佛、髣髴)……

  【风魔】同"疯魔"。

  【疯魔】……也作"风魔"。

正条之后用括号夹注的异形,是现在不用的。括号中的两个形体并列的,在前的是较常见的;在后的是少见的。用"也作"的,其前是主条,常用;其后是副条,是在释文之后引出的,不常用。对异体词的取舍,除了依据使用频率之外,还有其他尺度:表音准确、形体简便。根据这些尺度确定的正体,就是人们应该使用的标准形体。

(2) 读音规范

普通话把北京音作为标准音,这只是大的标准。《现汉》的功劳在于,处理了许多具体问题,确定了每一个字的标准读音。

北京音和非北京音比较,原则上以北京音为准。但是,北京音也有一些"土音",如"三更半夜"的"更"读 jīng(见陆志书的《北京话单音词词汇》)。对这类字以通读音(如"更"读 gēng)为准。"载一车土"的"载",陆书收上、去二音,《现汉》定为去。

文白异读,多以白话音为准。如"白"取 bái,废 bó;"贼"取 zéi,废 zé;"百"取 bǎi,废 bǒ。有的取通用者,如"学"取 xué,废 xiáo。有的文白音都保留,用于不同意义或场合,如"薄",有 báo、bó、bò 三音;"色"有 sè、shǎi 二音;"尾"有 wěi、yǐ 二音。

规律和例外相比,原则上以合乎语音变化规律的读音为标准。如"睥睨"取 pìnì,废 bìnì。"发酵"取 fājiào,废 fāxiào。但是,有些不合规律而已通行的读音,也承认习非成是。如"完"古属匣母,今声母该是 h,可是却读成了零声母,念 wán。"耕""港"古属见母,一为古茎切,一为古项切,应变为 jīng、jiàng,但取通读 gēng、gǎng。

此外,对轻声、儿化、异读都有合理的规范标准,并一一反映在有关的词条上。

总之,《现汉》的注音比 1919 年的《国音字典》、1932 年的《国音常用字汇》、1937 年的《国语辞典》及 1957 年的《汉语词典》更合理,更易被接受,更带有规范性。

(3) 词汇规范

普通话以北方话为基础方言,这就是规定把北方话的词汇作为普通话的基础词汇。但是北方话词汇内部仍有各种分歧,《现汉》便以通用的原则,选出标准词,把其余的词定为方言词。如选"玉米",而把"包米"(苞米)、"包谷"(苞谷)、"棒子"等标为〈方〉。

吸收方言词,还常是语义系统补偿或平衡的需要。如普通话里有"脆"和"酥",但没有其反义词,为了补充这个空缺,就从北京方言里吸收一个"艮"(gěn),1~6 版标为〈方〉,如说"艮萝卜不好吃"。

对于来自其他方言区而进入普通话不久的词也标为〈方〉。但是如果某词早已进入普通话,成为普通话必不可少的成员,就不再标〈方〉,如"搞""尴尬"。

从实际需要出发,对一些词的取舍采取慎重态度。1956年7月发表的《中型现代汉语词典编纂法》里说"满员",是协和语,不收。似乎有"客满"即可,有许多场合,可以用"客满"代"满员",甚至火车乘坐人员达到规定名额,也可以说"客满",因为那些人员也是乘客。但是某些编制达到定额,就不好说"客满",特别是对军队。因此"试用本"就已把"满员"吸收为标准词。又如有人说应该废"军队",取"部队";废"摄影机",取"照相机"。可是,实践证明,它们是有区别的,并不是毫无价值的重复物,因此"试印本"都收为标准词。

对于名家用过的词,如不通用,不规范,也不收列,如阿英的1945年6月26日日记用的"会报",闻一多《愈战愈强》里用的"良善",朱自清《白种人——上帝的骄子!》里用的"癖气"。

对已经通用的讹变词,采取承认的态度。如本来是"吕肌"或"膂肌",后讹变为"里肌",又变为"里脊"并较通用,便以"里脊"为标准。

对同素异序词,不随便取舍,如有差别便都收列,并加以区别。如"地道"有三个义项,"道地"有两个义项;"担负"只用为动词,"负担"还兼做名词。

对同音词的划分,首先依据意义标准。如"口子",在"试印本"里是一词一义,到"试用本"是一词二义,而到了"正式本"及其以后则划分为二词四义,因为两组意义之间有明显的区别,没有什么联系。其次是依据读音标准,如"丈人"带轻声是一词,指岳父;不带轻声是一词,尊称老年男子。再次,是根据语素义及其间的结构,如"指画"做动词时,是两个并列的动词语素义(指点);做名词时,是定中结构(用手指画的画),因此分为两个词。按一定的标准划分开同音词,也是中国辞书的创新。

最麻烦最细致的规范工作,就是对同音(近音)近义词的区别。诸如对"宏大/洪大"、"泄露/泄漏"、"振动/震动"、"篡改/窜改"等都区别开来了。

总之,《现汉》反映了人们是怎么说话的,而不是规定人们应该怎么说话,也就是它树立起了语言中的唯一权威——习惯。它出色地、具体地完成了现代汉语的规范任务,因而大大地促进了汉语规范化,大大地加速了普通话的推广工作。

14.1.4 里程碑之四——语文性

语文性,是跟百科性相对而言的。但是,除了纯粹的"百科全书"以外,二者之间并没有绝对的界限,只能就主要性质谈区别。新《辞海》是以百科性为主(百科条目占总词量的一半以上),兼有语文性。《现汉》则是以语文性为主,兼有百科性。

所谓《现汉》"兼有百科性"主要是指它收了一些"习见的专门术语",占收词总量的25%,如钢、塑料、电子、卫星等等。这些词是日常生活、语文读物中习见的词。如果词典里不收它们,那么词典的实用价值将大大降低,词典将远远离开现代化的生活实际。况且术语和通用词之间没有一道天然鸿沟。从术语到通用词,像光谱一样,具有渐变性。许多词(如大学、中学等)居于二者之间。

(一)对百科条目的解释,语文词典则向通俗、简明以及一定程度的"模糊"靠拢,而百科词典则向专业化、精确化看齐。仅以"电子"为例:

《现汉》只简单地解释为:"构成各种原子的一种基本粒子,质量极小,带负电,在原子中围绕原子核旋转。"用意只是让人们掌握物的符号及其信息特征。

《辞海》(新)则较详细地介绍了电子的发现时间和发现者,所带电量,本身的质量,在原子中的地位,电子的运动及人们对它的利用等。用意在于使人了解符号所指的物及其属性、有关知识。

对这类百科性的释义,《现汉》不为"语文性"所禁锢,不仅仅说明语言符号的信息特征,而是适当地介绍符号所指之物的属性及有关知识。试比较"月球"释义:

《简明牛津词典》:"地球的卫星,每月围绕地球旋转一次,它被太阳照亮,并把一部分光反射到地球上。"

奥热果夫《俄语词典》:"天体,地球卫星,反向着太阳光。"

《现汉》:"围绕地球转动的卫星,表面凹凸不平,本身不发光,只能反射太阳的光,直径约为地球直径的1/4,引力相当于地球的1/6。通称月亮。"

可见,《现汉》比那两本词典提供了较多的百科知识,如月球的表面、直径、引力等。因此,《现汉》便以现代化的新貌,跟同类著名辞书媲美。

（二）语文词典对一般词语的处理,更加突出了其语文性。《现汉》特别注意了以下几点：

（1）确立标准词形（有时还得交代异形。关于词形,前文已经论及）。

（2）确定词的标准读音（有时还得交代旧读。关于读音,前文已经论及）。

（3）注明词源。这是语文词典的特征之一。《现汉》是从下述四方面注明词源的：

第一,注明外来词的来源。如"图腾"注为［英 totem］,"卡车"注为［卡,英 car］。"卡路里"注为［法 calorie］。对于古老的外来词,一般不再注明来源。如"葡萄"、"苹果"、"琉璃"等。

第二,注明一些术语的命名理据。如"景泰蓝"："……明代景泰年间在北京开始大量制造,珐琅彩釉多用蓝色,所以叫景泰蓝。"

第三,注明古词语的典故或流俗词源。如"破天荒"的典故出自唐代荆州刘蜕第一次考中进士。"染指"典故出于春秋郑子公以指蘸鼎中甲鱼汤。

第四,注明不透明的语素义（多为文言的）。如"步武"："古时以六尺为步,半步为武,指不远的距离"。"败北"："打败仗（"北"本来是二人相背的意思,因此军队打败仗背向敌人逃跑叫败北）。"

（4）解释词的词汇意义、语法意义、修辞意义。关于这三个问题,另有专节。这里不再赘述。

（5）用反义词、同义词释义,或必要时注明词的反义词、同义词,并附以必要的辨析。

语文性词典,在简明、通俗、辅助等条件下,允许用反义词加否定或对立词、同义词（或加示差）来释义。

英国语义学家乌尔曼说："同义词间的区别是对词典工作者的一个严峻挑战。"在这个严峻挑战面前,有的词典回避了,而《现汉》不仅应战了,而且这一仗打得很出色。如对"后来/以后"的辨析是相当精彩的：

（1）"以后"可以单用,也可以作为后置成分,"后来"只能单用,例如只能说"七月以后",不能说"七月后来"。（2）"以后"可以指过去,也可以指将来,

"后来"只指过去,例如只能说"以后你要注意",不能说"后来你要注意"。

当然,这类辨析,在这本词典里并不很多,因为它毕竟不是《同义词词典》。

(6) 举出必要的例证

百科性词典以不引例证为常规,语文性词典则以引例证为其特征之一,因为例句有辅助释义、提示用法、注明出处、提供知识等作用。《现汉》受篇幅所限,虽然没有像《简明牛津词典》那样附有丰富的例证,但是它却尽可能精选了必要的、典型的短语和句子。

14.1.5 里程碑之五——常新性

常新性,表现在词典的不断修订方面。《现汉》在六次修订中,主要在三方面更新:调整词目,完善释义,标注词类。

14.1.5.1 调整词目

《现汉》的词目是不断地在调整。1960 年的试印本收词 43000 余条,1965 年的试用本收词 53000 余条,1978 年第一版收词 56000 余条。1983 年第二版虽然也收了 56000 余条,但是后来出了个《补编》,收词 20000 余条。1996 年第三版收词 60000 余条。2002 年第四版,在 60000 余条外,增收了 1000 余条新词。2005 年第五版收词 65000 条,比第四版删去 2000 条,增加 6000 条,净增 4000 条。比第一、二版净增 9000 条。《现汉》第六版收词增至 69000 条,新增 3000 多条。总的趋势,收词逐渐增加。因此,《现汉》不断地满足着读者查询的需要。

在数量的背后,还有几个质的问题。第一,增收的条目多是语文性的,删去的条目多是百科性的,因为这是语文性词典。第二,增收的条目多是新词,仅第四版就增收新词新义 1200 余条,删去的条目多是古词、旧词。第三,增收的条目,有一类特别值得注意,这就是西文字母开头的词语。1996 年第三版只收了 39 条,2002 年第四版增收至 132 条,2005 年第五版增收至 182 条。2012 年第六版增至 239 条,这反映了编者给这类借词以应有的地位,给读者扫清了许多阅读障碍。事实上,随着国际化进程的加速,这类词已经在报刊和书籍上出现了很多,累计起来约有几千条。中型的《现汉》收词之功,不在"全",而在"选",因此对字母词也不能悉数尽收,只能选收常见常用的。第四,主副条的变易。第四版以"母蜂"为主条,五、六版以"蜂王"为主条,因为后者比前者通用,巨型语料库为蜂王:母蜂＝25:1。第五,词目分合问题,即多义词和同音词纠葛问题。例如"大略",一、二版分两个义项:①大概,②远大的谋略。三、四版又增加一个义项:大致的情况或内容。第五、六版把"大略"分为两个同音词,如:

【大略】[1]①大致的情况或内容……②大概;大致……

【大略】[2] 远大的谋略……

这样处理,可以跟单字头"略"分条立目相对应:第二个"略"的意义就是"计划;计谋"。又如"通信",一、二版释出一个意义,自然作为单义词处理,三、四版释出两个意义,而且认为相互没有关系,因此处理为两个同音词。第五、六版处理为多义词,分为两个义项:

【通信】①用书信互通消息,反映情况等……②利用电波、光波等信号传送文字、图像等……

这两个义项之间有一个语义桥——传送信息,认识到这一点,从而把两个意义看作两个义项,并置于"通信"这个词位之下,这是认识的一个进步。

14.1.5.2 完善释义

《现汉》在释义方面有四个贡献:(一)基本做到了"同场同模式","同类同模式",(二)建构了非循环的释义链,(三)对基本词和工具条给出了必要的语义特征,(四)建立了语文性释义体系。第五、六版修订的主要内容之一是,完善释义。其中主要包括:增删义项,精化基义,确化义域,重定陪义,订补例语,规范字词。

1. 增删义项。例如:

【年轻】①年纪不大……②年纪比相比较的对象小……

【鼓动】①扇动：小鸟～翅膀。②用语言、文字等激发人们的情绪，使他们行动起来……

【简直】表示完全如此……

"年轻"的第二义项，"鼓动"的第一义项，都是新增加的义项。"简直"的第二义项"〈方〉索性"删去了。第六版增加新义项400多。增删的标准是常用与否，常用的增，不常用的删。这完全是由《现汉》的性质决定的。

2. 精化基义。基义，是义位的基本义值，主要语义特征，也就是义项的核心内容。一部语文词典的成败、优劣，关键就在这里。为此，《现汉》第五、六版精益求精。例如：

【红】①像鲜血的颜色……

从1960年试印本到2002年第四版，该词该义项一直包括另一个语义特征——"像石榴花的颜色"，而各本都把石榴花解释为红、白、黄色，第五版消除了这一歧义。

【少女】少年女子。

各版原作"年轻的未婚的女子"。而各版对"年轻"的解释是"多指十几岁至二十几岁"。而二十几岁已经不是少女，因此把原来的"年轻"改为"少年"，释义较准确。第六版改为"少年女子"，释义更准确。

【教师】担任教学工作的专业人员。

原来各版把"教师"释为"教员"，而"教员"是"担任教学工作的人员"。其中也可以包括教辅人员、教导主任、教务科长处长等。五、六版加上"专业人员"，释义比原来准确。

14.1.5.3　确化义域

义域，是义位量的规定性，指集合中的元的大小、多少等，也就是义项的意义范围和使用范围。对此，传统辞书常常忽略不计，而现代语文辞书，特别是《现汉》第五、六版则格外注重。例如：

【煞气】内充气体的器物因有小孔而慢慢漏气。

原来各版没有"内充气体的"这一限定,义域太宽,因而义值不准。

【家属】家庭内户主本人以外的成员,也指某人本人以外的家庭成员。

其中的"某人"原来各版作"职工",义域太窄,涵盖不了"伤员(烈士、病人、遇害者)家属",而第五版改为"某人",第六版增加"本人",则可以涵盖。

【老总】①旧时对一般军人和警察的称呼。②尊称中国人民解放军的某些高级领导人(多和姓连用)。③尊称有总工程师、总经理、总编辑等头衔的人。

原来各版①义中没有"警察",②义中没有"尊称……",第六版把"尊称"独立一个义项③。原来义域太窄,而第五、六版"老总"的义域跟所指范围相当。

【土豆】马铃薯的通称。

以前各版均无"通称",五、六版新注"通称",即说明比"马铃薯"的使用范围广。

14.1.5.4 重定陪义

陪义,跟基义相对,是义位的基本义值以外的附属义值,包括传统上所谓"色彩"等次要的、伴随的语义特征。标注这类特征,是传统和现代语文辞书的显著区别之一。

《现汉》编纂伊始便特别注重了这类特征,各版又做了相当可贵的努力。《中型现代汉语词典编纂法》标注了"诗歌、公、法令、书、政、化、讽、憎、爱、敬、庄、俗、旧"等陪义,后来各版仅情感、态度和评价陪义就标注了16个小类:惋惜,喜爱,亲昵,厌恶,轻蔑,讽刺,戏谑,斥责,客气,骄傲,谦虚,尊敬,委婉,詈骂,褒义,贬义。第五、六版更是较准确地反映了陪义的真值。例如:

【走】〈书〉跑。

"走"的"跑"义,不是现代汉语的意义,而是古代汉语的意义,原来各版没有标〈书〉，第五、六版标了〈书〉，注明了语言的系统意义。

【赏赐】指地位高的人或长辈把财物送给地位低的人或晚辈。

原来各版，释语前都有"旧"字，第五、六版删去了这个时代陪义，这是符合现代汉语实际的，在现代巨型语料库中，用于这一意义的"赏赐"，可以找出几百个例子。

【夫人】……后来用来尊称一般人的妻子。

原来各版，释语都附注使用范围："现在多用于外交场合"。这是符合20世纪50~70年代的一般语言实际的。80年代以来，"夫人"已经在一般交际场合用开了，因此第五版适时地删去了旧版对使用场合限制的释语。

14.1.5.5　订补例语

例语(句)，是语文性辞书释义的有机组成部分。对于不同类型辞书，有不同的作用。对于中型语文词典的释义，主要有四个作用：引证，理解，补充，提示用法。因此，《现汉》第五、六版特别注意例语的订补。例如：

【制订】创制拟定：～下一步工作计划。

原来各版的例语是"～汉语拼音方案"，不带普遍性，而"工作计划"带普遍性。因此，第五、六版引证的这个实例是比较典型的。

【眼热】看见好的事物而希望得到：她见了这些首饰怪～的。

原来各版的例语是"她见了这些花布怪～的"，语义特征不明显，不便于理解被释词。第五、六版换了语义鲜明的例语，有利于理解词义。

【年龄】人或动植物已经生存的年数……◇科学家认为地球的～至少有四十五亿年。

【领养】把别人家的孩子领来抚养，当作自己的子女◇我们班～了一片绿地。

以上例语，都是第五版新加的，虽然都用于比喻，但是实际上是有差别的：

"年龄"用于比喻较多,如"同位素的～,北京的～,地质～,天体～"等,其实是处于从用法向义位过渡阶段,相当于准义位(非生物体演变或变化的年数),谢尔巴和维诺格拉多夫等许多学者称之为 оттенок значения(意味)。因此,这种例语的主要作用是,补充释义。而"领养"用于比喻较少,其例语的主要作用是,提示比喻用法。较多的例语,提示的是语义搭配用法。例如:

【占领】②占有:～市场｜～和开拓新的科技领域。

14.1.5.6 规范字词

《现汉》编纂的最初宗旨之一是,贯彻、体现、确定国家语言文字规范标准,促进汉语语言文字和科技术语规范化。在过去的半个多世纪里,师生、编辑、记者、作家、秘书等等语言文字工作者,都把《现汉》作为案头书,作为标准,因而它的规范之功无与伦比。因此,《现汉》的修订者更感到使命尤其重大。第五、六版不仅继续贯彻落实国家语言文字的新标准,而且尽可能规范自身所用的字词。例如:

一、二版只出词条"想象",三、四版以"想像"为标准词形,以"想象"为非标准词形,五、六版以"想象"为标准词形,以"想像"为非标准词形。这是因为2001年10月18日全国科技名词委和国家语委召开了"象"与"像"用法研讨会,确定有关的一系列规范词形,其中把"想象"定为规范词形。又如:

【并联】①并排地相连接。
【走漏】①泄露(消息等):～风声。

"并联"释义中的"连接",原来各版作"联结",而"联结"着重指的是结合在一起,不是头尾相接,因此第五、六版改为"连接"。"走漏"释义中的"泄露",原来各版作"泄漏",而"泄漏"多用于液体、气体,"泄露"多用于事情,因此第五、六版改为"泄露"。

14.1.5.7 标注词类

标注词类,这是《现汉》第五、六版新的重要内容,也是《现汉》半世纪来的新举措,更是中国辞书界的一件盛事。虽然自 1930 年以来,语文辞书也有几十部标注了词类,但是影响都不大,没有引起足够的重视。《现汉》则不然,它是权威单位、权威人士编纂,权威出版社出版的权威词典,它标注词类就成了万目共瞻的盛举。因此,此举也就特别慎重。本来,在 1956 年的《中型现代汉语词典编纂法》第三章"释义"第 10 项中已经设计了标注词类的原则,但是终因困难重重而舍弃了美好设计。到了 50 多年后的今天,词类研究取得了许多实效,各种人对标注词类有了急切的需要。再者,语义学认为,词类是词项(lexical item)三个不可缺少的特征之一(另两个是共性语义特征和个性语义特征)。《现汉》标注词类已经水到渠成,应运而生。

对汉语词类研究,至今已经有十几种体系。得出的类别,少则 8 类,多则 20 类。有些属于科学语法,有些属于实用语法(即学校语法)。《现汉》的编者向实用语法靠拢,所注的词类数量、名称、内涵等比较稳妥,而且比较容易为广大读者接受。这就是"凡例"所列的 12 大类 6 个附类、3 个小类:名词(附类:时间词、方位词)、动词(附类:助动词、趋向动词)、形容词(附类:属性词、状态词)、数词、量词、代词(小类:人称代词、指示代词、疑问代词)、副词、介词、连词、助词、叹词、拟声词。

《现汉》的词类标注,自成体系,自圆其说。对绝大多数词标注出的词类,是无可争议的。对于几百个处于类间模糊带的词的词类确定,也采取了比较稳妥、比较公认、比较符合语法意义(表述功能)的说法。例如:

"扫兴"标为形容词,而有的词典标为动词。后者可能较多地注意到了该词的离合特点,其实据郭锐(2002)统计,在 43330 个词中,2355 个形容词的 2.73% 是离合词,也就是说在 43330 个词中有 50 多个离合词是形容词。因此不能以离合特点判断"扫兴"是动词。

"突然"标为形容词,而有的词典标为形、副兼类。后者可能较多地注意到了该词做状语的功能,其实据郭锐(2002)统计,在最常用的形容词中有 37% 可以做状语,对这类词最好"按优先同型策略处理为形容词"。

"调查"、"研究"都标为动词,不处理为兼类,而"梦想"、"觉悟"都标为动、名兼类。这里有个宽严问题:放宽,动、名兼类可能占动词的 31%(郭锐 2002,

下同);从严,动、名兼类只占动词的 4.6%。宽严的界限在于,名词用例的多少,与动词的用例数量相当或较多,就处理为兼类。《现汉》这样处理,宽严得当。

总之,《现汉》的词类标注是在许多词类理论指导下进行的,更是在区分词与非词的理论基础上进行的。词(词位),是具有语音、词形、语义、语法、语用等多种要素的综合的语言单位,因此应该用多元的综合标准来区分词与非词。有人片面强调单说论,而量词和一些虚词不能单说,因而认为应该取消这些词类。反之,有人先肯定量词和一些虚词的存在,否定单说论这一标准。其实以上两种观点都各执一端,单说论能管辖中心成员、次中心成员的绝大多数词,而不能管辖量词、某些虚词、文言词等边缘成员。任何一个标准,都不是万能的。除了 L. Bloomfield(1926)单说论(自由说),对离散性有价值的参数还有 H. Sweet(1875)的游离法、O. Jespersen(1924)的隔开法、AСмирнцкий(1952)的剩余法,以及陆志韦(1937,1957)的同形替代法、扩展法、王力(1943)的插入法、吕叔湘(1959,1979)的六原则、六因素,还有目前信息处理界提出的同现率高的"分词单位"。总括一百多年来有关词的离散性参数,词(词位)是"定音定形定义定性定用的自由的最小的语言单位"。《现汉》在多视角下,准确地区分了词与非词。

几点建议:

一部举世瞩目的词典,相当于一所举世闻名的大学,需要雕塑几百年。因此,《现汉》还有完善的余地,尚须与时俱进。诸如:

(1) 词目还须调整。增收一些普通词(如看头、低等、签订、大体上、噩梦、世伯等),删去罕见的单字条目、古词、方言词、术语。极少数多义、同音关系尚须调整。

(2) 补充义项。如"抖擞"的"哆嗦"义,"小"的前缀义,"母"的"泛指女性长辈"义,"黑"的"黑龙江省简称"义。

(3) 同场宜同模式。少数同一底场的词或义项,释义模式尚须统一。如"开盘、收盘","升温、降温","嫡出、正出","头、子(词缀)","彩号、伤员、伤号"以及少数敬辞、谦辞。再修订,应按语义场分工。

（4）同类宜同模式。少数同一词类或同一次类的词释义模式尚须统一，应该尽量减少用异类词释义的，如："大意"（形）疏忽（动），"轮番"（副）轮流（动），"全部"（名）整个（形）。

（5）少数释义尚须简明精细。如"膝下"、"信息"、"拜会"、"命令"、"厥"、"告枕头状"等。

（6）释语尚有规范余地。如"点心"条下用方言"糕饼"，不如用普通词"糕点"。"小菜"条下用非常用词"菜蔬"，不如用常用词"蔬菜"。

（7）控制工具条数量。用有限的元语言（两三千至四千个词）描写词的语义特征，是当代语文辞书的特征。《现汉》有点疏忽，如对"成年、老年、青年、少年、童年、幼年、中年、壮年"八个词用了"年纪、年龄、阶段、时期"四个工具条释义。

第二节 《现汉》的释义体系*

《现汉》的释义体系，有三个子系统：a)语义意义，b)语法意义，c)语用意义。a 是骨干系统，b 是次要系统，c 是更次要系统。本节只谈骨干系统。

14.2.1 基义

语义系统的首要单位是义位，相当于词典里的一个义项。义位是词的内容，是词的形式所表示的一个基本的、带一定自由性的意义单位。义位又分解为质和量两方面。质的方面就是义值，它具有质的规定性，是义位间的区别特征。量的方面就是义域，它是义位的意义范围及使用范围。义值再分解为基义和陪义。基义相当于传统词汇学（或语义学）的"理性义或概念义"，而基义不仅包括范畴特征，还包括指物特征、表意特征；不仅有思维形态，还有直观形态、情感形态；不仅有指称值，还有系统值。这就是现代词典学的语义观。《现汉》正是在这个语义观下创建了它的释义体系。

---

* 本节为冯海霞、张志毅合作，发表于《中国语文》2006 年第 5 期。编入本书时订补数处。

对基义解释,是古今辞书的共性。《现汉》的创新在于科学化,开放化,系统化。先看科学化的例子:

【人】天地之性最贵者也。(《说文解字》)
    动物之最灵者。(《汉语词典》)
    能制造工具并使用工具进行劳动的高等动物。(《现汉》)
【云】山川气也。(《说文解字》)
    地面水蒸气上升遇冷凝成微细水点,浮游空际谓之云。(《汉语词典》)
    在空中悬浮的由水滴、冰晶聚集形成的物体。(《现汉》)

现代科学认为,人有三个特征:会思维,会说话,会劳动。经过研究过滤,编者选取一个更主要的区别性特征(会劳动)作为个性义素。共性义素"高等动物"比试印本"动物"加了"高等",这样更精确。对"云"的释义,《现汉》比《说文》《汉语词典》显然是符合现代科学,因为云不只是山川气或水蒸气。以上二词的基义,一个反映了义位的范畴特征,一个反映了义位的指物特征。

所谓开放化,在结构耗散论看来,词不断跟外界进行信息交流,基义随着客体、主体和语言三种因子,经过用法(特用)、义味(оттенки значения)的过程,产生新的义位。《现汉》第六版与时俱进,像及时雨一样,给一个个词填补上了新的义位。例如:

【当家】①动主持家务……②形属性词。主要的;最拿手的:~菜。
【传统】①名……社会因素……②形属性词。世代相传或沿袭已久并具有特点的:~剧目。③形守旧;保守:老人的思想比较~。
【阳光】①名日光……②形属性词。积极开朗、充满青春活力的:~女孩|~少年。③形属性词。(事物、现象等)公开透明:~采购|~操作。

《现汉》第四版及其以前各版的"当家""传统""阳光"只有第一义位,二、三义位都是新的。系统化,是指比传统辞书具有整体观念,把同义、反义、类义等等词语作为一个个子系统释义。基本做到了:同场同模式,同类同模式,杜绝循环或重复释义,简化元语言。

同场同模式,指同一最小义场的词,其释义模式相同。例如:

【父亲】有子女的男子是子女的父亲。

【母亲】有子女的女子是子女的母亲。

而有的词典则违背了这一原则。例如:

【父亲】生养自己的男子。

【母亲】有子女的女子;子女对生育自己的女子的称呼(一般不用于面称)。

"父亲、母亲",在语言学上称之为关系名词(不是性质名词),英、法、德、俄的语文词典对它们的释义模式跟《现汉》相仿,都突出关系义素,采取叙述式,不宜用定义式。如果硬改这一成例,那可真是切中了段玉裁的名言:"乃浅人所改"。《现汉》第 6 版更进一步贯彻了同场同模式原则,如"开盘、收盘",第四版不同模式,五、六版同模式。

同类同模式,指同一词类的词,其释义共用同一模式。如名词释义,大多用"个性义素+共性义素"的定义式或其变式。动词释义,大多用"个性义素+核心义素"的说明式或其变式。形容词释义,大多用"个性义素+核心义素"的描写式或其变式,如"形容……""……的"。例子从略。

杜绝循环或重复释义。例如:

【被】④<介>用于被动句,引进动作的施事,前面的主语是动作的受事(被字后表施事的名词有时省略):那棵树~(大风)刮倒了……

"叫、让"都释为"被④"。如果用"叫、让"释"被",再用"被"释"叫、让",那就是循环释义。如果用"被"的长长释语,再分别释"叫、让",那就是重复释义,将要浪费很多篇幅。

精简元语言,指同义义场的词,其释义只用一个工具词条。例如:"从先、往昔、先前、在先"等都释为"从前"。

14.2.2 陪义

陪义,是义值中的一类次要义素,现代语义学常把它叫作附属义,跟传统词汇学(或语义学)所谓的"色彩义"相当,而不相等;陪义还包括次要的附属的理性义素,其中多数是隐性的,少数是显性的。《现汉》(6 版,下文的有关数字皆来自 6 版)只标注了其中的理据义 600 多个。

理据义不是基义因子,它可以帮助理解基义。标注理据义,这是中国故训、辞书的好传统。如《说文》说"黍,禾属而黏者也。以大暑而种,故谓之黍。"《现汉》继承了这个好传统。此外,《现汉》还创建了标注七种陪义的崭新的释义子系统。

14.2.2.1 标注情态陪义

共 16 类,诸如:褒义,贬义,敬辞,谦辞,委婉避讳,骄傲,客套客气,惋惜,喜爱,亲昵,厌恶憎恶,轻蔑鄙视,讥讽嘲笑,戏谑,斥责,詈骂。举要如下:

a.【无与伦比】没有能比得上的(多含褒义)。

b.【独到】与众不同(多指好的)。

c.【幕后】舞台帐幕的后面,多用于比喻(多含贬义)。

d.【宽衣】敬辞,用于请人脱衣。

e.【绵薄】谦辞,指自己薄弱的能力。

f.【尊容】指人的相貌(多含讥讽意)。

例 a、b 标注的陪义是褒的,在《现汉》里只有极少见的几处。有人说,这是《现汉》疏漏,应该把"伟大、光明"等等都标注上褒义。这种看法失之偏颇,混淆了基义和陪义的区别,《现汉》标注的是陪义的褒贬,不是基义的褒贬。

例 c 标注的陪义是贬的,在《现汉》里竟有 180 多处。有多种标法:"贬义""含贬义""多含贬义""常含贬义""一般含贬义""多用于贬义"等等。

例 d、e 标注的陪义是敬谦,在《现汉》里竟有 400 多处(含给语素的标注)。

例 f 标注的陪义是讥讽,类似的还有讽刺、嘲笑,在《现汉》里有 20 多处。

总之,情态陪义的标注,开了中国辞书的先河,不仅有助于理解基义,而且有助于准确用词。因为,语言除了社交、描写之外,还有表情功能。雅柯布逊(1960)认为,表情功能描写所指倾向。情态陪义反映的是伴随基义的语言共同体的喜、怒、爱、憎、敬、歉、褒、贬等主观信息。

14.2.2.2 标注语体陪义

主要有两大类:标注〈书〉的,是用于书面语体,带文言色彩,共 3300 多处;标注〈口〉的,是用于口头语体,带通俗色彩,共 780 多处。此外,还标注了数理化等科学语体、公文(30 多处)、书信(30 多处)等应用语体。举要如下:

【逐鹿】〈书〉……比喻争夺天下。

【吓唬】〈口〉使害怕;恐吓。

【母线】数学上指依一定条件运动而产生面的直线。

【低温】较低的温度。物理学上指-192℃到-263℃的液态空气的温度。

【痕量】化学上指极小的量……

【物化劳动】经济学上指凝结或体现在产品中的劳动。

【业经】已经(多用于公文)。

【查收】检查后收下(多用于书信)。

《现汉》给定了 5000 多个义位在语用中的常态、最佳分布,即一种补充义值,因此,欧美学者称之为语体意义(stylistic meaning)或语体色彩(stylistic colouring)。俄罗斯学者称之为功能语体色彩(функционально - стилевая окраска)。标注语体陪义,有助于理解基义,更有助于恰当地用词。

14.2.2.3 标注时代陪义

《现汉》给义位标注了古代、早期白话、旧时等时代,总共 2400 多处。举要如下:

【百戏】古代杂技的总称。

【暗器】暗中投射的使人不及防备的兵器,如镖、袖箭等(多见于早期白话)。

【薪饷】旧时指军队、警察等的薪金及规定的被服鞋袜等用品。

古代陪义,主要用"古代"标注,其次用"古时""古书上""奴隶社会""封建社会""〈古〉"等,共计 900 多处。标注"早期白话"的,是指唐宋至五四运动前口语的书面形式中的成分,共计 90 多处。标注"旧时"的,是指 20 世纪初至 40 年代用的词语,共计 1100 多处,此外还有标注"旧称"的 160 多处,"旧指"的 100 多处,"旧社会"的 100 多处。

总之,以上三类标注,反映了义位在时间轴上的位置。位置一长久,便产生一种规定性,即补充义值,这就是义位的时代陪义。一般来说,这是个常数,偶尔出现变数。因为整个义位系统经常在吐故纳新。《现汉》适时地反映了这种变化。如"薪饷",《现汉》5、6 版标注了"旧时",此前各版均未标注。"出首"的"自首"义,以前各版均标注"(多见于早期白话)",5、6 版删除了,因为现在文学作品和报刊上有时还用。标注"古、早、旧"等时代陪义,不仅是备查,而且是提示使用价值:构建典雅语境,创造时代气氛,刻画古旧人物,表示庄重、讽刺、诙谐等。具有时代陪义的,还有新词语,《现汉》未予标注,但是从崭新的词义中便一目了然。

14.2.2.4 标注语域陪义

《现汉》给义位标注了政治、法律、军事、外交、宗教、商业、文艺等等使用领域。举要如下:

【傀儡】②比喻受人操纵的人或组织(多用于政治方面)。

【配偶】指丈夫或妻子(多用于法律文件)。

【牵制】拖住使不能自由活动(多用于军事)。

【阁下】敬辞,称对方……今多用于外交场合。

【虔诚】恭敬而有诚意(多指宗教信仰)。

【生猪】活猪(多用于商业)。

【呕心】形容费尽心思（多用于文艺创作）。

由于多种社会情景,特别同一职业（或兴趣）的群体形成一个又一个交际范围,一些义位经常分布在一定交际范围中,这便给定了义位的语域(register)陪义。为了便于理解和使用,《现汉》对此做出了准确反映。

在使用中,常有语域交叉(registermixing)。许多学者认为,用《圣经》语言报道拳击就是开玩笑,而用军事语言报道体育竞赛,就是突出尚武精神。正因为有语域交叉,所以语域陪义经常发生着强弱或有无的变化。《现汉》及时反映了这些变化。如"官邸、会见、女士、小姐"的"用于外交"的标注,从第三版就删去了,"夫人、官员"的"用于外交"在第四版还保留,到五、六版删去了。

14.2.2.5 标注方言陪义

《现汉》给义位标注了2000多个方言陪义。举要如下：

【蹩脚】〈方〉质量不好；本领不强。

【砸锅】〈方〉比喻办事失败。

【甭】〈方〉"不用"的合音,表示不需要或劝阻。

【孬】〈方〉① 坏；不好。② 怯懦；没有勇气。

"蹩脚、砸锅"是一类,代表进入普通话不久的、还保留方言味道的词。"甭、孬"是另一类,代表还没进入普通话的、通行的方言区较广,方言味道更浓的词。《现汉》只给这两类词标注〈方〉。对于那些早已进入普通话的、失去方言味道的词,如"龌龊、尴尬、晓得"等等,《现汉》不标注〈方〉。

义位的空间分布,赋予其补充义值。因而方言词有一定的使用限度：描写地方风土人情,塑造带乡土气息的人物,直接引用其对话等,这就是文学创作上比较有限的方言法(dialectism)。

14.2.2.6 标注外来陪义

《现汉》给500多个义位标注了外来陪义。举要如下：

【卡通】① 动画片。② 漫画。[英 cartoon]

　　　　【卡车】……载重汽车。[卡,英 car]

　　　　【引得】索引。[英 index]

　　　　【三 K 党】美国的一个反动恐怖组织……[英 K. K. K.（三 K）是 Ku Klux Klan 的缩写]

　　　　【DNA】脱氧核糖核酸。[英 deoxyribonucleic acid 的缩写]

　　语际间的词语代码转换,生成了民族化的外来词,即借词。《现汉》对其标法是,在方括号中注明语种及原词。其中借自英语的将近 400 个,梵语的 30 个,法语的 20 多个,拉丁语、德语、俄语各 10 多个,阿拉伯、希伯来、波斯、希腊、捷克、满、藏、蒙语 8～1 个不等。以类别而论,"卡通"是借音的,"卡车"是借音加类名的,"引得"是借音兼义的,"三 K 党"是借义兼借形的,"DNA"是借形的。后者也叫西文字母开头的词语,第三版附录了 39 个,第五版附录了 182 个,第六版附录了 239 个。可见其增多的速度。

　　除了借义的之外,上列的转换代码总是带着异族风采,基义上带着外来陪义。对这些词语,既不能排斥,也不能滥用。

14.2.3　义域

　　义域,是义位的意义范围和使用范围。可以把它分析为三个主要的类别:a)大小域,b)多少域,c)伙伴域。对这些义域,传统辞书常常忽略不计,而现代语文辞书,特别是《现汉》第五、六版则格外注重。

14.2.3.1　大小域

　　即义位所指某物体的大小。例如:

　　　　【房】①房子:一所～|三间～……②房间:卧～|客～……

《现汉》各版都按义域把"房"分为"①房子,②房间",①指房子的整体,②指房子中的一部分。而《汉语大字典》《汉语大词典》都在一个义项内笼统地释为"泛指房屋、房间",没注意值域理论:义域影响义值,有时决定义值。

14.2.3.2 多少域

即义位所指物体的多少。例如:

【太阳】银河系的恒星之一……地球和其他行星都围绕着它旋转并且从它得到光和热。

【手指】人手前端的五个分支。

【经书】指《易经》《书经》《诗经》《周礼》《仪礼》《礼记》《春秋》《论语》《孝经》等儒家经传……

【文具】指笔、墨、纸、砚等用品。

【笔】写字画图的用具:毛笔|铅笔|钢笔|粉笔……

【读本】课本(多指语文或文学课本)。

【老总】①旧时对一般军人和警察的称呼。②尊称中国人民解放军的某些高级领导人(多和姓连用)。③尊称有总工程师、总经理、总编辑等头衔的人。

"太阳"只指一个物体,即单称名词。采取"以值定域"的方法,就是描写其独有的语义特征。

"手指"指可数的少数的物体,释语中给出具体数字。

"经书"指可数的但不必数尽的物体,释语便予以举要。

"文具"指可数的但不能数尽的物体,释语便予以分类列举。

"笔"也是指可数的但不能数尽的物体,对这类词也用"以值定域"的方法,即以类别语义特征划定类别义域。必要时,在例语中用细类补充释语。

"读本"虽然跟"文具、笔"是同一类别,但是不宜分类列举和以值定域,只好用括注限定类别。一至四版的"手稿"也是括注限定类别"多指名人的",到五、六版删去了,这是符合实际的。

第五、六版对义域的确定比以前各版准确了。如"老总①"新补充了"警察"。"老总③"把"总工程师、总经理、总编辑等头衔的人"由第五版的子义项上升独立义项,两个义域都比原来的准确了。诸如此类的修改,还有"家属"

"煞气"等等。

14.2.3.3 伙伴域

即义位组合搭配的数量范围。弗斯有一句名言:"观其伴,知其义。"[①]伴,就是跟义位组合搭配的伙伴词语。莱昂斯(1977:375,613)认为"词的意义和它们的分布(distribution)之间存在着一种内在的联系。""词的潜在搭配有理由看作词位意义的一部分"。兹古斯塔(1983:57)把这种组合搭配叫作"使用范围",并认为是词义的第三个基本成分(第一个是指称义,第二个是附加义。分别相当于本文的基义和陪义)。我们认为,这是义位义域的一种,简称之"伙伴域"。例如:

【出版】把书刊、图画、音像制品等编印或制作出来,向公众发行……
【发布】宣布(命令、指示、新闻等)。
【发作】①(隐伏的事物)突然暴发或起作用:胃病~|药性~。

"出版"代表第一类伙伴域,把关涉对象"书刊、图画、音像制品等"置于释语正文中,是必不可少的显性组合,是基义的必要组成成分。其成分中,比一、二版新增了"音像制品",把三、四版的"唱片、音像磁带"简化为"音像制品"。

"发布"代表第二类伙伴域,把关涉对象"命令、指示、新闻等"置于释语的夹注中,是不可缺少的隐性组合搭配,不是基义的必要组成成分。"发作"代表第三类伙伴域,把关涉对象"胃病、药性"置于释语外的例语中,是隐性更强的搭配。这种例语是补充释义,提示用法。比一、二版新增了"药性",比三、四版删去了"酒力"。这一增一删,完全符合巨型语料库显示的结果。类似的还有"遮掩",一、二版释为"掩饰(错误、缺点)",三、四、五、六版把"错误"置于例语中,且增加"遮掩……不安"一例。此外,新订补例语的,还有"制订、眼热、年龄、领养、占领"等词。

总之,标示出大小域、多少域、伙伴域这些义域,《现汉》比传统辞书显然面

[①] 转引自 Palmer, F. R. 1983 Semantics 75~76, Cambridge Un. Press.

貌一新。

第三节 《现汉》的原型语义观

语义学现代化的结果之一,产生了原型语义(又译作语义原型)观。

20世纪30、50年代Wittgenstein,L.(维特根斯坦)提出"家族相似性",70年代美国心理学家Rosch,E.(罗斯)等提出原型论,80年代以后Jakendof(贾肯道夫)、Lakoff,G.(雷科夫)等提出"理想认知模型"。这三个阶段的中心内容都是对"多元结构"的认知研究。

"元"在词典语义单位里,具体指:义项,义项群的共核义,子义项,子义项群的共核义,附属义项,义素,义素群,语素义。它们都具有典型性、本源性。对它们的认知方法是:在一类语义成员中选出中心成员(即原型),然后以原型语义为中心,扩展到次中心语义成员、一般语义成员以及边缘语义成员,这样就可以认识几类、几层语义范畴:中心义、次中心义、一般义和边缘义。各类或各层成员意义的地位是不平等的,一类或各类成员意义之间有不同范围或程度的家族相似性。这是认知语言学对语义和语义场研究的新贡献。由原型语义,引导出"原型释义"(prototypical definition):第一步,对原型(中心)义位准确释义;第二步,对次中心义位(常是原型语义的变体)的释义,等于原型义位的准确释义加/减最显著的语义特征。对原型义位及其各种变体的认识、重视程度、投入功夫的多少,直接影响着词典的编纂水平。

原型语义,近20年来值得关注的研究者有Адресян,Ю.Д.(阿普列祥1994、1995)、郭聿楷(2001)、吴世雄等(2004)、章宜华(2007)等。本文的原型语义,从词典语义出发,指词典的相关语义单位的中心点或源点,其主要类型我们研究出十几种,这里只讨论6种:1)同义词群的共核意义,是同义词群的原型语义;2)多义词的本义(或基本义)是原型语义,转义是变体;3)一个义项/义位的意义是原型语义,言语中常有义位变体;4)一个义位的中心义素是其余义素的原型语义;5)字头义是原型语义,它在合成词中的语素意义是变体;6)一个义项内的主义项是原型语义,附属子义项是变体。

14.3.1 同义词群的共核意义,是同义词群的原型语义

同义词群的共核意义,指由各个同义词提取的共同的核心义,或核心词的意义。

《现汉》第 6 版的同义词场有 6000 多个,因此有近 6000 多个核心词。围绕近 6000 个核心词的同义词有 15000 多条。对这些词,多是用同义词解释的(可能用一、二、三或四个同义词)。必要时,给出同义词辨析。要把同义词辨析清楚,需要特别重视三种语义:a)同义词的共核意义,b)同义词的个性意义,c)同义词的语境意义。抓住共性和个性意义,照顾语境意义,才能提高所有同义词的释义。

《现汉》从古今汉语"短时间"语义场 100 多个词中选收了 70 多个词,其核心词是"一会儿",其核心义是"短时间"。其释义采用"个性义征＋共核意义"这一公式。摘要如下:

  A.【旦夕】比喻短时间。 B.【一时】短时间。
  C.【一会儿】指很短的时间。 D.【俄顷】很短的时间。
  E.【片刻】极短的时间。 F.【霎时间】极短的时间。
  G.【瞬息】一眨眼一呼吸的短时间。 H.【旋踵】把脚后跟转过来,形容时间极短。
  I.【刹那】极短的时间。 J.【弹指】弹动指头,形容时间极短暂。

上列例子,斜体表示共核意义,它是辐射中心,连接语义场的各成员。黑体词语表示个性义征,它显示着同场词的差别。其"短时间"有 5 种梯度或类型:(1)AB 为"短时间",(2)CD 为"很短",(3)EF 为"极短",以上 3 类有等级差别。(4)GH 是用形象描写短时间,G 是像"一眨眼一呼吸"那样短时间,H 是像"把脚后跟转过来"那样短时间。(5)IJ 是佛经借词,I 是借音,J 是借义,按晋·法显《僧祇律》等书的说法,佛经术语时间词(汉译词)有多个,代表多个时间值:须臾＝一昼夜的 1/30,腊缚(又译罗预、罗婆)＝须臾的 1/20,弹指＝腊

缚的 1/20，瞬＝弹指的 1/20，刹那＝瞬的 1/20。其中"弹指"的绝对值是 7.2 秒，"刹那"的绝对值是 0.018 秒。语文词典跟专科词典显著区别之一是，语文词典不取术语的"多值"，而取通用词的"二值"（利奇），即所谓的模糊义。因此，《现汉》把"弹指""刹那"分别释为"时间极短暂""极短的时间"，其波动的中轴是原型语义（短时间），而不是术语的科学义（几秒）。离开原型语义"短时间"，同场词语便失去中心；舍弃每个词的个性义征，同场词便失去差别。

14.3.2　多义词的本义（基本义）是原型语义，转义是变体

莫斯科学派权威学者认为，多义词是一个词位，多义词的一个义位是词位变体。高名凯（1995：273）赞同这个观点。《现汉》第 6 版有近 12000 个多义词，跟第 5 版相比，其中有些已经修改了。最典型的是，把第 1～5 版的"被[1]、被[2]、被[3]"三个同音词合为一个多义词，并给出 6 个义项，摘要如下：

【被】❶被子：棉～…… ❷遮盖：～覆…… ❸遭遇…… ❹用于被动句…… ❺用在动词前表示被动的动作…… ❻用在动词或名词前，表示情况与事实不符或者是被强加的……

这说明修订者认识到了"被[1]、被[2]、被[3]"的意义是有联系的："①被子"是"被"的本义、初始义或基本义，即原型语义。"②遮盖、③遭遇"是距离原型义较近的次中心义。确定其间的联系，是根据已有的训诂成果。

"①被子"就是《说文》的"寝衣也"，"②遮盖"就是《楚辞·招魂》"皋兰被径兮斯路渐"王逸注："被，覆也。"就是"盖、遮盖"。

连接"①被子"和"②遮盖"的语义关系是本体和功用的关系，段玉裁把它叫作"体用引申"。对这一联系，古人有点睛之语：《释名·释衣服》"被，所以被覆人也。"《左传·襄公三年》"被练三千"，孔颖达疏"被是被覆衣著之名。"本体和功用的连接点，是语义桥（semantic bridge）的一种。

连接"②遮盖"和"③遭遇"的语义关系是主动实施和被动受事，这是语义桥的另一种。主动覆上，是"遮盖"；被动施加，是"遭遇"。这种关系，何休在《公羊传·庄公二十八年》注中已经发现："伐"有"伐人""见伐"二义。杨树达

总结为"施受同辞",后人又概括出"施受引申"。"被"④⑤⑥义都是由被动义("③遭遇")引申的:④义的"被"是介词,它前面的主语是受事,它后面的成分是施事,动作是强加给主语的;⑤义的"被"是助词,用在动词前,表示被动的动作;⑥义的"被"是动词,由被动的新用法上升为义项。

总之,"被"各义联系,以本义为原型,以第 3 义为枢纽:由 1 而 2 是体用关系,由 2 而 3 是施受关系;由 3 引申出 4、5、6 被动义。由此可见,每个多义词本义**语义**因素丰富,而各个梯次转义的语义因素渐次减少,**语用**因素渐次增多。它们显示的语言规则是,原型单位常蕴含着较多的**语义**功能,变异单位蕴含着较多的**语用**功能。

因为对词义联系有了新认识,《现汉》第 6 版把旧版两个同音词修改成多义词的,还有许多例子。例如:"上¹、上²"改为一个多义词,给出 19 个义项;"背¹、背²"改为一个多义词,给出 11 个义项;"贼¹、贼²"改为一个多义词,给出 6 个义项;"杜鹃¹、杜鹃²"改为一个多义词(《本草》《后汉书集解》《蜀王本纪》《荆楚岁时记》《移苑》、鲍照诗、李白诗、杜甫诗等等都部分地反映了周末蜀王魂化杜鹃鸟、杜鹃啼血浇灌杜鹃花的传说),给出 3 个义项。

14.3.3 言语中的语义点所围绕的一个义位,是原型语义

在言语活动中,人们用的基本语义单位就是义位。义位的"所指"可以区分为:主要成员、一般成员、边缘成员。因此,义位在言语中有常体、变体。词典的义项不可能包括所有的成员、所有的变体。例如:

【宅】待在家里不出门(多指沉迷于上网或电子游戏等室内活动)。

我们从新华网、人民网和搜搜网总共 6000 多万用例中,各抽取前 200 个,共 600 个用例,考察"宅"的释义以及对释义的不同意见:

a)语料库显示,"宅"还有形容词意义,如"上班的时间比较~|都市儿童越来越~"。其形容词用例只占 4%,不是原型语义,只是边缘变体。

b)"宅"的空间参数,不限于"在家里",如"宅在实验室|宅在宿舍|宅餐馆|宅酒吧|宅茶吧|宅在使馆|宅在米兰|岛上宅了 20 年"。语料库显示,这些

"非家"空间用例只占15%,是变量,不是常量,不是原型语义,只是介于一般和边缘的言语变体。"家"占空间参数的85%,当然应该把"在家里"作为义位的主要义素。

c)"宅"的活动参数,不限于"上网或电子游戏等室内活动",如"宅火锅|宅烧烤|宅米饭|宅咖啡|宅在家里可以陪家人、办公、写博客|宅在家里可以从事七种职业"。这些活动,本来已经包括在释文的"等"里,如果拿出来另做统计,也只占总用例的18%,不属于原型语义之列,只是介于一般和边缘的言语变体。"上网或电子游戏等室内活动"占活动参数的82%,当然应该把这个常量作为义位的主要义素。把b、c的空间参数、活动参数,绘成示意图如下:

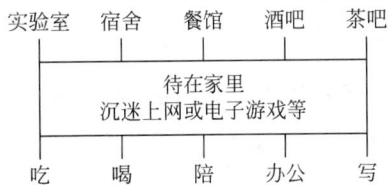

d)用法不限于"宅在",还可以说"宅+了/着/一起/的/来/去/名词"等,如"在岛上~了20年|一个人~着|爱,就~一起|喜欢~的朋友|~的就是寂寞|~来~去|~餐馆|身~,心不~"等。这些用法占用例的34%,虽然不是原型用法,但是也是值得注意的介于次中心和边缘之间的一般的言语变体,可以予以提示。

总之,语义原型必须概括其绝大部分用例,即言语的中心和次中心语义点,适当照顾边缘语义点,舍弃少数边缘语义点。这就是一个义位的常体,它具有稳定性、概括性、抽象性和完整性;与之相连带的各个变体,尤其是边缘变体,则具有变易性、个别性、具体性和细节性。"词汇范畴在边缘是模糊的,但是在核心是清晰的。"(Dirk Geeraerts,2013:206)

当然,"宅"的意义和用法,还在发展变化,对"宅"的释义也可能改变为:待在家等小空间,专心做有兴趣的事情。也可能发展出形容词意义:在家等小空间,对有兴趣的事情很专心。

14.3.4 中心义素是其余义素的原型语义

先看《现汉》各版对动词"出席"的释义:

试印本:有发言权和表决权的成员参加会议,有时也泛指任何人参加集会。

试用本~第4版:有发言权和表决权的成员(有时也泛指一般人)参加会议。

第5版:(有发言权和表决权的成员,有时也泛指一般人)参加会议。

第6版:参加会议或典礼等活动,特指有发言权和表决权的成员参加会议。

试印本至第5版,释文的共性义素包括:a)主体义素"有发言权和表决权的成员和一般人",b)动词中心义素"参加",c)范围义素"会议"。第6版突破了3点:1)把**主体**义素的"一般人"隐去了,这在《现汉》动词释义中是经常使用的艺术——隐去缺省值;2)把"有发言权和表决权的成员参加会议"降为特指义;3)增加了**范围**义素"典礼",并且加了个"等"字。这三点修改,是否反映了语言事实?为了验证,我们从大型语料库取样含"出席"的200个句子,调查结果如下:

第一,跟在"出席"后面的会,其种类至少有40来种,其中需要发言和表决的会,占1/3多,如峰会、代表会、国会、议会、董事会、年会、碰头会、辩论会等;不需要都发言和表决的会,占近2/3,如庆祝会、运动会、联欢会、博览会、酒(宴)会、招待会、晚会、展览会、发布会、纪念会、典礼(婚礼、葬礼、开学典礼、毕业典礼、首映式)、活动、仪式等等。由此可见,把"有发言权和表决权的成员"降级,符合语言事实。

第二,跟在"出席"后面的成分,"会议"类占48%,"典礼"类占14%,其他活动占30%多。可见,《现汉》第6版抓住了"出席"的原型语义即中心义素"参加"这个常量,突显了中心义素的辖域——"范围"中的两个主要变量——会议和典礼。

再看《现汉》各版对动词"储备"的释义：

试印本：储存起来备必要时应用。

试用本：储存起来准备必要时应用。

1～5版：(物资)储存起来准备必要时应用。

第6版：(金钱、物资等)储存起来准备必要时使用。

总结三次修订，原型语义"储存、准备、用"是中心义素，保持不变，时间义素"必要时"也没变。变动的有3个义素："备"改为"准备"，用词规范化了；"应用"改为"使用"，用词准确了；客体义素，前两个版本隐去了，1～5版把"物资"显化了，是进步，但偏窄，第6版加上了"金钱"，并且排列在首位，更接近语言事实；尤其加了个"等"，概括无遗。请看下列统计：从大型语料库取样含"储备"的100个句子，其中用于金钱的占48％，用于物资的占25％，用于其他的(如能量、力量、知识、词汇等)占16％。

从语义理论说，辅助义征有个基本数量。而词典释文现状显示的，其辅助义征数量则有较大差异。在所有的词典里，在动词的20多个语义参数里，客体义素出现的频数都是最高的。当然，不同性质的词典，其出现的百分比是不同的：《简明牛津》47.01％，《科林斯》89.94％，《牛津高阶学习》95.65％，《朗文》100％。这些数字说明，给出的动词的客体义素越多，越重视词的用法。因为客体义素这类语义参数(角色)有两个显著作用：加细精确度，显化区别度。《现汉》也很重视客体这个参数及其作用，其1～5版都占35％以上，而第6版的客体义素有的修改了，有的增加了，有的删减了。例如：

【眷恋】(对自己喜爱的人或事物)深切地留恋。

【淘汰】在选择中去除(不好的、弱的或不适合的)。

【征收】政府依法向个人或单位收取(税款等)。

在客体义素中，第6版比第5版等，"眷恋"把第5版括注中的"地方"改成"事物"，"淘汰"增加了"弱的"，"征收"删减了"公粮"。这一改、一增和一减，标准是围绕原型语义的精确度、区别度。

14.3.5 字头义是原型语义,它在合成词中的语素义是变体

《现汉》编纂伊始,主编吕叔湘先生就特别强调,字头(现在又叫"字条")释义一定要"管住"所带的词条意义。只有抓住这个原型语义,才能纲举目张。例如《现汉》第 6 版给"网"增加了新义项:

【网】❹特指计算机网络:上～|互联～。

这个义项是原型,其作用是:管住了《现汉》收录的由"网"组成的 60 多个词语。我们先观察一下,核心语素"网"是怎样生成它的核心意义的。请看实例:

A.【网聊】网上聊天儿……

B.【网迷】喜欢上网而入迷的人。

C.【网民】指互联网的用户。

D.【网友】通过互联网交往的朋友。

E.【上网】操作计算机等进入互联网。

F.【网速】网络服务系统传输数据的速度。

G.【网评】在网络上发表评论。

语素"网"是跟多个语素结伴而出现的,它必然跟各个伙伴形成语义和谐的状态,因而就产生了相伴随的语义个性,即组合义。如:A 是"网上",B 是"上网",C 是"互联网",D 是工具性的"互联网",E 是受事"互联网",F 是施事"网络",G 是空间性"网络"。它们都围绕一个共同的语义中心,编者舍弃个性,提取共性,这就是"网"的原型语义——计算机互联网。然后再用这个义源辐射并验证各个含"网"的词语的释义。编者的功力在于:准确抓住认知焦点"网"的原型语义,清源正本,提纲挈领,统领了全部含"网"的词语的系统释义。

14.3.6 母义项是语义原型,子义项是变体

在一个大义项内,有主义项和附属义项,这是中外词典常见的事实。请看《现汉》第 6 版的例子:

【领衔】在共同署名的文件上署名在最前面,泛指排名在第一位。

【工作】从事体力劳动或脑力劳动,也泛指机器、工具受人操纵而发挥生产作用。

上面例子的斜体字,标示《现汉》第6版新增加的子义项,其子义项是主义项(即原型义)派生的泛指义:"领衔"的所指,由一类(仅指"署名")到多类(泛指多种"排名"),其语义桥是"排名在前";"工作"的所指,主体由一个大类(人)到另两个大类(机器、工具),所指活动由"劳动"变为"发挥生产作用",其语义桥是创造财富。这两个子义项,没被作为独立义项,是因为使用频次和分布还没达到应有的限度。但是多种网页显示:"领衔"的子义项正呈上升趋势,即将成为一个独立的义项;"工作"的子义项上升趋势较慢,近期很难成为一个独立的义项。

总之,原型语义,即中心语义,指同义词群的核心词的意义、多义词的本义或基本义、言语义点所围绕的义位、义位的中心义素、字头义、一个义项内的主义项。

从对释义作用角度观察,抓住原型语义这个释义的焦点,能够以点带面,以个体驱动群体,以原子拨动整体。这是《现汉》一贯遵循的重要原理,第6版格外重视。

第十五章

《汉语大词典》

《汉语大词典》（以下简称《汉大》）是我们进入辞书强国的第一标志性的成果。修订《汉大》是为我们民族、国家，乃至世界文化树立一座巍峨的丰碑。我们任重道远，无上光荣。

大型辞书，是一个文化强国的顶梁柱，是集大成的精神产品，是软实力的硬指标。

在世界文化强国辞书星空中，我们应该找准《汉大》的坐标定位。其定位，是指在同类辞书中时间、规模、性质等几个坐标系中的坐标点。

坐标找准，就能掌控《汉大》二版修订的主轴。

第一节 《汉大》在世界同类辞书中的坐标

15.1.1 时间坐标

大型语文性词典，有明确年代记载的，较早的有1612年的《意大利语词典》、1621年的《波兰语大词典》、1694年的《法兰西学院词典》（法语词典）。总之，17世纪3部，18世纪3部，19世纪10部，20世纪25部。4个世纪以来，《汉大》排在第39位。

15.1.2 规模坐标

词典规模，主要指收词条数目、册（卷）数、页数、总字数等。以收词数目而论，划分为足本（收26万以上词条的），半足本（收10~20多万词条的），简明本(收10万以下词条的)。其规模序列是:《牛津英语词典》61万条,《杜登德语大词典》56万条,《德语大词典》(格林)33卷,《日本国语大词典》50多万条/20卷,《美国传统词典(韦氏三版)》46万条,《芬氏华氏标准英语词典》45万条,《丹麦语大词典》28卷,《瑞典语词典》27卷,《现代俄罗斯大词典》17卷,《法语宝库》16卷,等等。《汉大》排在第15位。

第二节 《汉大》的显著性质——历时性*

《汉大》首席顾问吕叔湘先生1985年11月2日来信说:"好像连顾问也还没弄明白《汉语大词典》的性质似的。"可见,《汉大》的性质,并不是一目了然的,不是靠感性、直觉得来的;而必须经过一番对比、历时考察研究。同类辞书,各国已经出版过40来部,形成了世界语文辞书6种思潮。相应的,它们有6种主要性质:实用性、语文性、描写性、历时性、规范性、科学性。此外,还有一些派生的性质:详解性、查考性、研究性、学习性等等。

那么《汉大》的性质是什么呢?主要性质3个半:语文性、历时性、描写性兼顾规范性;派生的性质又有3个:详解性、查考性、研究性。其中最显著的性质——历时性。

15.2.1 历时性的代表作

历时性是语文辞书必不可少的原则,只不过在不同类型的语文辞书中所占的地位不同而已。在足本的语文辞书中比在半足本(节本)和简明(袖珍)本的语文辞书中,历时原则占有主要地位。贯彻历时原则的典范的语文辞书首推格林兄弟的《德语词典》(DW.JGWG,16卷,新版33卷,1852~1961),其次有《牛津英语词典》(OED,10卷,1928年;新版20卷,41.4万条)、《荷兰语大词典》(WNT,1864~20世纪末)、《现代俄罗斯标准语词典》(17卷,12万条,

---

* 本节为张万有、张志毅、张庆云合作。原名为《语文辞书的历时原则》,发表于《辞书研究》2000年第6期。收入本书时订补多处。

1950~1956)、《法语宝库》(16卷,90万条,1971~1991)、《日本国语大词典》(20卷,50多万条,1972~1976)、《汉语大词典》(简称《汉大》,13卷,37万条,1986~1994)、《汉语大字典》(简称《大字典》,8卷,5.6万字,1986~1990)。

15.2.2 历时性的内涵

历时性的内涵就是反映一种语言的全部词及其意义的起源、演变、消亡及现状。分开来说,至少包括6个方面:

1. 收词:足本收各个历史阶段的专名之外的全部词语。半足本和简明本语文辞书应当收一定量的古语词和各种方言词语。

2. 词形:始出形(年代),变体形(年代),通用形。以通用词形统领历史上依次出现的各种变体词形,尽录无遗。如"伏羲"10余形,"逶迤"80形。

3. 词音:古读(上古、中古、近古),今读,异读,某些叶音读法。

4. 构词:以某一语素为中心的构词词族史。《现代俄罗斯标准语词典》就是把同干词、派生词集于一条之内。以反映词族为限,词族的每个被释词条还得放在字母系列中。

5. 书证:在足量性(丰富得无与伦比)和典范性中突出历时性。

6. 释义:这是贯彻历时原则的主体工程,因此有必要分解为以下8项。

(1) 一个义位内部的历时体系描述:产生,词源,词类(义位与语法模式的统一),义位的变体即训诂义,语流义变,言语义或语境义(俄国人所说的"意味"以及特用)。体现足本性、词库性、义库性,还要记录义位的消亡(时间)和至今存活状况。

(2) 义位之间的历时体系描述:建立历时层次的释义系统(即义序),并以之再现历时词义结构系统,即历时性的多义义场。借以反映词义演变的复杂性、规律性。

(3) 义项及其相关意义单位必须齐全,其中包括各种语素义、各义位及其变体、义丛,偶尔也得提示句义。意义单位尽可能翔实细密。

(4) 陪义或修辞意义的历时注释。

(5) 语法意义的历时注释。

(6) 方言和语域的历时注释。

(7)"将语音词或概念词联系在一起并揭示其发展历史"。

(8) 历时原则与共时原则的结合,其倾向是在历时原则下的共时原则,亦即动态共时原则,以便贯彻动态规范原则。

从以上 8 项中再取"词义的历时描述"来专门讨论一番。

15.2.3 词义的历时描述

15.2.3.1 大型语文辞书应尽可能地给出词源

中国的词源理论和词源辞书离欧美有一段距离。曾在美国伯克利加州大学东方语系任过教授的薛爱华(Edward H. Schafer,1913~1991)曾说:"任何汉语词典……它们不像所有优秀的西方词典那样提供词源信息。因此,不适合学者使用。"可见,大型语文辞书应当尽可能地反映词源科研成果,这样有助于掌握词的历史及意义。《汉大》的释义应向历时原则推进,给出更多的词源。可是,实际上并不令人满意,《汉大》连《现代汉语词典》已给出的 600 多个词源也大多未吸收。此外,应当给出而未给出的词源更多,如"拔河"、"试金石"等。《汉大》"试金石"条所见书证《天工开物》(1637 年)比始出书证《格古要论》(曹昭,1387 年)晚了两个半世纪。《汉大》一类的语文辞书应当尽可能广泛地给出本族词、外来词、术语词、方言词、新词等不同类别词的词源,注明这些词的始出书证、始出时期甚至年代,由来的语种、方言,词形和词音的演变,命史的理据。词源义和语词义不一致的时候应当予以注明。

15.2.3.2 死词死义不死,应更新一些本义或转义的释义

随着词义研究的推进及古文物、新资料的发现,对一些词的本义有了新的认识,辞书应该不断吐故纳新。

"为",《中文大辞典》释作"母猴也,沐猴也",引李时珍曰"猴好拭面如沐,故谓之沐"。《大字典》引罗振玉《增订殷虚书契考释》:"从爪从象,绝不见母猴之状,卜辞作手牵象形……意古者役象以助劳。"《大词典》未释字的本义,径直

以"做,干"为词的本义,《大字典》以"制,做"为词的本义。若跟字的本义相衔接,不妨把去声的"为"第①义项"帮助"作为本义,《书》、《诗》皆有书证。

"暂",《大字典》、《汉大》以《说文》"不久也"定其本义为"短时间",《大字典》引《书》为证的句子("暂遇奸宄")是有不同理解的。"暂"的本义应是"突然",即《广雅·释诂》所说的"猝也",《说文》的用例为:"默,犬暂逐人也。"《左传·僖公三十三年》早就用过这个意义:"武夫力而拘诸原,妇人暂而免诸国。"从许慎时代开始才有"不久"的意义。

15.2.3.3 多义义场的历时描述

多义义场具有多种属性,其中最突出的就是联想性,因此巴利称它为联想场。联想体现在各义位之间的共性义素上。依靠这个形成一个连续统一的聚合体,并显示出一个个梯度。词典编者的难题,就是恰当地描述这些梯度联系。对多义场的二分观(分出本义和引申义,或本义和转义)不利于描述它的梯度;多分观(核心义、近核心义、外围义、边缘义)有利于描述它的梯度。因此,《牛津英语词典》给多义义场分出四个层次:第一层,义项群组,用Ⅰ、Ⅱ、Ⅲ标示;第二层,义项单序列,用1、2、3标示;第三层,义项内的小义项,用a、b、c标示;第四层,小义项中的小小义项,用(a)、(b)、(c)标示。这不单纯是形式或技术问题,而是多义义场语义结构的外在反映。这样的形式反映了多义义场词义结构体系。因为义项群组,适合反映词义演变的放射模型;义项单序列,适合反映词义演变的连锁模型。我们应当推进《牛津英语词典》的标项系统,把义项群组和义项单序列双项结合起来,这样才能反映词义演变的两种交叉模型。我们的《大字典》、《汉大》只采用单序列,不便于再现词义演变的多种模型。

大型语文辞书必须遵循发生学历时顺序,它跟实用的共时顺序是相对的。

15.2.3.4 尽可能地反映出义位演变的历时轨迹

这是大型语文辞书的语文性历时原则的重要表现。不能模糊或者合并历时轨迹,《大字典》给出"降"的第①义项是"投降;降服",这一个义项中混杂了有历时演变过程的一先一后的两个义项。大型语文辞书应当分项描述其轨迹。《汉大》对"脸"只释为"面颊；面部",也未反映出两个历时层面的扩大的历时轨迹。"脚",《汉大》释为"人与动物腿的下端,接触地面、支持身体和行走的部分",《大字典》释为"人和动物的行走器官"。"足",《汉大》释为"脚；腿",《大词典》释为"人体下肢的总称。又专指踝骨以下部分,今叫脚"。两部大型语文辞书都没有把"脚、足"的历时轨迹描述出来：自膝以下的肢体,缩小指踝骨以下部分。

15.2.3.5 足本力求义项齐全,在历时链条中不应当有义项缺环

《汉大》的条目所缺义项较多,如：

渎——轻慢,不敬

读——上学(《大字典》)

大儿、小儿——杰出男儿

亲娘——大嫂、妇女称谓

昆山片玉——众美之一

当然,《汉大》所释义项也有独到丰满之处。如"念"的义项比《辞源》和《大字典》多给出"极短时间"的佛经用语义项,并引宋·洪迈《容斋三笔》和明·胡应麟《少室山房》为书证。"惠民",《中文大辞典》只释出两个专科义项(县名、河名),《汉大》还释出语词义项"施惠于民",并引《书经》、《诗经》为证。

15.2.3.6 描述义位变体的历时性

描述义位变体,首先触及语用问题。语用规则,在20世纪逐渐向词典编纂法中渗透,到该世纪80年代成为词典学家自觉引入行为。《朗文当代英语词典》首先宣称,该词典给语用信息以正式席位。除了各种常见的用法说明之外,还得十分关注另一些语用问题,如废弃、旧用、少用、趋于少用、罕用、组合搭配的规范用法。这标志着辞书编纂法由单一的静态描写向多层面动态描写转变。

作为语用的义位的语义变体,应当尽量记录。这是巨变之前的微变记录。"斗"的"量器"义有"大、小"两个语义变体,《汉大》分为"比喻事物微小","比喻事物之大"两个义项,且排在"量器"之后,这样处理比较合适。《大字典》把"比喻事物的微小,有时也比喻事物之大",合为一个义项,且远离"量器"义项,欠妥。记录的原则,应当是:由个别用例进到群体用例,由足量抽样进到全量概括。

"驱"有"赶走(驱逐)"、"赶来(去)"两个义位变体,《汉大》、《大字典》只记录"赶走",且作为一个义项;而漏收了"赶来(去)"这一义位变体,这样"为渊驱鱼"、"为丛驱雀"、"为汤武驱民"的"驱"便无着落。

"传统",《汉大》记录其义位是"世代相传的具有特点的……",其后附有变体"世代相传的,旧的"。这符合足本词典的历时原则。

义位的语法功能促使产生了新义位,有的还有变读标志,如"饮"的使动义位读 yìn,"远"的使动义位读 yuàn,对这些在足本里当然要给予一个正式的席位。

有些名词义位,只是偶尔改变语法功能,用如动词、意动、使动、状语,仅是语法意义的变体,尚未产生意义变体或新的义位,足本词典不必单列一个义项,但是应当有所反映。有些名词常用做状语,表示方位处所、工具、依据、态度、比喻,时间名词作状语常含有"每个、个个"等义,这些都仍属于语法意义,辞书当然不必反映。一些名量兼类的词(如"人、户、家"等)用在动词之前也产生"个个、每个"的语法意义变体,即使宽收也可以不立为义项,但是可以选入语用变体实例及注释。"家"的"每家"义,《大字典》未收,而《汉大》"家"的第⑫个义项便是"家家、每家",较为得体的处理方法是把这个语法意义附在"家庭"义位之下作为语法变体。"朝服"可以在名词义项下再引动词用法变体,例:《论语·乡党》:"吉月,必朝服而朝。""疆"的"划界"义是言语临时活用,是语流训诂义,可放在"边界"义项下引例注明,但是《汉大》、《大字典》都单独立项,这是传统训诂学的流弊,也是以今律古的词类活用说的扩大化的后果。

15.2.4 书证的历时性

在足量性和典范性的条件下,尽可能突出书证的历时原则。书证的历时原则,主要包括三点:尽可能溯源,找到始出例;尽可能探流,找到晚出例;尽可能依历时次序排列。

1. 始出例和始见例是有区别的,前者指在客观语言实践中出现最早的书证,后者是指编者所见到的最早的书证。足本辞书应该尽可能地溯源,找到始出例。请看《汉大》和《大字典》的始出例和始见例比较:

词　位	《大词典》书证	《大字典》书证	始出/始见
卖	左传	史记	始出/始见
卒(兵)	史记	左传	始见/始出
骂	左传	史记	始出/始见
快(速)	史记	世说新语	始出/始见
蹊	孟子	论语	始见/始出
少	诗经	孙子	始出/始见
饥(饿)	淮南子	墨子	始见/始出

2. 本义和引申义书证应当遵循先后的历时原则。就时间而言,本义的书证应当在前,早出;引申义的书证应当在后,晚出。大多数辞书的书证是遵循这一历时原则的。但是,也有违背这一原则的:《大字典》给出"边"的本义(旁、畔)的书证是李白的《荆州歌》,而引申义(边缘、边境、边界)的书证是《仪礼》和《左传》的。这里有两个问题:如果本义、引申义合于历时原则,那么本义的书证就不是始出的、原始的;如果书证是始出的,那么本义和引申义就不合于历时原则。《汉大》的"边"条在这两方面都高于《大字典》,把《大字典》的本义定为引申义,而且把书证推到晋代,把《大字典》的第一引申义定为本义。

3. 无书证的"本义"不能视为语言的本义。语言中词的本义,必须得有书证。某字的本义没有书证,充其量只能算作字的本义,而不能视为语言中词的本义。"颜",《说文》说是"眉目之间也",段玉裁注:"各本作眉目之间,浅人妄增字耳,今正。眉与目之间不名颜……颜为眉间。"《大字典》从段说,释为"两眉之间",但是无书可证。《汉大》以"额头"为本义,引《左传》、《史记》为证。

第三节 收词原则*

15.3.1 收词原则的补充:以通为主,兼收别类

历时原则,首创者为《德语词典》(1838年开编,1965年新版,33卷)。《牛津英语词典》原来的名称就叫《依照历时原则的新英语词典》。它们显示的内容是:词项、词音、词形、义项、构词、书证等尽可能反映历史面貌。

仅就收词而言,《汉大》原来的宗旨是"古今兼收,源流并重"。而《汉大》的结果表明:重源轻流,重古轻今。如果要着眼于流、今,还要补充数万条词语。

《汉大》原来的"古今兼收,源流并重"收词原则,仅仅着眼于时间;空间、范围,没说。修订本应该补上另一条原则:**以通为主,兼收别类**。"通"指通用词语,包括3个子系统:古今核心词汇、基本词汇、一般词汇。细分为8个子系统:古今术语、口语词汇、书面语词汇、方言词汇、外来词语(字母词)、华语词、古旧词语、新词语。下面讨论8个子系统。

15.3.2 各类别词收词细则

15.3.2.1 术语,应该增补数千条。这是语文辞书的新趋势——兼容百科条目。现在世界上已经没有纯粹的语文辞书。著名词典中百科条目占收词总数的百分比是:《朗文当代英语大词典》近20%,《现汉》26%(实收15000多条),《小拉鲁斯》近半。《汉大》应该比原来增大比例。增收的标准是,已经进入中等教材的,全部收入。这部分词语大部分收入了《中国中学生百科全书》(4900条)。此外,进入日常生活的,也得全部收入,参考《生活常用百科辞典》(20000条,李行健)。百科中的人名、地名除了具有文化意义的,一般不收。

---

* 本节为苏向丽、张志毅合作。发表于《〈汉语大词典〉修订论集(一)》(上海辞书出版社,2014年)。编入本书时订补多处。

15.3.2.2　口语词,各词典都收集得不够。口语,是语言的基础。口语词典现有 8 本,应该从中选收较多的口语词。《现汉》口语词占总词条的 1.5%。《汉大》不应该低于这个比例,那么至少应该收 6000 多条。还应该从唐宋以来口语材料中选收很多口语词。

15.3.2.3　书面语词汇,有广狭之分。广义的,包括文学词语、科技词语、新闻词语、公文、广告、书信等所用的词语;狭义的,专指现代较少使用的文言词语,如"下榻、邂逅、造访、问鼎、瞻顾、谵语(胡说,胡话)、馇(稠粥)"。广狭书面语词语,都应该收录无遗。

15.3.2.4　方言词,在《现汉》中占总词条的 4.7%。《汉大》不应该低于这个比例,那么至少应该收 20000 多条。最好从许宝华等的《汉语方言大词典》20 万条中选收 1/10,标准是两个大方言区或 3 个"次方言区"通用的词。

15.3.2.5　外来词(含字母词),在《现汉》中占总词条的 1.4%。《汉大》不应该低于这个比例,那么至少应该收 6000 多条。最好从刘正埮、高名凯等的《汉语外来词词典》等多部同类词典中选收,尤其是一词多译的译词变体,应尽收无遗,分主副条,突显查考性。例如:

嬉皮/嬉皮士、蓬克/朋克(摇摆乐的一种)、玻璃/波梨、玻琍、玻瓈、颇璃、颇黎、颇梨……。(刘正埮等《汉语外来词词典》52 页)

字母词,是借词(外来词)的一种,词中一部分或全部借自拉丁语词,笼统称之为借形,占外来词的 4% 多。另外 3 种借词是:借音(占 70% 左右)、借意(占 6% 左右)、借音意(占 20% 左右)。欧美语言,借形词没有那么显赫,因为大多是用拉丁字母。借形词,在俄语里已经斯拉夫字母化啦,较易接受。在日语里,有两类借形词:汉字、拉丁字。它们跟日文共现在一个版面上,犹如皂白同器。一个开放的、自强的民族,总是主动地接受先进的异族文化。"语言,像文化一样,很少是自给自足的。"(萨丕尔,1964:120)作为辞书附录的字母词,《辞海》1979 年版附 63 条,1989 年版附 97 条,1999 年版附 125 条,2009 年版附 208 条。《现汉》1996 年版附 39 条,2005 年版附 182 条,2012 年版附 239 条。《汉大》二版应该附录近千条字母词。

15.3.2.6 华语词,指大陆、港澳台以及各地华人通用的词语。它们是广义的地域方言。商务、语文等出版社已出几本这类词典。2010年商务印书馆出版的《全球华语词典》收了10000条词语。《汉大》二版至少应该收几千条。例如:

　　八达通(香港)、八公、八妹、八婆、八号波/八号风球、八卦公、八卦新闻、八妹(港澳)、八家将(台湾)。

15.3.2.7 古旧词语,包括4类词语:1)历史词语,词语和所指都消亡了,如"诸侯、分封、科举、长矛、凌迟";2)古词语或文言词语,所指还存在,词语消亡了(另有词语取代),如"庠序(学校)、罟(网)、吾侪(我们)、汝(你)";3)早期白话词语,唐宋至五四运动前书面上使用的口语词语,如"小可(自称)、在下(自称)、酒家(我)、老身(老太太自称)、浑家(妻子)、好生(很)、镇日(整天)";4)旧词语,消亡不久的或即将消亡的,现代不通用的词语,如"堂倌(招待员)、伶人/戏子(演员)、兵丁/老总(士兵)、通事/通译(翻译)、水师(海军)、学堂(学校)"。这4类词语,《汉大》二版应该尽收无遗。

15.3.2.8 新词语应该收上万条。对新词语,尽量采取开放态度,贯彻吕叔湘《大家来关心新词语》的精神,吸收二十几本新词语词典的成果。根据美国和西班牙词典的数据,是否可以把收新词语的标准规定为:三个以上作者,使用三年以上,在三个以上语域里出现过。

15.3.2.9 还有一些类别的词语,在收词的时候应该特别关注。

古今边缘词汇,指使用频率很低的、分布语体或语域很少的词语。其中值得特别关注的是4000多条中古词汇。已出集子多本,内收约有3000多条,还有散见论文中的,约有几百条。

常用词语和次常用词语,应该补收的还有很多。例如:

　　低等、惨境、嗜睡、劣品、深望、恳望、有空儿、哀鸣、关心、威吓、保证、收秤、娇宝哥、领罪、旧友、儒商、羊肠小道、羊肠鸟道、残缺不全、乘人之危、宽打窄用、关公面前舞大刀、圣人面前卖斯文;

　　吻啸(唿~)(见《御定历代赋汇》)、对跖(zhí)(①对立;②对立地位)、丰赡、有暇、西隅、枯牛、远鬻、娇哥、不肖子、首节、坦缓、浮财（浮产，少用）、联语、取向、刻契（见高享《文字形义学概论》）、盛饰严装、九天九地。

敬谦词语，应该补收的还有很多。例如：

小札、卑见、师座（收了军座）、粲正（哂正）、孺念（～殊殷）、敬祝、慢走、面谒、大儿/小儿（对杰出男子的尊称）、俯察（称对方或上级的谅解）、大姓（对别人姓氏的敬称）、小姓（对自己姓氏的谦称；门第低微的人家）。

文化词语，应该补收的还有很多。例如：

经书、王学（王肃学派、王守仁学派）、长寿灯（已收长命灯、长寿面）。

参考王德春的《国俗词典》。

缩略语，还应补收数千条。请参考已出的几本《缩略语词典》。

以上词语类别，收的范围应该比《现汉》宽泛得多。因为《现汉》是中型的，而且以规范主义为主；而《汉大》是大型的，而且必须古今并重，切实贯彻历时原则。

按类别补充，还只是一个思路。有效的方法是：通过语素检索词族或义族，利用《现代词语大字典》这一语料库，一定会收到事半功倍的效果。

第四节　调整词项，确立词位原则

15.4.1　词位

词位（lexeme），自 20 世纪 20 年代产生以来，语言学家从语音、语法、语义、词典等多角度下了定义，综合起来可以认为"词位是指词汇的基本单位常体及其变体，其变体有语音的、词形的、语法的、语义的"。这一概念，被现代外国词典运用于词项确立。例如英语等外语词典，主要遵循两个原则：（一）把高频和中频变体多数列为副条，把低频和极低频变体一般不列为副条；（二）把词的原形立为词项，把不规则变体（不规则变化词形）列为词项，而规则变体（规则变化词形）则不列为词项。《现汉》在 20 世纪 50 年代末期吸收了这一世界

公认的成果,用3个条件控制词项的确立:

(1) 同形异音的,分立。例如:

兄弟 xiōngdì——兄弟 xiōng·di　　东西 dōngxī——东西 dōng·xi
多少 duōshǎo——多少 duō·shao　　地道 dìdào——地道 dì·dao

(2) 同形同音而意义无关的,分立。例如:

[白条¹][白条²];[白头¹][白头²]。

(3) 同音同义异形的,分立。例如:

báichár 分立[白苍儿][白楂儿][白槎儿][白碴儿]。

这比传统辞书,是个历史性的进步。但是进步的步子,难免过大。例如1～5版《现汉》"被"分立为3个字头,第6版合为1个字头,因为3个"被"意义是有联系的。《汉大》对"被"的处理,没有走这一弯路,遵守了词位这一科学原则。又如:

【正度】(zhèngdù)正当的法度。

【正度】(zhēngdù)正朔与度量。

【正服】(zhèngfú)古代礼仪所规定的正式服装……

【正服】(zhēngfú)正朔与服色。

但是,词位这一原则,《汉大》贯彻得不彻底,难免受传统束缚,常把同形异音异义的词位,错误地处理为一个词项。例如:

【歪曲】①(—qū)故意改变……,②(—qǔ)坏歌曲。

【正处】①(—chù)真正的处所。③(—chǔ)正确处理。

下面讨论,在修订中怎样处理几种词位变体。

15.4.2　词形变体

词形变体,即异形词。应尽收无遗。《牛津英语词典》"把弄清词形沿革作为自己的一项任务。"这也是《汉大》义不容辞任务。李行健的《现代汉语异形词规范词典》收了1448组。当然,这些异形词不等同于古汉语的异形词。汉语史上的异形词,有将近3000组。尽收,体现历史原则;选收一个常用标准词形,体现规范原则。例如:

【宴宴】,例前应补"同晏晏,和悦貌"。

【华甲】应注:同"花甲"(老舍《正红旗下》51页)。

【庸才】【庸材】,未定主条。

【淡泊】【澹泊】分别释出6、5个义项,未考虑异形。

【毕恭毕敬】【必恭必敬】,音义相同,应该分立主条、副条。主条下注"也作某某",副条下注为"同某某"。

15.4.3 语音变体

语音变体,意义相同,语音有点差异:古今差异、普方差异、雅俗差异等。应尽收无遗。主条后,应注明"亦作……"。例如:

【鞑靼】下应注:又说"侏离、朱离、兜离、兜勒"等。

【啰嗦】下应注:又说"噜嗦、噜苏、噜嚛"。

【吊儿郎当】下应注:又说"吊儿浪当、吊儿浪荡"。

15.4.4 构词变体

构词变体,也可以称作异说词,其中包含着语义变体。对这类词语,应该尽收无遗。例如:

【数字】下,应注又说"数目字"(该条下应补相应义项用例)。

【富可敌国】下,应注又说"富埒王侯、富埒天子、富敌一国"等。

15.4.5 语义变体

语义变体,有两类:一类是言语或语境中产生的,如"这球真好看"(指球的样式、颜色等)、"这球真结实"(指球的质料、质量)、"罚个任意球"(指足球)、

"打个擦边球"(指乒乓球)。这些跟词项无关。我们关注的是另一类跟词项有关的语言变体。例如"gē·da"有4个语义变体：

  疙瘩——指身上的

  圪垯——指土、地的

  纥缝——指绳、线的

  咯嗒——指面、菜的

《现汉》主旨是规范,可以选一个标准词形"疙瘩",不管语义变体各词形;而《汉大》还肩负着查考、研究功能,必须分立语义变体各词形。同理还有"ménglóng"的3个语义变体：

  蒙眬(矇眬)——指目光

  曚昽——指日光

  朦胧——指月光

第五节　释义原则

15.5.1　语文性兼顾百科性

从19世纪末以来,语义学和词典学史上,许多名家(波铁布尼亚1888、谢尔巴1940、卡茨1960、阿普列祥1974、利奇1987)都主张区分普通义和术语义。受认知语义学和现代语义学影响,在语文词典里,出现了新的倾向:语文性释义兼容百科性,百科性释义兼容语文性。现代词汇语义学认为,"意义描写的语义层面和百科层面之间的区分,并不像结构主义所认为的那样清晰。"而且"已经基于各种理由,对于是否保持语义知识和百科知识之间的严格区别提出质疑。"(Dirk Greeraerts,2010/2013:110,255)给词释义,不是描述事物。给词释义,不是解释概念。如《牛津》第10版对水的解释:"形成大海、湖泊、河流和雨水的液体,是活的生物体内流体基础。[化学式:H_2O]"。给出化学式就是兼顾百科性。

《汉大》主要性质之一是，语文性。释义语文性的要点有三个：A. 对指物词的释义，只能扼要地给出"物"的特征，主要解释词的语义区别特征，并给出该词的用法；B. 对指概念词的释义，只能扼要地给出概念的属性，主要解释概念的显著的语义区别特征，并给出该词的语言特点，特点是用法；C. 对表意词（不指物或概念）的释义，主要解释通常的语言义及其用法。请看实例：

【脸】面颊，面部。（《汉大》）

这是把两个所指物合到一个义项里：目下颊上；面。王力(1958)把这两个意义看作汉语史上"所指"扩大变化的典型例子。更令人瞩目的是，王力还给出了"面颊"语义特征；面上搽胭脂的地方，古人称脸限于妇女。这些极其宝贵的成果，《汉大》都应该吸收。

15.5.2 详解性

多义词在总词数中占的比例，《现汉》占近 18%。英、法、德、俄、西、波大型详解词典，占 80% 左右（布达哥夫 1984：155）。在常用词中，汉语占 43.8%，英语占 80.5%；多义词平均义项，汉语 2.91，英语 4.65。《汉大》每个词条平均义项 1.38 个；《牛津英语词典》1972 年补编第 2 卷（H-N）每个词条平均义项 16 个多。这些数据表明，英语的多义词及平均义项是汉语的近 2 倍或 15 倍。这个数据差别，被信息论、符号学描写为编码度（codability）、颗粒度（granularity）。其差别，不完全反映语言实际差异，内中另有主观因素：汉语词典编者占据语料不足，对词的多义现象认识得不精细，发掘得不到位。例如"学校"《现汉》只给出 1 个义项，school《简明牛津》（1990）给出 12 个义项。"学校"至少还应该发掘 3-4 个义项。因此，《汉大》补充义项的工作，还大有可为。给出丰足的义项，是详解大型词典的第 1 个特征。第 2 个特征是，对一个义项给出几个乃至十几个方面的信息，释文可长达万字以上。（陈炳迢，1986：69～70）

补收新义项。吸收近几十年研究成果，特别是新词语和中古词汇研究成果，可以补充很多新义项。例如：

【回馈】①回报;回赠。②信息、意见等返回。(《新华新词语词典》)

【外援】①来自外面的(特指外国的)援助。②指运动队从国外引进的运动员。(《现汉》第6版)

【吃紧】(喫紧)抓紧。大抵闲时喫紧去理会……而今人多是闲时不喫紧理会……(15.308)(徐时仪《〈朱子语类〉词汇研究》370页)《汉大》已给出7个义项。

【骨董】零乱琐碎。又曰:"圣人自是多能。今若只去学多能则只是一个杂骨董底人,所以说:'君子多乎哉?不多也。'"(36.958)(徐时仪《〈朱子语类〉词汇研究》392页)《汉大》已给出5个义项。

【超人】超出人类(阴法鲁等《中国古代文化史》)

【进学】进入学校学习(丰子恺《告缘几堂在天之灵》)

【八卦】多嘴多舌、爱管闲事的…【阳光】积极开朗、充满青春活力;公开透明。

【踏 tà】踢。【渎】轻慢,不敬。【讲】说明。【读】上学。【酒水】酒类和饮料。

【孩子】长辈对晚辈的称呼。【后首】后面。【阴面】朝阴的一面。

【辣手】手段厉害或毒辣。【大排】一道肉菜的原料。【封】河流封冻。

【太宁】大地。【表象】应补哲学义项。【四美】参照《新辞海》补义项。

【殿军】行军居后者。

补虚词义项。虚词,古今总共2000多个。《汉大》已基本收齐,但义项还没收齐全,对义项的描写还不到位。应该吸取《俄语详解词典》经验,其虚词,全部由语言学权威维诺格拉多夫负责编写,即使在70年后的今天看,仍然十分稳妥。我们的虚词权威有马真、王海芬、王克仲、范开泰、齐沪扬等。他们都已年届古稀,精力有限,日望不过数百字,必须积极地采用他们的成果。

补充新义素。有些词项和义项,好像没有变化;而义项内部的义素,发生了变化,多半是增加了义素。例如:

【手稿】原义素"名人的"→新义素"一般人的"。

【打字】原义素"打字机……"→新义素"计算机……"。
【品位】原义素"物品、作品"→新义素"人、事物"。
【开局】原义素"下棋、赛球"→新义素"下棋、赛球、工作、活动"。
【翻录】原义素"磁带"→新义素"磁带、光盘等"。
【出版】原义素"书刊、图画"→新义素"书刊、图画、音像制品等"。
【来电】原义素"电报"→新义素"电报、电话"。
【摄像机】原义素"用来摄取人物、景物……"→新义素"记录声音……电信号……数字……"。

此外,还有:老总、键盘、回电、板块、擦边球、对接、软着陆、杀手等等。

15.5.3 等值性/可替换性

等值性,应该同时具有可替换性。被释词和释语,在语义、语法、语用上应该是等值的,多数语境具有可替换性。例如:

a)【家长】①一家之主。②丈夫。③船家;船主。⑤父母或其他监护人。

b)【治疗】用药物、手术等消除疾病。

c)【家父】对人称说自己的父亲。

a 具有等值性,且可以替换。b、c 具有等值性,但不能替换。

《柯林斯》等外向型词典近来有放弃可替换性原则的趋势,多用自然句子释义。"我赞成释义策略多样化,也不要求让所有的释义都具有替换性,但我仍主张在没有其他明显更好的释义方式时,可替换释义是最佳选择。"(Landau,2005:180)

a 的释义方式,是传统常用的——同义对释。这在中型,特别是大型语文词典里是常见的:《钱伯斯20世纪词典》占了多数,《现汉》占20%多。近来的趋势,中型语文词典渐渐少用。学习词典,更加少用,甚至取消。

15.5.4 解码兼顾编码

一般语文词典,尤其是大型的,贯彻的是解码原则。中小型的,特别是其中的常用词条,注意给出编码(主要是语用)信息。这对于本族读者是有益的,因为编码原则是积极性原则,有助于读者说话或写作训练。《汉大》这样的大型语文词典,主要、基本就是解码。

15.5.5 一体描写原则

人们渐渐认识到,义位是语义、语法、语用三项接口。随之,释义的思路,便从单一的词义标示转为语义、语法、语用整合的一体描写。例如:

【不】④副词。(5)用在动补结构中间,表示不可能达到的某种后果。(6)"不"字前后重叠用相同的名词,表示不在乎或不想干。(7)跟"便""就"搭用,表示选择。(《汉大》)

这比传统语文词典,是一次飞跃——由单一解释词义,飞跃到语义、语法、语用整合的一体描写。其台阶是《现汉》。不过这里用的是《现汉》第2版,第3版以后又有改进,例如(6)中的"名词"已改为"词",即不限于名词。

15.5.6 系统原则

系统原则,指比传统辞书具有整体观念,把同义、反义、类义等等词语作为一个个子系统来释义。应该基本做到:同场同模式,同类同模式,同构同模式。

(1)同场同模式,指同一最小义场的词,其释义模式应相同。例如:

【儿】词尾。(1)名词词尾。(2)动词词尾。(3)形容词词尾。(4)量词词尾。

【子】①名词后缀。②某些量词的后缀。③用于动词、形容词词素之后,构成名词或名词性词组。

上例义项和术语都不统一:"儿"分4个义项,用术语"词尾";"子"分3个义项,用术语"后缀";为了减少术语,不如都用"后缀";义项以及数字标记都须相应调整一下。

存在此类问题的,还有"升温、降温","彩号、伤员、伤号"等以及敬辞、谦辞等。

(2) 同类同模式,指同一词类(特别是同一小类)的词,其释义应用同一模式。如名词释义,大多用"个性义素＋共性义素"的定义式或其变式。动词释义,大多用"个性义素＋核心义素"的说明式或其变式。形容词释义,大多用"个性义素＋核心义素"的描写式或其变式,如"形容……""……的"。

(3) 同构同模式,指同一结构的词,其释义共用同一模式。如联合结构、偏正结构分别释为下列模式:

【本利】本金和利息。
【引领】引导;带领。
【疑惧】疑虑而恐惧。
【殷忧】深深的忧虑。
【严办】严厉惩办。
【严守】严格地遵守。

词目结构和释文结构应相同,两者具有同构关系或相似性。有时为照顾表达需要,可采取变式。例如:

饮食:吃的和喝的东西。(词目是先饮后食,释文是先吃后喝)
疑忌:因怀疑别人而生猜忌。

15.5.7 闭环原则

闭环,就是自足。力避 WNI(The Word No In)——未被释义的词,一定避免释文或例句里用本词典未收录的词。例如:

【关照】 ③**关心**照顾。
【劣等】**低等**;下等。

但全书词条未收"关心""低等"。

15.5.8 理据原则

注明理据,是大型语文词典的重要任务之一。理据,种类很多。其中,语素理据(语素跟词义的联系),是比较重要的一类。内中有:词音理据,词形理据,词义理据,尤其是能帮助理解词义的理据,必须注出。例如:

【旋踵】掉转脚跟。形容时间短促。

【弹指】捻弹手指作声。佛家多以喻时间短暂。

【步武】很短的距离。《国语·周语下》"夫国之察度也,不过步武尺寸之间。"韦昭注:"**六尺为步**,贾君以**半步为武**。"

【景泰蓝】北京著名工艺品之一……至明**景泰**年间才广泛流行……以**蓝釉最出色**,习惯称为"景泰蓝"。

"旋踵""弹指"先释语素义,以此为根据再释词义。"步武"用旧注,交代理据。"景泰蓝"在交代工艺品的来历中,说明理据。例如:

【摆龙门阵】方言。谈天;讲故事。

"龙门阵"释义同上。都应补出理据:四川居民院大门称"龙门",多人集合交谈的场面,如兵书"摆阵式"。

有争议的或拿不准的,可以不注。如"二百五"有四种理据,不易确定。

第六节 例句

15.6.1 例句的重要性和作用

语言事实,在辞书中表现为例句或书证,这是释义的根本、基础、土壤,有人喻为"黄金储备"。舍此,辞书便是无本之木、无源之水、空中楼阁,库存空虚。

例句至少有12个作用:①证实释义的可靠性、权威性。②补充、辅助或扩展释义。③凸显词的语义特征。④凸显词的词性和句法功能。⑤给出常见、典型搭配或特殊搭配。⑥显示语体特色。⑦提示语域范围。⑧提示语用条件及范围。⑨提示时域或空域。⑩提供典范、鲜活、自然的语句。⑪提供文化信息。⑫配例的详略,显示不同词汇的级别。

《汉大》的例句,大多体现了上述作用。尤其书证分出早、中、晚三段,不仅体现了时代性,而且反映了词或义项的生命力。存在的问题主要有:对魏晋以来(特别是现代)口语及俗语系统文献有些忽视,对中古词汇未予以重视,对碑铭、简帛、佛经等文献资料储备不足,很多例句的时域不当,对释义的补充、辅助失当。

15.6.2 上限书证偏晚

编写当初,为了积累书证,只能分工阅读古籍,摘抄卡片。这一方式,见闻有限。因此许多上限书证,难免偏晚。例如:

【肉】"使长肉"。应引《左传·昭公十三年》"虽获归骨于晋,犹子则肉之,敢不尽情?"

【脸面】(至晚"宋"已有)/【腿】例晚于《大字典》。

【手教】原书证用晋的,汉代已有王逸注,《离骚》已有短语"以手教回麾"。

【不得了】①程度深,有宋例,原引老舍例。②情况严重,有古本《水浒传》例,原引鲁迅例。

【游商】应引《管子·七臣七主》例。

【不治】应引《汉书》等例。

【语境】原引陈原例,不如引张弓《现代汉语修辞学》"修辞原则"一节例。

【卒】的士兵例,应改引《左传·隐公元年》。

【奶】的乳汁例,应改引《红楼梦》。

【蹂】应改引《论语》。

【饥】应改引《墨子》。

【下人】③义应引《韩非子·外储说右下》"夫即受鱼,必有～之色,有～之色,将枉於法。"

【领带】把萧红例改为黎庶昌《巴黎赛会纪略》(1878,比原例早50年)。

15.6.3 下限书证偏早

对于浩如烟海的现代书刊,更不是几百双眼睛所能一览无余的。因此,下限书证难免偏早。例如:

【大手笔】应引徐星平《苏曼殊》"这哪里是看何志剑的文章,简直是看章炎的～。"

【奉迓】应引王火《月落乌啼霜满天》例。

【省谒】应引吴小如《书廊信步·绛帐依依四十年——……》"我常去老君堂～"

【造谒】应引吴小如《书廊信步·追忆俞平伯先生的治学作文之道》"但青年朋友同平老不熟,不便冒昧～,便求救于我。"

【覆瓿 bù】应引郭沫若《海涛集·我是中国人》"关于甲骨文和金文之类,自然也就要被看成等于～的东西了。"

【愚意】应引鲁迅《致罗暟岚》等更现代的例子。

【愚计】应引姚雪垠《李自成》一卷下的例子。

【绝等】应引冰心《介绍一位艺术家》"他具有～聪明,所以见识高人一等,眼光远人一些。"

15.6.4 义例应吻合

《汉大》大多义例吻合,例子大多证明了义项的确实、释义的准确。少数条目也有义例不吻合的。例如:

【培养】第1义项的受事是动植物,不应该配上杨沫《青春之歌》的例句:"书籍培养了她丰富的想象力和对于美好未来的憧憬。"

【车】①车子,其中一例为杜甫《兵车行》"车辚辚,马萧萧,行人弓箭各在腰。"以下又有"特指兵车"引《左传》例。其实杜例也指兵车。

【脸上】引老舍例,与义不合。

【光景】④犹言日子,指生命或生活。⑥义"家中～很是惨淡。"(朱自清《背影》)(2/230)朱例应移④义中。

【无赖】"亦指似憎而实爱。含亲昵意"后一例不如换成辛弃疾的《清平乐·村居》词"大儿锄豆溪东,中儿正织鸡笼;最喜小儿～,溪头卧剥莲蓬。"

【仲买人】引朱自清例,其实朱文原作"仲卖人":"人贩子只是'仲卖人',他们还得取给于'厂家',便是出卖孩子的人家。"(《朱自清诗文选集》人民文学出版社 1955 版 63 页)

15.6.5 书证待补

《汉大》词条下无书证的、孤证的、书证不足的,几乎占总词条的近 1/4。利用现代手段,可以增补绝大部分。例如:

【故物】庙前古松参天,大多是百年前的～。(郭沫若《未央》)

【山长】有的人可以出任书院的～,以弘扬圣贤之道(黄仁宇《万历十五年》)

应补现代例,还有:图谋、国境 2、行径、奸险、胴体、丰采、丰彩、阴谋(动词义)、完全(完整义)、丑类(坏人义)。

结　语

《汉大》修订本,是我们挺进辞书强国的第一个标志性的成果。把各个方面的修订工作做好,是国家和民族的期望。有幸参与此项伟大工作的人,都是在为国争光,为民族争气,为我们乃至世界的文化建设树立一座宏伟的丰碑。

参考文献

（一）专著

安华林　2005　《现代汉语释义基元词研究》，中国社会科学出版社。
吕叔湘　1980　《语文常谈》，生活・读书・新知三联书店。
拉迪斯拉夫・兹古斯塔〔捷〕　1983　《词典学概论》，商务印书馆。
孟琮等　1987　《动词用法词典》，上海辞书出版社。
苏新春　2005　《汉语释义元语言研究》，上海教育出版社。
王馥香　2004　《当代语言学与词典创新》，上海辞书出版社。
吴士文　1986　《修辞格论析》，上海教育出版社。
西米・波特　1987　《英语的变化》，四川大学出版社。
徐友渔等　1996　《语言与哲学》，生活・读书・新知三联书店。
徐祖友等　1991、1996　《中国工具书大辞典》（正续编），福建人民出版社。
杨迈　1992　《现代俄语词汇学讲义》，北京师范大学出版社。
杨鑫南　1986　《当代英语迹迁》，外语教学与研究出版社。
臧克家　1946　《我的诗生活》，读书出版社。
张瓌一　1953　《修辞概要》，中国青年出版社。
张会森　1984　《现代俄语的变化和发展》，人民教育出版社。
张志毅　张庆云　1994　《词和词典》，中国广播电视出版社。
张志毅　张庆云　2001　《词汇语义学》，商务印书馆。
张志毅　张庆云　2007　《词汇语义学与词典编纂》，外语教学与研究出版社。
张志毅　张庆云　2012　《词汇语义学》（第3版），商务印书馆。
章太炎　1915　《国故论衡》，上海古文社。
章宜华　2002　《语义学与词典释义》，上海辞书出版社。
章宜华等　2007　《当代词典学》，商务印书馆。
赵元任　2002　《赵元任语言学论文集》，商务印书馆。
郑奠等　1964　《古汉语语法学资料汇编》，中华书局。
郑述谱　2005　《词典・词汇・术语》，黑龙江人民出版社。
郑熙寿　1982　《比较修辞》，福建人民出版社。
中国科学院少数民族语言研究所　1959　《词典编纂法论文选择》，科学出版社。

(二) 论文

鲍克怡　1983　《汉语义类词典探索》,《辞书研究》,第2期。
鲍林格　1979　《语言学各主要流派简述》,《语言学译丛》第一辑,中国社会科学出版社。
长召其 张志毅　1997　《语文辞书的语义学原则》,《中国辞书论集》,商务印书馆。
长召其 张志毅　2003　《异形词是词位的无值变体》,《语言文字应用》,第3期。
冯炜　1988　《语境是语用的中介物》,《山东大学学报》(哲社版),第2期。
高守纲　1991　《关于词类活用问题的再认识》,《古汉语研究》,第4期。
辜正坤　1999　《外来术语翻译与中国学术问题》,《读书》,第8期。
黄建华　1980　《法国词典学一瞥》,《辞书研究》,第2期。
李尔钢　2007　《建立高质量的释义元语言》,《辞书研究》,第1期。
李红印　2004　《从使用者角度看语文词典编纂》,《语言文字应用》,第3期。
李智初　2007　《现代语文辞书释语的同场同模式原则》,《辞书研究》,第3期。
李智初　2012　《对外汉语学习型词典释义的优化》,《辞书研究》,第3期。
卢甲文　1981　《单音反义词的分类和运用》,《语言学论丛》,商务印书馆。
罗贝尔　1980　《词典编纂问题》,《辞书研究》,第2期。
吕叔湘　1984　《关于汉语词类的一些原则问题》,《汉语语法论文集(增订本)》,商务印书馆。
吕叔湘　1989　《未晚斋语文漫谈》(一二),《中国语文》,第5期。
沐莘　1989　《试论英汉同义词的比较》,《外国语》,第2期。
石安石等　1983　《反义词聚的共性、类别及不均衡性》,《语言学论丛》,商务印书馆。
苏新春等　2010　《再论义类词典的分类原则与方法》,《世界汉语教学》,第2期。
伍铁平　1989　《再论语言的模糊性》,《语文建设》,第6期。
伍铁平　1989　《术语的模糊性和语言规律》,《中国翻译》,第2期。
谢尔巴　1981　《词典编纂学一般理论初探》,《词典学论文选译》,商务印书馆。
杨剑桥　1958　《古汉语词类活用研究综述》,《语文导报》,
应雨田　1988　《异体词语规范研究术评》,《语言文字应用》,第2期。
章宜华　2001　《西方词典释义类型和释义结构研究》,《中国辞书论集》,中国大百科全书出版社。
张庆云　1995　《义位的组合义》,《辞书研究》,第1期。
张庆云　1995　《义位的民族性》,《外语与外语教学》,第2期。
张志毅 张庆云　1981　《〈现代汉语词典〉释义的语文性》,《辞书研究》,第3期。
张志毅 张庆云　1994　《试论异体词的整理》,《词和词典》,中国广播电视出版社。
张志毅 张庆云　1999　《现代语文辞书的整体观》,《中国语文》,第4期。
郑奠等　1956　《中型现代汉语词典编纂法》(初稿),《中国语文》,第7、8、9期。
郑述谱　1992　《类义体系比较》,《辞书研究》,第3期。

郑述谱　1992　《试论词汇的比较研究》,《对比语言学论文集》,外语教学与研究出版社。
周生亚　1980　《论上古汉语人称代称繁复的原因》,《中国语文》,第2期。

(三) 辞书

北京语言学院语言教学研究所　1986　《现代汉语频率词典》,北京语言学院出版社。
《大英百科全书》　1980　美国版 详编本渊深知识版。
董大年　1998　《现代汉语分类词典》,汉语大词典出版社。
戴维·克里斯特尔　1997(英)　2000(中)《现代语言学词典》,商务印书馆。
李熙宗等　1986　《略语手册》,知识出版社。
李行健　2004　《现代汉语规范词典》,外语教学与研究出版社,语文出版社。
李行健等　1993　《新词新语词典》(增订本),语文出版社。
林杏光等　1987　《简明汉语义类词典》,商务印书馆。
刘正勋　1989　《中国现代缩略语词典》,长虹出版公司。
罗竹风主编　1986～1993　《汉语大词典》(1～12卷),汉语大词典出版社。
吕叔湘　2001　《现代汉语八百词》(增订本),商务印书馆。
吕叔湘　1981　《简明同义词典》序,上海辞书出版社。
梅家驹等　1983　《同义词词林》,上海辞书出版社。
闵家骥等　1987　《汉语新词词典》,上海辞书出版社。
商务印书馆辞书研究中心　2003　《新华新词语词典》(2003年版),商务印书馆。
王力　1982　《同源字典》,商务印书馆。
王宗炎　1998　《英汉应用语言学词典》,湖南教育出版社。
杨昭蔚等　1991　《古汉语词类活用词典》,三环出版社。
张庆云　1986　《汉语反义词词典》,齐鲁书社。
张志毅 张庆云等　2001　《反义词词林》,上海辞书出版社。
张庆云等　2003　《反义词大词典》,上海辞书出版社。
张志毅　1981　《简明同义词典》,上海辞书出版社。
张志毅 张庆云　2005　《新华同义词词典》(中型本),商务印书馆。
张志毅 张庆云　2008　《新华反义词词典》(中型本),商务印书馆。
赵元任　1979　《汉语口语语法》(吕叔湘译),商务印书馆。
中村一男　1965　《反义词大辞典》,东京。
中国大辞典编纂处　1937～1944　《国语辞典》,商务印书馆。
中国大辞典编纂处　1957　《汉语词典》,商务印书馆。
中国人民解放军某部　1983　《俄汉缩略语词典》,商务印书馆。
中国社会科学院语言研究所词典室　2002　《现代汉语词典》(2002年增补本),商务印书馆。
中国社会科学院语言研究所词典室　2005　《现代汉语词典》(第5版),商务印书馆。

中国社会科学院语言研究所词典室　1996　《现代汉语词典》,商务印书馆。

(四) 外国文献

Апресян, Ю. Д. Экспериментальное исследование семантики русского глагла. Наука, Москва, 1967. /阿普列祥, 1967《俄语动词语义实验研究》莫斯科科学出版社。

Алресян Ю. Д. Интегральное описание языка и толковый словарь. 《Вопросы языкознания》, 1986. /No. 2. 1986《语言的整体描写和详解辞典》,《语言学问题》第 2 期。

Амосова, Н. Н. /阿摩索娃, 1957/1958, К вопросу о лексическом значении слова/《论词的词汇意义》, Вестник ЛГУ 2, 152～168/《语言学译丛》创刊号。

Апресян, Ю. Д. 1959, Структуральная семантика С. Ульмана, Вопросы языкозния 2。

Апресян, Ю. Д. Экспериментальное исследование семантики русского глагола, Наука, Москва, 1967。

Будагов, Р. А. 1958, Введение в науку о языке стр. 51 Москва。

Булаховский Л. А. 1954, Введение в языкознание частьII, Учпедгиз。

Васниьев, Л. М. Современная лингвистическая семантика, москва, 1990。

Виноградов, В. В. современный русский язык В Ы П. 1. М, 1938; 维诺格拉多夫 1960《现代俄语》(第一册), 中译本《词的语法学说导论》,科学出版社。

Виноградов, В. В. /维诺拉多夫, 1953/1958, Основые типы лексических значений слова/词的词汇意义的主要类型, Вопросы языкознания 5/《俄语教学与研究》2～3。

Ворно, Е. Ф. /伏尔诺等 1955/1959, Лексикология английского языка/《英语词汇学》, Учпедгиз/商务印书馆。

Д. И. Алексеев, Словарь Сокращений Русского Языка. Москва, 1984。

изучения лексического материала. Москва. Вышая школа, 1962; 列夫科夫斯卡娅,《词论》, 高等教育出版社, 1962。

К. С. Гарьячевич, Вариантность Слова и Языковая Норма. Ленинград, 1978。

Левкоская, К. А. Теория слова, принципы е ё построения и аспекты изучения лексичского

Львов, М. Р. 1978, Словарь антонимов Русского Языка. Москва。

на иностраных языках, Москва, 1956;《英语词汇学》,外文出版社, 1956。

Новиков, Л. А. Сематик русского языка. Москва, Вышая школа, 1982; 诺维科夫《俄语语义学》, 高等教育出版社, 1982。

Новиков, Л. А. 1982, Семантика русского языка. Москва。

Ожегов С. И. Словарь Русского Языка, Москва, 1963。

Ожегов С. И . Словаръ русского языка, Москва, 1963。

Смирницкий, А. И. Квопросу ослове (Проблема. тождества слова). Труды Ин-т языкознания АНСССР. М. 1954; Т. 4, С. 36. 斯米尔尼茨基 1954《论词的("的词的同一性"问题)》,《苏联科学院语言研究所论集》, 4 卷,第 36 页。

Смирницкий, А. И. Лексикологи английского языка. Издателвство литературы。

Смирницкий, А. И. 1957, Сентаксис Антлийского Языка. стр16, Москва。

Сукалеико, Н. И. 1981, Двуязычные словари и вопросы перевода. 石肆壬,《词典学论文选择》郑述谱译,商务印书馆,1981。

Щерба, Л. В. Предисловие в кн. Русско-Французский Словарь. 石肆壬《词典学论文选译》,陈楚详译,商务印书馆,1981。

Abbreviations Dictionary, New York, 1986.

Baugh, A. C. A History of English Language, 2nd Edition, Appleton-Century-Crofts, Inc., 1957.

Bolinger, D. L. 1975, aspects of Language, New York, 1979《语言学译丛》(第一辑),中国社会科学出版社。

Cruse, D. A. 1986, Lexical Semantics, Cambridge Un. Press.

Cruse, D. A. 1986, Lexical Semantics,(第一章中的《用语境法研究词汇语义字》),剑桥大学出版社。中文节译章节,见《八十年代国外语言学的新天地》(汪榕培等编译),辽宁教育出版社,1992。

Cruse, D. A. 1986, Lexical Semantics. Cambridge University Press.

Descamps, J. L. Semantigue Concordances, Paris: Klincksieck, 1992. 简介见《国外语言学》,1995:2, 30~32。

E. T. Crowley. Acronyms, Initialisms and abbreviations Dictionary, Gale Research, Michingan, 1985.

Fowler, H. W and Fowler, F. G. The Concise Oxford Dictionary of Current English, Oxford, 1990.

Greimas, A. J. Semantique structurale, recherche de methode Larousse 1966/格雷马斯 1999《结构语义学方法研究》,生活·读书·新知三联书店。

Halliday, M. A. K. Text and Context. 1980 日本:索菲亚大学出版。

Jakobson, R. 1960 Style in Language, Cambridge, Mass.; M. I. T. Press.

Jones, S. 2002, Antonymy: A Corpus Based Perspective. London: New York: Routledge.

Leech, G. 1983, Semantics. 1987 中译本,上海外语教育出版社。

Levinson, S. C. Pragmatics, London, Cambridge University Press, 1983. 第三章 会话含义(Conversational Implicature)译文见《国外语言学》,1986:2,68~75。

Lyons, J. 1968, An Introduction to Theoretical Linguistics. Cambridge University Press.

Lyons, J. New Horizons in Lingustics. Harmonds-worth: penguin 1970. 莱昂斯,《语言学新视野》,企鹅出版集团,1970。

Lyons, J. Semantics. Cambridge University Prees, 1977.

Lyons, J. Language. Meaning and context. London. Fontana, 1981; 莱昂斯 1981《语言、意义和语境》伦敦。

Lyons, J. Linguistic Semantics: An Introduction. Cambridge Un. Press, 1995; 莱昂斯 1995《语言学的语义学导论》,剑桥大学出版社。

Lyons, J. Linguistic Semantics: An Introduction. Cambrige Un. Press, 1995.

Nuttal, 1982, The Nuttals Dictionary of English Synonyms and Antonyms. London.

Rayevskaya N. *English Lexicology*, Kiev State University Publishing House. 1957. (1960年商务印书馆出版一个编译本,改名为《英语词汇学引论》)

Richards, J. C. 1992(英) 2000(中)《朗文语言教学及应用语言学辞典》,外语教学与研究出版社。

Robins, R. H. General Iinguistics: an Introductory Survey, 1971: 26. London, Longman. (1964.1 版,1980.3 版)李振麟、胡伟民译《普通语言学概论》,上海译文出版社,1996。

Sidney I. Landau[美]词典编纂的艺术与技巧. 章宜华、夏立新译,商务印书馆,2005。

后　记

《理论词典学》是张志毅先生几十年研究词汇学、语义学、词典学的理论结晶。也是他去世最后一息所完成的一本著作，对后学者应有一定的帮助。

本书出版首先感谢商务印书馆，特别是周洪波、余桂林和李智初三位先生的鼎力协助。李智初是张志毅先生的研究生，这本著作中的 4 篇都是在张志毅先生的亲自指导下独立完成的，水平较高，值得推荐。

本著作在编写过程中得到很多朋友和同人的帮助，在这里一并致谢。

李如龙先生在序言中所说"与众不同的巨著""登临理论高峰""与国际接轨"等等，使我们受之有愧，可也为我们指出了前进的方向。我要继承已有的成果继续前行，为中国的语言事业添砖加瓦。

张庆云
2015 年 8 月 15 日